भारतीय संगीत कोश

भारतीय संगीत कोश

विमलाकान्त रायचौधुरी

अनुवाद

मदनलाल व्यास

वाणी प्रकाशन

वाणी प्रकाशन

4695, 21-ए, दरियागंज, नयी दिल्ली 110 002

फ़ोन : +91 11 23273167 फ़ैक्स : +91 11 23275710

शाखाएँ

अशोक राजपथ, पटना 800 004, बिहार

कॉफ़ी हाउस कैम्पस, महात्मा गांधी मार्ग, इलाहाबाद 211 001, उत्तर प्रदेश

महात्मा गांधी अन्तरराष्ट्रीय हिन्दी विश्वविद्यालय, वर्धा 442 001, महाराष्ट्र

www.vaniprakashan.com
marketing@vaniprakashan.in
sales@vaniprakashan.in

Bhartiya Sangeet Kosh
by Vimalakant Raychoudhury
Translated by Madanlal Vyas

ISBN : 978-93-5000-463-0
Kosh/Granthawali

संस्करण 2003, 2010
तृतीय संस्करण 2023

मूल्य : ₹ 995

सिटी प्रेस, दिल्ली-110 095 में मुद्रित

वाणी प्रकाशन का लोगो मक़बूल फ़िदा हुसेन की कूची से

वर्तमान संस्करण की भूमिका

इस ग्रंथ का समस्त स्वत्वाधिकार लेखक अपने द्वारा प्रतिष्ठापित 'इमदादखानी स्कूल ऑफ सितार' नामक प्रतिष्ठान को प्रदान कर गये हैं। प्रथम हिन्दी संस्करण लेखक के जीवनकाल में भारतीय ज्ञानपीठ द्वारा 1975 में प्रकाशित किया गया था। उसके बाद दीर्घकाल तक ग्रंथ का प्रकाशन संभव नहीं हो सका। 'वाणी प्रकाशन' ने इस ग्रंथ के पुनः प्रकाशन का दायित्व लिया है। अतः वाणी प्रकाशन के निदेशक श्री अरुण माहेश्वरी के हम हृदय से आभारी हैं। इस ग्रंथ के अंग्रेजी संस्करण के प्रथम प्रकाशन का दायित्व 'मोतीलाल बनारसीदास (प्रा.) लि. ने लिया है। अतः हम उनके प्रति कृतज्ञता प्रकट करते हैं।

लेखक मूल ग्रंथ में एक-दो जगहों पर सामान्य परिवर्तन कर गये थे। इन सामान्य परिवर्तनों को छोड़कर प्रथम संस्करण और वर्तमान संस्करण के मूल ग्रंथांश में कोई पार्थक्य नहीं है। किंतु उपलब्ध नवीन तथ्यों के आधार पर वंश-तालिका में कुछ संशोधन और परिवर्धन किया गया है। ग्रंथ के पुनः प्रकाशन के विषय में हिन्दी अनुवादक श्री मदनलाल व्यास महाशय (संगीत समीक्षक : मुंबई) के प्रयास और परिश्रम के लिए हम उनके प्रति कृतज्ञता व्यक्त करते हैं।

इति निवेदक

'इमदादखानी स्कूल ऑफ सितार'

की ओर से

सुभाष चन्द

कार्यकारी समिति सभापति

15-बी/2

जे.एन. उकील रोड,

कलकत्ता-700041

भूमिका

श्री विमलाकांत रॉयचौधुरी द्वारा बंगलाभाषा में विरचित उत्तरभारतीय (हिंदुस्तानी) संगीत एवं संगीतज्ञों का कोश देखा। पुस्तक का अपना वैशिष्ट्य है एवं उत्तरभारतीय संगीत के मूलभूत विचारणीय विषय एवं प्रयोग, तथा उसका इतिहास, इन सबका अवलंबन कर संगीत शास्त्र के संबंध में गभीर ज्ञान का परिचय इस पुस्तक में है। विमलाकांत रॉयचौधुरी ने बंगाल के अभिजात वंश में जन्म ग्रहण किया, उस वंश की संतान की शिक्षा और संस्कृति के क्षेत्र में शास्त्रीय संगीत अन्यतम श्रेष्ठ उपादान के रूप में ग्रहण किया गया है। ग्रंथकार वर्तमान भारतीय शास्त्रीय संगीत के अन्यतम श्रेष्ठ गुणी एवं प्रख्यात बीन और रबाब-वादक, गौरीपुर के श्री वीरेंद्रकिशोर रॉयचौधुरी के भानजे हैं। यह ग्रंथ मूलतः उत्तरभारतीय प्रामाणिक और क्रियासिद्ध संगीत का कोशाभिधान है। इसमें संगीत में व्यवहृत कई प्रकार के पारिभाषिक शब्दों एवं नाना प्रकार के वाद्ययंत्रों की संपूर्ण तालिका और उसके साथ उन शब्दों की विशद् व्याख्या और वाद्ययंत्रों का विवरण दिया गया है। भारतीय संगीत के जिन सब पारिभाषिक शब्दों के अर्थ अत्यंत जटिल हैं, उनकी सरल बंगला भाषा में व्याख्या करने में ग्रंथकार पूर्ण रूप से सफल हुए हैं, इसलिए यह एक अत्यंत उच्च कोटि का निर्देशक ग्रंथ बन गया है, एवं उत्तरभारतीय संगीत के संबंध में जिज्ञासु किसी भी शिक्षार्थी के लिए यह ग्रंथ अपरिहार्य है। भारतीय संगीत की उत्पत्ति या मूल के संबंध में आज भी कई विवादग्रस्त विषय हैं, ग्रंथकार ने सब दृष्टिकोणों से विचार कर, उन्हें सरल करने की यथासाध्य चेष्टा की है। एकनिष्ठ, संगीत-शिक्षार्थी के अलावा अन्य सभी व्यक्तियों के लिए भी, जिनकी इस विषय में किसी प्रकार से अभिरुचि है, यह ग्रंथ समादृत बनकर रहेगा, संगीत के जिन सब विषयों पर जनसाधारण अथवा संगीत-विशेषज्ञ दोनों ही विचार करते हैं, इस प्रकार के कई विषयों पर नयी दृष्टि से विचार और उनकी सरल व्याख्या उन्हें इसमें मिलेगी। राग और रागिनी के सिद्धांत के संबंध में, यहाँ तक कि भारतीय संगीत के क्षेत्र में हार्मनी जैसे दुरूह विषय का भी ग्रंथकार ने यथास्थान विवेचन किया है। स्वरलिपि के लिए श्री रॉयचौधुरी ने बंगला वर्णमाला का व्यवहार किया

है एवं पंडित विष्णुनारायण भातखंडे द्वारा प्रचलित पद्धति का ही अनुसरण किया है। स्वरलिपि-प्रणाली को सुनियंत्रित करने की प्रचेष्टा कर पंडित भातखंडे ने भारतीय संगीत का बड़ा उपकार किया है; एवं यह प्रणाली व्यावहारिक रूप से क्रमशः जनसाधारण में ग्राह्य होती जा रही है, अतः ग्रंथकार ने इस प्रणाली का अनुसरण कर उचित व्यवस्था का ही अवलंबन किया है।

उत्तरभारतीय संगीतज्ञों के विभिन्न घरानों का विशद विवरण इस ग्रंथ में शामिल कर ग्रंथकार ने पूर्णतया नयी पद्धति का सूत्रपात किया है, ऐसा मुझे लगता है। भारतीय संगीत के सभी इतिहास-प्रसिद्ध गुणीजनों, उनकी वंशावली और गुरु-शिष्य परंपरा का विवरण यथासाध्य संग्रह कर वंशतालिका में सम्मिलित किया गया है। कुल प्रायः दो हजार भारतीय संगीतगुणियों को इस संग्रह में लिया गया है। भारतीय संगीत-घरानों के यथार्थ विवरण के रूप में ग्रंथ का यह अंश भी अमूल्य सिद्ध होगा। सबसे बड़ी बात यह है कि यह ग्रंथ अपने क्षेत्र में अद्वितीय है एवं जहाँ तक मैं जानता हूँ, वस्तुतः इस प्रकार का ग्रंथ किसी भारतीय भाषा में अथवा भारतीय संगीत के संबंध में अन्य किसी भी भाषा में नहीं है। मैं निश्चित रूप से ऐसा अनुभव करता हूँ कि निर्देशक ग्रंथ के रूप में, यहाँ तक कि काफी अंशों में पाठ्यपुस्तक के रूप में भी यह ग्रंथ अनिवार्यता की मर्यादा प्राप्त करने में सक्षम होगा। मैं आशा करता हूँ कि जिन लोगों के लिए इस ग्रंथ की रचना की गई है उनके द्वारा तथा संस्कृतिवान् संगीतप्रेमी जनसाधारण द्वारा समान रूप से यह ग्रंथ समाहत होगा।

–श्री सुनीतिकुमार चट्टोपाध्याय

ग्रंथकार का निवेदन

वर्तमान काल में संगीत की जनप्रियता और शिक्षार्थियों की संख्या बढ़ रही है, संगीतकला के लिए यह परम सौभाग्य की बात है। कलकत्ता विश्वविद्यालय द्वारा संगीत को पाठ्यक्रम में शामिल कर लिया गया है, इसके अलावा महामहिम श्रीयुक्त राष्ट्रपति महोदय स्वयं भारत के श्रेष्ठ संगीत-विद्वानों को विविध सम्मानों से विभूषित कर रहे हैं। ये सब भारतीय संगीत जगत् की बड़ी महत्त्वपूर्ण ऐतिहासिक घटनाएँ हैं। मुगल-युग के बाद भारतीय संगीत क्षेत्र में ऐसे अच्छे दिन और कभी आए हैं, स्मरण नहीं। सुदिन के साथ ही भारतीय संगीतविदों पर एक भारी दायित्व भी आ गया है। अपनी इच्छा के अनुसार शिक्षण देने अथवा छोटी सीमा में संगीत का अनुशीलन करने का युग अब बीत चुका। भारत के लुप्तप्राय संगीत-शास्त्रों की वैज्ञानिक आधार पर उपयुक्त व्याख्या करना आज अधिक प्रयोजनीय हो उठा है। ऋषि-प्रणीत शास्त्रोक्त राग-रागिनियों के साथ वर्तमान राग-रागिनियों के वर्णन का प्रथम दृष्टि से सामंजस्य परिलक्षित नहीं होता, इसका कारण यह है कि काल के प्रवाह के साथ शास्त्रोक्त धारा का सामान्य परिवर्तन एवं क्रमविवर्तन अवश्यंभावी है। किंतु संगीत के प्रतिपादक, प्रामाणिक विषय एवं उनकी शास्त्रीय परिभाषा चिरस्थायी है, इसलिए उनकी शास्त्रीय व्याख्या संपूर्ण रूप से ग्रहणीय है, एवं विगत शताब्दी के पंडितों ने शास्त्रों की जो अपव्याख्या की है एवं शास्त्रव्याख्या का जो अर्थविरुद्ध प्रयोग किया है, वह बिलकुल वर्ज्य है। संगीतज्ञानी शिक्षकों को इस बात का ध्यान रखना होगा कि संगीत-जिज्ञासुओं के हाथ कोई भ्रांतिमूलक परिभाषा न पड़े। भारतवर्ष की जिस परंपरा पर हम गौरव कर अनुभव करते हैं, वह शास्त्र की उपेक्षा कर या उसकी अपव्याख्या करके प्रतिष्ठापित नहीं है, वरन् शास्त्र को निदर्शन स्वरूप मानकर ही भारतवर्ष की संस्कृति एवं परंपरा बाह्यजगत में प्रतिभात है। संगीतशास्त्रों में शार्ङ्गदेव का 'संगीत रत्नाकर' ग्रंथ ही सर्वप्रधान है। यह बात सर्वसम्मति से स्वीकृत है। अतः इसी ग्रंथ को आधार मानकर ही प्रधानतः इस ग्रंथ की रचना की गई, इसके अलावा अन्यान्य ग्रंथों एवं अशास्त्रीय किंतु प्रचलित देशीय रीति-अनुगामी शब्दों की व्याख्या और विवरण इसमें दिया गया है।

राग-रागिनियों के विवरण एवं विश्लेषण के लिए एक स्वयं संपूर्ण ग्रंथ की रचना में संलग्न रहने के कारण इसे इस ग्रंथ में शामिल नहीं किया गया है। राग-रागिनियों के विवरण और विश्लेषण विषयक ग्रंथ 'राग व्याकरण' भारतीय ज्ञानपीठ द्वारा 1981 में प्रकाशित किया गया।

हिंदुस्तानी रागसंगीत के विभिन्न घरानों का इतिवृत संकलित करना बड़े दुःसाहस का कार्य है एवं एकाकी प्रचेष्टा में दुःसाध्य भी। इसका कारण यह है कि ऐतिहासिक विवरण कम ही मिलता है। लोक प्रचलित विवरण और मात्र कुछ ग्रंथकारों की स्मरण-शक्ति पर निर्भर रहने के अलावा कोई चारा नहीं। अतः पग-पग पर भारी त्रुटि-विच्युतिजनित अपराध की संभावना अत्यधिक है। किंतु इस प्रकार का प्रयास कभी हुआ नहीं, इसी हेतु अज्ञताप्रसूत अपराध का अपवाद स्वीकार करके ही वंश एवं शिष्यों की तालिका के संकलन का प्रयास किया गया, अन्यथा यह कार्य कभी सम्पन्न नहीं होता। नये प्रयास में सभी प्रकार की त्रुटि-विच्युति अवश्यंभावी है, बाद में संशोधन करना दुरूह नहीं है, अतः संगीतशास्त्रविदों एवं संगीत सेवियों से मेरा विनीत एवं साग्रह अनुरोध है कि अज्ञानता एवं अयोग्यताजनित त्रुटि-विच्युति को क्षमा कर वे शुद्ध विवरण भेजें ताकि अगले संस्करण में संशोधन किया जा सके।

जहाँ विभिन्न घरानों में एक ही नाम से विभिन्न व्यक्तियों का उल्लेख है वहाँ सूची में केवल एक नाम का ही व्यवहार किया गया है। इसका कारण यह है कि परिचय-निर्देशक विवरण के अलावा एक ही नाम की यथायथ पुनरुक्ति निरर्थक है, किंतु कहना न होगा कि उसी नाम के साथ संलग्न संख्या निर्दिष्ट वंशतालिका में उनका अलग-अलग परिचय मिलेगा। किसी-किसी वंशतालिका में ऐसे व्यक्तियों का उल्लेख भी मिलेगा, जिनका संगीत से कोई संबंध नहीं है, किंतु वंशतालिका की शुद्धता और स्वरूप-परिचय के लिए उनके नामों के उल्लेख प्रयोजनीय है, आशा है कि गुणीजन इसे स्वीकार करेंगे।

प्रधानतः ग्रंथकार को अपने मातामह पूज्यपाद स्व. व्रजेंद्रकिशोर रॉयचौधुरी एवं बंधुवर प्रथितयश संगीतशास्त्रज्ञ डॉ. विमल रॉय महाशय से उत्साह एवं परामर्श न मिलता तो यह दुःसाध्य ग्रंथ-रचना संभव न होती। ग्रंथ की रचना की पर्याप्त नहीं है, उसका प्रकाशन भी काफी श्रमसाध्य है। इस संबंध में श्रद्धेय श्रीयुत् कानाई सामंत एवं बंधुवर श्रीयुक्त प्रफुल्लकुमार दास महाशन ने प्रारंभ में विभिन्न तरह से ग्रंथकार की सहायता की हैं। ग्रंथकार इन दोनों के प्रति चिरकृतज्ञ रहेगा।

कुछ वर्ष पूर्व जब यह ग्रंथ बंगला में प्रकाशित हुआ तब संगीत नाटक अकादमी ने अपने पुरस्कार से इसे सम्मानित किया। ग्रंथ से प्रभावित होकर एक बंधु, श्री मदनलाल व्यास ने, जो एक जाने-माने पत्रकार हैं और 'नवभारत टाइम्स' बम्बई के संगीत-समीक्षक हैं, मेरे अनजाने में इसका हिंदी अनुवाद कर मेरे सामने

यह प्रस्ताव रखा कि संगीत-प्रेमियों के हितार्थ इसे प्रकाशित कराऊँ, जो मूल बंगला कृति से लाभांवित नहीं हो सकते। श्री व्यास का यह इतना बड़ा अनुग्रह मेरे लिए एक नितांत सुखद आश्चर्य था। मैं उनका अत्यन्त आभारी हूँ।

उक्त प्रस्ताव मैंने देश के एक प्रमुख प्रकाशन-संस्थान भारतीय ज्ञानपीठ के समक्ष रखा तो उनके मंत्री श्री लक्ष्मीचंद्र जैन ने उसका स्वागत किया और तुरंत ही प्रकाशन-स्वीकृति भेज दी। भारतीय ज्ञानपीठ के प्रति मैं सदा कृतज्ञ रहूँगा।

आभारी मैं पंडित सच्चिदानंद मिश्र काव्यतीर्थ का भी हूँ, जिन्होंने मुद्रणार्थ भेजने के लिए अनुवाद की मूलप्रति (प्रथम संस्करण) की प्रतिलिपि तैयार की। (द्वितीय संस्करण की संपूर्ण प्रति श्री मदनलाल व्यास द्वारा तैयार की गई है, जो संगीत-समीक्षक हैं एवं लगभग दो दर्जन संगीत विषयक ग्रंथों का हिंदी में अनुवाद कर चुके हैं।)

–विमलाकांत रॉयचौधुरी
86/1/1-ए बेलतला रोड़,
कलकत्ता-26
1 बैशाख, 1372 (बंगाब्द) ई. 1966

–श्री मदनलाल व्यास
19 पत्रकार, बांद्रा-पूर्व,
बम्बई-400051

भारतीय संगीत कोश

बंगला भाषा में भारतीय संगीत के ग्रंथ वर्तमान काल में बड़ी संख्या में प्रकाशित हुए हैं। किंतु इतिहास के परिप्रेक्ष्य में भारतीय संगीत कोश आज तक एक भी प्रकाशित नहीं हुआ है, किंतु संगीत-शिक्षा का प्रसार बढ़ा है एवं संगीत-रुचि भी काफी परिमार्जित और उन्नत हुई है।

विलक्षण संगीतकार और संगीतज्ञानी श्री विमलाकांत रॉयचौधुरी के असामान्य श्रमसाध्य ग्रंथ 'भारतीय संगीत कोश' के प्रणयन और प्रकाशन के लिए मैं उन्हें बड़े आनंद के साथ धन्यवाद देता हूँ। वर्तमान संगीत-शिक्षा और संगीत-साधना के क्षेत्र में उन्होंने एक विराट अभाव की पूर्ति करने का प्रयास किया है।

'भारतीय संगीत कोश' ग्रंथ में श्रद्धेय विमलाकांत रॉयचौधुरी महाशय ने भारतीय संगीत के पारिभाषिक उपादानों को सजाकर उनके यथायथ आभिधानिक अर्थ और प्रयोग का परिचय प्रदान किया है। मुख्य रूप से जानने की बात यह है कि सांगीतिक परिभाषा तथा उपादानों का अर्थ-विश्लेषण संपूर्ण शास्त्रीय दृष्टिसम्पन्न बन पड़ा है एवं विश्लेषण-धारा के साथ-साथ हमें उनकी असामान्य संगीत-प्रतिभा का भी परिचय मिलता है। ग्रंथ सभी संगीत-शिक्षार्थियों और संगीत-सेवियों के लिए आदरणीय हो, यह मेरी आंतरिक कामना है। मेरी धारणा है कि इस ग्रंथ का संगीत-शिक्षार्थियों के पाठ्यक्रम में शामिल किया जाना परम कर्तव्य है।

–**स्वामी प्रज्ञानानंद**

संगीत कोश एवं वंश-तालिका के संकलन में निम्नलिखित ग्रंथों एवं पत्रिकाओं की सहायता ली गई है–

अभिनव राग मंजरी–पंडित विष्णु शर्मा
आनंद संगीत पत्रिका
गीतसूत्रसार–कृष्णधन बंद्योपध्याय
तबला-वादन–गांधर्व महाविद्यालय
तबला-शिक्षा–दुर्गादास लाला
तालप्रकाश–रामसेवक मिश्र
प्रकृतिवाद अभिधान–रामकमल विद्यालंकार
विभिन्न संगीत सम्मेलनों का विवरण
बेतार-जगत् पत्रिका (आकाशवाणी पत्रिका)
यंत्र कोष–राजा सर सौरींद्रमोहन ठाकुर
शब्दकल्पद्रुम–राजा सर राधाकांत देव बहादुर
संगीत (हिंदी पत्रिका)
संगीत कला विहार (हिंदी पत्रिका)
संगीत चंद्रिका–मदनमोहन अधिकारी
संगीत प्रवेशिका–मुरारीमोहन गुप्त
संगीत प्रकाशिका (पत्रिका)
संगीत विज्ञान प्रवेशिका (पत्रिका)
संगीत रत्नाकर–निःशंक शार्ङ्गदेव (कल्लिनाथ एवं सिंहभूपाल टीका)
संगीत सार–क्षेत्रमोहन गोस्वामी
संगीत सुदर्शन–पंडित सुदर्शनाचार्य शास्त्री
संगीत सुधाकर–पंड़ित बिष्णु शर्मा
संगीते (संगीत में) परिवर्तन–हरिनारायण मुखोपाध्याय
सुर ओ संगति–धूर्जटि प्रसाद मुखोपाध्याय
सुरछंदा (पत्रिका)

स्मृतिर अतले–डॉ. अमिनयनाथ सान्याल
हिंदुस्तानी संगीत पद्धति (द्वितीय भाग)–पंडित विष्णुनारायण भातखंडे
हिंदुस्तानी संगीते तानसेनेर स्थान–वीरेंद्रकिशोर रॉयचौधुरी
A Dictionary of Music - R. Illing (Penguin)
A Short Historical Survery of the Music of Upper India - a speech by Pt. V.N. Bhatkhande
Catalogue of Indian Musical Instrument - Col. P.T. French
Guide to the Musical Instruments Exhibited in the Indian Museum, Calcutta - Dr. A. M. Meervarth.
Introduction to the Study of Indian Music - E. Clements
Introduction to the Study of Musical Scales - Alain Danielou
Musical Instruments - A.J. Hipkins
On the Gramas or Musical Scales of the Hindus - J.D. Paterson
On the Musical Modes of the Hindus - Sir William Jones
Ragas and Raginis - O.C. Ganguly
Science and Music - Sir James Jeans
The Lives of Great Musician - S.P. Banerjee
The Music of Hindostan - A.H. Fox -Strangways
The Music of India - Herbert A. Popley
The Musicians of India - Herendra Kishor Roychowdhury
Theory of Musical Evolution - Margaret H. Glyn
Treatise on the Music of Hindusthan - Capt. Augustus Willard
Urdu-English Dictionary - Ram Narain Lal

भारतीय संगीत कोश

अंग : स्वरसप्तक के स्थान पर स्वर-अष्टक (octave) मानकर उसे दो भागों में विभाजित किया गया है, जैसे 'सारेगम' और 'पधनिसां'। इन दो भागों को स्वराष्टक के अंग कहा जाता है। 'सारेगम' अंश को पूर्वांग (Lower tetrachord) एवं 'पधनिसां' अंश को उत्तरांग (Upper tetrachord) कहा जाता है। इन दोनों भागों को देखने से पता चलेगा कि 'सारेगम' स्वरचतुष्टय का पारस्परिक संबंध 'पधनिसां' स्वरचतुष्टय के पारस्परिक संबंध के अनुरूप हैं एवं पूर्वांग का स्वरचतुष्टय 'सारेगम' क्रमिक रूप से उत्तरांग के स्वरचतुष्टय 'पधनिसां' के साथ वादी-संवादी संबंध युक्त है। अर्थात् सा + प, रे + ध, ग + नि एवं म + सां, इन स्वरों में द्वितीय स्वर प्रथम स्वर का संवादी है। इसके द्वारा यह पता चल जाएगा कि वादी और उसका संवादी स्वर एक ही भाग में नहीं रह सकते। यहाँ सा + म वादी-संवादी का अपवाद मानना होगा।

अंग-प्राधान्य : जिस राग का अंश-स्वर जिस अंग में हो, उस राग को उस अंग-प्रधान राग के रूप में आजकल वर्णित किया जाता है; जैसे यमन राग का अंश-स्वर 'ग' पूर्वांग में है, अतः यमन को पूर्वांग-प्रधान राग कहा जाता है।

अचल थाट : थाट शब्द का एक व्यावहारिक नाम पर्दा या सारिका श्रेणी है। पर्दाविशिष्ट वाद्ययंत्र पर शुद्ध एवं विकृत सभी स्वरों के लिए 22 अथवा 23 पर्दे रहने पर उसे अचल थाट का वाद्ययंत्र कहा जाता है। सम्प्रति प्रचलित वीणा ही अचल थाट के वाद्ययंत्र का सर्वोत्कृष्ट उदाहरण है, क्योंकि वीणा के पर्दे सरकाये नहीं जाते एवं उन्हें सरकाने की आवश्यकता भी नहीं रहती, अर्थात् पर्दे सरकाकर स्वरों को तीव्र या कोमल करने का प्रयोजन नहीं है। अचल थाट के पर्दे क्रमशः इस प्रकार हैं—म़ प़ ध़ ध़ नि़ नि़ सा रे रे ग ग म म॑ प ध ध नि नि सां रें रें (गं) गं।

अचल स्वर : वर्तमान काल में सा और प इन दो स्वरों की तीव्र या कोमल भेद से विकृति नहीं होती, अतः इन्हें अचल स्वर कहा जाता है।

अति कोमल : वर्तमान हिंदुस्तानी संगीत में रे और ध स्वरद्वय की अति कोमल विकृति होती है। शास्त्र में रक्तिका श्रुति पर शुद्ध रे स्वर स्थापित है, उसकी पूर्ववर्ती रंजनी श्रुति पर कोमल रे एवं तत्पूर्ववर्ती दयावती श्रुति पर अतिकोमल रे निर्दिष्ट किया गया है। इसी प्रकार रम्या श्रुति पर शुद्ध ध, रोहिणी श्रुति पर कोमल ध एवं मदंती श्रुति पर अति कोमल ध निर्दिष्ट होता है। रागविशेष में अतिकोमल रे और ध स्वरों का प्रचलन है। जैसे श्रीराग में अतिकोमल रे और ध का व्यवहार किया जाता है।

अतीत : संगतिकार का 'सम' आ जाने के बाद गायक या वादक की तान, बाँट अथवा परण का 'धा' आता है, तो गायक या वादक के 'धा' को 'अतीत धा' (अर्थात् सम निकल जाने के बाद का धा) कहा जाता है। यह गायक या वादक की लयकारी का कौशल है।

सम के बाद की ताल को भी अतीत ताल कहते हैं। (ताल द्रष्टव्य)

अनागत : संगतिकार का 'सम' आने के पूर्व यदि गायक या वादक की तान, बाँट अथवा परण का 'धा' आ जाय तो गायक या वादक के 'धा' को 'अनागत धा' (अर्थात् सम अनागत अवस्था में धा) कहा जाता है। यह गायक या वादक की लयकारी का कौशल है। सम के पूर्व की ताल को अनागत ताल कहा जाता है, किंतु कई लोग 'खाली' को ही 'अनागत' अथवा 'अनाघात' कहते हैं। (ताल द्रष्टव्य) संगीत-रत्नाकर में सम, अतीत, अनागत की इस प्रकार व्याख्या है--सम, अतीत, अनागत, ताल के ग्रहस्वरूप हैं। गीत, वाद्य, नृत्य के समान काल में अर्थात् आरंभकाल में जिसका आरंभ हो, जिसका पाणि या ताल समान हो, उसे 'सम' नामक ग्रह या समपाणि ग्रह कहा जाता है। ताल जहाँ गीतादि के पहले ही आरंभ हो जाय उसे ही अतीत अथवा अवपाणि ग्रह कहते हैं। जहाँ गीत, वाद्य और नृत्य पहले ही आरंभ हो जाय, ताल का आरंभ बाद में हो, तो उसे अनागत या उपरिपाणिक ग्रह कहा जाता है।

अनाघात : लयकारी का एक प्रकार। यह 'अनाघात' काम के नाम से प्रचलित है। एक ताल कई मात्राओं की समष्टि है, इन मात्राओं पर पखावज या तबले पर आघात किया जाता है। इस अवस्था में दो मात्राओं अथवा आघात के मध्यवर्ती समय में कोई आघात नहीं है, अतः ये अनाघात स्थान हैं। गायक या वादक बाँट, तान और परण का प्रदर्शन करते समय यदि इन अनाघात-स्थानों पर गान के पद या गत के बोलों की यति से संगतिकारी की आघातयुक्त मात्राओं को अपने अनाघात के साथ मिला लेता है तो वह 'अनाघात काम' करेगा। उदाहरणस्वरूप--

	अनाघात स्थान	धा सा	अनाघात स्थान	धिन् रे	अनावात स्थान	धिन् ग	अनाघात स्थान	धा म	स्वाभाविक काम
गायक या वादक का अनाघात काम	सा	अनाघात स्थान	रे	अनाघात स्थान	ग	अनाघात स्थान	म	अनावात स्थान	'अनाघात काम'

अनाहत : नाद दो प्रकार के हैं, आहत नाद एवं अनाहत नाद। जो वाद किसी भी प्रकार के आघात की अपेक्षा नहीं करता अर्थात् आहत नहीं होता, जो

स्वतःस्फूर्त, स्वयंभू एवं अनंत है, वही अनाहत नाद है। अनाहत नाद पार्थिव जगत् के संगीत में अप्रयोजनीय है।

अनिबद्ध : संगीत में जो ताल, मात्रा और छंद में निबद्ध नहीं है, अर्थात् आलाप।

अनुदात्त : निम्न स्वर।

अनुवादी : वादी स्वर का जो स्वर अनुसरण करता है, उसे अनुवादी स्वर कहा जाता है। प्रचलित सप्तक से प्रतीत होता है कि वादी स्वर से तृतीय स्वर अनुवादी होता है, यथा सा+ग, रे+म, ग+प, म+ध, प+नि, ध+सां–साधारणतया इस स्वरद्वय में प्रथम स्वर वादी और द्वितीय स्वर अनुवादी माना जाता है। शास्त्र में संवादी और विवादी के अलावा अन्यान्य स्वरों को ही अनुवादी कहा गया है। तृतीय स्वर का अनुवादित्व शास्त्रीय सूत्र में नहीं मिलता, यूरोपीय पद्धति में ऐसा है। (वादी द्रष्टव्य)

अनुलोम : अनुक्रम अथवा यथाक्रम। संगीत का स्वरसप्तक सा, रे, ग, म, प, ध, नि; इसी क्रम से, अर्थात् आरोही क्रम।

अन्तर गांधार : चतुःश्रुतियुक्त गांधार। यही आधुनिक बिलावल थाट का शुद्ध गांधार है। (गांधार द्रष्टव्य)

अन्तरा : ध्रुपद और आलाप में चार तुक या चरण रहते हैं, खयाल में दो चरण रहते हैं, जिनमें अंतरा द्वितीय चरण है। अंतरा-चरण में साधारणतया मध्यसप्तक के गांधार से तारसप्तक के गांधार तक स्वराष्टक का व्यवहार होता है। खयाल में मात्र दो चरण रहने के कारण मध्यसप्तक के गांधार से तारसप्तक के अंत तक स्वरों का व्यवहार किया जा सकता है, किंतु साधारणतः पंचम स्वर तक ही व्यवहार होता है। संभवतः स्थायी के निकट अवस्थित होने के कारण इस चरण का नाम 'अंतरा' पड़ा है। (अंतरा शब्द का अर्थ निकट, समीप है) (धातु द्रष्टव्य)

अपन्यास : अपन्यास शब्द का व्यवहार प्राचीनकाल में होता था। वर्तमान काल में इसका व्यवहार कम है। जिस स्वर पर विदारी संपूर्ण हो, उसे अपन्यास स्वर कहा जाता है। राग के पद को ही विदारी कहा जाता है, जैसे यमन में नि रे ग म प, इसे विदारी कहा जाता है एवं पंचम को इस स्थान पर अपन्यास स्वर कहा जाता है। (विदारी द्रष्टव्य)

अवरोह : अरोही क्रम के विपरीत गति को अवरोह कहा जाता है; यथा,

नि ध प म ग रे सा। इसे विलोम भी कहा जाता है। स्वरसप्तक के स्वाभाविक क्रम का विपरीत क्रम। राग के अवरोहण में कुछ वैशिष्ट्य है। (राग द्रष्टव्य)

अवरोही : अवरोह के क्रम में स्वरों के विस्तार को अवरोही कहते हैं, यथा—सांनिध, धपम, रेसानि, पमगरे, इत्यादि। (वर्ण द्रष्टव्य)

अभिरुद्गता : मूर्छना द्रष्टव्य।

अलंकार : अलंकार दो प्रकार के हैं—(1) वर्णालंकार—अर्थात् वर्ण-रचित अलंकार (2) शब्दालंकार—अर्थात् स्वरों को ध्वनित करने के लिए विभिन्न हस्तक्रियाएँ। विशिष्ट वर्ण-रचना को वर्णालंकार कहते हैं। विस्तार-भय से मात्र संगीत-रत्नाकर में उल्लिखित नाम एवं उदाहरण संक्षेप में दिए जा रहे हैं। शास्त्र में मात्र 63 प्रकार के प्रसिद्ध अलंकारों का उल्लेख है। वैसे अलंकार अनंत हैं। स्वर का रंजकता-ज्ञान, स्वरूपगत-ज्ञान, वर्ण-संदर्भ के वैचित्र्य आदि के लिए अलंकारों का प्रयोजन है। मंद्र एवं प्रसन्न—ये दो शब्द एक ही अर्थवाचक हैं। मंद्र या प्रसन्न सप्तक का अर्थ मंद्र सप्तक होगा, किंतु एक सप्तक में भी प्रसन्न अथवा मंद्र कहने पर संलग्न निम्नस्वर समझा जायगा, जैसे मंद्रांत कहने पर एक ही सप्तक में 'गमरे' पद भी समझा जा सकता है; यहाँ 'ग' की तुलना में 'रे' स्वर मंद्र है, अतः 'गमरे' पद मंद्रांत पद है।

स्थायी वर्णगत अलंकार

1. प्रसन्नादि—सासासां
2. प्रसन्नांत—सांसांसा
3. प्रसन्नाद्यंत—सासांसा
4. प्रसन्नमध्य—सांसासां
5. क्रमरेचित—सारेसा, सागमसा, सापधनिसा
6. प्रस्तार—सारेसा, सागमसां, सापधनिसां
7. प्रसाद—सारेसा, सांगमसा, सांपधनिसा

आरोही वर्णगत अलंकार

8. विस्तीर्ण—सा रे ग म प ध नि
9. निष्कर्ष (क)—सासा, रेरे, गग, मम, पप, धध, निनि,
   (ख)—सासासा, रेरेरे, गगग, ममम, पपप, धधध, निनिनि, अथवा

सासासासा रेरेरेरे, गगगग, ममम, पपपप, धधधध, निनिनिनि, होने पर गात्रवर्ण अलंकार कहा जाता है।

10. बिंदु—सासासा, रे, गगग म, पपप ध, निनिनि सा,

11. अभ्युच्चय—सा ग प नि

12. हसित—सा रेरे गगग मममम पपपपप धधधधधध निनिनिनिनिनिनि

13. प्रेंखित—सारे रेग गम मप पध धनि

14. आक्षिप्त—साग गप पनि

15. संधिप्रच्छादन—सारेग गमप पधनि

16. उद्‌गीत—सासासा रेग ममम पध

17. उद्वाहित—सा रेरेरे ग म पपप ध

18. त्रिवर्ण—सारे गगग मप धधध

19. वेणी—सासासा रेरेरे गगग ममम पपप धधध

नि स्वर का व्यवहार करने पर गात्रवर्ण अलंकार हो जाएंगे। 20 से 31 तक अवरोही वर्णगत अलंकार हैं। अवरोही वर्ण में उपरोक्त आरोही वर्णगत अलंकारों का ही व्यवहार होता है।

संचारी वर्णगत अलंकार

32. मंद्रादि—सागरे रेमग गमप मधप पनिध

33. मंद्रमध्य—गसारे मरेग पगम धमप निपध

34. मंद्रांत—रेगसा गमरे मपग पधम धनिप

35. प्रस्तार—साग रेम गप मध पनि

36. प्रसाद—सारेसा रेगरे गमग मपम पधप धनिध

37. व्यावृत्त—सागरेमसा रेमगपरे गपमधग मधपनिम

38. स्खलित—सागरेममरेगसा रेमगपपगमरे गपमधधमपग मधपनिनिपधम

39. परिवर्त्त—सागम रेमप गपध मधनि

40. आक्षेप—सारेग रेगम गमप मपध पधनि

41. बिंदु—सासासारेसा रेरेरेगरे गगगमग मममपम पपपधप धधधनिध

42. उद्वाहित—सारेगरे रेगमग गमपम मपधप पधनिध

43. ऊर्मि—साममसाम रेपपपरेप गधधधगध मनिनिनिमनि

44. सम—सारेगम मगरेसा, रेगमप पमगरे, गमपध धपमग, मपधनि निधपम

45. प्रेङ्ख—सारेरेसा रेगगरे गममग मपपम पधधप धनिनिध

46. निष्कूजित—सारेसागसा रेगरेमरे गमगपग मपमधम पधपनिप

47. श्येन—साप रेध गनि मसां

48. क्रम—सारे सारेग सारेगम, रेग रेगम रेगमप, गम गमप गमपध, मप मपध मपधनि

49. उद्घट्टित–सारेपमगरे, रेगधपमग, मपनिधपम

50. रंजित–सागरेसागरेसा, रेमगरेमगरे, गपमगपमग, मधपमधपम, पनिधपनिधप

51. सन्निवृत्तप्रवृत्तक–सापमगरे, रेधपमग, गनिधपम

52. वेणु–सासारेमग, रेरेगपम, गगमधप, ममपनिध

53. ललितस्वर–सारेमरेसा, रेगपगरे, गमधमग, धपनिपम

54. हुंकार–सारेसा, सारेगरेसा, सारेगमरेसा, सारेगमपमगरेसा, सारेगमपधपमगरेसा, सारेगमपधनिधपमगरेसा

55. ह्लादमान–सागरेसा, रेमगरे, गपमग, मधपम, पनिधप

56. अवलोकित–सागममरेसा, रेमपपगरे, गपधधमग, मधनिनिपम

अतिरिक्त सप्तालंकार–

57. तार मंद्र प्रसन्न–सारेगमपधनिसांसा

58. मंद्र तार प्रसन्न–सासांनिधपमगरेसा

59. आवर्त्तक–सासा रेरे सासा रेसा, रेरे गग रेरे गरे, गग मम गग मग, मम पप मम पम, पप धध पप धप, धध निनि धध निध

60. संप्रदान–सासा रेरे सासा, रेरे गग रेरे, गग मम गग, मम पप मम, पप धध पप, धध निनि धध

61. विधूत–सागसाग, रेमरेम गपगप, मधमध पनिपनि

62. उपलोल–सारेसारेगरेगरे, रेगरेगमगमग, गमगमपमपम, मपमपधपधप, पधपधनिधनिध

63. उल्लासित–सासागसाग, रेरेमरेम, गगपगप, ममधमध, पपनिपनि

इसके अलावा संगीत में 'अलंकार' शब्द व्यापक रूप से प्रयोज्य है। मीड़, आश, खटका, गमक, जमजमा इत्यादि हस्तक्रियाएँ शब्दालंकार की श्रेणी के अंतर्गत हैं।

अल्पत्व : स्वर के व्यवहार के संबंध में ही अल्पत्व शब्द का प्रयोग किया जाता है। राग विशेष में किसी-किसी स्वर का अल्प प्रयोग दिखायी देता है, जैसे केदार में कोमल निषाद, यमनकल्याण में शुद्धमध्यम इत्यादि।

अश्वक्रांता : मूर्छना द्रष्टव्य।

अंश : जो स्वर संगीत में रंजकता प्रकट करता है, जिस स्वर के संवादी एवं अनुवादी प्रचुर मात्रा में परिलक्षित होते हैं, जो स्वर ग्रह, न्यास आदि स्वररूप व्यवहृत होकर गीत-प्रयोग में बहुल-रूप में परिलक्षित होता है, उसे ही अंश स्वर कहते हैं। राग में बहुलत्व और व्यापकता ही अंशस्वर का लक्षण है। संगीत-जगत्

में यह 'जान' (जीव) स्वर रूप में परिचित है। इसे कुछ गुणी 'रागरागिनी का वादी' स्वर भी मानते हैं। (वादी द्रष्टव्य)

आवर्दा : आवर्त्त शब्द का ही अपभ्रंश। ताल या छंद की एक संपूर्ण आवृत्ति को ही आवर्त्त या आवर्दा कहा जाता है।

आगंतुक स्वर : रागनियम के बहिर्भूत किसी स्वर का उस राग में व्यवहार करने पर उसे आगंतुक स्वर कहा जाता है। पाश्चात्य संगीत में इसे accidental note कहा जाता है।

आर्चिक : तान द्रष्टव्य।

आताई (अताई) : अशिक्षित एवं संगीत-शास्त्र से अनभिज्ञ उस्ताद को अताई कहा जाता है।

आधिचक्रदार : एक बोल संपूर्ण रूप से बजाने के बाद उसके आधे बोल को तीन बार बजाकर सम पर आने को आधिचक्रदार कहते हैं। (चक्रदार द्रष्टव्य)

आधुनिक संगीत : इस शब्द का अर्थ अत्यंत जटिल है। उच्चांग अर्थात् शास्त्रीय संगीत, कीर्त्तन, भजन, लोकसंगीत इत्यादि को छोड़कर वर्तमान काल में इस देश में प्रचलित प्रायः अधिकांश संगीत ही आधुनिक संगीत की श्रेणी में आता है। कण्ठसंगीत में फिल्म-संगीत, मंचसंगीत इत्यादि, वाद्यसंगीत में विविध प्रकार का आर्केस्ट्रा-संगीत इत्यादि आधुनिक संगीत की श्रेणी में आते हैं; इनमें कुछ चिरस्थायी होकर भविष्य में शास्त्रीय संगीत की श्रेणी में आ सकते हैं। प्रायः अधिकांश ही सामयिक प्रयोजन के अनुसार व्यवहृत होने के बाद लुप्त हो जाएंगे। संसार का नियम है कि वर्तमान काल का 'आधुनिक' ही भविष्य का 'उच्चांग' (शास्त्रीय) है, यदि वह भविष्य तक टिक सके। लघुसंगीत या रम्यसंगीत भी आधुनिक संगीत के अंतर्गत है।

आभोग : ध्रुपद या आलाप की चार कलियों या भागों में चतुर्थ कलि। मध्यसप्तक के मध्यम या पंचम स्वर अर्थात् मध्य से तारसप्तक में पंचम, धैवत या उससे ऊपर के स्वरों तक आभोग का विकास-विस्तार स्थान है। कविता अथवा

गान के चतुर्थ चरण में कवि का नाम दिया जाता था—इसे भणिता कहा जाता है। गान या कविता के भणितायुक्त चरण को ही आभोग कहा जाता है। ध्रुपदादि चार-चरण-विशिष्ट रचना के अंतिम चरण में भणिता रहने से उसे आभोग के रूप में लिया जाता है। आभोग का व्युत्पत्तिगत अर्थ है 'परिसमाप्ति'। (धातु द्रष्टव्य)

आरोह : सा से रे, रे से ग उच्चतर है, अतः संपूर्ण सारेगमपधनि क्रम उच्चगामी है, इस गमन को आरोह कहा जाता है। इसका भाषांतर अनुलोम है। राग के आरोहण में कुछ वैशिष्ट्य है। (राग द्रष्टव्य)

आरोहीवर्ण : आरोहक्रम में स्वर के विस्तार को आरोही वर्ण कहा जाता है—जैसे सागम, मधनि, गमधनि इत्यादि। (वर्ण द्रष्टव्य)

आलंकारिक स्वर : जो स्वर अन्य किसी भी स्वर को रंजकता के पोषक के रूप में अलंकृत करता है, किंतु स्वयं अप्रधान रहता है, उसे ही आलंकारिक स्वर कहते हैं, यथा नि̲ ध̲ नि̲ ध̲—इस स्थल पर कोमल ध के पूर्व स्थित कोमल निषाद ध का आलंकारिक स्वर है; ध̲ स्वर ही प्रधान है, नि̲ स्वर की प्रधानता बिलकुल नहीं है। साधारणतया आलंकारिक स्वर प्रधान स्वर के ऊपर एक ओर (साधारणतः छोटे अक्षरों में) लिखे जाते हैं।

आलंकारिक पद : एक पद जब किसी भी एक स्वर या अन्य एक पद के अलंकारस्वरूप व्यवहृत होता है; तब उस पद को आलंकारिक पद कहा जाता है, यथा—रेरेसानि̲ ध̲—इस स्थान पर 'रेरेसानि̲' पद ध̲ पद को अलंकृत कर रहा है। नि̲ नि̲ पम ग̲मप,—यहाँ 'नि̲ नि̲ पम' पद 'ग̲मप' पद को अलंकृत कर रहा है। आलंकारिक पद प्रधान पद के ऊपर (साधारणतः छोटे अक्षरों में) लिखा जाता है।

आलाप : 'संगीत रत्नाकर' के मतानुसार राग के आलापन को आलप्ति कहते हैं। आलापन शब्द का अर्थ है राग को प्रकट करना या उसका विस्तार करना। अनिबद्ध रूप से एक राग का रूप स्वर-विस्तार द्वारा परिस्फुटित करने को आलाप कहा जाता है। दो विभिन्न प्रकारों से आलाप को श्रेणीबद्ध किया जाता है, प्रथमतः आलाप के विस्तार के हिसाब से, द्वितीयतः प्रकृति के हिसाब से। ध्रुपद के समान आलाप के भी चार तुक, चरण या कलियाँ है। किसी-किसी मत से पाँच तुक, चरण या कलियाँ हैं। (तुक द्रष्टव्य)

इन दो श्रेणियों में प्रत्येक के चार-चार विभाग हैं।

प्रथमतः आलाप की विस्तारमूलक श्रेणी–

(क) औचार आलाप, (ख) बंधान आलाप, (ग) कैद आलाप, (घ) विस्तार आलाप। इन चारों प्रकार की श्रेणियों के मिश्रण से छह प्रकार की श्रेणियाँ बन सकती हैं। जैसे–औचार+बंधान, औचार+कैद, औचार+विस्तार, बंधान+कैद, बंधान+विस्तार, कैद+विस्तार। हम मूल चार श्रेणियों का ही विश्लेषण करते हैं।

(क) औचार आलाप–इस श्रेणी के आलाप में किसी कठोर नियम के अनुसरण का प्रयोजन नहीं है। राग में व्यवहृत प्रधान पदों का व्यवहार कर राग का रूप प्रस्फुटित करना ही इस आलाप का उद्देश्य है। ध्रुपद, खयाल अथवा गत इत्यादि का गौर चंद्रिका (भूमिका) के हिसाब से ही इस आलाप का व्यवहार होता है। इसे परिपूर्ण आलाप नहीं कहा जाता एवं आलाप की विशालता इसमें नहीं है। जिस आलाप में राग का परिचय मात्र प्रदर्शित होता है, उसे औचार आलाप कहते हैं।

(ख) बंधान आलाप–विभिन्न घरानों में व्यवहृत कुछ विभिन्न बंदिशों की तानें आलाप के स्थायी अंग में व्यवहृत होती हैं, उनमें उन-उन घरानों का वैशिष्ट्य परिस्फुट होता है। बंदिशी तानों के द्वारा आलाप आरंभ किया जाता है, अतः इसे बंधान आलाप कहा जाता है। आरंभ में छोटी-छोटी तानों और बाद में बड़ी तानों का व्यवहार किया जाता है।

(ग) कैद आलाप–इस आलाप में एक-एक स्वर को 'कैद' कर अर्थात् इस स्वर को केंद्र कर तानें बजायी जाती हैं, पहले छोटी तान एवं बाद में बृहत् तान द्वारा इस स्वर को अलंकृत किया जाता है, अतः इसे कैद आलाप कहा जाता है। पहले राग के अंश स्वर को केंद्र कर ही आरंभ करने की रीति है, किंतु कई बार षड्ज को केंद्र कर भी आलाप आरंभ होता है।

(घ) विस्तार आलाप–स्वर अथवा बँधी तान की सीमा न रखकर राग-प्रकाशक-स्वर विस्तार का व्यवहार कर इस आलाप को आरंभ किया जाता है। इसकी प्रकृति काफी कुछ औचार आलाप के समान अवश्य है, किंतु उसकी अपेक्षा यह गभीरतर और व्यापकतर है।

द्वितीयतः, आलाप की प्रकृतिमूलक श्रेणी पर विचार किया जाय। आलाप के स्वर-विस्तार में चार प्रकार के प्रकाशन-रूप या वाणियाँ है। यथा–(क) गौड़ या गौड़हार वाणी, (ख) डागर वाणी, (ग) नौहार वाणी, (घ) खण्डार वाणी।

(क) गौड़ या गौड़हार (गोबरहर एवं गौरहर–ये नामांतर हैं)–गौड़देश में संभवतः यह वाणी प्रचलित होने के कारण इसका नाम गौड़हार वाणी पड़ा है। इसे शुद्ध वाणी भी कहा जाता है; इसका कारण यह है कि इसमें अलंकारों का आडंबर नहीं हैं एवं शुद्ध और सरल गति से स्वरों का उच्चारण होता है। मीड़

एवं आश अथवा सूँत का व्यवहार इस वाणी में अधिक परिलक्षित होता है। रबाब वाद्य में इस वाणी का ही प्रयोग अधिक है। इस वाणी में शांत और भक्ति रस प्रधान है।

(ख) डागर वाणी–संभवतः डागर नामक स्थान पर यह वाणी अधिक प्रचलित थी। गौड़ वाणी की अपेक्षा यह वाणी सामान्य वक्रगति युक्त है। इस वाणी में कुछ-कुछ अलपकारों का भी व्यवहार होता है। मीड़प्रधान वाद्य के लिए यह वाणी विशेष उपयुक्त है। इसमें मीड़, आश जमजमा आदि अलंकारों का व्यवहार किया जाता है। शांत, करुण एवं मधुर रस इस वाणी में प्रधान हैं।

(ग) नौहर वाणी–कई गुणियों के मत के अनुसार सिंह की गति से इस वाणी का नामकरण हुआ है, किंतु यह बात अधिक युक्तिसंगत लगती है कि यह भी प्रदेश विशेष उद्भूत है। डागरवाणी की अपेक्षा इसमें अलंकारों का अधिक परिमाण में प्रयोग दिखायी देता है। मीड़, आश, जमजमा, गमक, छूट इत्यादि अलंकारों का अधिक परिमाण में व्यवहार होता है। सभी प्रकार के वाद्ययंत्रों के लिए यह वाणी सुविधाजनक है। अदभुत रस ही इस वाणी की मुख्य विशेषता है।

(घ) खण्डार वाणी–संभवतः कंधार से इस वाणी का प्रचलन हुआ होगा। इसमें गमक ही मुख्य अलंकार है एवं इसके अन्यान्य सभी अलंकार गमक युक्त होते हैं, उसके लिए इसका अत्यंत विलंबित लय में व्यवहार अत्यंत कठिन है। वीर एवं अदभुत रस ही इस वाणी में प्रधान है।

सभी प्रकार के आलाप में विलंबित लय के समय गौड़ अथवा डागर वाणी का व्यवहार होता है एवं मध्य अंग से ही भिन्न-भिन्न वाणियों का प्रभाव प्रकट होता है।

इन चार प्रकार की वाणियों के साथ संगीत-रत्नाकरोक्त शुद्धागीति प्रभृति का सामंजस्य अधिक दिखायी देता है। (गीति द्रष्टव्य)

इसके पश्चात् आलाप का सिलसिला अथवा पारंपरिक धारावाहिकता दी जा रही है। आलाप के द्वादश अंग प्रचलित हैं, पहले और एक अंग था, वह वर्तमान काल में लुप्त है। कण्ठ-संगीत में निरर्थक शब्दों की सहायता से आलाप गाया जाता है। लगता है कि पहले संस्कृत श्लोक की सहायता से आलाप किया जाता था। (तराना द्रष्टव्य)

आलाप के द्वादश अंग–

(1) विलंबित, (2) मध्य, (3) द्रुत, (4) झाला, (5) ठोक, (6) लड़ी, (7) लड़गुथाव, (8) लड़लपेट, (9) परण, (10) साथ, (11) धुया, (12) माठा, (13) परमाठा (वर्तमान काल में लुप्त) 2 एवं 3 संख्यक अंगद्वय को 'जोड़' कहा जाता है। (जोड़ द्रष्टव्य)

(1) विलंबित–आलाप का स्थायी, अंतरा, संचारी एवं आभोग साधारणतया

विलंबित लय में ही सम्पन्न अवश्य किया जाता है किंतु स्थायी से अंतरा कुछ द्रुत, संचारी उसकी अपेक्षा द्रुत एवं आभोग उसकी अपेक्षा भी द्रुत लय में गाया या बजाया जाता है। लय कुछ द्रुत करने पर भी आलाप की मध्यगति अथवा मधू-अंग तक वह विलंबित ही रहेगी। लय की गति क्रमशः द्रुत होगी, अचानक नहीं, अन्यथा वह श्रोताओं के लिए पीड़ादायक होगी। साधारणतः राग के ग्रह स्वर अथवा अंशस्वर से अथवा मध्यसप्तक के षड्ज या खरज से आलाप आरम्भ किया जाता है एवं अंशस्वर और उसके संवादी स्वर को स्पर्श कर मोहड़े (मुखड़े) द्वारा एक तान समाप्त की जाती है। कुछ गुणी विलंबित अंग के भी तीन भाग करते हैं, यथा—विलम्बित+विलम्बित, विलम्बित+मध्य, विलम्बित+द्रुत। इन सब विभागों का तात्पर्य यह है कि रागालाप क्रमशः ही द्रुत होगा, किंतु इस लय की गति में वृद्धि इतनी सामान्य रूप से होगी कि जिससे यह प्रकट न हो कि अचानक लय-परिवर्तन की चेष्टा की गई है।

विलम्बित+विलम्बित अंग में : (क) ग्रहस्वर से आलाप आरम्भ कर राग के अंश स्वर और उसके संवादी स्वर पर्यन्त व्यवहार कर न्यास स्वर पर तान समाप्त करनी होती है; औचार आलाप में ही इस नियम का अधिक व्यवहार होता है।

(ख) षड्ज स्वर से आलाप आरम्भ कर राग के अंश स्वर और उसके संवादी स्वर का व्यवहार कर न्यास स्वर पर तान समाप्त की जाती है। बन्धान और कैद श्रेणी के आलाप में यह नियम प्रयोज्य है।

(ग) राग के अंशस्वर से आरम्भ कर उसका संवादी स्वर दिखाकर तान समाप्त की जाती है। विस्तार अंग के आलाप में यह नियम प्रयोज्य है।

विलम्बित+मध्य : यह भी विलम्बित+विलम्बित के ही समान होगा—किंतु इसमें कुछ-कुछ द्रुत लय का टुकड़ा-टुकड़ा विस्तार अथवा तान का व्यवहार किया जाता है। विढार की तान भी इस लय में ही प्रयोज्य है। (विढार द्रष्टव्य) सामान्य-सामान्य चिकारी-काम का भी इस अंग में व्यवहार होता है। विलम्बित+विलम्बित अंग में भी सामान्य चिकारी-काम का व्यवहार अवश्य होता है, किंतु इस अंग में तदपेक्षा कुछ अधिक व्यवहार होगा। कहना न होगा कि इसकी लय भी सामान्य रूप से बढ़ेगी।

विलम्बित+द्रुत : विलम्बित+मध्य से इसकी लय कुछ द्रुत होगी। इस अंग में संचारी एवं आभोग का व्यवहार होता है। इसमें कुछ-कुछ द्रुत लय के छोटे टुकड़ों का भी व्यवहार होता है।

विलम्बित अंग का काम यहीं तक होगा। विलम्बित का मोहड़ा भी (मोहड़ा द्रष्टव्य) इस अंग में व्यवहृत होगा। विलम्बित+द्रुत अंग के गायन या वादन के समय मध्य या द्रुत अंग की छाया न दिखायी दे, इसके लिए मोहड़ा का स्वरूप

देखकर यह समझा जा सकेगा कि यह विलम्बित अंग है।

(2) **मधू (मध्य)** : अथवा मध्य लय का अंग। विलम्बित, मध्य या द्रुत–ये शब्द पूर्णतया आपेक्षिक हैं, अतः कितना विलम्बित, कितना मध्य या कितना द्रुत, इसका कोई परिमाप नहीं है। वाद्य विशेष में इसका परिमाण विभिन्न प्रकार का होता है। यथा–रबाब वाद्य पर अधिक विलम्बित बजाना सम्भव नहीं, क्योंकि रबाब वाद्य का श्वास अधिक समय तक स्थायी नहीं है। वीणा, सुरबहार अथवा सितार वाद्य का श्वास अधिक समय तक कायम रहता है, अतः विलम्बित लय के लिए ये वाद्य अधिकतर सुविधाजनक हैं। (श्वास द्रष्टव्य)

मधू (मध्य) अंग के भी तीन विभाग किये जाते हैं–मध्य+विलम्बित, मध्य+मध्य एवं मध्य+द्रुत। मध्य अंग से ही छंद का आभास मिलता है।

(क) मध्य+विलम्बित : इस अंग को गुणी उस्ताद 'डगर की बढ़त' भी कहते हैं। वीणा वाद्य पर वादन-बोल 'ड ग र' इन तीन बोलों का समन्वय ही प्रधानतः होता है, अतः उसकी लय में वृद्धि की जाती है, सम्भवतः इसीलिए 'डरर की बढ़त' वाक्य का प्रचलन हुआ है। विलम्बित की तुलना में मध्य लय में यह अंग आरम्भ किया जाता है। इस अंग में चिकारी का काम सामान्य अधिक एवं मीड़ और सूँत का काम भी अधिक बढ़ता है। संगीत-रत्नाकरोक्त 63 प्रकार के अलंकारों का भी इस अंग में व्यवहार किया जाता है।

(ख) मध्य+मध्य : इस अंग को उस्ताद 'मधूजोड़' अथवा 'बराबर की जोड़' कहते हैं, इस अंग में ही 'गमक जोड़' का व्यवहार आरम्भ होता है। मीड़ अथवा सूँत के काम का इस अंग में अल्प परिमाण में व्यवहार कर पृथक-पृथक रूप से स्वरों का व्यवहार करना पड़ता है। वाद्यसंगीत में पर्दो के ऊपर ही काम अधिक होता है। 'गमक जोड़' वादन के समय चिकारी का काम प्रायः नहीं होता, एवं इसका 'खण्डार वाणी' रीति में ही वादन या गायन होगा। विढार का विस्तार भी इस अंग में व्यवहृत होता है। (खण्डार वाणी या जोड़ द्रष्टव्य)

(ग) मध्य+द्रुत : इस अंग को कुछ गुणी 'लड़ी जोड़' भी कहते हैं। मध्य+मध्य अंग के समान ही पूरा काम होगा, किंतु इसकी लय में कुछ वृद्धि होगी। परण के छोटे-छोटे टुकड़ों का भी बीच-बीच में व्यवहार होता है। चिकारी का काम अत्यंत अल्प होगा। (परण द्रष्टव्य)

(3) **द्रुत** : इस अंग के भी तीन विभाग किए गए हैं–द्रुत+विलम्बित, द्रुत+मध्य, द्रुत+द्रुत।

द्रुत+विलम्बित : मध्य+द्रुत अंग का पूरा काम ही द्रुत लय में इस अंग में बजेगा। चिकारी का व्यवहार विशेष प्रयोजन को छोड़कर इस अंग में बिलकुल

नहीं होगा। द्रुत+मध्य और द्रुत+द्रुत में लय-वृद्धि का ही निर्देश है।

(4) **झाला :** इस अंग से ही आलाप का सुनिर्दिष्ट छंदोबद्ध रूप परिस्फुट होना आरम्भ होता है। द्रुत+मध्य अंग ही 'झाला' अंग रूप में परिचित है। इस अंग में स्वरों का विन्यास विलम्बित लय में होता रहेगा, किंतु चिकारी के सहयोग से उसके साथ झाला बजाना होगा। गायकगण 'तानानाना' वाणी के द्वारा विलम्बित अंग में स्वरविस्तार करते हैं। इस अंग में पखावज की संगत आरम्भ की जा सकती है, यद्यपि लड़ी (नम्बर-6) अंग से परण का काम आरम्भ होता है।

(5) **ठोक :** इस अंग से आलाप का सम्पूर्ण अंग द्रुत+द्रुत श्रेणी के अंतर्गत आता है। इस अंग में स्वरों में युक्तवाणी का प्रयोग किया जाता है एवं चिकारी पर झाला उसके साथ बजता है। कण्ठ में 'द्रेतुम' अथवा 'क्रेधान्ने' इत्यादि युक्तवाणी के साथ 'नानानाना' इत्यादि झाला की वाणी का व्यवहार होता है। वाद्ययंत्र पर 'ड्रेडार् डार् डा डारा डारारारा' इत्यादि युक्तबालों के सहयोग से झाला बजता है। ठोक अथवा आघात का एक निहितार्थ है, इसीलिए सम्भवतः इस अंग का नाम 'ठोक' हुआ है। इस अंग से राग एवं स्वर का प्राधान्य कुछ कम हो जाता है, वाणी अथवा बोल, छंद इत्यादि का प्राधान्य ही अधिकतर परिस्फुटित होता है। ठोक में साधारणतः वाद्ययंत्र के काष्ठ के ऊपर जवा अथवा मिजराब का आघात पड़ता है।

(6) **लड़ी :** साधारणतः इस अंग से समस्त काम ही वाद्ययंत्र के उपयोगी है, कण्ठ से यह अंग सुनायी नहीं देता। इस अंग से समस्त काम ही तारपरण के अंतर्गत है, इसमें बोल एवं छंद ही मुख्य वस्तु हैं। राग का प्राधान्य अत्यंत अल्प है–बोलों का वाहन मात्र है।

लड़ी : इस शब्द का अर्थ है माला, मृदंग के सरल अर्थात् अयुक्त बोलों का एक अंश लेकर उसका विविध प्रकार से विस्तार करने को लड़ी कहा जाता है। यथा–'धुमकिट् तक्तक्'–इस बोल शब्दद्वय को लेकर विस्तार करने पर इस प्रकार होगा–धुमकिट् तक्तक् तक् धुमकिट्तक् धुमकिट्तक् धुमकिट्तक् धुमकिट् इत्यादि–यही लड़ी हुई। मृदंग के बोलों की ध्वनि के अनुरूप छंद विशिष्ट बोल वाद्ययंत्र पर बजाए जाते हैं। स्वरों का विस्तार विलम्बित+मध्य अंग के अनुरूप ही होगा। इस अंग से ही पखावज या तबला पर संगत प्रारम्भ की जाती है, किंतु अधिकांश समय में 'परण' अंग से संगत आरम्भ होती है।

(7) **लड़गुथाव :** गुत्थी शब्द का अर्थ है ग्रन्थन करना अथवा धागा-सुई

द्वारा सिलाई करना, इससे ही हमने 'गुँताइया' (ग्रन्थन कर) अर्थ किया है। लड़ी अंग में जिस प्रकार सरल बोलयुक्त विस्तार किया जाता है, इस अंग में उसके बीच में युक्त बोलों का प्रयोग किया जाता है, यथा–'क्रेधान', क्रेधेतेटे' इत्यादि। इसके अलावा वह लड़ी के समान ही होगा।

(8) लड़लपेट : लड़ी और लड़गुथाव अंग के साथ यदि स्वरविन्यास के बीच सूँत, आश या छूट इत्यादि समन्वित विस्तार हो तो इस प्रकार के काम को लड़लपेट कहा जाता है। इसमें स्वर-विस्तार का प्राधान्य भी अधिकतर परस्फिुट होता है। विढार का काम ही इसमें अधिक व्यवहृत होता है।

(9) परण : वाद्ययंत्र-वादक चिकारी पर एक ताल का छंद आरम्भ करेगा एवं मुख्य तार पर पखावज के बोल बजाकर सम पर आकर पुनः चिकारी पर ताल के छंद पर लौटने के बाद संगतकार उन्हीं बोलों के अनुरूप बोल बजाकर जवाबी संगत करेगा। इस अंग को 'परण' कहा जाता है; इसे यथार्थ में 'तारपरण' भी कहा जाता है। (परण द्रष्टव्य)

(10) साथ : यह परण के ही अनुरूप है, फिर भी इस अंग में संगतकार एवं वाद्ययंत्र-वादक साथ-साथ परण बजाकर 'सम' दिखायेंगे, अर्थात् साथसंगत करेंगे। यहाँ साधारणतः वाद्ययंत्र-वादक ही मुख्य वादक है एवं संगतकार उसका अनुगामी, किंतु ऐसा भी देखा जाता है कि संगतकार ने बोल आरम्भ किये हैं और वाद्ययंत्र-वादक उसके साथ-साथ संगत कर रहा है। यह अपनी-अपनी रुचि के अनुसार निर्धारित होता है।

(11) धुया : नायकी अर्थात् प्रधान तार पर सामान्य काम कर चिकारी के तार पर लड़ी या लड़गुथाव बजाने की पद्धति को धुया कहा जाता है।

(12) माठा : नायकी तार एवं चिकारी के तार पर क्रम से लड़ी और लड़गुथाव का काम करने की पद्धति को माठा कहा जाता है।

(13) परमाठा : नायकी तार पर एक परण का कुछ अंश बजाकर अवशिष्ट अंश चिकारी के तार पर बजाकर परण समाप्त करने की पद्धति को परमाठा कहा जाता है; आधुनिक काल में यह अंग लुप्त हो गया है।

धुया, माठा एवं परमाठा–इन तीनों प्रकार के अंगों में साथ या जवाब दोनों प्रकार की संगत की जाती है। शेषोक्त तीन शब्द संभवतः संगीत-रत्नाकरोक्त ध्रुव,

मंठ, और प्रतिमंठ शब्दों की आधुनिक परिणति है, किंतु रत्नाकरोक्त व्यवहार के साथ उपरोक्त व्यवहार का सादृश्य नहीं है।

आश : वाद्यसंगीत में एक बोल के आघात से एक स्वर बजाने के बाद तार के ऊपर अँगुलीघर्षण द्वारा उसी स्वर के उच्च अथवा निम्न अन्य स्वर ध्वनित करने की पद्धति को आश कहा जाता है। पर्दाविशिष्ट वाद्ययंत्र में जिसे आश कहा जाता है, पर्दाविहीन वाद्ययंत्र में उसे ही सूँत कहा जाता है। आश और सूँत एक ही अर्थवाचक हैं। (आश का अर्थ मर्दन करना है।)

आश्रयराग : ठाट द्रष्टव्य।

आस्थायी : ध्रुपद की चार कलियों अथवा तुकों अथवा चरणों में प्रथम का नाम है आस्थायी। आस्थायी (अस्थायी) शब्द स्थायी शब्द का ही हिन्दुस्तानी रूपान्तर है। किसी भी गीत की मुख्य अथवा प्रधान कलि को 'आस्थायी' कहा जाता है, उसका कारण यह है कि गान या गत का सम्पूर्ण विस्तार या तान गाने या बजाने के बाद प्रथम कलि पर ही लौटा जाता है, अतः यह कलि ही गान या गत का स्थायी अंग है। अंतरा, संचारी या आभोग की कलियों की पुनरावृत्ति नहीं होती। स्वर-विस्तार में मध्यसप्तक के षड्ज से मध्यसप्तक के निषाद पर्यन्त आस्थायी की सीमा है। (धातु द्रष्टव्य)

आहत : जो नाद या ध्वनि स्थूल वस्तुओं के पारस्परिक संघात द्वारा उत्पन्न होती है, वही आहत नाद है। समस्त पार्थिव ध्वनि ही संघातजात है, किसी भी वस्तु के ऊपर वायु के संघात, विद्युत्-प्रवाह के संघात, अथवा आलोकरश्मि के संघात अथवा अन्य किसी वस्तु के संघात द्वारा ही समस्त ध्वनि उत्पन्न होती है। पार्थिव संगीत आहत नाद का रूपान्तर मात्र है। (अनाहत द्रष्टव्य)

आड़ी : छंद का प्रकार भेद। चतुर्मात्रिक छंदांश को त्रिमात्रिक छंद में रूपान्तरित करने पर आड़ी छंद होता है। यथा–'धा धि धि ना'–यह चतुर्मात्रिक छंद है, इस छंद का उच्चारण-काल स्थिर रखकर इसे त्रिमात्रिक करने अर्थात् 'धा धि ना' करने पर इस त्रिमात्रिक अंग के प्रति वर्ण को $\frac{1}{3}$ मात्रा परिमाण-काल बढ़ाना होगा, इससे प्रत्येक वर्ण $1\frac{1}{3}$ मात्रा काल होगा एवं तीनों वर्ण मिलकर चार मात्रा पूरी करेंगे। कई गुणियों की ऐसी धारणा है कि 'धा धि धि ना' के स्थान पर 'धा धि-ना' करने पर आड़ी होती है, किंतु यह धारणा भ्रामक है। इसका कारण

यह है कि 'धा धि-ना' अंश परिपूर्ण रूप से चतुर्मात्रिक है, मात्र एक वर्ण का उच्चारण नहीं किया जा रहा है, किंतु वह मात्रा अनुच्चारित रूप से विद्यमान ही है, अन्यान्य तीन मात्राओं में अनुप्रविष्ट नहीं होती। 'आड़' शब्द का अर्थ है वक्र, उससे ही आड़ी शब्द का संगीत में व्यवहार होता है। सरल चतुर्मात्रिक छंद को त्रिमात्रिक करने पर वह छंद वक्र ही होता है। त्रिताल में व्यवहृत सम्पूर्ण सोलह वर्णों को यदि आड़ी के छंद में रूपान्तरित किया जाय तो 16 मात्राओं में मात्र 12 वर्ण समान कालान्तर से उच्चारित होंगे। आड़ी आपेक्षिक शब्द है, अर्थात् चतुर्मात्रिक छंद को स्वीकार कर आड़ी छंद का अस्तित्व है। त्रिमात्रिक छंद के अनुपात में आड़ी का प्रश्न उठने पर वह कुआड़ी होगा। (कुआड़ी द्रष्टव्य) पंचमात्रिक छंद में आड़ी का उदाहरण नहीं दिखायी देता। छंद के विभिन्न प्रकार के भेदों के संबंध में 'लय' द्रष्टव्य। सोलह मात्राओं में बारह समान लय की वाणी का उच्चारण करने पर चतुर्मात्रिक छंद की तुलना में आड़ी छंद होता है।

इमदादखानी

स्व. इमदाद खाँ ने उत्तरप्रदेश के इटावा शहर में जन्म ग्रहण किया। उनके पिता स्व. साहबदाद हुसेन खाँ विख्यात खयाल गायक हद्दू खाँ के साले के पुत्र थे एवं उनके घर में ही उनका लालन-पालन हुआ था। साहबदाद खाँ खयाल-गायक थे एवं सितार भी बजाते थे। इमदाद खाँ ने बाल्यकाल में पिता से गायन की शिक्षा ली, एवं बाद में सितार-वादन का अभ्यास किया।

उस युग के विख्यात सितार-वादकों का वादन सुनकर और सीखकर इमदाद खाँ सितार और सुरबहार की वादन-पद्धति में भारी परिवर्तन और संस्कार-परिष्करण कर गए हैं। अर्द्धशताब्दी से इमदाद खाँ द्वारा प्रचलित सितार और सुरबहार वादन-पद्धति का प्रभाव समग्र भारतवर्ष में फैला हुआ है। विभिन्न घरानों के सितार और सुरबहार वादकगण आज तक इमदाद खाँ द्वारा प्रचलित वादन-पद्धति के साथ घनिष्ठ रूप से सम्बद्ध हैं। इमदाद खाँ की मृत्यु के बाद उनके ज्येष्ठ पुत्र पै. इनायत खाँ और उनके अनुज पै. वहीद खाँ पितृ प्रचलित वादन-पद्धति का भारतवर्ष में प्रचार कर प्रसिद्ध हुए। पै. इनायत खाँ के ज्येष्ठ पुत्र उस्ताद विलायत खाँ एवं कनिष्ठ पुत्र उस्ताद इमरत खाँ अपने पूर्वपुरुषों की वादनपद्धति को निज-उद्भावित अंग द्वारा समृद्ध कर रहे हैं। चार पीढ़ियों का सितार-घराना भारतवर्ष में एक विशिष्ट सितार-वादन-धारा का उद्भावक है, अतः इमदादखानी सितार-वादन-पद्धति का उल्लेख किया गया। इमदाद खाँ द्वारा उद्भावित वादन-पद्धति एवं उनके पहले की वादन-पद्धति की तुलनामूलक समालोचना की जा रही है–

सेनिया सितार और सुरबहार वादन-पद्धति	इमदादखानी सितार और सुरबहार वादनपद्धति का नूतनत्व
1. सुरबहार वाद्ययंत्र पर वीणा के अनुकरण से ध्रुपद-अंग का आलाप किया जाता था। वीणा वाद्य पर चार स्वरों से अधिक मीड़ का व्यवहार नहीं किया जा सकता और वह निषिद्ध भी है।	1. सुरबहार वाद्ययंत्र पर खयाल अंग के आलाप का प्रवर्तन। मीड़ की सीमा में वृद्धि कर सात स्वर मीड़ का व्यवहार, अर्थात् मध्यसप्तक के खरज से तारसप्तक का खरज मीड़ से बजाना।
2. वीणा के समान दो या तीन अँगुलियों का व्यवहार सुरबहार पर भी किया जाता था। युक्त बोल दो अँगुलियों के द्वारा एवं चिकारी कनिष्ठ अँगुली के द्वारा बजायी जाती थी।	2. दायें हाथ की मात्र तर्जनी अँगुली के व्यवहार से ही सुरबहार का सम्पूर्ण वादन सम्पन्न होता है। युक्त बोल एवं चिकारी तर्जनी द्वारा ही बजाने की रीति प्रचलित हुई।
3. अलंकारों का व्यवहार सीमाबद्ध।	3. अलंकारों का चातुर्य।
4. चिकारी या झाला का काम अत्यंत अल्प एवं अधिकांश क्षेत्रों में था ही नहीं। सितार पर झाला बजता नहीं था।	4. इमदादखानी वादनपद्धति में चिकारी या झाला का काम एक प्रधान अंग के रूप में गण्य हुआ।
5. गमक तान, हलकतान के अनुरूप तान एवं तिहाई इत्यादि कम बजाए जाते थे। आलाप के समान विस्तार का प्राधान्य अधिक था।	5. कण्ठ-संगीत की सब प्रकार की तानों, पखावज एवं तबला के नानाविध बोलों, टुकड़ों एवं असंख्य विभिन्न लय और छंद की तिहाइयों का प्रचलन किया गया।
6. गत-तोड़ों में सिलसिले का अभाव था एवं उनमें गत-तोड़ों का कोई अंगवैचित्र्य या वैशिष्ट्य नहीं था। गत एवं विस्तार अंगीय तान ही एकमात्र वाद्यवस्तु थी।	6. गत-तोड़ों को आलाप के अनुकरण से अलंकृत किया गया। गत-तोड़ों में आलाप के द्वादश अंग, सिलसिला अर्थात् धारावाहिकता से प्रचलित किए गए। मसीतखानी गत के अवयव एवं रूप पूर्णतया परिवर्तित हुए। कई गुणी इस रूप का आधुनिक मसीतखानी कहकर उल्लेख करते हैं—किन्तु आधुनिक मसीतखानी न कहकर 'इमदादखानी' कहना अधिक युक्तिसंगत एवं सार्थक है।

दिखाकर यह मन्तव्य प्रकट किया था कि जयपुर घराने में झाला बजता नहीं क्या ? वस्तुतः इस सितार पर चिकारी के तारों की कोई व्यवस्था नहीं थी।

सेनिया घराने के विख्यात सितारवादक पै. बरकतुल्ला खाँ का मात्र एक ग्रामोफोन रिकार्ड है, उस पर नायकी तार एवं जोड़ी के तार पर सामान्य गुंजन के अलावा अन्य किसी तार की ध्वनि सुनायी नहीं देती। गत के बीच में सामान्य चिकारी-आघात भी नहीं है। वे पुरातन पद्धति के वादक थे।

'इमदादखानी'-पद्धति के प्रचलन के संबंध में मनीषी धूर्जटिप्रसाद मुखोपाध्याय ने ग्रंथकार को लिखा—"आप इतिहास के समर्थन में 'इमदादखानी चाल' शब्द का व्यवहार कर सकते हैं। इस प्रकार ही 'घराना', 'Style' 'चाल', 'रीति' का जन्म हुआ है, साहित्य में, चित्रकला में, संगीत में, स्थापत्य कला में।" (वाद्य-सितार और मसीतखानी द्रष्टव्य)

उच्चांग संगीत : क्लासिकल संगीत द्रष्टव्य।

उठान : तबला-वादन के समय ठेका आरम्भ करने के पूर्व गौरचन्द्रिका अथवा मुखबन्ध बजाया जाता है, उसे ही उठान कहते हैं। यह एक प्रकार का कायदा है। (सलामी टुकड़ा द्रष्टव्य)

उत्तरभारतीय : दक्षिण भारत को छोड़कर भारतवर्ष के अन्यान्य सभी अञ्चलों में उत्तरभारतीय संगीत प्रचलित है।

उत्तरमन्द्रा : मूर्च्छना द्रष्टव्य।

उत्तरांग : अंग द्रष्टव्य।

उत्तरायता : मूर्च्छना द्रष्टव्य।

उदात्त : उच्च स्वर।

उपज : शब्द के अर्थ के अनुसार अनुमान किया जाता है कि राग या स्वर से उदभूत होने से उपज नाम हुआ है। गान अथवा गत के स्थायी अंश के एक क्षुद्रांश (यथा 'मुख') को विविध प्रकार से स्वर-विस्तार द्वारा अलंकृत करने को

उपज कहा जाता है। कुछ गुणी टुकड़े का भी उपज अर्थ में व्यवहार करते हैं। गान अथवा गत के मुख के नये-नये ढंग से प्रकाश को उपज अथवा कायदा कहा जाता है।

ऋतु : ऋतुएँ छह हैं, यथा—ग्रीष्म, वर्षा, शरद, हेमन्त, शिशिर (शीत) और वसन्त। भारतीय राग-संगीत में प्रत्येक ऋतु के लिए ऋतु-राग निर्दिष्ट किए गए हैं। इसका कोई वैज्ञानिक आधार है अथवा यह सम्पूर्ण ही कवित्व और कल्पना-प्रसूत है, यह विचारणीय विषय है। ऋतु-राग की युक्ति के संबंध में ग्रंथकारों ने विभिन्न मतामत व्यक्त किये हैं, किंतु वस्तुतः विषय अभी गवेषणासापेक्ष है।

प्रचलित 'हनुमन्त' मतानुयायी—
ग्रीष्म—दीपक राग।
वर्षा—मेघ राग।
शरद्—भैरव।
हेमन्त—मालकोश।
शिशिर—श्री।
वसन्त—हिन्दोल।

ऋषभ : स्वरसप्तक का द्वितीय स्वर। किसी-किसी शास्त्रकार का अभिमत है कि वृष (बैल) की आवाज से ऋषभ स्वर ग्रहण किया गया है, अतः इसका नाम ऋषभ पड़ा है। शास्त्रीय मत से ऋषभ स्वर दयावती, रंजनी और रक्तिका—त्रिश्रुति विशिष्ट है एवं रक्तिका (रतिका) श्रुति पर ही ऋषभ स्वर निर्दिष्ट है। आधुनिक शास्त्रकारों ने ऋषभ स्वर को दयावती श्रुति पर स्थापित किया है, अर्थात् ऋषभ स्वर को अपनी तीन श्रुतियों में आद्य श्रुति पर निर्दिष्ट किया है। (श्रुति द्रष्टव्य)

औड़व : उडु का अर्थ है नक्षत्र, नक्षत्र का विचरणस्थल है व्योम अथवा आकाश। क्षिति, अप, तेज, मरुत और व्योम—इन पंचभूत का पंचम भूत व्योम होने से औडुव का अर्थ पाँच लिया गया है। स्वरसप्तक में दो स्वर वर्ज्य करने से पाँच स्वर शेष रहते हैं। इस पाँच स्वर विशिष्ट क्रम को औड़वित क्रम कहा जाता है। औड़वित क्रम में षड्ज स्वर कभी वर्ज्य नहीं होता। पाँच स्वर विशिष्ट राग को औड़व (औडुव) जातीय राग कहा जाता है।

कण : आलंकारिक स्वर के अल्प व्यवहार को कण कहा जाता है। किसी

भी एक प्रधान स्वर को उसके पूर्ववर्ती अथवा परवर्ती स्वर के कुछ व्यवहार द्वारा अलंकृत करने पर उस पूर्ववर्ती या परवर्ती स्वर का 'कण व्यवहार हुआ' कहा जाता है। (आलंकारिक स्वर द्रष्टव्य)

कत्तर : पखावज या तबले के 'कत्' युक्त बोलों की लड़ी को 'कत्तर' के बोल कहा जाता है।

कत्तर झाला : 'कत्तर' के बोलों से युक्त झाला को कत्तर झाला कहते हैं।

कम्पन : किसी एक स्वर को उसकी पूर्ववर्ती और परवर्ती श्रुतिद्वय के बीच आन्दोलित करने को कम्पन कहा जाता है।

कलबाना : अरबी भाषा में रचित खयाल विशेष। वर्तमान काल में भारत में इसका प्रचलन नहीं है। कव्वाल इसे गाते थे।

कला : (1) 64 कलाओं में तीन प्रधान कलायें हैं–गीत, वाद्य और नृत्य। (2) अंशविशेष–किसी एक अलंकार के अंशविशेष को कला कहा जाता है। यथा–आरोही वर्णगत वेणी अलंकार का सम्पूर्ण स्वरूप–'सासासा रेरेरे गगग ममम पपप धधध'–यह अलंकार छह कलाविशिष्ट है, अर्थात् सासासा रेरेरे इत्यादि एक-एक कला है। कम-से-कम तीन स्वरों को लेकर एक कला की रचना होती है। (3) वाद्य-संगीत में हस्तकौशल को भी 'कला' कहा जाता है।

कव्वाल : जो अरबी भाषा में रचित गीत गाते थे, उनका नाम है कव्वाल। साधारणतया कव्वाल (कौल)–कलबाना शब्द का संयुक्त रूप से व्यवहार किया जाता है। दोनों प्रकार के गीत ईश्वर की गुणगाथा युक्त होते हैं।

कर्नाटक-पद्धति : दक्षिण भारत में संगीत की कर्नाटक-पद्धति का ही प्रचलन है एवं भारतवर्ष के अन्य भागों में सर्वत्र उत्तरभारतीय अथवा 'हिन्दुस्तानी' पद्धति प्रचलित है। कर्नाटक-पद्धति का विशद विवरण इस ग्रंथ में देना सम्भव नहीं, किंतु आवश्यकतानुसार कर्नाटक-पद्धति का उल्लेख किया गया।

काकली निषाद : चतुःश्रुतिक निषाद; वर्तमान काल में यही शुद्ध निषाद है।

कायदा : ठेका द्रष्टव्य। खुली और बंद वाणी में रचित छोटे-छोटे दो-तीन बोल लेकर कायदा बनाया जाता है। कायदा में विस्तार भी किया जा सकता है।

कीर्तन : कीर्त्ति या गुणकथन विषयक संगीत। साधारणतया कृष्णलीला विषयक संगीत को ही कीर्तन कहा जाता है। श्रीश्री गौरांग महाप्रभु के समय से ही प्रणालीबद्ध ढंग से उपासना के अंग रूप में कीर्तन का प्रचलन बंगाल में हुआ, यद्यपि कीर्तन का उद्‌भव बहुत पहले ही हो चुका था। कृष्ण कीर्तन के समान कालीकीर्तन भी प्रचलित है।

कुआड़ी : कुआड़ी एक छंद विशेष है। चतुर्मात्रिक छंद को आदर्श मानकर कुआड़ी छंद प्रस्तुत किया जाता है। कुआड़ी के संबंध में विभिन्न गुणियों ने विभिन्न मत व्यक्त किये हैं; इनमें दो ग्रहणयोग्य मत दिए जा रहे हैं। अन्य एक मत की व्याख्या के लिए लय द्रष्टव्य।

(क) कुछ गुणियों के मतानुसार आड़ी द्विगुणित करने पर कुआड़ी होती है। आड़ी में 16 मात्राओं में 12 अक्षरों के समान लय में उच्चारण की व्यवस्था है, वह द्विगुणित हो जाने से 16 मात्राओं में 24 अक्षर समान लय में उच्चारित होंगे, अक्षरों (वाणी) के इस छंद का नाम कुआड़ी है। यथा–'धा धि धि ना'–इन चार मात्राओं के छंदांश में छह अक्षर लिये जायँ–'धा धि धि ना धि धि'–इनके समान लय में उच्चरित होने पर प्रत्येक वण 2/3 मात्राकाल का होगा एवं छह वर्ण मिलकर चार मात्राकाल को पूरा करेंगे। किसी-किसी का कहना है कि 16 मात्राओं में 20 अक्षरों का उच्चारण होने पर कुआड़ी छंद होगा।

(ख) किसी-किसी गुणी के मतानुसार आड़ी छंद की आड़ी करने पर वह मुख्य चतुर्मात्रिक छंद के अनुपात में कुआड़ी छंद होगा। इसे ही अधिकतर युक्तिसंगत माना जा सकता है। इसका कारण यह है कि पूर्वोक्त मत से यद्यपि वर्णसमष्टि द्विगुणित होती है तथापि छंद का कोई परिवर्तन परिस्फुट नहीं होता, लगता है कि आड़ी छंद ही द्विगुणित लय में उच्चरित हो रहा है।

आड़ी की आड़ी को कुआड़ी कहते हैं। इस मत के अनुसार 16 मात्राविशिष्ट चतुर्मात्रिक मुख्य छंद की तुलना में आड़ी छंद में 12 अक्षर उच्चरित होंगे। (आड़ी द्रष्टव्य), अतः इस 12 अक्षरविशिष्ट छंद को मुख्य मानकर उसकी आड़ी कर लेने पर त्रैराशिक नियमानुसार 16:12, ::12: कितना ? उत्तर है 9। अर्थात् इन बारह अक्षरों में यदि 9 अक्षरों का समान लय में उच्चारण किया जाय तो यह 9 अक्षरों का छंद 12 अक्षरविशिष्ट छंद की तुलना में आड़ी एवं 16 अक्षरविशिष्ट छदं की तुलना में कुआड़ी हुआ। अर्थात् 16 मात्राविशिष्ट चतुर्मात्रिक छंद में यदि समान

लय में 9 अक्षर उच्चरित हो तो यह समान लय में उच्चरित 9 अक्षरों का छंद मुख्य 16 मात्रा के चतुर्मात्रिक छंद की तुलना में कुआड़ी होगा, एवं इन 9 अक्षरों में प्रत्येक का मात्राकाल $1\frac{7}{9}$ होगा। लय के अन्यान्य प्रकार के भेद के संबंध में 'लय' द्रष्टव्य।

कुछ ग्रंथकारों के मत से 16 मात्रा में 7 अक्षर समान लय में उच्चरित होने पर कुआड़ी होता है, किंतु यह 'वराड़' का लक्षण है। ('वराड़ी' द्रष्टव्य)

कूटतान : स्वरसप्तक के स्वाभाविक क्रम के बदले अन्य किसी भी क्रम में व्यवहृत स्वर-विस्तार को कूटतान कहा जाता है यथा—'सागमप' यह स्वाभाविक क्रम है, यह शुद्धतान है; किन्तु 'सामगप'—यह स्वाभाविक क्रम का व्यतिक्रम है, यही कूट तान है। (तान द्रष्टव्य)

कृन्तन : तार के वाद्ययंत्र पर बायें हाथ की तर्जनी अँगुली को एक स्वर-स्थान पर रखकर मध्यमा अँगुली द्वारा तार को मात्र काटकर तर्जनी-अधिष्ठित स्थान का स्वर ध्वनित कराने का नाम कृन्तन है। अर्थात् तर्जनी और मध्यमा दोनों अँगुलियाँ तार के एक के बाद एक दोनों स्वर स्थानों पर निविष्ट रहेंगी एवं दायें हाथ के जवे अथवा मिजराब के आघात से जो स्वर उत्पन्न होगा उसकी ध्वनि कामय रहते-रहते ही मध्यमा अँगुली द्वारा तार को बाहर की ओर काटकर मध्यमा अँगुली उठा लेने पर, तर्जनी जिस स्थान पर है उसी स्थान पर निर्दिष्ट स्वर ध्वनित होगा। हिन्दुस्तानी भाषा में इसको 'काटना' कहते हैं।

क्लासिकल संगीत : हिन्दुस्तानी उच्चांग (शास्त्रीय) संगीत का अंग्रेजी-हिन्दी मिश्रित नामांतर। 'क्लासिकल' शब्द का यथार्थ अर्थ है "प्रथम श्रेणी का"। साहित्य-जगत् में लैटिन और ग्रीक साहित्य किम्वा सुप्रतिष्ठित पुरातन साहित्य मात्र ही 'क्लासिक्स' है।

संगीत-जगत् में जो संगीत-धारा अविकृत रूप से एकाधिक शताब्दी से विभिन्न घरानों के माध्यम से आधुनिक काल तक चली आ रही है, वही क्लासिकल संगीत के रूप में परिचित है।

भारतीय संगीत में शास्त्रोक्त राग-रागिनियों के अवलम्बन से जो संगीत वर्तमान काल में भी सुप्रचलित है, वही क्लासिकल अथवा उच्चांग संगीत है। ध्रुपद, खयाल, ठुमरी और टप्पा क्लासिकल श्रेणी के अंतर्गत है, इसमें संदेह नहीं किन्तु कीर्तन एवं विभिन्न प्रदेशों के लोकसंगीत को भी क्लासिकल श्रेणी के अंतर्गत न लेने का कोई कारण नहीं है। इसका कारण यह है कि इस संगीत की धाराएँ भी

कई वर्षों से अविकृत रूप से चली आ रही हैं। सामयिक संगीत यदि कालद्वन्द्व में स्थायित्व प्राप्त कर लेता है तो एक समय वह क्लासिकल श्रेणी के अन्तर्गत ही आ जाएगा।

कैशिकी निषाद : तीन श्रुति विशिष्ट निषाद। वर्तमान काल में यह तीव्र कोमल निषाद के रूप में प्रचलित है। कई रागों में तीव्र कोमल निषाद का व्यवहार होता है, यथा—भीमपलाश्री। (श्रुति द्रष्टव्य)

कोमल स्वर : स्वरसप्तक के षड्ज, मध्यम एवं पञ्चम—इन तीन स्वरों को छोड़कर अन्य चार स्वर अपनी अधिष्ठित श्रुति के पूर्व की श्रुतियों पर उच्चरित होने पर वे स्वर कोमल स्वर नाम से परिचित होते हैं। (श्रुति द्रष्टव्य)

क्रम : स्वरसप्तक की स्वाभाविक धारावाहिकता को क्रम कहा जाता है। इस संबंध में यह बात भी ध्यान देने योग्य है कि स्वाभाविक धारावाहिकता केवल आरोहण में ही सम्भव है, क्योंकि अवरोहण में स्वरों की स्वाभाविक धारावाहिकता नहीं रहती—विपरीत धारावाहिकता (पारस्पर्य) या व्युत्क्रम होता है। अतः क्रम का आरोहण है, अवरोहण नहीं; अर्थात् 'निधपमगरेसा'—यह क्रम नहीं, व्युत्क्रम, क्रमविपर्यय है। वर्तमान काल में प्रचलित 'ठाट' क्रम का ही नामान्तर कहा जाता है।

खटका : इस शब्द का अर्थ है भय, संदेह इत्यादि, किंतु संगीत में क्षुद्र गिटकारी, मुरकी और खटका एकार्थबोधक हैं। यह एक प्रकार का अलंकार विशेष है। किसी एक स्वर को एक स्वरशब्द द्वारा अलंकृत करने की पद्धति को 'खटका' कहते हैं। यथा—'सानि़रेसानि़सा', शेषोक्त 'सा' को 'सानि़रेसानि़' इस स्वरशब्द द्वारा अलंकृत किया गया। यही खटका का उदाहरण है।

खण्डार वाणी : खण्डार गीति। यह एक गीतिपद्धति का प्रकारभेद है। कन्धार अञ्चल में इस गीति का प्रचलन रहने से सम्भवतः यह नामकरण हुआ था। संगीत-रत्नाकरोक्त भिन्ना गीति का विवरण देखने से लगता है कि यही आधुनिक काल में प्रचलित खण्डार वाणी है। (गीति द्रष्टव्य)

खण्डार वाणी पद्धति में गमक अलंकार का प्रयोग अधिक है, अतः अति विलम्बित लय अव्यवहार्य है, प्रायः मध्य एवं द्रुत ही खण्डार वाणी-पद्धति की उपयुक्त लय है। (गमक द्रष्टव्य)

खरज : 'षड्ज' शब्द का अपभ्रंश। स्वरसप्तक का आदि स्वर एवं इस स्वर के अनुपात से ही ऋषभादि अवशिष्ट छह स्वरों का अस्तित्व प्रमाणित होता है। अर्थात् छह स्वरों का जन्मदाता होने से इसका नाम षड्ज है। अन्य ग्रंथ में है कि छह स्वरों से जन्म ग्रहण किया है अतः इसका नाम षड्ज है। किंतु यह व्याख्या पूर्णतया आधारहीन और अयौक्तिक है। इन व्याख्याकारों ने 'देशज', 'पंकज' आदि शब्दों के अनुकरण से षड्ज शब्द की व्याख्या की है। 'प्रकृतिवाद' अभिधान में 'ज' शब्द का अर्थ (जि+ड-पा) जनक दिया हुआ है। अन्य ग्रंथ में लिखा हुआ है कि नासिका, कण्ठ, तालु, हृदय, जिह्वा और दंत इन छह स्थानों से निर्गत होता है इसलिए इसका नाम षड्ज हुआ है। यह भी समान रूप से अयौक्तिक है, क्योंकि अन्यान्य स्वर भी इन-इन स्थानों से निर्गत हो सकते हैं। षड्ज स्वर तीव्रा, कुमुद्वती, मन्दा, छन्दोवती इन चार श्रुतियों से सम्पन्न है एवं अपनी चतुर्थ श्रुति पर अधिष्ठित हैं। वर्तमान काल में खरज एवं पंचम की कोई विकृति नहीं होती, अन्यान्य सभी स्वरों की तीव्र, कोमल, काकली और कैशिक भेद से विकृति होती है। षड्ज एवं पंचम की विकृति नहीं है। (पंचम द्रष्टव्य)

खरज-परिवर्तन : षड्ज-मूर्च्छना को छोड़कर अन्यान्य मूर्च्छनाओं के प्रथम स्वर को षड्ज (खरज) मानकर आरोहरण-अवरोहण करने पर षड्ज-परिवर्तन होता है। (मूर्च्छना द्रष्टव्य)

खयाल : संगीत-जगत में कल्पना अर्थ में इस शब्द का व्यवहार होता है। कहा जाता है कि ई. 14 वीं शताब्दी में सम्राट अलाउद्दीन के दरबार में अमीर खुसरु एवं ई. 15 वीं शताब्दी में जौनपुर के नवाब सुलतान हुसेन शर्की ने ही शास्त्रीय संगीत में खयाल (बंगला में खेयाल) का प्रचलन किया। इसके पूर्व कव्वाल अपने लोकसंगीत के ढंग से खयाल गाया करते थे। इसके फलस्वरूप ध्रुपद की नियमावली का उल्लंघन कर एवं कई प्रकारों के अलंकारों से युक्त कर ध्रुपद गान गाने का प्रचलन हुआ एवं नियमावली-लंघन जनित यथेच्छाचारिता के लिए इसका नाम खयाल हुआ। पुरातन खयाल अधिकांशतः ध्रुपद के ही अनुरूप हैं; क्रमशः विविध प्रकार के अलंकार, तान आदि युक्त होने से खयाल का एक स्वतंत्र रूप गठित हो गया है। परवर्ती काल में तानसेन की कन्या सरस्वती देवी के वंश के प्रमुख गुणी शाह सदारंग आदि खयाल के स्वरूप में विशेष-विशेष परिवर्तन कर विख्यात हुए हैं। अमीर खुसरु और नवाब सुलतान हुसेन शर्की द्वारा प्रचलित खयाल का विवर्तन दिल्ली में ही हुआ एवं यही कव्वाल घराना के रूप में प्रसिद्ध था। कव्वालगण की कन्या के वंशज गुलाम रसूल लखनऊवासी थे; वे कव्वाल-रीति के

साथ सदारंग प्रवर्तित रीति का कुछ मिश्रण कर खयाल गाते थे। गुलाम रसूल के दोहित्रद्वय शक्कर और मक्खन संगीत-जगत् में सुपरिचित हैं।

ग्वालियरवासी नत्थन पीरबख्श ध्रुपदीवंशोदभूत होते हुए भी सदारंग प्रवर्तित खयाल गाते थे; उनके गायन में कुछ परिमाण में कव्वाल-रीति रहते हुए भी सदारंग-रीति का प्राधान्य था। नत्थन पीरबख्श के पौत्र हद्दू, हस्सू और नत्थू खाँ विख्यात खयालिये हुए। इन तीन वंशों से ही प्रधानतः खयाल का प्रचलन हुआ है एवं ख़याल की तीन प्रकार की रीति अथवा गीतिरचना की सृष्टि हुई है। यथा—कव्वालगण सम्पादित कव्वाली रीति, उनके कन्यावंशज सम्पादित खयाल रीति एवं नत्थन पीरबख्श सम्पादित खयाल की ध्रुपदी रीति। कव्वाली रीति के स्रष्टागण फारसी राग गाते थे। रामपुर के बाकर अली खाँ साहब के पूर्वज इस रीति का अनुसरण करते थे।

खयाल गायन के आधार पर ही वाद्यसंगीत में इमदादखानी और मसीतखानी गत की सृष्टि हुई।

खाली : ताल प्रधान प्रस्वनित स्थान 'सम' एवं प्रस्वनहीन स्थान ही 'खाली' (बँगला में फाँक) के रूप में परिचित है। त्रिताल की मात्राओं को सम भाग में विभक्त करने पर 'सम' के ठीक विपरीत 'खाली' दिखायी देगा, सम के विपरीत होने पर उसे विषम कहा जाता है। (ताल द्रष्टव्य)

खुलि : गुरु स्वर युक्त खुले बोल को खुलि बोल कहा जाता है। तबला-बायाँ पर खुलि (खुली) और मुदी शब्दों का व्यवहार अधिक है। बोल बजाने के बाद तबला-बायाँ से दोनों हाथ उठाकर हवा में फेंकने से खुलि बोल बजता है। खुलि बोल—ता, ड़ा, तड़ान, तेन, धेन, तागिन, नगिन तिन, दिन, धान, तान; धेन गिन, किन, तूँ, ति, दिँ, द, र, ण। बायें पर—घे घी, घिँ, गी, गे, ग।

ग़ज़ल : फारसी भाषा की प्रेमगीतिका ही ग़ज़ल नाग से प्रचलित थी। वर्तमान काल में विभिन्न भाषाओं में ग़ज़ल के अनुरूप प्रेमगीतिका का प्रचलन हुआ है। प्रेमगीतिका के अलावा अन्यान्य विषय संबंधी गीत ग़ज़ल-रीति में गाये जाते हैं, वे भी ग़ज़ल-श्रेणी के अंतर्गत आते हैं।

गत : खयाल और तराना के अनुकरण से वाद्य पर वादनोपयोगी वाणी (बोल) और वर्ण (स्वर) द्वारा छंदोबद्ध राग-रचना को गत कहते हैं। गान के अनुरूप स्थायी, अंतरा आदि विभिन्न चरण अथवा धातु (धातु द्रष्टव्य) गत-रचना में दिखायी देते

हैं। खयाल गायन-पद्धति के अनुसार स्थायी और अंतरा—ये दो चरण ही गत में अधिक प्रचलित हैं, कुछ वर्षों से स्थायी और अंतरे के बीच 'माँजा' नामक एक चरण गत-रचना में प्रयोजित हो रहा है, पहले यह चरण स्थायी के अंग रूप में व्यवहृत होता था। 'माँजा' का व्यापकत्व अथवा विस्तार संचारी चरण के अनुरूप है। वर्तमान काल में दो प्रकार की गत-रचना प्रचलित हैं—मसीतखानी और रजाखानी (यथास्थान द्रष्टव्य)। कई गुणी तबला, मृदंग, पखावज आदि के ठेके को भी गत कहते हैं। कई गुणी ठेके के कायदे को भी गत कहते हैं। कोई-कोई तिहाई रहित बड़े टुकड़े को भी गत कहते हैं। यथा—

+। । । । 3। । । । 0। । ।

तबले की गत—घेना तूता घेघे नाक ताग घेघे नाके धिन धागे त्रिकिट तूना

। 1। । । । +। । । । 3। । । । 0। ।

कता घेघे नाक घेघे नाक ताग घघे नाक धेने धागे त्रिकिट तूना घेघे नाके त्रिकिट

। । 2। । । ।

तूना घेघे नागे त्रिकिट तूना कता

गति : लय के साधारण अर्थ का नामान्तर मात्र। द्रुतगति अथवा द्रुतलय एकार्थबोधक है। गति से ही गत शब्द की सृष्टि हुई है।

गमक : संगीत-शास्त्र में 'गमक' शब्द का अत्यंत व्यापक रूप से व्यवहार हुआ है। कई प्रकार के अलंकार की गमक-श्रेणी के अंतर्गत आते हैं। वर्तमान काल में गमक का व्यवहार एक विशिष्ट अलंकार के अर्थ में होता है। एक स्वर के उसके पूर्ववर्ती अथवा परवर्ती स्वर के आश्रय से एक या एकाधिक बार उच्चारण की विशेष पद्धति को गमक कहा जाता है। यथा—

आरोही गमक—

सा^{रे} रे^ग ग^म ग^प इत्यादि। विभिन्न स्वरों के ऊपर छोटे अक्षरों में लिखित स्वर मुख्य स्वरों के स्पर्शस्वर मात्र हैं, अर्थात् सा उच्चरित होने के बाद मीड़ अथवा आश द्वारा रे का स्पर्श करना होगा, किंतु रे स्वर पर स्थायित्व नहीं है।

अवरोही गमक—

^{रे}सा ^गरे ^मग ^पम—अर्थात् मुख्य स्वर उच्चारण में रे स्वर का स्पर्श कर सा स्वर पर विश्राम करना होगा, रे स्वर यहाँ भी स्पर्शस्वर मात्र है।

ध्रुपद में कई गुणी आश के अनुरूप अलंकार को भी गमक कहते हैं। यथा—

सा प रे ग
प ति - त] यहाँ सा प आश गमक के रूप में ही प्रचलित है।

अधिकांश गमक खण्डारी रीति के गायन में व्यवहृत हैं। गमक का शास्त्रोक्त विवरण दिया जा रहा है।

संगीत-रत्नाकरोक्त 15 प्रकार के गमक—

1. **तिरिप**—छोटे डमरू की ध्वनि के समान सुंदर स्वर-कम्पन, जो द्रुत मात्रा की एक-चतुर्थांश गति में निष्पन्न होता है। अर्थात् वर्तमान काल में एक मात्रा में द्रुत चार वाणीविशिष्ट कम्पन, यथा—सासासासा रेरेरेरे इत्यादि।

2. **स्फुरित**—द्रुत मात्रा की एक-तृतीयांश गति में निष्पन्न। अर्थात् एक मात्रा में द्रुत तीन वाणीविशिष्ट कम्पन, यथा—सासासा रेरेरे इत्यादि।

3. **कम्पित**—द्रुत मात्रा की अर्धांश गति में निष्पन्न। अर्थात् एक मात्रा में द्रुत दो वाणीविशिष्ट कम्पन, यथा—सासा रेरे गग इत्यादि।

4. **लीन**—द्रुत मात्रा की समान गति में निष्पन्न। अर्थात् एक मात्रा में द्रुत एक वाणीविशिष्ट कम्पन, यथा—सा रे ग म इत्यादि।

5. **आन्दोलित**—लघुमात्रा की गति में कम्पित। अर्थात् द्रुतमात्रा की अर्धांश गति में निष्पन्न, अर्थात् अर्ध मात्रा का एक वाणीविशिष्ट, यथा—सा-रे-ग-इत्यादि।

6. **वलि**—विविध वक्रत्व युक्त गति में निष्पादित कम्पन। अर्थात् द्रुत लय में विविध प्रकार की वाणी मिश्रित, यथा—सासासा गगग पप रेरे गगग रेसा।

7. **त्रिभिन्न**—जिस कम्पन में स्वर तीनों स्थानों में अविश्रान्त गतिसम्पन्न (प्रसृत, विस्तृत)। तीन स्थान कहने का अर्थ है मन्द्र, मध्य और तार। यथा—पपप सांसांसां निनिनि धधध गगग रेरेरे ध़ध़ध़ ऩिऩि सासा।

8. **कुरुल**—यह वलि के समान वक्र, किंतु ग्रन्थियुक्त है, एवं कण्ठस्थान से निष्पन्न और कोमल होगा। यथा—सासासा गगग रेगरेगरे गगग ममम धपधपम गगग रेगरेगरेसा।

9. **आहत**—अग्रगामी (अग्र स्थित) स्वर को आधार मान कर जो स्वर निष्पन्न होता है (स्पर्शपूर्वक निवृत्ति)। यथा—गरे मग इत्यादि।

10. **उल्लासित**—जो ध्वनि उत्तरोत्तर यथाक्रम स्वरों के साथ गमन करती है, आरोहण करती है। यथा—सा रे ग म प ध नि।

11. **प्लावित**—प्लुत मात्रा में अर्थात् त्रिमात्रा-विशिष्ट कम्पन। यथा—सा ।।। रे ।।।

12. **गुम्फित**—जो कम्पन मनोहारी, हुंकारयुक्त और गम्भीर हो। यथा—गसा पम।ग। सा से प तक मीड़ गम्भीर और दीर्घ होगी।

13. **मुद्रित**–जो कम्पन मुँह बन्द करके निष्पन्न हो। गुन-गुन करके शब्द निष्पादित होंगे।

14. **नामित**–जिस गमक में स्वर अवरोहक्रम से गति प्राप्त करें। यथा–सांनि निध धप पम इत्यादि।

15. **मिश्रित**–उपरोक्त कतिपय प्रकारों के मिश्रण से जो उत्पन्न हो। यथा–सासासा गगग रेंरेरे ममम धध पप रेरे गग नि ध प म ग रे सा इत्यादि।

संगीत-पारिजातोक्त 20 प्रकार के गमकों के नाम। बाहुल्य भय से व्याख्या नहीं की गई है–

(1) च्यवित, (2) कम्पित, (3) प्रत्याहत, (4) द्विराहत, (5) स्फुरित, (6) अनाहत, (7) शान्त, (8) तिरिप, (9) घर्षण, (10) अवघर्षण (11) विकर्षण, (12) स्वस्थान, (13) अग्रावस्थान, (14) कर्त्तरी, (15) पुनःस्वस्थान, (16) स्फुट, (17) नैम्न्य, (18) सुढालु, (19) गुम्फित, (20) मुद्रा।

सेनिया घराने में प्रचलित 22 प्रकार के गमकों के नाम–

(1) हुम्पित, (2) खादत्, (3) गणपत्, (4) आहत, (5) अन्दाहत, (6) आन्दोलित, (7) प्रहत, (8) ब्रुवाहत, (9) दुराहत, (10) अथरत्, (11) सान्त, (12) तिरप, (13) खरेशन, (14) ओखरेशन, (15) निसुथान, (16) ओखरसुथान, (17) कर्त्तरी, (18) सूँत, (19) निम्नि, (20) धाल (21) सुहान, (22) मदरा।

गाथिक : तान द्रष्टव्य

गान : राग रचना या स्वर रचना के अवलम्बन स्वरूप व्यवहृत पद्य। संस्कृत ग्रंथ में गान की भाषा को 'मातु' कहा जाता है।

गांधार : स्वरसप्तक का तृतीय स्वर। इस शब्द के अर्थ के संबंध में भिन्न-भिन्न मतामत हैं, जिनका यहाँ विस्तारपूर्वक उल्लेख नहीं किया गया है। शास्त्रोक्त शुद्ध स्वरसप्तक में गांधार दो श्रुति-विशिष्ट है। रौद्री और क्रोधा श्रुतियों में शेषोक्त श्रुति पर ही गांधार अधिष्ठित है। शास्त्र में कहा गया है कि जब गांधार मध्यम स्वर की दो श्रुतियाँ ग्रहण कर चार श्रुति-विशिष्ट हो जाता है, तब वह अंतरगांधार के रूप में परिचित होता है। इसके फलस्वरूप मध्यम दो श्रुति-विशिष्ट होता है। वर्तमान काल में अंतरगांधार ही शुद्ध गांधार के रूप में परिचित है। अंतरगांधार रौद्री, क्रोधा, वज्रिका और प्रसारिणी इन चार श्रुतियों में अन्त्यश्रुति पर निष्पन्न होता है। यदि गांधार मध्यम की मात्र एक श्रुति ग्रहण कर वज्रिका श्रुति पर निष्पन्न होता है, अर्थात् तीन श्रुति-विशिष्ट होता है, तो शास्त्र में उसे 'साधारण

गांधार' कहा जाता है। वर्तमान काल में यह 'साधारण गांधार' ही 'तीव्र कोमल गांधार' नाम से परिचित है। ('श्रुति' द्रष्टव्य)

गांधार ग्राम : शास्त्र में तीन ग्रामों का उल्लेख है। यथा—षड्ज ग्राम, मध्यम ग्राम और गांधार ग्राम। पहले षड्ज और मध्यम ग्राम का व्यवहार होता था। गांधार ग्राम स्वर्ग के लिए है, अतः अव्यवहार्य माना गया है। तीन ग्रामों के श्रुति-विभाग का कुछ तारतम्य है। यथा—

षड्ज ग्राम का श्रुति-विभाग— |||| ||| ||
सा म प चार श्रुति-विशिष्ट स र ग

रे ध तीन श्रुति-विशिष्ट |||| |||| ||| ||
ग नि दो श्रुति-विशिष्ट म प ध नि

मध्यम ग्राम का श्रुति-विभाग— |||| ||| ||
सा म ध चार श्रुति-विशिष्ट सा रे ग

रे प तीन श्रुति-विशिष्ट |||| ||| |||| ||
ग नि दो श्रुति-विशिष्ट म प ध नि

गांधार ग्राम का श्रुति-विभाग— ||| || ||||
ग नि चार श्रुति-विशिष्ट सा रे ग

सा म प ध तीन श्रुति-विशिष्ट ||| ||| ||| ||||
रे दो श्रुति-विशिष्ट म प ध नि

गायक : शास्त्र में पाँच प्रकार के गायक बताये गए हैं—

(1) शिक्षाकार—जो गायक शिक्षा देने में दक्ष है।
(2) अनुकार—जो गायक अन्यों का अनुकरण करता है।
(3) रसिक—जो गायक रसानिष्ठ होकर गान करता है।
(4) रञ्जक—जो गायक श्रोताओं का मनोरञ्जन करने में तत्पर है।
(5) भावुक—जो गायक संगीत में नया, उत्कर्ष, श्रेष्ठता लाने में समर्थ है।

गायक-गुण : निम्नलिखित 18 गुणों से युक्त गायक ही श्रेष्ठ गायक के रूप में प्रशंसित है—

(1) हृदयग्राही कण्ठध्वनि; (2) प्रियदर्शन; (3) ग्रह और न्यास कुशलता, यहाँ अनायास अथवा सहज भाव से संगीत आरम्भ करने और समाप्त करने की दक्षता;

(4) राग-रागिनी के संबंध में पाण्डित्य; (5) अनिबद्ध और निबद्ध संगीत में निपुणता; (6) सब प्रकार के अलंकारों में पाण्डित्य; (7) स्वाधीन अर्थात् वाद्ययंत्र-निरपेक्ष कण्ठ; (8) तालज्ञान, क्लान्तिशून्यता, शुद्ध और मिश्र रागों की अभिज्ञता, व्यवहार-बहिर्भूत स्वर का ज्ञान; (9) स्थायी, सञ्चारी आदि के अबाध रूप से वर्ण-प्रदर्शन का सामर्थ्य; (10) सर्वदोष-वर्जन; (11) लय-ज्ञान; (12) समुचित शृंखलाबद्ध रूप से संगीत निष्पन्न करने की क्षमता; (13) धारणा-शक्ति; (14) अप्रतिहत कण्ठवेग; (15) निर्जन क्षेत्र में गाया हुआ गान भी श्रुतिमधुर हो; (16) भगवद् भजन में प्रवीणता; (17) गुरु-परंपरा की विशुद्धि अर्थात् घरानों की विशुद्धता और उत्कर्ष; (18) संगीत-अनुशीलन में तत्परता।

गायक-दोष : निम्नलिखित 25 गायक-दोषों की संगीत-रत्नाकर में निन्दा की गई है—

(1) दंतदंशनपूर्वक गायन; (2) उच्च एवं विरस ध्वनि; (3) मुँह से आवाज कर श्वास लेना; (4) भीति, भयग्रस्त; (5) जल्दी गायन समाप्त करने की चेष्टा; (6) स्वभावतः कम्पित कण्ठध्वनि, स्थैर्य का अभाव; (7) गायन करते समय मुँह अधिक विकृत करना; (8) स्वरों की स्वश्रुति से विच्युति; (9) काक के समान रूढ, कर्कश ध्वनि; (10) ताल भंग करना, ताल-विच्युति, (11) गले को ऊँचा कर गायन करना; (12) बकरी के समान आवाज से गायन करना; (13) गायन के समय ललाट, बदन और ग्रीवा की शिरायें दिखायी देना; (14) गायन करते समय गला फुल कर कद्दू के आकार का बन जाना; (15) गला वक्र करके गायन करना; (16) गायन के समय शरीर प्रसारित करना; (17) आँखें मूँदकर गायन करना; (18) रसहीनता; (19) वर्जित स्वर का प्रयोग; (20) अपरिस्फुट उच्चारण; (21) जिनकी आवाज हृदय, कण्ठ और मूर्धा-स्थान तक पहुँचती नहीं, लगता है इसका अर्थ है आवाज दबाकर गायन करना, अथवा मन्द्र, मध्य और तार तीनों स्थानों में व्याप्त होने में अक्षम; (22) अव्यवस्थित चित्त; (23) बिना समझे-बूझे शुद्ध और छायालग रागों का मिश्रण करना (संकीर्ण जाति का लक्षण ही शुद्ध और छायालग का मिश्रण है)—(जाति द्रष्टव्य); (24) अनवधान (स्थाय प्रभृति के विषय में जिसका मनोयोग नहीं, स्थानवैपरीत्यकारी); (25) अनुनासिक ध्वनि में गायन करना।

गिटकारी : खटका और गिटकारी एक ही अलंकार के नामान्तर हैं। वर्तमान गीत-संगीत में जिसे गिटकारी कहा जाता है, वाद्य-संगीत में उसे ही खटका कहा जाता है। गिटकारी (गिटकिरी) शब्द गीतक्रिया या गीतकारी का अपभ्रंश लगता है। (खटका द्रष्टव्य)

गीत : विविध प्रकार के गानों का व्यापक नाम। साधारणतया लोकसंगीत को ही गीत कहा जाता है।

गीतखण्ड : गान के छोटे-छोटे अंश। चार तुक, कलियाँ या चरण साधारणतया गीतखण्ड अवश्य हैं, किंतु एक-एक चरण के गायनोपयोगी छोटे-छोटे अंशों को भी गीतखण्ड कहा जा सकता है। जैसे स्थायी का 'मुखड़ा'। यही बार-बार गाया जाता है, अतः 'मुखड़ा' ही एक गीतखण्ड है।

गीतविदारी : शास्त्र में गीतखण्ड को ही गीतिविदारी कहा जाता है। गीत को यह विदीर्ण करता है अतः इसे विदारी कहा जाता है। (गीतखण्ड द्रष्टव्य; विदारी द्रष्टव्य)

गीति : साधारण अर्थ है गीत। विशेष अर्थ है गीत-गायन-रीति या पद्धति। शास्त्र में पाँच प्रकार की गीतियों का उल्लेख है एवं इन गीतियों को राग का आश्रय स्वरूप बताया गया है, अर्थात् एक-एक प्रकार के राग के लिए एक-एक प्रकार की गीति के व्यवहार का निर्देश है।

(1) शुद्धगीति—सरल और ललित स्वरयुक्त गीति।

(2) भिन्नागीति—द्रुत उच्चारित स्वरविशिष्ट और मधुर गमकयुक्त गीति।

(3) गौड़ीगीति—गम्भीर, मन्द्र-मध्य-तार स्थानों में यथोपयुक्त गमकयुक्त एवं अखण्डित गीति।

(4) वेसरा अथवा वेगस्वरा गीति-वेगयुक्त अथवा द्रुतलय की गीति।

(5) साधारणी गीति—पूर्वोक्त चारों प्रकारों के मिश्रण से उत्पन्न गीति।

वर्तमान काल में ध्रुपद और आलाप की चार वाणियों या प्रस्तुतीकरण-पद्धति के साथ शास्त्रोक्त गीतियों का सामंजस्य दिखायी देता है।

डागर वाणी के साथ शुद्धागीति का सामंजस्य है। डागर वाणी गौड़हार वाणी से सामान्य बंकिमगति युक्त अवश्य है, उसी अर्थ में शायद शास्त्र में ललित स्वर युक्त कहा गया है। बंकिम का अर्थ वक्र नहीं, बल्कि ललित है। कई गुणी डागर वाणी को शुद्धवाणी कहते हैं।

गौड़हार वाणी को भी कोइ-कोई शुद्ध वाणी कहते हैं। इसका कारण यह है कि गम्भीर और सरल गति में इस वाणी का व्यवहार होता है; मीड़, आश या सूँत का व्यवहार इस वाणी में अधिक परिलक्षित होता है। गौड़ी गीति के संबंध में शास्त्र में कहा गया है कि इसका व्यवहार अखण्डित रीति से होगा, अतः मीड़ इत्यादि का बहुत प्रयोग अत्यन्त सामंजस्य पूर्ण है।

नौहार वाणी के साथ साधारणी गीति का सामंजस्य अधिक लगता है। क्योंकि वेसरा या वेगस्वरा गीति का प्रधान लक्षण है वेग, किंतु नौहार वाणी वेग के लिए प्रसिद्ध नहीं है। इसके अलावा नौहार वाणी में अलंकारों का बहुल प्रयोग देखा जाता है।

खण्डार वाणी में गमक ही प्रधान अलंकार है एवं यह वेगयुक्त भी है, गमक का बाहुल्य रहने के कारण द्रुतलयविशिष्ट खण्डार वाणी के साथ भिन्न गीति का सादृश्य दिखायी देना अत्यंत स्वाभाविक है।

ध्रुपद के अलावा अन्यान्य द्रुतलय के गान भी सम्भवतः वेसरा या वेगस्वरा गीति की श्रेणी में आ सकते हैं। (आलाप द्रष्टव्य)

गोबरहार वाणी : गौड़हार वाणी। (आलाप और गीति द्रष्टव्य)

गौड़ी गीति : (गीति द्रष्टव्य)

ग्रह : प्राचीन काल में ग्रहस्वर का प्राधान्य अत्यधिक था। एक विशिष्ट स्वर से एक विशिष्ट राग में संगीत आरम्भ किया जाता था। वर्तमान काल में भी ग्रहस्वर की नियमावली का कुछ अंशों में पालन किया जाता है। जिस स्वर से जिस राग का आलाप या गान आरम्भ किया जाता है, वह स्वर ही उस राग का ग्रहस्वर है। साधारणतया अंश अथवा 'जान', 'जीव' स्वर ही ग्रह स्वर होता है, षड्ज स्वर भी कई मामलों में ग्रहस्वर होता है, यहाँ तक कि अंश स्वर का संवादी एवं अनुवादी स्वर भी कभी-कभी ग्रह स्वर के रूप में व्यवहृत होता है। यमन राग का अंश स्वर ग है, उसके संवादी स्वर नि से साधारणतया यमन राग आरम्भ किया जाता है।

ग्राम : शास्त्रों में तीन प्रकार के ग्रामों का उल्लेख है—मूर्च्छना, क्रम, तान, वर्ण, अलंकार और जाति के आश्रयस्वरूप स्वरसमूह को ग्राम कहा जाता है। श्रुतिसमूह पर स्वर-स्थापन के वैचित्र्य से ही विभिन्न ग्रामों का उदभव हुआ है।

ग्रामरागों का उल्लेख भी शास्त्र में है, विस्तार भय से यहाँ उनका वर्णन नहीं किया गया है।

वर्तमान काल में सप्तक के नामान्तर रूप में ग्राम शब्द का व्यवहार है, जैसे मन्द्र ग्राम, मध्यग्राम और तार ग्राम। (गांधार ग्राम द्रष्टव्य)

घराना : संगीत-जगत् में घराना कहने की गुणीवंश-परम्परा का बोध होता

है। एक-एक घराने में सगीत के कुछ वैचित्र्य और वैशिष्ट्य दिखायी देते हैं, इस वैचित्र्य और वैशिष्ट्य के लिए ही विभिन्न संगीतविदों का संगीत विभिन्न आस्वादन की सृष्टि करता है।

'घर' शब्द का अर्थ है 'वंश' एवं 'घराना' शब्द का अर्थ 'वंशवैशिष्ट्य' करना भूल नहीं होगा। किसी संगीतविद् द्वारा अपने प्रतिभागुण के बल पर किसी नवीन पद्धति अथवा नवीन अलंकार की धारा का प्रयोग किये जाने एवं उसी पद्धति या अलंकार-धारा का अपनी शिष्य-परंपरा में प्रचलित किये जाने पर एक 'घराने' की सृष्टि होती है।

'घराना' शब्द का व्यवहारगत अर्थ है—रीति, पद्धति, स्टाइल इत्यादि। ध्रुपदादि राग-संगीत की उत्पत्ति से लेकर आज तक विभिन्न 'घरानों' के माध्यम से संगीत का विभिन्न प्रकार से उत्कर्ष हुआ है एवं इस विभिन्नता के कारण ही संगीत का व्यापकत्व काफी परिमाण में बढ़ा है। एक ही राग के ध्रुपद, खयाल विभिन्न घरानों के उस्तादों द्वारा विभिन्न रूप से उद्भासित किये जाते हैं एवं श्रोताओं के मन को विभिन्न प्रकार के रसास्वादन का आनन्द प्रदान करते हैं। नवीन आधुनिक सम्प्रदाय 'घराना' शब्द की एक विकृत व्याख्या की सृष्टि कर 'घराना' की निन्दा करता है। किताबी विद्या में घराना का प्रयोजन नहीं होता। वर्तमान काल में सेनिया घराना अर्थात् तानसेन-घराना ही अधिकांश संगीतविदों के मत से प्रधान है—यद्यपि इस संबंध में मतद्वैध है, कोई भी अपने घराने को अन्य घराने की तुलना में अप्रधान मानने को तैयार नहीं है। तथापि यह बात कई गुणी स्वीकार करते हैं कि वर्तमान युग में तानसेनी घराना ही प्रधान है।

भारतवर्ष में कई घराना-शाखाओं का प्रचलन है, उनमें से सामान्य कुछ का उल्लेख किया जा रहा है—ग्वालियर-घराना, आगरा-घराना, दिल्ली-घराना, उदयपुर-घराना, अतरौली-घराना, वाराणसी-घराना, विष्णुपुर-घराना, जयपुर-घराना, किराना-घराना, पंजाब-घराना आदि।

परिशिष्ट में इन सभी घरानों की वंश-लतिका द्रष्टव्य। (खयाल द्रष्टव्य)

घसीट : घर्षण द्वारा जो स्वर उच्चारित होता है। आश शब्द का नामान्तर 'घषिट' 'घसीट'। संगीत-रत्नाकर में इसे ही 'खशित' कहा गया है। (आश द्रष्टव्य)

चक्रदार : चक्रदार टुकड़ा, तोड़ा, तान अथवा तिहाई कोई भी एक टुकड़ा, तिहाई इत्यादि क्रमशः एकाधिक बार बजाकर या गाया जाकर 'सम' पर आने पर उसे चक्रदार तोड़ा, तान इत्यादि कहा जाता है। प्रथम आवर्त्त में चक्रदार सम पर नहीं आता, साधारणतया तीन बार बजने पर 'सम' पर आता है। फिर भी चार

या पाँच आवर्तन बजाकर सम पर आने पर भी उसे चक्रदार कहा जाता है। (तिहाई द्रष्टव्य)

चतुरंग : खयाल-अंगीय जिस गान में अर्थबोधक शब्द या वाक्य, निरर्थक शब्द का तराना, सरगम एवं पखावज के बोल यथा क्रम उच्चारित होते हैं, उसे चतुरंग कहते हैं। यह खयाल-श्रेणी के ही अन्तर्भुक्त है। वर्तमान काल में चतुरंग का प्रचलन अधिक नहीं है।

चपक : वाद्यसंगीत में पखावज और तबले की परण बजाते समय बायें हाथ से चाँटि द्वारा कुछ बोल बजाए जाते हैं, इस वादनक्रिया को 'चपक' कहा जाता है एवं बजाए गए बोलों को चपक के बोल कहा जाता है। वाद्ययंत्र पर बायें हाथ अथवा दायें हाथ से चाँटि द्वारा चपक बोल बजाते समय जवा अथवा मिजराब का आघात बन्द किया जाता है।

चलन : चलन का अर्थ है गति, किंतु संगीत में इससे लय की गति का बोध नहीं होता—राग में व्यवहृत स्वरों की धारावाहिकता पारस्पर्य या क्रम को ही चलन कहा जाता है। इसे 'राग की चाल' भी कहा जाता है, किंतु 'चाल' शब्द का भिन्न अर्थ है। (चाल द्रष्टव्य) तबला में 'चलन' का अर्थ है 'कायदा' यद्यपि कई गुणी 'चलन' और 'कायदा' को अलग मानते हैं।

चाल : साधारणतया रीति अथवा पद्धति को ही चाल कहा जाता है, यथा—सरल चाल, वक्र चाल, ध्रुपद चाल, ठुमरी चाल इत्यादि। चलन शब्द से 'चाल' शब्द की सृष्टि होते हुए भी संगीत में चाल और चलन भिन्न अर्थ में व्यवहृत होते हैं। लय-सूचक अर्थ में भी 'चाल' शब्द का व्यवहार होता है, यथा—विलम्बित चाल, दूनी चाल आदि। अंग्रेजी स्टाइल (Style) शब्द का भी व्यवहार 'चाल' अर्थ में होता है।

चिकारी : तत वाद्य पर झाला बजाने के लिए उपयोगी दो तारों को चिकारी कहा जाता है। अनुमान है कि यह शब्द अनुकरणात्मक है। (छेड़ द्रष्टव्य)

चिल्ला : चालीस दिनों के काल को चिल्ला कहते हैं। इन चालीस दिनों में शिक्षार्थी अन्य सभी कार्यो से विरत होकर रियाज करते हैं।

छंद : यदि किसी वाक्य के पदों की रचना सुललित शब्द-झंकार एवं यति अथवा प्रस्वन युक्त विशिष्ट धारावाहिकता या क्रम में की जाय तो इस वाक्य की शब्द-झंकार और प्रस्वन (ध्वनि) के वैशिष्ट्य को छंद कहा जाता है। पद्य का मूल आंगिक उपादान ही छंद है। साहित्य में कई प्रकार के छंद-वैचित्र्य हैं, कण्ठ या वाद्य-संगीत के निबद्ध अंश में छंद ही अन्यतम मुख्य उपादान है, एवं मात्रा, लय एवं ताल का एकमात्र आश्रयस्वरूप।

छायालग : राग-रागिनी के तीन प्रकार के श्रेणी-विभाग हैं, उनमें द्वितीय श्रेणी ही छायालग या सालग नाम से प्रचलित है। जो राग अन्य राग की छाया से संलग्न होकर प्रकाशित होता है, उसे ही छायालग श्रेणी का राग कहा जाता है। इस संबंध में एक या एकाधिक रागों की छाया का उल्लेख शास्त्र में नहीं है, किंतु वर्तमान काल में दो रागों के मिश्रण से उत्पन्न राग को छायालग-श्रेणी में लिया जाता है। (संकीर्ण द्रष्टव्य)

छूट : साधारणतया किसी भी ग्रामस्थ एक स्वर से अन्य ग्रामस्थ उसी स्वर पर उत्प्लवन, उछाल अर्थात् मध्यवर्ती अन्य किसी भी स्वर का स्पर्श न करते हुए जाने को छूट कहा जाता है, किंतु एक या एकाधिक स्वर का लंघन कर गमन करने को भी छूट कहा जाता है। यथा—सा ग, सा म, सा प, सा नि आदि।

छेड़ : 'छेड़ना' शब्द से 'छेड़' शब्द आया है। 'छेड़ना' शब्द का अर्थ है तार का वाद्ययंत्र स्पर्श द्वारा ध्वनित करना—एक तार बजाकर विभिन्न स्वर निष्पन्न करना नहीं। 'छेड़ो' शब्द का व्यवहार 'तार ध्वनित करो' अर्थ में ही होता है, अतः वाद्य-संगीत में जो तार ध्वनित करने मात्र के लिए व्यवहृत होते हैं, उन्हें ही छेड़ के तार कहा जाता है। 'तम्बूरा छेड़ो', 'जोड़ी छेड़ो' आदि आदेश दिए जाते हैं। बीन और सितार आदि वाद्ययंत्रों में चिकारी के तारों को ही छेड़ के तार कहा जाता है एवं इन्हें ध्वनित करने की रीति को छेड़ कहा जाता है। कई ग्रंथकारों ने 'छेड़' को श्रेष्ठालंकार के रूप में उल्लेख किया है—ध्वनिगत अथवा धातुगत किसी भी प्रकार से छेड़ के साथ श्रेष्ठ शब्द का योग नहीं है।

जनक राग : ठाट द्रष्टव्य।

जन्य राग : ठाट द्रष्टव्य

जबड़ा : जबड़ा का अर्थ है मुँह के भीतर का वह अंग, जहाँ दाँत रहते हैं। कण्ठ के अन्तस्थल से आवाज निकाल कर जबड़े के कम्पन से जो तान ली जाती है उसे ही 'जबड़ा-तान' कहा जाता है। किंतु कुछ गुणी अपरिष्कार ढंग से उच्चारित तान को भी 'जबड़ा तान' कहते हैं। (तान द्रष्टव्य)

ज़मज़मा : उर्दू भाषा में 'ज़मज़मा' का अर्थ है 'स्वर-योजना'। संगीत में व्यवहारगत अर्थ के अनुसार किन्हीं दो स्वरों के श्रेणी-क्रम में एकाधिक बार प्रयोग-विशिष्ट पद को ज़मज़मा कहा जाता है। यथा—सारेसारे, गमगमगमगम आदि।

ज़रब : आघात। वाद्यसंगीत में बोल को ज़रब कहा जाता है।

जवाब संगत : जवाब शब्द का अर्थ है 'उत्तर'। कण्ठ्य या वाद्यसंगीत में तान या परण बजाने के बाद स्थायी का 'मुखड़ा' गाया या बजाया जाता है। उसी अवसर पर संगतकारी उसी तान अथवा परण को छंद का अनुकरण कर परण बजाता है। इस पद्धति की संगत को जवाब संगत कहा जाता है। अर्थात् कण्ठ्य या वाद्यसंगीत की परण के उत्तर में संगतकारी परण बजाएगा।

जवारी : मूल अर्थ के अनुसार यह सवारी का नामान्तर है। हस्तीदंत, हरिणश्रृंग, काष्ठ या पीतल निर्मित एक छोटा आसन, जिसके ऊपर से ततवाद्ययंत्र के तार विन्यस्त रहते हैं एवं इस प्रकार विन्यस्त रहते है जिससे कम्पन-जनित स्वर उत्पन्न हो, उसे ही जवारी (बंगला में जोयारी) कहा जाता है। 'जवारी साफ' करने का अर्थ है उसी जवारी के ऊपरी भाग को इस प्रकार घिसकर तार के साथ जवारी का एक विशिष्ट कोण (Angle) उत्पन्न करना, ताकि स्वर की प्रकृष्ट, श्रेष्ठ, प्रशस्त ध्वनि निःसृत हो। वर्तमान काल में स्वर की श्रेष्ठ या प्रकृष्ट ध्वनि को ही कई क्षेत्रों में जवारी कहा जाता है। कप्लर-युक्त हारमोनियम के पर्दे ध्वनित करने पर जैसी स्वर-ध्वनि उत्पन्न होती है, उसी प्रकार की ध्वनि कण्ठ से निःसृत होने पर बहुधा उस कण्ठस्वर को जवारी युक्त कण्ठस्वर कहा जाता है। कप्लर-युक्त हारमोनियम से एक ही स्वर दो सप्तकों में एक साथ ध्वनित होता है।

जाति : संगीत-रत्नाकर में कहा गया है कि दो ग्रामों से जन्म हुआ, इसलिए 'जाति' नामकरण हुआ है। वर्ण और अलंकार के व्यवहार से युक्त गीत-समूह को जाति के अन्तर्गत लिया गया है। शुद्ध जातियाँ सात प्रकार की हैं, स्वरों के नामों से जातियों के नाम ग्रहण किए गए हैं, यथा—षाड्जी, आर्षभी, गाँधारी, मध्यमा,

पंचमी, धैवती और नैषादी जाति। जातियों की शुद्धता के लक्षण संगीत-रत्नाकर में विशद रूप में दिए हुए हैं, वर्तमान काल में जातियों का व्यवहार लुप्त हो जाने के कारण यहाँ उनका उल्लेख निष्प्रयोजनीय है। शुद्ध जातियों के अलावा प्रायः एक सौ उनतीश (129) प्रकार की विकृत जातियों का उल्लेख है। यह जाति-प्रकरण मार्ग-संगीत के ही अंतर्गत हैं। राग-नाम प्रचलित होने के पूर्व जातियाँ ही प्रचलित थीं। उनका स्वरूप रागों के ही समान है। वर्तमान काल में 'जाति' शब्द का 'श्रेणी' अर्थ मानकर ही संगीत में उसका व्यवहार होता है। राग के आरोहरण-अवरोहण के सम्पूर्ण, षाड़व एवं औड़व भेद से रागों का जाति-भेद किया जाता है। यथा–

	आरोहण	**अवरोहण**	**जाति का नाम**	**राग का उदाहरण**
1.	सम्पूर्ण	सम्पूर्ण	सम्पूर्ण	यमन
2.	षाड़व	षाड़व	षाड़व	पुरिया
3.	औड़व	औड़व	औड़व	भूपाली
4.	सम्पूर्ण	षाड़व	सम्पूर्ण-षाड़व	जीलफ
5.	सम्पूर्ण	औड़व	सम्पूर्ण-औड़व	अज्ञात
6.	षाड़व	सम्पूर्ण	षाड़व-सम्पूर्ण	खमाज
7.	षाड़व	औड़व	षाड़व-औड़व	अज्ञात
8.	औड़व	सम्पूर्ण	औड़व-सम्पूर्ण	देश
9.	औड़व	षाड़व	औड़व-षाड़व	सोहनी

इनमें वक्र, सम्पूर्ण, विकृत आदि जातियों का भी उल्लेख मिलता है। इस श्रेणी-विभाग के अलावा और एक विभाग वर्तमान काल में प्रचलित है; यथा–शुद्ध जाति, छायालग या सालग जाति और संकीर्ण जाति। शुद्ध जाति अर्थात् जो राग विशुद्ध है, अन्य किसी भी राग की छाया जिस राग में दिखायी नहीं देती, वही शुद्ध जाति का राग है। जिस राग में अन्य राग की छाया है, वह छायालग अथवा सालग जातीय राग है। शुद्ध और छायालग जातीय-दोनों रागों के मिश्रण से जिस राग की सृष्टि हुई है, वही संकीर्ण जातीय राग है। ये विभाग संगीत-रत्नाकर में भी हैं।

जोड़ : हिन्दी 'जोड़' शब्द का अर्थ है जोड़ देना अथवा जिसके द्वारा जोड़ा जाय। आलाप के मध्य लय के अंग को जोड़ क्यों कहा जाता है, इसका कोई युक्तिसंगत कारण किसी भी ग्रंथकार ने निर्दिष्ट नहीं किया है। आलाप के दो अंश है–एक अनिबद्ध, दूसरा निबद्ध। पहले में छंद, मात्रा या ताल का व्यवहार नहीं है एवं दूसरे में संगतोपयोगी छंद, मात्रा और ताल का व्यवहार है। इन दो अंशों

के मध्यवर्ती एवं संलग्नकारी होने से ही आलाप के मध्य लय के अंश को जोड़ कहा जाता है। आलाप का द्वितीय अंग मध्य में एवं तृतीय अंग द्रुत लय में समाप्त होने तक जोड़ की सीमा है, उसके पश्चात चतुर्थ अंग झाला से संगतोपयोगी अंग आरम्भ होगा (आलाप द्रष्टव्य)

जोड़ी के तार : सितारादि वाद्ययंत्रों पर नायकी के तार (बाज के तार) के बाद दो पीतल के तार रहते हैं, दोनों तारों को मन्द्र सप्तक के षड्ज स्वर में मिलाया जाता है, अतः इन दोनों तारों को जोड़ी के तार (जूड़ी के तार) कहा जाता है। 'जोड़ी' का अर्थ यहाँ 'युग्म' है।

झंकार : अनुरणनात्मक। झाला अर्थ में व्यवहृत। (झाला द्रष्टव्य)

झटका : किसी भी स्वर से अप्रत्याशित रूप से झटके द्वारा अन्य स्वर का उच्चारण करने को झटका कहा जाता है। इस द्वितीय स्वर पर स्वभावतः प्रस्वन (महाध्वनि) दिया जाता है।

झारा : साधारणतः झाला का ही नामान्तर। इमदादखानी वादन-पद्धति में 'डेरे डेरे' बोलों के काम को झारा कहा जाता है एवं वह झाला से पूर्णतया पृथक है।

झाला : चिकारी के तारों पर अविश्रान्त आघात को झाला कहते हैं। झाला-वादन के समय एक स्वर अथवा संवादी-अनुवादी संबंध-विशिष्ट कुछ स्वरों की सम्मिलित एक सुमधुर ध्वनि निःसृत होकर मुख्य तार पर बजने वाले राग के विस्तार को पश्चात्पट के समान अलंकृत करती है। झाला वाद्ययंत्र-संगीत का एक मुख्य अंग है। वाद्ययंत्र-संगीत के 'डारारारा' बोलों के अनुकरण से कण्ठ्य संगीत में भी 'तानानाना' वाणी द्वारा झाला गाया जाता है।

टप्पा : उच्चांग (शास्त्रीय) संगीत में चार प्रधान गीत-पद्धतियों (ध्रुपद, खयाल, ठुमरी और टप्पा) में चतुर्थ पद्धति। टप्पा पंजाब के ऊँट-चालकों का जातीय संगीत था, किंतु अयोध्या-निवासी गुलाम नबी ने टप्पा-गायनपद्धति की प्रचुर उन्नति के लिए बड़ा प्रयास किया एवं कई प्रकार के अलंकारों का संयोजन किया एवं इस प्रकार के टप्पा को शास्त्रीय संगीत की श्रेणी में ले आए। उन्होंने स्वरचित टप्पों की भणिता में शौरी नाम का उल्लेख किया है। शौरी उनकी स्त्री थीं। कई गुणियों

का मत है कि गुलाम नबी का दूसरा नाम शैरी मियाँ था। शौरी मियाँ कि टप्पे ही विख्यात हुए और वे आज भी प्रचलित हैं। बंगाल के निधुबाबू (रामनिधि गुप्त—1148-1235 बंगाब्द) के टप्पे भी प्रसिद्ध हैं। टप्पों में व्यवहृत अलंकारों में ज़मज़मा सबसे प्रधान है एवं उसके बाद ही गिटकारी का प्राधान्य है—गमक का व्यवहार दिखायी नहीं देता। गान की भाषा के प्रायः प्रत्येक शब्द को अलंकृत कर, टप्पा गाया जाता है। गुलाम नबी निःसंतान थे, किंतु उनके शिष्य गम्मू ने ही शौरी मियाँ के घराने की रक्षा की। किसी ग्रंथकार ने शौरी मियाँ को ठुमरी राग का स्रष्टा कहा है। (ठुमरी द्रष्टव्य)

टीप : तारसप्तक 'टीप' नाम से परिचित है। टीप का षड्ज कहने पर तारसप्तक के षड्ज का ही बोध होता है। संगीत-रत्नाकर के वाद्याध्याय में उल्लेख है कि बाँसुरी में फूँक देने के छिद्र के निकटवर्ती छिद्र से तारसप्तक के स्वर निकलते हैं, एवं इस वादन-प्रणाली को 'टीपा' कहा जाता है। टीपा द्वारा छिद्र से जो बजता है, वह स्वर द्विगुना हो जाता है। 'टीपा' शब्द से टीप शब्द आया है, इसी अर्थ में 'तारसप्तक' शब्द का प्रचलन हुआ है।

टुकड़ा : एक या दो तालों के बीच, अर्थात् त्रिताल में चार मात्रा के बीच अथवा आठ मात्रा के बीच जिस परण बोल या वाणी की समाप्ति हो, वही टुकड़ा नाम से परिचित है। इसके बोल सीधे होंगे और अंत में खुले बोल रहेंगे। यह नियम वाद्ययंत्र-संगीत में भी प्रयोज्य हैं। कई गुणी कहते हैं कि टुकड़ा गुरु वाणी में रचित होगा एवं तिहाई युक्त होगा।

ठाट : स्वरसप्तक, मेल, थाट अथवा ठाट एक ही अर्थवाचक हैं। संगीतशास्त्रोक्त 'क्रम' ठाट का ही नामान्तर मात्र है। स्वरों को निजस्व क्रम में उच्चारित करने पर ही वह ठाट कहा जाता है। व्युत्क्रम (उलटे क्रम) में उच्चारित स्वरों को ठाट नहीं कहा जाता, मात्र अवरोहण कहा जाता है। स्वरों के शुद्ध एवं विकृत भेद से कई प्रकार के ठाट हो सकते हैं; चतुर्दण्डी-प्रकाशिका' के ग्रंथकार वेंकटमखी ने दक्षिण भारतीय संगीत-पद्धति में बहत्तर ठाटों का उल्लेख किया है, किंतु वे उत्तर-भारतीय संगीत-पद्धति में प्रचलित नहीं हैं। पंडित विष्णु नारायण भातखण्डे महाशय ने प्रचलित समस्त राग-रागिनियों को मात्र दस ठाटों के अंतर्गत लेकन उन दस ठाटों का ही प्रचार किया है। किंतु कई विशिष्ट उस्तादों का इस विषय में भिन्न मत हैं, कई गुणी उक्त दस ठाटों को स्वीकार नहीं करते।

वर्तमान काल में शुद्ध स्वरसप्तक कहने का अर्थ है 'सारेगमपधनि'। इस

शुद्ध स्वरसप्तक का नाम पंडित भातखण्डे ने 'बिलावल ठाट' रखा है। स्वरों की विकृति अनुसार ठाटों के प्रभेद दिखाये गए हैं—रागों के नामों के साथ युक्त करने का एकमात्र कारण यह है कि ठाटों के स्मरण रखने में सुविधा होती है। प्रत्येक ठाट के अंतर्गत कई राग हो सकते हैं, किंतु ठाटों के नामों के अनुसार रागों के साथ इन सभी रागों के सामंजस्य का अन्वेषण करने में भ्रम होगा। कई लोग ऐसी भूल करते हैं। पंडितजी द्वारा प्रचारित दस ठाटों का विवरण दिया जा रहा है—

उत्तरभारत में प्रचलित नाम	दक्षिण भारतीय नाम	स्वरूप	ठाटों के अंतर्गत प्रचलित राग-संख्या भातखण्ड-मत से कुल-195
1. कल्याण	मेच कल्याणी	सा रे ग म॑ प ध नि	15
2. बिलावल	धीर शंकराभरण	सा रे ग म प ध नि	36
3. खमाज	हरिकाम्बोजी	सा रे ग म प ध नि॒	14
4. भैरव	मायामालवगौड़	सा रे॒ ग म प ध॒ नि	18
5. पूर्वी	कामवर्द्धिनी	सा रे॒ ग म॑ प ध॒ नि	15
6. मारवा	गमनश्रम	सा रे॒ ग म॑ प ध नि	16
7. काफी	खरहरप्रिय	सा रे ग॒ म प ध नि॒	53
8. आसावरी	नटभैरवी	सा रे ग॒ म प ध॒ नि॒	14
9. भैरवी	हनुमन्तोड़ी	सा रे॒ ग॒ म प ध॒ नि॒	7
10. तोड़ी	शुभपन्तुवराली	सा रे॒ ग॒ म॑ प ध नि	7

195 रागों में कुछ अप्रचलित राग और कुछ धुनें भी हैं। यह संख्या आनुमानिक है, एक-दो कम या अधिक संख्या भी हो सकती है।

मारवा ठाट में पंचम के अस्तित्व के संबंध में प्रश्न उठ सकता है फिर भी इस विषय में पहले ही लिखा जा चुका है कि ठाट के नाम केवल स्मरण रखने की सुविधा के लिए हैं।

नामों का व्यवहार न करने पर ठाटों का परिचय इस प्रकार दिया जाता है—

(1) तीव्र मध्यम युक्त ठाट।

(2) शुद्ध ठाट।

(3) कोमल निषाद युक्त ठाट।

(4) कोमल ऋषभ और कोमल धैवत युक्त ठाट।

(5) कोमल ऋषभ, तीव्र मध्यम और कोमल धैवत युक्त ठाट।

(6) कोमल ऋषभ, तीव्र मध्यम युक्त ठाट।

(7) कोमल गांधार और कोमल निषाद युक्त ठाट।

(9) कोमल ऋषभ, कोमल गांधार, कोमल धैवत और कोमल निषाद युक्त ठाट।

(10) कोमल ऋषभ, कोमल गांधार, तीव्रमध्यम और कोमल धैवत युक्त ठाट।

इस प्रकार ठाटों का उल्लेख करने के बजाय प्रचलित रागों के नामों से उल्लेख करना ही सहज है।

उपर्युक्त प्रत्येक ठाट के सम्पूर्ण, षाड़व, एवं औड़व जाति-भेद से कई प्रकार के ठाटों की सृष्टि हो सकती है, किंतु सब ठाटों में राग नहीं भी हो सकते। पाँच स्वर-विशिष्ट औड़व ठाट से कम स्वरों का अर्थात् चार स्वर व्यवहृत ठाट का राग नहीं होता, ऐसा पंडितवर्ग का मत है, यद्यपि कई पंडित चार स्वर-विशिष्ट मालश्री राग का अस्तित्व स्वीकार करते हैं, एवं उसे नियम का एक विशेष व्यतिक्रम मानते हैं। उपर्युक्त दस ठाटों में प्रत्येक का सम्पूर्ण अवस्था में व्यवहार करने पर एक-एक राग का रूप प्रकट होता है। यथा–कल्याण ठाट स्वाभाविक रूप से गाये या बजाए जाने पर यमन का रूप प्रकट होता है, अतः यमन (इमन) राग कल्याण ठाट के आश्रय राग या मेलकर्ता नाम से परिचित है। आसावरी ठाट के व्यवहार में जौनपुरी का स्वरूप प्रकट होता है, अतः जौनपुरी को आसावरी ठाट का आश्रय-राग कहना ठीक है। (आसावरी ठाट के नामकरण को लेकर प्रबल मतभेद है। यह ग्रंथकार उसे जौनुपरी ठाट कहना ही सुसंगत मानता है।) मारवा ठाट का व्यवहार होने पर पूर्वकल्याण का स्वरूप प्रकट होता है, अतः पूर्वकल्याण को मारवा ठाट का आश्रयराग कहना ठीक है; मारवा राग में पंचम वर्जित है, अतः उसे आश्रय-राग कहना कम युक्तिसंगत है। प्रत्येक ठाट में, आश्रय-राग के अलावा अन्यान्य रागों को उस ठाट के जन्य-राग कहा जाता है। आश्रय-राग के साथ जन्य-राग का कोई रूपगत सादृश्य नहीं भी हो सकता, वह जनक-जन्य-संबंध मात्र स्वर-व्यवहार पर ही प्रतिष्ठित है। अर्थात् सम्पूर्ण ठाट के व्यवहार में आश्रय-राग एवं ठाट में वक्रत्व, औड़वत्व और षाड़वत्व सम्पादन से उत्पन्न राग को जन्य राग कहा जाता है। आश्रय-राग को जनक-राग भी कहा जाता है। ठाट में रागोपयोगी परिवर्तन करने पर वह ठाट-पदवाच्य नहीं रहेगा, वह राग का आरोहण-अवरोहण मात्र होगा। यथा–बिहाग बिलावल ठाट के अंतर्गत है, बिहाग का आरोहण है–ऩिसागमपनिसां, ऋषभ और धैवत आरोहण में वर्जित है, इस आरोहण को बिलावल ठाट नहीं कहा जाएगा। अल्हैया बिलावल का आरोहण है–सागमरेगपनिधनिसां, इसे बिलावल ठाट नहीं कहा जाएगा, यह अल्हैया बिलावल का वक्र आरोहण है।

ठाट और राग का पार्थक्य–राग द्रष्टव्य। ठाट का अन्य व्यावहारिक अर्थ वाद्यसंगीत में पर्दा या सारिकाश्रेणी है। (अचल ठाट द्रष्टव्य)

ठुमरी : शास्त्रीय-संगीत की चार प्रधान गीति-पद्धतियों (ध्रुपद, खयाल, ठुमरी

और टप्पा) में तृतीय पद्धति। खयाल-गायन में राग की विशुद्धता की रक्षा कर गायन किया जाता है, उसी दौरान कभी-कभी खयाल-गायक कवित्वशक्ति और सौंदर्यबोध की प्रोचना से खयाल के विस्तार में विविध प्रकार के सुललित स्वर-संयोग एवं अलंकार-व्यवहार करना आरम्भ करते हैं। अनुमान किया जाता है कि इस प्रकार राग और रीति-भ्रष्ट खयाल से ही ठुमरी-पद्धति की सृष्टि हुई है। प्राचीन ठुमरी खयाल के समान ही गम्भीर है, 'ठुमरी-सम्राट' मौजुद्दीन के रिकार्ड 'बाजूबन्द खुल-खुल जाय' एवं 'पिया बिन नाहीं आवत चैन' सुनने पर इसकी उपलब्धि की जा सकेगी। परवर्ती काल में ठुमरी के कई प्रकार के भेद हो गए, विभिन्न घरानों में विभिन्न रसों से ठुमरी अलंकृत हुई है। लखनऊ अंचल में ग्राम्य संगीत के ढंग से महिलायें पहले ठुमरी गाती थीं। वर्तमान काल में तीन प्रधान ठुमरी-घराने दिखायी देते हैं—वाराणसी-घराना, लखनऊ-घराना और पंजाब-घराना।

वाराणसी (बनारसी) ठुमरी के प्रवर्तक कौन थे, यह अज्ञात है, किंतु मौजुद्दीन खाँ वाराणसी ठुमरी के प्रधान प्रचारक थे। वाराणसी-ठुमरी खयाल-अंग से ही गायी जाती है, यह अपेक्षाकृत धीरगति-सम्पन्न एवं गम्भीर प्रकृति की है, चंचलता इस ठुमरी में नहीं है। वाराणसी-ठुमरी का प्रधान वैशिष्ट्य यह है कि प्रत्येक स्वर के व्यवहार में उस स्वर का स्वातन्त्र्य अविचलित रहता है एवं प्रत्येक स्वर से भाव और रस परिस्फुट होता है। इसमें अन्यान्य रागों का सम्मिश्रण अत्यंत संयत भाव से किया जाता है।

आज जो लखनऊ-ठुमरी सुनी जाती है, वह नवाब वाजिद अली शाह द्वारा प्रवर्तित है, ऐसी धारणा कई संगीतविदों की है। लखनऊ-ठुमरी की चपलता वाराणसी-ठुमरी की अपेक्षा अधिक है, इसकी गति भी वाराणसी-ठुमरी से द्रुततर है। लखनऊ-ठुमरी का प्रधान वैशिष्ट्य यह है कि इसमें स्वरों के एकक प्राधान्य की अपेक्षा अलंकारिक स्वर-शब्द का प्राधान्य ही अधिक है। गिटकारी, मुरकी आदि अलंकारों का व्यवहार अधिक है।

पंजाबी ठुमरी लखनऊ-ठुमरी के समान है, किंतु इसमें पंजाब के ग्राम्य गीतों के कुछ विशिष्ट अलंकारों का योग किया जाता है। अप्रत्याशित स्वर-धारावाहिकता इस ठुमरी का प्रधान वैशिष्ट्य है।

ठुमरी की एक जाति को लचाऊ ठुमरी कहा जाता है। हिन्दुस्तानी 'लचना' शब्द का अर्थ है नमित होना, कोमल भाव से झुकना, इस शब्द से ही 'लचाऊ' शब्द ग्रहण किया गया है। लचाऊ ठुमरी में नायिका का आत्मसमर्पण-भाव अधिक परिमाण में प्रकट होता है।

अधिकांश ठुमरियाँ प्रेम-संबंधी रचनाओं के माध्यम से गायी जाती हैं। किसी-किसी ग्रंथ में 'ठुमरी' नामक एक राग का उल्लेख दिखायी देता है एवं शौरी मियाँ को ही उस राग का सृष्टिकर्ता कहा जाता है। 'ठुमरी' नामक एक ताल भी

प्रचलित है।

ठेका : ताल, मात्रा और छंद के वैशिष्टच-ज्ञापक, वादनोपयोगी बोलों द्वारा गठित रचना विशेष को ठेका कहा जाता है। दूसरे शब्दों में—किसी एक ताल के छंद एवं लय को आनद्ध वाद्य के माध्यम से ध्वनित की जाने वाली बोल-समष्टि को ठेका कहा जाता है। किसी-किसी ग्रंथकार ने ठेके को गत भी कहा है। कण्ठ्य या वाद्ययंत्र-संगीत में स्थायी चरण को जिस प्रकार बार-बार गाया या बजाया जाता है, उसी प्रकार ठेका भी बार-बार बजता है एवं बीच-बीच में परण, रेला आदि बजाए जाते हैं। ठेका का अन्य नाम है थापिया।

ठेका के बोल द्विगुणित होने पर, अर्थात्, किसी एक ताल में ठेका दो बार बजाने पर उसे कोई-कोई ग्रंथकार 'कायदा' कहते हैं।

ठेके के विस्तार को भी कायदा कहा जाता है।

ठोक : आलाप द्रष्टव्य।

डागरवाणी : आलाप और गीति द्रष्टव्य।

डुमनी : जो पर्दानशीन औरतें महल के अंदर गायन, वादन और नृत्य कर जीविका निर्वाह करती हैं, किंतु पुरुष के सामने बाहर नहीं आतीं, उन्हें डुमनी (डोमनी) कहा जाता है।

ढाड़ी : डुमनी के पिता या भ्राता को ढाड़ी (ढाढ़ी) कहते हैं। (डुमनी द्रष्टव्य)

ढिमा : इसका अर्थ है धीर, मृदु, विलम्बित। (लय द्रष्टव्य)

तरफ अथवा तड़प : 'तरफ' शब्द का अर्थ है 'ओर' एवं 'तड़प' शब्द का अर्थ है 'कम्पित होना'। वाद्ययंत्र संगीत में प्रधान अथवा वादनोपयोगी तारों के अलावा कुछ तार अनुरणन के लिए व्यवहृत होते हैं, उन्हें तरफ अथवा तड़प के तार कहा जाता है। 'तरफ के तार' का अर्थ है पार्श्ववर्ती अथवा अनुगामी तार, एवं 'तड़प के तार' का अर्थ है कम्पन अथवा अनुरणन के तार। ऐसा अनुभव होता है कि 'तड़प के तार' ही अधिक युक्तिसंगत प्रयोग हैं।

तराना या तिल्लाना : संगीत-रत्नाकर ग्रंथ में तेन, तेना आदि निरर्थक शब्दों का गायन में व्यवहार का निर्देश है। तराना या तिल्लाना के संबंध में किसी ग्रंथकार ने लिखा है—''निरक्षर उस्तादों द्वारा तिल्लाना का प्रचलन किया गया है'', ''रचना शक्ति की हीनता और निकृष्ट रुचि का परिचय'' इत्यादि। किंतु यह उस ग्रंथकार का भ्रम है, इसमें संदेह नहीं; क्योंकि तिल्लाना या तराना की रचना-रीति में छंदोगत माधुर्य और वैशिष्ट्य यथेष्ट है। गायन की भाषा स्वभावतः श्रोताओं का ध्यान आकृष्ट करती है। बंगालियों के लिए हिन्दुस्तानी गानों की भाषा तदनुरूप ध्यान आकृष्ट करने की वस्तु प्रायः नहीं है, क्योंकि कई शब्द बंगालियों के लिए बोधगम्य न होने के कारण गान के साहित्य की ओर उनका ध्यान कम रहता है—शब्द-झंकार और 'सुर'-माधुर्य ही उनके लिए विशेष उपभोग की वस्तु होती है। किंतु जिनकी मातृभाषा 'हिन्दुस्तानी' है, वे गान के साहित्य, काव्य के संबंध में उदासीन रहकर संगीत-रस का उपभोग नहीं कर सकते। उनके लिए विशुद्ध संगीत, अर्थात् जिसमें भाषा के माध्यम से कुछ कहने को नहीं, ऐसा संगीत, उपभोग करने के लिए निरर्थक शब्द-झंकार का व्यवहार है। राग के आलाप में एवं तराना में व्यवहृत शब्द पूर्णतया निरर्थक हैं, उनका गठन छंदोनुग एवं सुर, छंद और लय के वाहन के रूप में ही उनका व्यवहार प्रचलित हुआ है। तराना शब्द अनुकरणात्मक है। तराना में व्यवहृत शब्दों, यथा—देरदेर, तादिम, तदीयाना, अलालुम, तोम्, नोम इत्यादि से 'तराना' शब्द की सृष्टि हुई है। वाद्ययंत्र-संगीत में जिस प्रकार भाषा के बदले बोलों के माध्यम से स्वर सुललित छंद में ध्वनित होते हैं, कण्ठ में भी इन बोलों के समान तराना की वाणी का व्यवहार होता है। इस उपलक्ष्य में 'अनन्त हरि नारायण' वाक्यांश का आविर्भाव सम्पूर्ण रूप से भक्ति और कल्पना-मूलक है। तराना के आधार पर ही वाद्ययंत्र-संगीत में रजाखानी गत की सृष्टि हुई है। (बोल और रजाखानी द्रष्टव्य)

तवायफ़ : फारसी शब्द। सभा-नर्तकी। तवायफ (बंगला में तयफा) ठुमरी, गजल आदि भी गाती हैं। पूजा-पर्व एवं मांगलिक अनुष्ठान में तवायफ सभामण्डप में गायन और नृत्य करती थीं। प्रचलित भाषा में उन्हें 'बाई' कहा जाता था, उसी सूत्र से 'बाई-नाच' शब्द प्रचलित है।

तान : 'तन' शब्द का अर्थ है 'विस्तृत होना', इससे ही 'तान' शब्द उदभूत है। जो राग का विस्तार करती है, वही तान है। स्वरसप्तक के दृष्टान्त में ही तानों का विवरण दिया हुआ रहता है। शास्त्र-मत से तान दो प्रकार की हैं—शुद्ध तान और कूट तान।

स्वर स्वाभाविक क्रम से उच्चारित होने पर शुद्ध तान एवं क्रम का उल्लंघन

कर उच्चारित होने पर कूट तान कहा जाता है।

स्वरसप्तक के सात स्वरों के व्यवहार के तारतम्य से तानोयं का श्रेणी-विभाग किया जाता है।

एक स्वर के व्यवहार को आर्चिक तान कहा जाता है। यज्ञ में ऋचायें एक स्वर के अवलम्बन से उच्चारित होती हैं, अतः एक स्वर की तान को आर्चिक कहा जाता है।

दो स्वरों के व्यवहार को गाथिक तान कहा जाता है। 'गाथा' नामक छंद के साथ ग्रथित होने के कारण गाथिक शब्द प्रयुक्त हुआ है।

तीन स्वरों के व्यवहार को सामिक तान कहा जाता है। तीन स्वरों—उदात्त, अनुदात्त और स्वरित से सम्पादित साम के साथ सम्बद्ध होने के कारण सामिक नामकरण हुआ है।

चार स्वरों के व्यवहार को स्वरान्तर तान कहा जाता है। सात स्वरों का चतुर्थ स्वर मध्यवर्ती अर्थात् अंतरवर्ती होने के कारण चार स्वरों की तान को स्वरांतर कहा गया है।

पाँच स्वरों के व्यवहार को औडुव तान कहा जाता है। उडु का अर्थ है नक्षत्र, नक्षत्र जहाँ विचरण करते हैं, अर्थात् व्योम को औडुव कहा जाता है। क्षिति, अप, तेज, मरुत् और व्योम—इन पंचभूतों का पंचमभूत होने के कारण औडुव के साथ पंचम का योग किया जाता है। उसी के अनुसार पाँच स्वर-विशिष्ट तान को औडुव तान कहा गया है।

छह स्वरों के व्यवहार को षाड़व तान कहा जाता है।

सात स्वरों के व्यवहार को सम्पूर्ण तान कहा जाता है।

शास्त्र में कहा गया है कि स्वरसप्तक को षाड़व अथवा औड़व में परिणत किया जाय तो षाड़व अथवा औडुवीकृत स्वरसमुदय को तान कहा जाता है।

शुद्ध स्वरसप्तक में सात मूर्च्छनायें हो सकती हैं। उसी प्रकार विकृत स्वर युक्त स्वरसप्तक में भी प्रत्येक विकृति में सात-सात मूर्च्छनायें हो सकती हैं। (मूर्च्छना द्रष्टव्य)

तान के प्रस्तार-निरूपण के समय शास्त्र में शुद्धतान को भी कूटतान के साथ लेकर संख्या निर्दिष्ट हुई है। शुद्धतान की संख्या अत्यल्प है, उसे पृथक रखने पर कूटतान की गणना से इस संख्या को घटाना पड़ता है, किंतु उससे प्रस्तार के संबंध में सामग्रिक वर्णन में भी असुविधा होती है, अतः इस प्रकार नहीं किया जाता है। वस्तुतः षड़ज और मध्यम दोनों ग्रामों में षाड़व एवं औड़व शुद्धतानों की संख्या केवल 84 है, उसके अलावा सम्पूर्ण तानें दोनों ग्रामों में 2-2 होती हैं, अतः कुल 88 शुद्ध तानें होती हैं। दूसरी ओर षड्ज एवं मध्यम दोनों ग्रामों की पुनरुक्ति को छोड़कर शास्त्र में कूटतान-संख्या 3, 17, 927 स्थिर की गई है।

एक मूर्च्छना का स्वरसप्तक लेकर उसका प्रस्तार करने पर, अर्थात् स्वरों को विविध क्रम में सजाकर विस्तार करने पर 5040 प्रकार के प्रस्तार मिलते हैं। षाड़व क्रम का प्रस्तार करने पर 720, औडुव क्रम में 120, स्वरान्तर क्रम में 24, सामिक क्रम में 6, गाथिक क्रम में 2 एवं आर्चिक क्रम में 9 प्रस्तार मिलते हैं।

यह पहले ही कहा गया है कि किसी भी एक सप्तस्वर-विशिष्ट मूर्च्छना का प्रस्तार करने पर 5040 कूटतानें मिलेंगी। इन 5040 तानों में आदि और अंतिम दो तानें शुद्धतानें हैं। इस प्रस्तार का एक नियम शास्त्र में उल्लिखित है, उस नियमानुयायी प्रस्तार करने पर प्रत्येक क्रमिक संख्या के पास एक विशेष क्रमानुयायी कूटतान मिलेगी, अर्थात प्रत्येक कूटतान की एक क्रमिक संख्या सुनिर्दिष्ट है। प्रश्नकर्ता यदि यह पूछे कि 1364-संख्यक कूटतान का स्वरूप क्या है, तो उस प्रश्न का उत्तर देने के लिए एक विशेष पद्धति आविष्कृत हुई है, जिसे खण्डमेरु कहा जाता है। खण्डमेरु की सहायता से क्रमिक संख्यानुयायी स्वरक्रम का स्वरूप बताया जाता है, एवं स्वरक्रम का स्वरूप कहने पर उसकी क्रमिक संख्या भी बतायी जा सकती है। यह खण्डमेरु एक पद्धति मात्र है, आजकल उस्तादगण भ्रमवश खण्डमेरु को मीड़खण्ड कहते हैं, एवं खण्डमेरु के व्यवहार से जो प्रस्तार-स्वरूप मिलता है, उस प्रस्तार-स्वरूप को ही मीड़खण्ड कहते हैं। उदाहरण स्वरूप स्वरान्तर-क्रम का एक प्रस्तार लिया गया है–

'सा रे ग म' इस स्वरांतर-क्रम का प्रस्तार करने पर 24 क्रम बनेंगे। यथा–

1. सा रे ग म	7. सा रे म ग	13. सा ग म रे	19. रे ग म सा
2. रे सा ग म	8. रे सा म ग	14. ग सा म रे	20. ग रे म सा
3. सा ग रे म	9. सा म रे ग	15. सा म ग रे	21. रे म ग सा
4. ग सा रे म	10. म सा रे ग	16. म सा ग रे	22. म रे ग सा
5. रे ग सा म	11. रे म सा ग	17. ग म सा रे	23. ग म रे सा
6. ग रे सा म	12. म रे सा ग	18. म ग सा रे	24. म ग रे सा

इन 24 प्रस्तारों के अलावा और प्रस्तार स्वरांतर-क्रम में नहीं होंगे। उस्ताद लोग इन 24 प्रस्तारों को युक्त रूप से मीड़खण्ड कहते हैं। सप्तस्वर के प्रस्तार को भी मीड़खण्ड कहते हैं।

यहाँ तक शास्त्रोक्त तानों का विवरण हुआ। अब वर्तमान काल में प्रचलित खयाल-अंगीय तानों का स्वरूप दिया जा रहा है। वर्तमान काल में मोटे तौर पर तानों के दो प्रकार हैं–बोलतान और स्वरतान।

(1) बोलतान–जिस तान का स्वरसमुदय गीत की वाणी के आश्रय से उच्चारित होता है, उसे बोलतान कहते हैं।

(2) स्वरतान–जिस तान का स्वरसमुदय स्वरवर्ण-ध्वनि के आश्रय से उच्चारित होता है, अर्थात् 'आ', 'इ' इत्यादि वर्णों द्वारा उच्चारित होता है, उसे

स्वरतान कहा जाता है। यहाँ स्वरों की धारावाहिकता ही प्रधान है, वाणी का कोई उल्लेखयोग्य वैशिष्ट्य नहीं है।

वाद्ययंत्र-संगीत में समस्त तान ही वाणी या बोल के माध्यम से प्रकट होती है, किंतु सरल वाणी अर्थात् जिस वाणी के वैशिष्ट्य के प्रति मन आकर्षित नहीं होता, उस वाणीयुक्त तान को स्वरतान कहा जाता है, एवं वाणी या बोल का वैशिष्ट्य यदि प्रधान हो जाय तो उसे बोलतान या तोड़ा कहा जाता है।

विस्तार एवं तान एकार्थबोधक होते हुए भी व्यावहारिक संगीत में उनकी पृथकता कायम है। स्वर के अनिबद्ध विस्तार को 'विस्तार' एवं बन्दिशी छंदोबद्ध विस्तार को 'तान' रूप में उल्लेख करने पर सम्भवतः दोनों का व्यवहारगत पार्थक्य ठीक ढंग से बताया जा सकेगा। गत के बोल या वाणीसमन्वित तान को तोड़ा कहा जाता है। कण्ठ्य-संगीत में तोड़ा का व्यवहार नहीं है। गत एवं तोड़ा दोनों को युक्त करने से निर्मित 'गत्तोड़ा' शब्द वाद्ययंत्र-संगीत में वाद्यवस्तु का निर्देश करता है।

तान का स्वरूप अनन्त है, उनमें से कुछ सुप्रचलित स्वरूपों के नाम और उदाहरण दिए जा रहे हैं। '=' चिह्न स्वर के नीचे रहने पर प्रस्वन चिह्न (जोर देने का चिह्न) समझना होगा—

(1) आश—ध़ ग। मीड़ के समान, किंतु इसमें स्वरों का व्यवधान मीड़ की अपेक्षा अधिक है।

(2) उट्—ध़ ध पप मगरेसा ऩिसा। दोनों ओष्ठ मिलाकर जोर से आवाज कर तान आरम्भ की जाती है।

(3) उतरती—सांनिसां धपध गरेग सा।

(4) उपज—पमगरेसा; रेगमगरेसा।

(5) उलटी—गम रेग सारे ऩिसा ध़ऩि प़ध़ म़ध़ प़।

(6) कदमा—सांरेंसांनि धनिसांरेंसांनि धनिसांरें गरेंसांनि धनिधनि, गरेंसांनि। इसे फूलझड़ी भी कहा जाता है।

(7) कम्पित—गंगंगंगं रें रें रें रें सांसांसांसां निनिनिनि। गमक के साथ गायन।

(8) कड़का—गग रेग गग, मम गम मम, पप मप पप, धध पध धध, निनि धनि सांसां।

(9) काकी—काक के समान कर्कश ध्वनि में गायन।

(10) कूट—सारे-रे गम-म पध-ध, निसां-सां। मात्रा के बदले '-' चिह्न का व्यवहार किया गया है।

(11) कोयल—साग-गप-पनि-निसां-। मात्रा के बदले '-' चिह्न दिया गया है।

(12) खटक—सारे गग रेसा मम रेग रेसा पध पम रेगरेसा।

(13) खटका—सारे रेग गम मप धनि सांनि निध धप पम मग गरे रेसा।

(14) खुली–'आ' एवं 'ओ' शब्दों के आश्रय से ली गई तान।

(15) खेड़–भ्रमवश एक-दो स्वरों का उल्लंघन हो जाने पर उसी रूप की तान को खेड़ तान कहते हैं।

(16) गजतान–सागरे रेमग गपम मधप। तान की गति विलम्बित होगी।

(17) गमकी–गंगरें निनिध मम गरेसा।

(18) गुथाव–गं–गुरेंसांनि रें–रेंसांनिध नि–निधपम ध–धपमग पमगरेसा।

(19) घिस्–सूँत तान के समान, कोई प्रस्वन नहीं।

(20) चक्कर–सागरेसा रेमगरे गपमग मधपम।

(21) चढ़ती–सारेसा गरेग पधप सां।

(22) छूट–सरिंगं सारेग निधपम गरेसा।

(23) ज़मज़मा–सारेसारे सागरेग सारेसारे सामगम पपपप मममम गगगग रेरे सा।

(24) जबड़ा–जबड़ा का अर्थ है मुँह के भीतर का वह अंग, जहाँ दाँत रहते हैं। जिस तान को लेने में मुँह के इस अन्तस्थल को अधिक कम्पित किया जाता है।

(25) जोड़–सासारेरे सासागग रेरेगग रेरेसासा।

(26) झटक–सारे गम धपमगरेसा प मगरेसा नि धपमगरेनिसा।

(27) झटका–गगग गगग गगरेसा निसा। आरम्भ के साथ झटके का व्यवहार होता है।

(28) झपक–सारेगम धपमगरेसा। प्रथमार्ध विलम्बित, द्वितीयार्ध द्रुत।

(29) झर–पप गग धध मम गग निनि धध पप गग रेरे सासा रेरे गग।

(30) टाकी–मुँह के तालु का व्यवहार कर गायन होता है।

(31) टांगन–'इ' शब्द के आश्रय से तान लेने की रीति। अश्व की आवाज के समान सुनायी देती है।

(32) ठोक–गंगं-गं-रेंसांनि सांसां-सां-निधप। '-' मात्रा ज्ञापक।

(33) डोलना–सांसां धध निनि पप धध मम पप गग मगरेसा।

(34) धड़का–सासा रेरे गग मम पप धध नि धपम गरेसा।

(35) नाकी–नाक के सुर से तान गाने की रीति। इसे मुद्रादोष भी कहा जा सकता है।

(36) पटक–सा-रे रे-ग ग-म म-प। मात्रा के बदले '-' चिह्न व्यवहृत।

(37) पालूटी–सारेगम मगरेसा गमपध धपमग। (पलूढ़ा जवाब)

(38) फन्दा–निनिधपमगरेसा सांसां निनिधपमगरेसा गंगरेंसांनिधपमगरेसा।

(39) फिकराबंदी–पम गपमग रेग रेम रेगमप पमप मपमग। अप्रत्याशित रूप से विस्तार किया जाता है।

(40) फिरकत्–सारेगमगरे गमपमगरे गमपधनिधपमगरे।

(41) बकरा–कण्ठ दबाकर अलग-अलग रूप से स्वर उच्चारित करना। बकरे की आवाज की तरह सुनायी देती है।

(42) बल़–गमपम गमपम रेगनि़सा।

(43) बल सपाट–धनिसांरें गंरें धगंरेंसां निधपम गरेसा।

(44) बरतनिया–सारेग रेगम गमप मपध।

(45) बिजली–पंमंगंरें सांनिधप मगरेसा। यह भी सपाट का ही प्रकारभेद है, किंतु अति द्रुत है।

(46) बिडार–सारेग ध़नि़सा पमग रेंसांनि गंरेंसां प़ध़नि़सा। शुद्ध बिडार में 'सा' और 'प' स्वरद्वय वर्जित रहते हैं।

(47) बोलतान–गान की वाणी-समन्वित तान।

(48) भरत्–सारेगम रेग गमप गमगरेसा।

(49) मार–सारेगम रेगमप गमपध मपधनि। निलंबित सर्पिल गति

(50) मिट–दानाविहीन तान। आश और मीड़ के अनुरूप।

(51) मिस्की–दबे गले से तान लेने की रीति को मिस्की तान कहा जाता है।

(52) मीड़–रेगमप मगरेसा। मीड़ के सहयोग से उच्चारित, स्वर पृथक-पृथक उच्चारित नहीं होते।

(53) मीड़खण्डी–धनिसारें धरेंनिसां निधसारें धनिरेंसां धरेंसांनि रेंसांनिध।

(54) मुदि–'अ' 'इ' 'उ' एवं 'औ' शब्दों के आश्रय से ली गई तान।

(55) मुरक–सांनिरेंसां निधसांनि धपनिध मगपम गरेमग रेसागरेसा।

(56) मुरकी–सांनिरेंसांनिसां पमधपमप गरेमगरेग सानि़रेसानि़सा।

(57) युगलबन्ध–(1) बोलतान का प्रकारभेद। (2) सांनिधप सांनिधप निधपम निधपम गरेसानि़ गरेसानि़ सा।

(58) रेरक–सांनि निध धप पम। गमक के साथ गायी जाती है अतः खटका तान से पृथकता का पता चलता है।

(59) लपक–राग रेम गप मध पनि धसां।

(60) लपेट–सारे गम गरे गमपधपम धनिसांरेंसांनि धनिधप मपमग रेगरेसा।

(61) लड़ी–गरेगमपमगरे गमपगमगपमगरे गमेगरे पमगरेसा।

(62) लड़ीफिरत–गमगरे मगरे मगरे गमगरे धपमगरेसा।

(63) लड़ीलपेट–सारेगम पमगरे गमपमगरे गमगरे गरेसानिसा।

(64) लड़ीसपाट–सांरेंगंसारेंगंसारेंगंमंपंमंगंरेंसांनि धपमगरेसा।

(65) सपाट–सांनिधपमगरेसा; पंमंगंरेंसांनिधपमगरेसानि़ध़प़।

(66) सुमिट–मिट तान का नामांतर।

(67) सूँत—सा प पमगरेसा। मीड़ के समान, किंतु सा प व्यवधान के कारण आश का भाव भी है।

(68) सूँतकारी—सारिं सांसां निध पमगरेसा। तान के साथ निःश्वास की ध्वनि सुनायी देती है।

(69) स्फुरित—सा-सा रे- -, रे-रे ग- -, ग-ग म- -। मात्रा ज्ञापक '-' चिह्न दिया गया है।

(70) हलक—हलक का अर्थ है कण्ठ। कण्ठ-अभ्यन्तर से जो तान ली जाय।

(71) हवाई—सारेगमगरे मपधनिधप निसारिंगरेंसां निधपमगरेसा।

(72) हलका—निधपमगरेसा धपमगरेसा पमगरेसा मगरेसा गरेसा रेसा।

विभिन्न घरानों में तानों के नाम और स्वरूप के संबंध में विभिन्न मतामत प्रचलित हो सकते हैं, अतः कहना न होगा कि उल्लिखित नाम-रूप-परिचय का सर्वथा सर्वसम्मत होना आवश्यक नहीं।

तारपरण : तबला, पखावज इत्यादि वाद्यों के वादनोपयोगी परणसमूह के छंद के अनुकरण से वाद्ययंत्र-संगीत में बजाए जाने वाले बोल-समन्वय को तारपरण कहा जाता है। उदाहरणार्थ तबले के बोल एवं तारवाद्य पर उसे ही बजाने के लिए उपयोगी बोल दिए जा रहे हैं—

क्रेधा-ने धेटे धेटे धागे त्रिकिट् तूना कता

ड्रेडा-रा डेरे डेरे डारा ड्रेडा राडा डारा (आलाप द्रष्टव्य। परण द्रष्टव्य)

तारसप्तक : मानव-शरीर में नाद ध्वनित होने के तीन स्थान हैं—हृदय, कण्ठ एवं मस्तक। संगीत की परिभाषा में इन तीन स्थानों के नाम हैं मन्द्र, मध्य एवं तार; ऐसा शास्त्र में कहा गया है। मन्द्र से मध्य स्वर का उच्चारण द्विगुणित उच्च एवं मध्य से तार स्वर का उच्चारण द्विगुणित उच्च होगा। मन्द्रस्थानस्थ स्वरसप्तक मन्द्र, मध्यस्थानस्थ स्वरसप्तक मध्य एवं तारस्थानस्थ स्वरसप्तक तारसप्तक रूप में प्रचलित है।

मन्द्रसप्तक के षड्ज की अपेक्षा मध्यसप्तक का षड्ज द्विगुण उच्च, एवं तारसप्तक का षड़ज उससे भी द्विगुण उच्च है।

मन्द्रसप्तक के षड्ज का वजन अर्थात् कम्पन-संख्या यदि 128 हो तो मध्यसप्तक के षड्ज का वजन अर्थात् कम्पनसंख्या 256 एवं तारसप्तक के षड्ज की कम्पन-संख्या 512 होगी।

स्वरलिपि में तारसप्तक के स्वरों के ऊपर बिंदु या रेफ, मध्यसप्तक के स्वर चिह्न-विहीन एवं मंद्रसप्तक के स्वरों के नीचे बिंदु या हलन्त चिह्न का प्रयोग किया जाता है।

(स्वरलिपि द्रष्टव्य)

ताल : प्रतिष्ठार्थक तल् धातु के वाद 'घञ', जोड़कर ताल शब्द निष्पन्न हुआ है। द्रुत, लघु, गुरु, प्लुत प्रभृति क्रियाओं द्वारा परिमित जो काल है, जो गीत, वाद्य और नृत्य को नियमित करता है, उसे ही ताल कहा जाता है। विश्रान्ति या विरति युक्त सशब्द या निःशब्द क्रिया द्वारा यथाकाल में ताल का मान या परिमाण निर्दिष्ट होता है। प्रचलित संगीत में लय एवं मात्रा-विशिष्ट एक छंद-रचना को ताल कहा जाता है, यह रचना विशेष वाणी या बोलों के माध्यम से रचित होती है। विभिन्न लय एवं मात्रा-समष्टि में विविध छंद-वैचित्र्य में प्रस्वन का तारतम्य रखते हुए असंख्य तालों की उत्पत्ति हुई है। दूसरी ओर प्रस्वन के स्थानों को भी ताल कहा जाता है। त्रिताल का कोई विशिष्ट छंद-वैचित्र्य न रहने से वह सरल हो गया है, अतः 'त्रिताल' को ही आदर्श मानकर अंयांय समस्त तालों का वैचित्र्य या वैशिष्ट्य सुपरिस्फुट होता है, अतः इसे मुख्य ताल के रूप में स्वीकार किया गया है। छंद-वैचित्र्य न रहने से गायकों-वादकों के लिए इसका व्यवहार निर्मूल लयज्ञान-सापेक्ष है। त्रिताल का स्वरूप इस प्रकार है--

+। । । । 3। । । ।
धा धिन् धिन् धा धा धिन् धिन् धा
o। । । । 1। । । ।
धा तिन् तिन् ता ता धिन् धिन् धा

त्रिताल में 16 मात्राएँ होती हैं, उसका प्रधान प्रस्वन स्थान (+) चिह्न से प्रदर्शित है, उसे 'सम' कहा जाता है। इस स्थान पर गायन और वादन दोनों के प्रधान प्रस्वन मिलकर समता प्राप्त करते हैं, या समकालीन होते हैं, अतः इसे 'सम' कहा जाता है।

वहाँ से चतुर्थ मात्रा को अतीत अथवा तृतीय ताल कहा जाता है, तृतीय ताल के स्थान पर त्रिताल में 3 संख्या लिखी जाती है। तृतीय ताल से चतुर्थ मात्रा को प्रस्वन-हीनता रहने के कारण विषम, अर्थात् सम की विपरीतधर्मी अथवा खाली कहा जाता है एवं चिह्नस्वरूप इसके ऊपर '0' लिखा जाता है। खाली से चतुर्थ मात्रा को अनागत अथवा प्रथम ताल कहा जाता है एवं उसके ऊपर '1' लिखा जाता है। कई ग्रंथकार खाली को ही अनागत ताल कहते हैं। यह भ्रामक है, क्योंकि खाली आघातशून्य होने के कारण अनाघात रूप में भी परिचित है एवं अनाघात शब्द के साथ भ्रमवशतः अनागत शब्द को एकार्थबोधक मान लिया गया है। प्रधान प्रस्वन यदि 'सम' ताल हो तो प्रस्वनहीन ताल का विषम होना ही स्वाभाविक है।

अतीत--सम अतीत हो जाने पर (निकल जाने पर) जो ताल प्रस्वनित हो।

अनागत--सम की अनागत अवस्था में (आने के पूर्व) जो ताल प्रस्वनित हो।

(अतीत, अनागत द्रष्टव्य)

ऊपर उद्‌धृत ताल में तीन ताल (ताली) और एक खाली है, अतः इसे त्रिताल कहा जाता है। मात्रा-संख्या एवं प्रस्वनित मात्रा की अवस्थिति के तारतम्य से असंख्य तालो की सृष्टि हुई है एवं प्रत्येक ताल के वादनोपयोगी रचित बोल को ठेका कहा जाता है। (ठेका द्रष्टव्य) ठेके को कुछ लोग गत भी कहते हैं। संगत के समय तबले अथवा पखावज पर ठेका ही बार-बार बजाया जाता है एवं बीच-बीच में परण आदि बजाने के बाद पुनः ठेका बजाया जाता है। कुछ सुप्रचलित तालों के ठेके दिए जा रहे हैं। (मात्रा और लय द्रष्टव्य)

(1) आड़ा चौताल--14 मात्रा

+ 2 o 3 o 4 o

धिन् तिरकिट। धि ना। तू ना। क त्ता। तिरकिट धि। ना धि। धिं ना।

(2) उपराल--8 मात्रा

+ o

ता ता केने कत्। धां घेने तिरकिट घेन

(3) एकताल--12 मात्रा

+ o 2 o 3 4

धिन् धिन्। धागे तिरकिट। तुन् ना। क त्ता। धिन् तिरकिट्। धिन् धाधा

अन्य प्रकार–

+ 2 o 3

धिन् धिन् धा। ध थुन् ना। क त्ते धागे। तिरकिट धिन् धा

(4) कव्वाली–8 मात्रा

+ o

धा धा किट ताग। ना धि धा तिरकिट

अन्य प्रकार–

+ o

तक् धिन् धागे नक। तक् तिन ताक नक

(5) कहरवा–4 मात्रा

+ o

धागे नति। नक धिन्

(6) कश्मीरी खेमटा–6 मात्रा

+ o

धि ग् ना। धा ति ना

(7) खमशा–8 मात्रा

\+ o 2 3 o 4 5 o

कत्तिट। धाधा। धिनता। क्रेधाकिट। धाधा। धिनता। कत्धा। दिनता

(8) खेमटा—12 मात्रा

\+ 2 o 3

धा कि ट। ना धि ना। ते टे धि। ना धि ना

(9) गजझम्फ—15 मात्रा

\+ 2 o 3

धा धिन् नक् तक्। धा धिन् नक् तक्। तिन् नक् तक् किट। तक गदि घेने

(10) चौताल—12 मात्रा

\+ o 2 o 3 4

धा धा। धिन् ता। कत् तक। धिन् ता। तेटे कता। गदि घेने

(11) छपका—8 मात्रा

\+ o

धिक् नाते केटे ताग। तिक् नाते केटे ताग

अन्य प्रकार—12 मात्रा

\+ 2 o 3

धा तिक् धिन्। ना तिन तिन। ता तिक् धिन्। ना धिन् धिन्

(12) जयमंगल—13 मात्रा

पखावज का ठेका—धा धा धा धिन् ना किट धा धिन् ता किट कता गदि घेन

तबले का ठेका—

\+ o 2 o 3 4 o 5 o

धा धा। किड़ धा। तिट कता। गेन गेता। गेना। किड़। धा। दिन। ता

(13) झपताल (झाँप)—10 मात्रा

\+ 2 o 3

धि ना। धि धि ना। ति ना। धि धि ना

(14) झुमरा—14 मात्रा

\+ 2 o 3

धिन्-धा तृक। धिन् धिन् धागे तृक। तिन्-ता तृक। धिन् धिन् धागे तृक

(15) तिलवाड़ा—16

\+ 2 o 3

धा तिरकिट धिन् धिन्। धा धा तिन् तिन्। ता तिरकिट धिन् धिन्। धा धा धिन् धिन्

(16) तेवट—14 मात्रा। झुमरा का नामान्तर।

(17) तेवड़ा—7 मात्रा

\+ 2 3

धा घेने नाग। ग द्दि। घेने नाग

(18) त्रिताल—16 मात्रा

\+ 2 o 3

धा धिन् धिन् धा। धा धिन् धिन् धा। धा तिन् तिन् ता। ता धिन् धिन् धा

(19) दादरा—6 मात्रा

\+ o

धा धि नाक। ना ति नाक

अन्य प्रकार—

\+ o

धि धि ना। ना तू ना

(20) दीपचन्दी—14 मात्रा

\+ 2 o 3

धा धिन्-। धा गे तिन्-। ता तिन्-। धा गे धिन्-

(21) दोबहार—13 मात्रा

\+ o 2 3 4 o o

धा किट। तेत् धा। धेने नक। गदि घेने। ता धा। दिन ता। तिरकिट तक।

5 6 7 8 9 o

तिरकिट तक। तेत् धागे। धेन तक। धे तागे। कता कता। गदि घेने

(22) धमार—14 मात्रा

\+ o 2 o 3 o

क धि ट। धि ट। धा-। ग दि ने। ति ने ता—

कुछ गुणी द्वितीय खाली 'ग' के ऊपर न रखकर 'दि' पर रखते हैं।

अन्य प्रकार—

\+ 2 o 3

क धिट धिट। धा-। क ति ट। ति ट ता—लगता है धमार ताल के ठेके के संबंध में कुछ विवाद है। प्रथमतः 'क' वाणी पर सम का प्रस्वन अयौक्तिक है, 'क' वाणी प्रस्वनहीन है, वरन् 'कत्' वाणी पर वैचित्र्य के लिए प्रस्वन देना चल सकता है; किंतु 'क' वाणी पर धमार का 'धा' किस प्रकार दिया जाय ? सम्भवतः कई वर्षो से ठेके के ताल-विभाग में किसी प्रकार की भूल चली आ रही है, इसके अलावा पुरिया के विख्यात धमार 'मेरी अंगिया रंग से भिगोई' गान के छंद-अनुसार प्रचलित धमार ठेके के छंद का सामञ्जस्य नहीं है। ग्रंथकार की धारणा है कि धमार का ठेका निम्नलिखित रूप में छन्दोबद्ध होने पर सामञ्जस्यपूर्ण और

युक्तिसंगत होगा—

+ o 2 o 3 o

धा- ग दिन दिन ता-क धेटे धेटे। प्रचलित ठेके के 'क' पर सम जिस प्रकार अयौक्तिक है, 'ग' पर विषम भी उसी प्रकार अयौक्तिक है, किंतु नये छंद-विभाग में 'धा' पर सम एवं 'ता' पर विषम स्वाभाविक हुआ है, ऐसा माना जा सकता है।

(23) पञ्चम सवारी—15 मात्रा

+ o 2 o 3 o 4

कत् धि। धि ना। धि ना। त्रिक तिना। कत्ता धिधि। नाधि धिना। धिना

5

गधि। नाग

अन्य प्रकार—

+ o 2 o 3 o 4

कता धिना। गधि नाग। धा धिन। धिन ना। तिन तिन। ना ति। ना ति।

5

ना

अन्य प्रकार—

+ 2 o 3

धि ना धिधि कत्। धिधि नाधि धिना। ति-क्र तिना तिरकिट तूना। कत्ता धिधि नाधि धिना

अन्य प्रकार—

+ 2 o 3

धा धिन धागे नागे। ति-क्रे तिन्ना तिन्ना। कता धिधि नाधि धिना। धा-क्रे धेत् धेत् धागेतिट

अन्य प्रकार—

+ 2 o

धिन धा धिन धा। तिरकिट धिन धागे। तिरकिट ति-क्रे तिना तिन।

3

कत्ता तिरकिट धिनधागे नाधातिरकिट

अन्य प्रकार—30 मात्रा

+ o 2

धा - किट ताग। थु न्ना किट ताग। तिर किट ताग दित्।

o 3 o

ता किट दिन ता। ताग तिट तिट ताग। ने धा किट ताग।

4 5

ताग दित् -। ताग दित् -

(24) पट–8 मात्रा

\+ o

धा गे धा गे। दिन ता क ता

(25) पञ्जाबी ठेका या मध्यमान–16 मात्रा

\+ 2 o 3

धि -धा -धि धा। धि -धा -धि धा। धि -ता -कि ता। कि -धा -धि धा

(26) पोस्त–5 मात्रा

\+ o

दिन ताक। धिन धा धा

(27) फरदोस्त–7 मात्रा

\+ 2 3 4 o 5 o

दिनताक। धेत्ताक। तिरकिट। किटदिन। दिनग्रेदिन। धानिदन। धादेत्

(28) वीरपञ्च–16 मात्रा

\+ o 2 3

धागेत् धा। धिन घेने। तेरे केटे। थुन्ना तेटे

o 4 o 5

क्रेधेत् -धा। गिन धा। कता कता। गदि घेने

(29) ब्रह्म–28 मात्रा

\+ o 2 3 o 4 5 6

धा दित्। थु न्ना। धा गे। तेटे ताग। थु न्ना। धा केटे। ता धा। केटे ता।

o 7 8 9 10 o

थु न्ना। धा गे। दिन ता। केटे ताग। ताग तेटे। दि न

(30) ब्रह्मयोग–17 मात्रा

\+ o 2 o 3 4 5 6 o

कत्। तेरे। केटे। धागे। धाता। केटेधागे। तागतेरे। केटेधाग। धा।

7 8 9 10 o 11 12 o

तेरेकेटताक्। ताकतेरे। केटेताक्। कताघेने। धागदेत्। कधेन। ता। कत्

(31) भरतंगा–12 मात्रा

\+ 2 o 3

घे ने ना। गे धे ने। के टे ता। गे धे ने

(32) मत्त–18 मात्रा

\+ o 2 3 o 4 5 6 o

धा -। धि ड़। न क। धि ड़। न क। ति ट। क ता। ग दि। घे ने

(33) मध्यमान–16 मात्रा। पंजाबी ठेके का नामांतर।

(34) मोहन–12 मात्रा

+ 2 o 3 o 4 o 5 6
कत्तेटै। धेत्ता। धिनधा। धेटेता। धिनधा। धेटेता। धेटेधा। धेटेधा। ताधा।
o 7 o
दिनताक। तेरेकेटताता। गदिघेने

(35) यत्–14 मात्रा

+ 2 o 3
धा धि न्। धा गे ति न्। ना ति न्। धा गे धि न्

प्रकारान्तर–8 मात्रा

+ 2 o 3
धा धिन। धागे तिन। ना तिन। धागे धिन

(36) राश–12 मात्रा

+ o 2 3 o 4 5
कत्धेटेधा। कताघेने। कताकताकता। धुमकेटे। गदिघेने। तेरेकेटताता। गदिघेने।
6 o 7 8 o
ताधा। नेधा। ताकेटे। ताधा। धिनता

(37) रुद्र–16 मात्रा

+ o 2 3 o 4 5 6
धातेरेकेट। धाधा। कत्धा। धेटेता। कत्धा। तेरकेटधा। तेरकेटधा। तेरकेटधा।
o 7 o 8 9 10 11 o
कत्धा। कत्धा। धेटेताग। धाता। कत्। धेटेधा। कत्धा। धेटेधा

(38) रूपक–7 मात्रा

+ 2 3
धिन धा तेरकेट। धिन धिन। धा तेरकेट

अन्य प्रकार–

+ 2 3
तिन तिन तागे। धिन धागे। धिन धागे

(39) लक्ष्मी–18 मात्रा

+ 2 3 4 5 6 7 o 8 9 10 11 12 13 14 15
कत् धेटे दिन ता धेत् धागे धिन ता धुम केटे केटे धाता दिन ता धेत् दिन
16 o
ता धेत्

(40) लीलाविलास–18 मात्रा

+ 2 2
धा धि- न् धा। धिन् धा। धा ति न क
o 4
ना ति- न् ता। ता धि- न् धा

+ ½
(41) शशांक (अली अकबर खाँ द्वारा सृष्ट)–5 1/2 मात्रा। तिन तिन ना धिन धागे ना

(42) शिखर–17 मात्रा

+ o 2
धा तेरेकेट धिन नक थुन ना। धिन नक् धुम केटे तक् धेत्। धा तेटे।
3
कता गदि घेने।

(43) शूल–10 मात्रा

+ o 2 3 o
धा धा। दिन ता। केटे धा। तेटे कता। गदि घेने

अन्य प्रकार–

+ o 2 3 o
धा घेड़े। नाग कि। घेड़े नाग। ग दि। घेड़े। नाग

(44) संकट–12 मात्रा। मोहन ताल का नामान्तर।

(45) सवारी–15 मात्रा

+ 2 o 3 o
धिनता कधिन ताक। कत् थुन्ना। तेटे थुन्ना। धा थुन्ना। तेरकेटताक थुन्ना।
4 o
केटे धाधि। धिधा तेरकेटताक

(46) सात्ति–10 मात्रा

+ o 2 3 o
कत्तेटे। धागधि। धेनेनाक। गद्दि। धेनेताग।
4 5 6 7 o
तातेटेधा। धेनेतेटे। धेटेधेटे। धागेतेटे। गदिघेने।

(47) सूरफाक्ता–10 मात्रा

+ 2 3
धा घेने नग दि। घेने नग। ग द्दी घेने नग

एक बोल में एक मात्रा है। संयुक्त रूप से जितने बोल हैं, उनकी सम्मिलित रूप से एक मात्रा है। जिस बोल के आगे '-' चिह्न है, उसकी मात्रा '-' चिह्न के

ऊपर ही देनी होगी। यथा–घि । धा । घि धा इस प्रकार समझना होगा। इसके अतिरिक्त के स्थानों पर मात्रा बोल-समूह के प्रथम अक्षर के ऊपर लगेगी, यथा–गदि घेने; तेरकेटे धा। (स्वरलिपि द्रष्टव्य) बंगाल में अधिकांश ठेकों में 'सम' को द्वितीय ताल के रूप में लिया जाता है। पश्चिमभारत में आजकल 'सम' को प्रथम ताल माना जाता है। उल्लिखित ठेकों के उदाहरणों में दोनों प्रकार के विभाग दिखाई देंगे।

तालीम : शिक्षा।

तिहाई : 'तिहाई' शब्द का अर्थ है 'तृतीयांश। 'तीन तिहाई' का अर्थ है तीन समान अंश। अर्थात् तीन तृतीयांशों से एक 'पूर्ण' होता है। तीन तिहाई से ही 'तिहाई' या 'तेहाई' शब्द का प्रचलन हुआ है। तिहाई के अंत में जो प्रस्वन रहता है वह 'सम' के ऊपर ही दिया जाता है। तिहाई के चार प्रकार के भेद हैं। परमपूजनीय मृदंगाचार्य स्वर्गीय मुरारी मोहन गुप्त महाशय के 'संगीतप्रवेशिका' नामक ग्रंथ के पृष्ठ 46 पर तिहाई का जिस रूप में वर्णन है, उसके अनुसार तिहाई के चार प्रकार के भेद यहाँ दिए जा रहे हैं–

(क) प्लुतातियुगल, (ख) अतियुगल, (ग) युगल, (घ) घाटियुगल।

तिहाई के तीन अंशों के मध्यवर्ती दो अंशस्थ बोलों के तारतम्य से ही ये चार प्रकार के भेद किए गए हैं।

(क) प्लुतातियुगल–

+1 1 o| | 2| | o| | 3| | 4| | +|

धेरेधेरे कत् धा 'कता कता' धेरेधेरे कत् धा 'कता कता' धेरे धेरे कत् धा।

यहाँ तिहाई का एक अंश 'धरे धेरे कत् धा' है, एवं इसी प्रकार तीन अंशों के मध्यवर्ती दो अशों में प्रत्येक 'कता कता' है। यह 'कता कता' अंश ही प्लुतातियुगल लक्षण युक्त तिहाई का निर्देश करता है।

(ख) अतियुगल–

o| | 2| | o| | 3| | 4| | +|

धेरेधेरे कत् धा 'कता' धेरेधेरे कत् धा 'कता' धेरेधेरे कत् धा।

यहाँ मध्यवर्ती अंश 'कता' अंश ही अतियुगल लक्षणयुक्त तिहाई का निर्देश करता है।

(ग) युगल–

2| | o| | 3| | 4| | +|

धेरेधेरे कत् धा धेरधेरे कत् धा धेरेधेरे कत् धा।

यहाँ 'कता' बोल का लोप हुआ है एवं इस प्रकार की तिहाई को युगल

कहा जाता है।

(घ) घाटियुगल–

0| | 3| | 4| | +|

धेरेधेरे कत् धेरेधेरे कत् धेरेधेरे कत् धा।

यहाँ तिहाई के तीन प्रस्वनस्थल 'धा' के बीच दो 'धा' लुप्त हैं, मात्र सम के 'धा' का व्यवहार हुआ है, इसे घाटियुगल तिहाई कहा जाता है।

उक्त नियमों के अलावा तिहाई का साधारण नियम यह है कि तिहाई के तीन अंशों में प्रत्येक के बोल समान होंगे, उनकी मात्राओं का विभाग असमान होते हुए भी बोलों के किसी भी रूप में परिवर्तन नहीं होगा। यथा–

2| | 0| | 3| | 4| | +|

तेटेकता गदिघेने धा। तेटेकता गदिघेने धा। तेटेकता गदिघेने धा।

यहाँ मात्रा और बोल दोनों ही समान तीन भागों में विभक्त हैं।

| 0| | 3| | 4| | +|

तेटेकता गदिघेने धा। तेटे कतागदि घेने धा। तेटेकता गदिघेने धा

यहाँ तिहाई के मध्य के अंश की मात्राओं का विभाग भिन्न होते हुए भी बोलों का कोई तारतम्य नहीं है, अतः इसे तिहाई कहा जाता है। तिहाई के प्रत्येक अंश के बोलों का यदि तारतम्य रहे तो उसे शुद्ध तिहाई नहीं कहा जाता, किंतु वर्तमान काल में कई प्रकार की अशुद्ध तिहाइयों का व्यवहार हो रहा है। कई बार चार अंश युक्त बोल-समष्टि को भी तिहाई कहा जाता है।

उपरोक्त घाटियुगल-लक्षण युक्त तिहाई को निर्दोष तिहाई नहीं कहा जा सकता, किंतु यहाँ इस संबंध में किसी प्रकार का मन्तव्य व्यक्त करना अथवा आलोचना करना समीचीन नहीं होगा।

तीन तिहाइयों का संयुक्त रूप से व्यवहार होने पर उसे चक्रदार तिहाई कहा जाता है। चक्रदार तिहाई के वादन के समय भी कई बार भूल हो जाती है। यथा–

0| | | | 1| | | | +| |

ताधेनता धेनधेन धा ताधेनता धेनधेन धा ताधेनता धेनधेन धेनूता धेनधेन

| | 3| | | | 0| | | | 1|

धा ताधेनता धेनधेन धा ताधेनता धेनधेन धेनूता धेनधेन धा ताधेनता धेनधेन

| | | +|

धा ताधेनता धेनधेन धा

यह एक चक्रदार तिहाई का निदर्शन है, किंतु यह निर्भूल नहीं है। प्रथमतः चक्रदार का प्रत्येक अंश समान नहीं है, क्योंकि तिहाई का 'धा' प्रत्येक बार ही बजाया जाएगा, किंतु इस चक्रदार के प्रथम और द्वितीय तिहाई का शेष 'धा' नहीं है। द्वितीय एवं तृतीय तिहाई के आरम्भ में 'ता' बोल नहीं है। निर्भूल चक्रदार

तिहाई होने पर वह इस प्रकार होती–

| | o| | | | 1| | |
ता धेनता धेनधेन धा ताधेनता धेनधेन धा ताधेनता धेनधेन धा
| +| | | | 3| | | |
ता धेनता धेनधेन धा ताधेनता धेनधेन धा ताधेनता धेनधेन धा
o| | | | 1| | | | +|
ता धेनता धेनधेन धा ताधेनता धेनधेन धा ताधेनता धेनधेन धा

कुछ लोग तिहाई बजाने का संकल्प कर चार बार या पाँच बार तिहाई बजा देते हैं, उसे तिहाई नहीं कहा जा सकता। तिहाई लयकारी का एक अन्यतम प्रधान अंग है। श्रोतागण तिहाई के आविर्भाव से विशेष उल्लसित होकर सम की प्रतीक्षा करते हैं एवं सम आने के साथ ही वे चैन, आनन्द का अनुभव करते हैं।

तिहाई का अंतिम 'धा' यदि सम पर आता है तो उसे सम की तिहाई कहा जाता है एवं यही तिहाई की स्वाभाविक परिणति है। यदि तिहाई का 'धा' सम के कुछ बाद, अर्थात् एक मात्रा, अर्धमात्रा या चौथाई मात्रा बाद आता है, तो उसे अतीत तिहाई कहा जाता है। तिहाई का 'धा' यदि सम आने के एक मात्रा, अर्धमात्रा या चौथाई मात्रा पहले आता है, तो उसे अनागत तिहाई कहा जाता है। तिहाई का 'धा' यदि खाली पर आता है, तो उसे विषम तिहाई कहा जाता है। विषम तिहाई का अधिक प्रचलन नहीं है। बेमांजा नामक और एक प्रकार की तिहाई है, जिसमें तिहाई का प्रथम 'धा' खाली पर, द्वितीय 'धा' प्रथम ताल पर एवं तृतीय 'धा' सम पर आता है। यथा–

| | | o| | | | 1| | | | +|
- क्रे धिन् धागे धा - क्रे धिन् धागे धा - क्रे धिन् धागे धा

तीव्र मध्यम : मध्यम जब पंचम की द्वितीय श्रुति अर्थात् रक्ता श्रुति पर अधिष्ठित होता है, तो वह तीव्र मध्यम (बंगला में कड़ि मध्यम) होता है। (श्रुति द्रष्टव्य)

तीव्र-कोमल स्वर : कोमल की अपेक्षा तीव्र किंतु शुद्ध स्वर की अपेक्षा कोमल स्वर को तीव्र-कोमल स्वर कहा जाता है। तीन श्रुति-विशिष्ट कैशिकी निषाद एवं तीन श्रुति-विशिष्ट 'साधारण' गांधार को तीव्र-कोमल स्वर कहा जाता है। शास्त्र में दो श्रुति-विशिष्ट गांधार को 'शुद्ध' गांधार एवं तीन श्रुति-विशिष्ट गांधार को 'साधारण' गांधार और चतुःश्रुति विशिष्ट गांधार को 'अंतर' गांधार कहा जाता है। (श्रुति द्रष्टव्य)

भीमपलाश्री राग में तीव्र-कोमल गांधार और निषाद का प्रयोग होता है।

तीव्र स्वर : वर्तमान काल में प्रचलित शुद्ध स्वर-सप्तक में रे, ग, म, ध और नि स्वरों को तीव्र स्वर (अथवा तीव्र मध्यम को छोड़कर अन्यान्य स्वरों को शुद्ध स्वर) कहा जाता है। इन स्वरों को कोमल स्वरों में रूपान्तरित किया जाता है, इसीलिए इन्हें तीव्र कहा जाता है। तीव्र मध्यम की तुलना में शुद्ध मध्यम कोमल स्वर अवश्य है। (श्रुति द्रष्टव्य)

तुक : तुक का अर्थ है कलि, अंश या चरण। ध्रुपद के चार अथवा पाँच धातुओं को तुक या कलि कहा जाता है। कोई-कोई ध्रुपद में 'भोग' नामक और एक पंचम धातु का व्यवहार करते हैं। खयाल इत्यादि में साधारणतः दो धातु या तुक रहते हैं। वाद्ययंत्र-संगीत में आलाप और गत के भी तुक हैं। गत में खयाल के दो तुकों के अलावा मांजा नामक एक अतिरिक्त तुक है, साधारणतया वह संचारी तुक के ही समान है। स्थायी, अंतरा, संचारी, भोग, आभोग और मांजा—विभिन्न तुकों के नाम हैं। (धातु द्रष्टव्य)

तोड़ा : वाद्य के उपयुक्त बन्दिशी गत की वाणी-युक्त तान को तोड़ा कहा जाता है। तबले का तोड़ा का अर्थ है तिहाई-युक्त गत, यह सर्वदा द्विगुण अथवा चतुर्गुण लय में बजाया जाता है—किंतु इस संबंध में मतभेद है।

वाद्यसंगीत में यद्यपि तान को साधारणतः तोड़ा कहा जाता है, किंतु सपाट तान को सपाट तोड़ा नहीं कहा जाता, सपाट तान ही कहा जाता है। अनुमान किया जाता है कि गज के वाद्य में भी 'तान' कहना ही युक्तिसंगत है, क्योंकि उसमें बोलों का प्राधान्य प्रायः नहीं है। पहले गत की बन्दिशी वाणी या बोलों की सहायता से ही तोड़े की रचना की जाती थी, वर्तमान काल में बोलों की वैचित्र्य-विशिष्ट तान को ही तोड़ा कहा जाता है, एवं बोलों का वैचित्र्य न रहने पर उसे तान कहा जाता है। तोड़ा अथवा तान बन्दिशी न होने पर उसका नाम 'विस्तार' होगा। (तान द्रष्टव्य)

तौर्यत्रिक : गीत, वाद्य और नृत्य को तौर्यत्रिक (तौर्य-तूर्यवाद्य, तूरीध्वनि) कहा जाता है। इनका सम्मिलित नाम संगीत अथवा तौर्यत्रिक है। तौर्यत्रिक दो प्रकार का है—औपपत्तिक तौर्यत्रिक, अर्थात् संगीत की उपपत्ति अथवा उत्पत्ति संबंधी आलोचना; एवं क्रियात्मक तौर्यत्रिक, अर्थात् संगीत का साधना द्वारा अनुशीलन।

त्रिपल्ली : तीन छंद-विशिष्ट टुकड़े या गत को त्रिपल्ली कहा जाता है। कोई-कोई इसे ही माँजादार टुकड़ा या गत कहते हैं।

त्रिवट : एक प्रकार का खयाल अंगीय गान। चतुरंग के किन्हीं तीन अंगों को लेकर गाये गए खयाल को त्रिवट कहा जाता है। (चतुरंग द्रष्टव्य)

थापिया : ठेके का नामान्तर। साधारणतः मृदंग और पखावज के ठेके को ही थापिया कहा जाता है एवं तबले के ठेके को ठेका कहा जाता है। वाद्ययंत्र-संगीत में तारपरण के वादन के समय ताल का जो छंद बजाया जाता है, उसे भी थापिया कहा जाता है।

दक्षिणभारतीय : उत्तरभारत में प्रचलित संगीत-पद्धति में विशिष्ट; इसे 'कर्नाटी' भी कहा जाता है।

दमखम : दमखम हिन्दुस्थानी शब्द है। अनाघातयुक्त लय के विस्तार, गत की बन्दिश या तान और तोड़े के वैचित्र्य को दमखम का काम कहा जाता है। यथा–

0| | | | 1| | | | +|
- धेरे केटे ताग धा, - धेरे केटे ताग धा - धेरे केटेताग धा

इस तिहाई की प्रथम मात्रा अनाघात के ऊपर है, अतः इसे दमखम तिहाई कहा जाता है।

देशी संगीत : उच्चांग (शास्त्रीय) संगीत के अलावा अन्य सम्पूर्ण संगीत ही देशी संगीत की श्रेणी में आता है। प्रदेश-प्रदेश में जो स्थानीय गीत प्रचलित हैं, वे ही देशी हैं। लोकसंगीत, लघुसंगीत, रम्यगीति इत्यादि देशी संगीत हैं। कीर्त्तन को भी देशी संगीत कहा जाता है, यद्यपि उसे उच्चांग संगीत की श्रेणी में मानना युक्तिसंगत है। शास्त्र में तत्कालीन अतिप्रचलित संगीत को देशी एवं ईश्वरोपासना में प्रयुक्त विशेष संगीत को मार्गसंगीत कहा गया है। (क्लासिक संगीत, द्रष्टव्य; मार्गसंगीत द्रष्टव्य)

द्रुतलय : द्रुतलय शब्द आपेक्षिक है। मध्यलय की द्विगुण द्रुत होने पर उसे द्रुतलय कहा जाता है। (लय द्रष्टव्य)

ध्वनि : शब्द का नामान्तर है ध्वनि। स्वर भी ध्वनि अवश्य है, सभी ध्वनियाँ स्वर नहीं हैं। (स्वर द्रष्टव्य)

धा : 'सम' मात्रा पर जो प्रस्वन दिया जाता है, उसे ही 'धा' कहा जाता है। गायक एवं वादक दोनों ही अपनी-अपनी वाणी की सहायता से सम का 'धा' दिखाते हैं।

धातु : गान अथवा गत के अवयव को 'धातु' कहा जाता है। शास्त्र में मुख्यतः चार धातुओं का उल्लेख है एवं इनके अतिरिक्त और एक धातु का भी उल्लेख है।

(1) उद्ग्राह—जिस अवयव से गान आरम्भ किया जाता है, उसे उद्ग्राह धातु कहा जाता है।

(2) मेलापक—प्रथम उद्ग्राह एवं तृतीय ध्रुव धातु का मिलन करानेवाले अवयव को मेलापक धातु कहा जाता है।

(3) ध्रुव—सभी प्रबंधों में जो अवयव नित्य रहता है, उसे ध्रुव कहा जाता है। यहाँ 'प्रबंध' शब्द का अर्थ एक गान की सभी 'कलियाँ' लेना होगा। ध्रुव धातु गान की सभी कलियों या तुकों, या चरणों में रहेगा। उदाहरणस्वरूप—वर्तमान काल में प्रचलित स्थायी का मुखड़ा सब तुकों के साथ गाया जाता है। शास्त्र के टीकाकारों ने कहा है कि मेलापक और आभोग धातुओं का परित्याग करने से काम चल सकता है, किंतु ध्रुव धातु का परित्याग कभी उचित नहीं। तीन धातु-विशिष्ट प्रबंध या गान में मेलापक धातु का परित्याग होता है, किंतु ध्रुव का परित्याग नहीं होता।

(4) आभोग—गान का अंतिम अवयव, जिसमें साधारणतया गीतरचयिता का नाम युक्त रहता है, उसे ही आभोग धातु कहा जाता है।

(5) अंतर अथवा अंतरा—ध्रुव एवं आभोग के बीच में यदि किसी अन्य धातु की रचना की जाय, तो उसे अंतर या अंतरा कहा जाता है, यही शास्त्र का निर्देश है।

वर्तमान काल में प्रचलित ध्रुपदादि गान या गत के तुकों, अंशों या कलियों के साथ उल्लिखित धातुओं का सादृश्य है; तुक, अंश या कलि को 'धातु' कहा ज़ाता है। वर्तमान काल में प्रचलित स्थायी तुक के साथ ध्रुव, अंतरा के साथ अंतर या अंतरा, आभोग के साथ वर्तमान आभोग का ऐकय, मेल है। मेलापक धातु के साथ वर्तमान काल के संचारी तुक का ऐक्य माना जाता है। मेलापक का लक्षण है मिलन कराने की क्रिया, वर्तमान काल में संचारी तुक भी स्थायी और अंतरा दोनों में संचरणशील है, अतः दोनों के मिलन लक्षण-युक्त हैं। शास्त्रीय उद्ग्राह

का यद्यपि वर्तमान काल में व्यवहार नहीं होता, तथापि गान अथवा गत के पहले गाये या बजाए जाने वाले राग के सामान्य रूप-प्रकाशक स्वर-विस्तार अथवा राग की प्रस्तावना को 'उद्ग्राह' धातु मान लेना सम्भवतः गलत नहीं होगा। (तुक द्रष्टव्य)

धमार : ताल विशेष। ध्रुपदादि जब धमार ताल में गाया जाता है तो उस ध्रुपद को 'धमार' की संज्ञा दी जाती है। ध्रुपद का स्थिर गाम्भीर्य धमार में कम है, एवं इसमें शृंगार रसोद्दीपक प्रेमगीति की ही अधिक रचना होती है, इसीलिए ध्रुपद की अपेक्षा धमार लघु प्रकृति का एवं अधिकतर अलंकृत रहता है। धमार में नौहार वाणी का प्रचलन ही अधिक है। खयाल आदि की सृष्टि के पूर्व सम्भवतः लघुसंगीत के रूप में धमार गाया जाता था एवं ध्रुपद गान के बाद श्रोतागण धमार सुनने के लिए उत्सुक रहते थे, धमार का नाम सुनते ही वे उल्लसित हो उठते थे—इस प्रकृति की रचना को 'धमार' के रूप में उल्लेख करने की रीति कैसे शुरू हुई, कहा नहीं जा सकता। (आलाप द्रष्टव्य)

धुया : ध्रुवा शब्द का अपभ्रंश। गीत का जो अंश बार-बार गाया जाता है, उसे ध्रुवा या धुया कहा जाता है। गान के स्थायी अंश या धातु को भी धुया कहा जा सकता है। स्वाधीन भारतवर्ष के राष्ट्रीय संगीत का यह अंश 'जय हे, जय हे, जय हे, जय जय जय, जय हे' धुया है।

धुन : जिस राग-रचना में निमय-विशेष नहीं है, मात्र सौंदर्यबोध की प्रेरणा से जो सुर-रचना होती है, उसे धुन कहा जाता है। वर्तमान काल में प्रचलित कई राग आज भी धुन-श्रेणी के अंतर्गत हैं, यथा—काफी, धानी आदि। कोमलगांधार, कोमलनिषाद-युक्त स्वरसप्तक को यद्यपि काफी ठाट कहा जाता है, तथापि सभी उस्ताद काफी को धुन मानते हैं। धुन में कई प्रकार के रागों का मिश्रण हो सकता है।

धैवत : स्वरसप्तक का षष्ठ स्वर। यह स्वर रम्या श्रुति पर अधिष्ठित है। धैवत की तीन श्रुतियाँ हैं—मदंती, रोहिणी और रम्या। आधुनिक पंडितों ने धैवत को उसकी आद्या श्रुति मदंती पर ही अधिष्ठित किया है। (श्रुति द्रष्टव्य)

ध्रुपद : ध्रुव का अर्थ है निश्चल एवं चिरस्थायी, उस अर्थ में एकमात्र ईश्वर ही ध्रुव है एवं उसके गुणकीर्त्तन-सूचक पद को ध्रुवपद कहा जाता है। ध्रुवपद शब्द का अपभ्रंश शब्द ध्रुपद प्रचलित हुआ है। ईश्वर की गुणगाथा में ध्रुवपद का व्यवहार

प्राचीनकाल में होता था। वर्तमान काल में प्रचलित ध्रुपद की सृष्टि किस समय में हुई, उसका कोई ठीक इतिहास नहीं मिलता। कहा जाता है कि नायक गोपाल एवं बैजू बावरा ही ध्रुपद का प्रचलन कर गए हैं। वर्तमान काल में मियाँ तानसेन द्वारा प्रचलित ध्रुपद ही आदर्श हैं। बैजू बावरा और नायक गोपाल द्वारा प्रचलित ध्रुपद किसी-किसी घराने के उस्ताद गाते हैं। किंतु उस प्रकार के घराने भी अधिक नहीं हैं, एवं उनके इतिहास में किंवदन्तियों का प्रभाव भी पर्याप्त है; अतः इस संबंध में कोई तथ्यमूलक प्रमाण नहीं मिलता। वर्तमान काल में उत्तर भारत में जो ध्रुपद प्रचलित हैं, उनमें अधिकांश मियाँ तानसेन एवं उनके परवर्ती गुणियों द्वारा रचित एवं गाए गए हैं। मियाँ तानसेन का वंश तीन भागों में विभक्त हो गया है। उनके पुत्रवंशीय रबाबी गौड़द्वार वाणी के आश्रय से ध्रुपद का अनुशीलन करते थे। तानसेन के कन्यावंशीय बीनकार डागर, नौहार और खण्डहार वाणी के आश्रय से ध्रुपद का अनुशीलन करते हैं। मियाँ तानसेन के प्रधान दो वंश-पुत्र एवं कन्या द्वारा प्रतिष्ठित हैं, उनके एक पुत्र सूरतसेन जयपुरी सेनिया वंश के आदिपुरुष हुए, ये ही जयपुरी सेनिया के रूप में परिचित हैं। (घराना द्रष्टव्य) धुप्रद की चार अथवा पाँच कलियाँ, तुक अथवा चरण रहते हैं। साधारणतः स्थायी, अंतरा, सञ्चारी एवं आभोग ये चार ही प्रचलित चरण हैं। कोई-कोई संचारी को 'भोग' की संज्ञा देते हैं, किंतु तानसेन के वंशधर 'भोग' को एक स्वतंत्र चरण मानते हैं। (अस्थायी इत्यादि द्रष्टव्य) गानों में ध्रुपद सर्वापेक्षा गम्भीर प्रकृति-विशिष्ट है, इसकी पदरचना में गाम्भीर्य, संयम, भक्ति एवं ज्ञान का प्राधान्य उल्लेखनीय है। ध्रुपद की ताल में भी गाम्भीर्य है। लघु प्रकृति के ताल ध्रुपद में प्रयोज्य नहीं है। ध्रुपद ईश्वर-गुणकीर्त्तन अथवा नरपतिगण के गुणकीर्त्तन लेकर ही रचित हैं। अध्यात्मिक उपदेश के ध्रुपद भी मिलते हैं। आदिरसात्मक कृष्णलीला विषयक ध्रुपद भी प्रचलित हैं। धमार ताल में ध्रुपद रचे जाने पर उसे 'धमार' कहा जाता है, झपताल में ध्रुपद रचे जाने पर उसे 'सादरा' कहा जाता है, एवं वसन्तोत्सव के उपलक्ष्य में भगवत् लीला संबंधी धमार ताल आश्रित ध्रुपद को ही 'होरी' की संज्ञा दी जाती है। कई बार इसी प्रकार के टप्पा को भी 'होरी' की संज्ञा अवश्य दी जाती है, किंतु 'होरी' प्रधानतः धमार ताल में ध्रुपद का ही निर्देश करती है।

नष्ट बोल या निन्दित बोल : आनद्ध वाद्य में ये नष्ट या निन्दित बोल हैं—धाट, ताट, तरकट, तिरकट, नकटे, नकिट, गद्दि (गदि या गिदि होगा), ताटे, धरकट, धावा, नाड़, नाड़ा, धा धाड़ा, धाति कायेन, धाता।

नाद : शास्त्र में नाद को ब्रह्म के साथ एकीभूत कर नादब्रह्म के रूप में

उसका उल्लेख किया गया है। नाद अद्वितीय एवं आनंदस्वरूप है। प्रणवरूप वाक्य की मूल अवस्था 'परा वाक्' एवं 'नाद' एक ही वस्तु है एवं नाद की उपासना से ब्रह्म-प्राप्ति होती है। उदाहरणस्वरूप शास्त्रकार ने लिखा है कि मणि और उसकी प्रभा में जिस प्रकार पारस्परिक रूप से अत्यंत निकट संबंध है, प्रभा का संधान करने का प्रयास करने पर जिस प्रकार मणि की प्राप्ति होती है, ब्रह्म एवं नाद का भी उसी प्रकार का संबंध है। नाद शब्द के उपादानभूत 'न' का अर्थ है प्राण, 'द' का अर्थ है अग्नि, अग्नि और प्राण के संयोग से अभिव्यक्त ध्वनि ही नाद है। नाद के दो प्रकारभेद हैं—अनाहत एवं आहत। दूसरी ओर और भी तीन प्रकार के भेद विवेच्य हैं। यथा—अनुदात्त अथवा मन्द्र, जिसकी अवस्थिति हृदय में है; स्वरित अथवा मध्य, जिसकी अवस्थिति कण्ठ में है; उदात्त अथवा तार, जिसकी अवस्थिति मस्तक में है। इन तीन शास्त्रीय प्रकारों से ही तीन स्प्तकों का व्यवहार विहित हुआ है। शास्त्र में यह भी लिखा हुआ है कि ये तीन नाद उत्तरोत्तर द्विगुण प्रयत्न से उच्चारित होते हैं। (वजन और सप्तक द्रष्टव्य)

नाड़ा : इस शब्द का अर्थ है लाल धागा। उस्ताद शिष्य के दक्षिण मणिबंध पर नाड़ा बाँध कर उसे शिष्य रूप में ग्रहण करते हैं। यह प्रतिज्ञाबंधन-स्वरूप है, अर्थात् शिष्य गुरु के पास वचनबद्ध रहेगा। (इसे गण्डा-बंधन भी कहा जाता है।)

नायक : संगीत में सभी अंगों में जो श्रेष्ठ गुणी एवं विद्वान हैं, उन्हें ही नायक की उपाधि दी गई है। हकीम मुहम्मद करम इमाम ने अपने ग्रंथ 'मादनुल मूसीकी' (ई. 1853) में द्वादश नायकों का नामोल्लेख किया है—(1) भानु, (2) लोहंग, (3) डालु, (4) भगवान, (5) गोपालदास, (6) बैजू, (7) पाण्ठे, (8) चर्ज्जु, (9) बक्सू, (10) धोण्डु, (11) मीरामध, (12) अमीर खुसरु।

नायकी तार : तारवाद्य के वादनोपयोगी मुख्य तार को नायकी तार कहा जाता है। समस्त भारतीय तार वाद्ययंत्रों (तत वाद्यों) का नायकी तार दर्शकों की दृष्टि में दक्षिण की ओर अवस्थित है। मात्र वीणावाद्य का नायकी तार बायीं ओर अवस्थित है।

निबद्ध : संगीत में जो ताल, मात्रा, छंद में निबद्ध है, अर्थात् गान, गत इत्यादि।

निषाद : स्वरसप्तक का सप्तक स्वर। व्यावहारिक रूप में उसे निरवाद भी

कहा जाता है। निषाद स्वर दो श्रुतियाँ—उग्रा और क्षोभिणी विशिष्ट है, एवं अंतिम श्रुति क्षोभिणी पर अधिष्ठित है। शास्त्रोक्त शुद्ध अर्थात् दो श्रुति विशिष्ट निषाद वर्तमाल काल में कोमल निषाद रूप में परिचित है। वर्तमान काल का युद्ध निषाद शास्त्रीय काकली निषाद है। तीव्रा, कुमुद्वती, मंदा और छंदोवती श्रुति-चतुष्ठय षड्ज की श्रुतियाँ हैं। शास्त्रीय युद्ध निषाद जब षड्ज की तीव्रा श्रुति पर अधिष्ठित होता है, तब उसे कैशिकी निषाद, वर्तमान तीव्र कोमल निषाद, कहा जाता है—जब कुमुद्वती श्रुति पर अधिष्ठित होकर चतुःश्रुति विशिष्ट होता है, तभी शास्त्रमत से काकली, वर्तमान शुद्ध निषाद नाम से अभिहित होता है। (श्रुति द्रष्टव्य)

नृत्य : भरत मुनि प्रणीत नाट्यशास्त्र में नाट्य को तीन शाखाओं में विभक्त किया गया है—नाट्य, नृत्त एवं नृत्य। इन तीनों का यहाँ विवरण मुख्य विषय के बहिर्भूत है। वर्तमान काल में नृत्य के कई प्रकार भारतवर्ष के विभिन्न प्रदेशों में प्रचलित हैं, यथा—कथक, कथकली, मणिपुरी, भरतनाट्यम् इत्यादि; इनके अलावा ग्रामीण अंचलों में लोकनृत्यों की विभिन्न धाराएँ भी हैं। सभी धाराओं अथवा शैलियों का विवरण इस ग्रंथ में देना सम्भव नहीं है।

मोटे तौर पर नृत्य के दो प्रकार के भेद हैं—(1) महादेव के अनुसार तण्डु कर्त्तृक प्रचारित उद्धत नृत्य का नाम है। ताण्डव एवं (2) वाणदुहिता उषा कर्त्तृक प्रचारित सुकुमार, कोमल और श्रृंगार-रसोद्दीपक नृत्य लास्य। दोनों प्रकारों का मिश्रित नृत्य भी है। भारतीय नृत्य की कुछ प्रधान धाराएँ हैं—

(1) **भरतनाट्यम्**—दक्षिण भारत में ही भरतनाट्यम् का प्रचलन है, इसमें ताण्डव का बलिष्ठ भाव विद्यमान है। भरतनाट्यम् के साथ मृदंग और मादल बजाया जाता है। देलाग, दिगितका, ताधिकिता इत्यादि बोलों का व्यवहार होता है। भरत मुनि ने तण्डु से ताण्डव नृत्य की शिक्षा पाई थी, ऐसा वर्णनशास्त्र में है, अतः भरतनाट्यम् को ही ताण्डव रूप में माना जा सकता है।

(2) मणिपरी नृत्य—मणिपुर अञ्चल में यह नृत्य प्रचलित है। यह कृष्णलीला-सूचक और भक्तिरसात्मक है। इसमें लास्य नृत्य का भाव ही प्रकृष्ट, उत्तम रूप से परिस्फुट होता है—भक्तिरसात्मक नृत्य में कामोद्दीपक भाव न रहते हुए भी, लास्य की कोमलता, सरसता विद्यमान है। मणिपुरी नृत्य के साथ मृदंग अर्थात् खोल की संगत होती है। वाणदुहिता उषा ने द्वारका की गोपियों को लास्य सिखाया था एवं इन गोपियों ने सौराष्ट्र की नारियों को लास्य की शिक्षा दी—ऐसा कहा जाता है।

(3) **कथकली नृत्य**—दक्षिण भारत के केरल प्रदेश में इसका प्रचलन है। नाट्यशास्त्र में वर्णित 'नाटयनृत्य' ही कथकली का मुख्य स्वरूप है। कथकली स्थानीय लोकनृत्य के ही क्रमविकास का परिणतिस्वरूप है। कथकली नृत्य में मानव, देव एवं दानव चरित्रों के विभिन्न भावों की अभिव्यञ्जना आंगिक एवं भावाभिनय

के माध्यम होती है। इसके साथ संगतोपयोगी बोल हैं–थि थि, थई थई, ताताथई, हित्ता थो इत्यादि।

(4) **कथक नृत्य**–उत्तर भारत में कथक वंश ने इस नृत्य का प्रचलन किया था। मुगलशासन काल में भरतनाट्यम्, मणिपुरी नृत्य एवं फारसी नृत्य के भी कुछ परिमाण में मिश्रण से कथक नृत्य की सृष्टि हुई थी। कथक नृत्य के साथ पखावज अथवा तबला बजाया जाता है। इसके साथ संगतोपयोगी बोल हैं–तत् थुन दृग, थुन, तत् तत्, त्रिकिट इत्यादि। कथक नृत्य में पखावज अथवा तबला के बोलों के छंदों के अनुसार पाँव से विविध छंदों का काम किया जाता है। इसमें तिहाई का प्रयोग भी विशेष उल्लेखयोग्य है।

उक्त चार प्रधान नृत्य धाराओं के अवाला कई प्रकार के नृत्य प्रचलित हैं, यथा–साँताली नृत्य, नागानृत्य, देवदासी नृत्य, गाजन नृत्य इत्यादि।

पूर्वोक्त चार धाराओं अथवा प्रणालियों को उच्चांग (शास्त्रीय) नृत्य कहा जाता है एवं अन्यान्य समस्त नृत्य-शैलियों को लोकनृत्य या देशी नृत्य कहा जाता है।

नौहर वाणी : आलाप और गीति द्रष्टव्य।

न्यास : स्वरसप्तक के जिस स्वर पर किसी भी राग का स्वरूप पूर्णता प्राप्त कर विश्राम लेता है, वही स्वर न्यास स्वर है। प्राचीन काल में रागनाम-प्रचलन के पूर्व स्वरसप्तक से उत्पन्न जाति का प्रचलन था; जाति के लक्षणों में ग्रह, न्यास, अपन्यास, संन्यास और विन्यास स्वरों का व्यवहार अपरिहार्य था। वर्तमान काल में राग संगीत में ग्रह एवं न्यास स्वर का उल्लेख कभी-कभी दिखायी देता है, किंतु इन स्वरों का पहले की भाँति अपरिहार्य रूप से कई संगीतज्ञ व्यवहार नहीं करते; तथापि कुछ रागों में न्यास स्वर का व्यवहार आज भी अपरिहार्य है, यथा–तिलक कामोद राग में मन्द्र सप्तक का निषाद, देश राग में मध्य सप्तक का ऋषभ इत्यादि। कई रागों में षड्ज ही न्यास स्वर रूप में व्यवहृत होता है। अधिकांश स्थलों पर अंश स्वर और उसका संवादी स्वर भी न्यास स्वर रूप में व्यवहृत होता है। यमन (इमन) राग में गांधार को न्यास स्वर माना जाता है। न्यास स्वर पर अवस्थान करने के पहले तक राग के पद का विश्राम नहीं होता एवं न्यास स्वर पर आने के बाद गायक, वादक या श्रोतागण शान्ति अनुभव करते हैं।

पकड़ : जिस अत्यल्प संख्यक स्वर-समूह के व्यवहार से राग-विशेष का रूप प्रकट होता है, वही 'पकड़' है। जैसे–यमन राग में 'पर्मगरेगर्मप' इस पद को यमन

की पकड़ कहा जाता है। इसका कारण यह है कि यह मात्र यमन का ही पद है, अन्य किसी राग में इस पद का व्यवहार नहीं होता। तिलक-कामोद में पकड़-पद है–'रेमपधमगसारेमसानि़'। सोहिनी में 'ग–मधनिसंरेंसों, 'ग' स्वर एवं परवर्ती पद संयुक्त रूप से लेना सोहिनी की पकड़ है।

पंचम : स्वरसप्तक का पंचम स्वर। षड्ज ग्राम में पंचम की चार श्रुतियाँ हैं–क्षिति (या क्षमा), रक्ता, सन्दीपनी, आलापिनी; इनमें चतुर्थ श्रुति आलापिनी पर पंचम स्वर अधिष्ठित है। शुद्ध मध्यम जब पञ्चम की दो श्रुतियाँ–क्षिति और रक्ता ग्रहण कर रक्ता श्रुति पर अधिष्ठित होता है, तब उसे आधुनिक काल में तीव्र मध्यम कहा जाता है; यद्यपि वह पञ्चम की ही श्रुति है एवं स्वाभाविक नियमानुयायी उसे कोमल पञ्चम कहना ही उचित है, पर यहाँ साधारण नियम का व्यतिक्रम दिखायी देता है। वर्तमान काल में षड्ज एवं पञ्चम को विकृत नहीं किया जाता, अतः षड्ज की श्रुति निषाद ले लेने पर कैशिकी या काकली निषाद होता है एवं पञ्चम की श्रुति मध्यम ले लेने पर वह तीव्र (कड़ी) मध्यम होता है। पञ्चम स्वर का प्राधान्य अत्यधिक है, क्योंकि षड्ज स्वर बजाने पर पञ्चम स्वर स्वयम्भू रूप में ध्वनित होता है; इसे षड्ज-पञ्चम भाव कहा जाता है। षड्ज वादी होने पर पञ्चम उसका संवादी स्वर होता है। (वादी द्रष्टव्य)

षड़ज-पञ्चम भाव प्रत्येक स्वर के क्षेत्र में प्रयोज्य है, यथा–ऋषभ बजाए जाने पर धैवत स्वतः ध्वनित होगा। (श्रुति द्रष्टव्य)

पड़ाल : मृदंगादि के बोलों के विभिन्न शब्द अथवा वाद्य जिस रूप में हाथ से निकाले जाते हैं, उसी को 'पड़ाल' कहते हैं। अन्य अर्थ के अनुसार किसी भी श्लोक की वाणी के छंद के अनुरूप आनद्धवाद्य पर वादनोपयोगी बोलों को भी श्लोकवाणी का 'पड़ाल' कहा जाता है–

श्लोक–तद्दहभूषित अहिरिक फणा।
पड़ाल–धेत् धेरे केटेताक् द्रेगेधेने ताना।

पद : साहित्य में जिस प्रकार स्वरवर्ण और व्यञ्जन वर्ण मिलकर अर्थप्रकाशक पद की सृष्टि हुई है, उसी प्रकार संगीत में भी 'सारेगमपधनि' इन सात वर्णों के पारस्पर्य अथवा तारतम्य अथवा धारावाहिकता से राग विशेष के पद की सृष्टि होती है एवं इन पदों को यथार्थ रूप से ग्रथित करने से ही राग-रूप परिस्फुट होता है। राग-प्रकाशक स्वर-रचना को पद कहा जाता है। प्रश्न उठ सकता है कि कितने स्वर लेकर पद की सृष्टि हो सकती है। इस प्रश्न का उत्तर यह है कि कम-से-कम

दो एवं अधिकाधिक सात स्वर लेकर एक पद बन सकता है। यथा—'रेग', यह एक पद है, इस पद का तोड़ी में व्यवहार होता है। 'मंनिधनिर्मधप', इसे एक पद कहा जाता है, क्योंकि यह सम्पूर्ण पद यमन राग में भी प्रयोज्य है, हमीर अथवा केदार राग में भी प्रयोज्य है; पुनः इसे दो विभिन्न पदों का समावेश भी माना जा सकता है, जैसे 'मंनिधनि' एवं 'मंधप'—दूसरी ओर 'मंनिध' स्वरत्रय एक सुप्रचलित पद होते हुए भी 'निमंधप' एक पद रूप में प्रचलित नहीं है। किसी भी संगीतगुणी को 'मंनिधनिर्मधप' पद को दो भागों में विभक्त करने के लिए कहने पर वह निःसन्देह पूर्वोक्त रूप में ही विभाजन करेगा।

प्रत्येक राग के विभिन्न पद हैं, यथा—दरबारी कान्हड़ा में ध़ नि़ प, ध़ नि़ सा रे इत्यादि; गौड़सारंग में गरेमग; बिलावल में गमरेग; बिहाग में पमंगमग इत्यादि। साधारणतया आधुनिक संगीत ग्रंथों में राग की पकड़ का उल्लेख करते समय कुछ पदों का समावेश किया जाता है एवं पदों को अनुच्छेद (,) देकर पृथक किया जाता है। पद को रागपद, अथवा रागप्रकाशक पद अथवा 'स्वरशब्द' भी कहा जाता है। भाषा में जिस प्रकार 'शब्द' अर्थबोधक है, संगीत में उसी प्रकार 'शब्द' रागबोधक है। रागबोधक स्वरविन्यास न होने पर उसे 'पद' या स्वरशब्द' नहीं कहा जाएगा, यथा—रेगग, मंधगम इत्यादि। वर्ण रचना के यथोचित पारस्पर्य से पद गठन एवं पद के पारस्पर्य से रागरूप-प्रकाश—यही चित्ताकर्षक संगीत का द्योतक है।

पदविदारी : विदारी द्रष्टव्य।

परखाद : मन्द्र सप्तक के अधस्तन सप्तक को कथ्य भाषा में 'परखाद' कहा जाता है, यह हिन्दुस्थानी शब्द है। बंगला भाषा में साधारणतः 'अतिमन्द्र' शब्द का व्यवहार किया जाता है।

परण : संगीत-रत्नाकर में मात्रा द्वारा ताल-पूरण का उल्लेख है। अतः ऐसा माना जा सकता है कि 'परण' शब्द 'पूरण' शब्द का ही आधुनिक रूप है। ताल का ठेका बजाते समय सम के पूववर्ती किसी भी मात्रा से ठेके के बदले अन्य किसी वाद्यवस्तु अर्थात् ठेके के अलावा अन्य बोल बजाकर ठेके के सम पर आने पर उसे ताल-पूरण या ठेका-पूरण कहा जा सकता है। कुछ गुणियों ने 'परण' का उल्लेख 'परम' नाम से भी किया है। कुछ गुणी कहते हैं कि 'परण' की शुद्ध परिभाषा 'प्रक्रमणिका' है। कुछ गुणी प्रबंध को परन्द एवं अपभ्रंश रूप में परण कहते हैं। लगता है कि 'पूरण' का अपभ्रंश रूप 'परण' होना युक्तिसंगत है। ठेके के अलावा अन्य समस्त वाद्यवस्तु को ही साधारणतः 'परण' कहा जाता है।

(तारपरण द्रष्टव्य। आलाप द्रष्टव्य)

परदून : दून लय की द्विगुण लय को परदून कहते हैं। एक मात्रा में दो वाणी उच्चारित होने पर द्विगुण लय हुई, उसकी द्विगुण अर्थात् एक मात्रा में चार वाणी उच्चारित होने पर उसे कथ्य बंगला भाषा में 'चौदून' एवं हिन्दुस्तानी भाषा में 'परदून' कहा जाता है। कोई-कोई परदून कहने पर चौदून का द्विगुण अर्थात् एक मात्रा में आठ वाणी का उच्चारण भी मानते हैं। किंतु दून के द्विगुण को ही परदून मानना अधिक युक्तिसंगत है। चौदून शब्द का अर्थ है एक मात्रा में चार वाणियों का उच्चारण, किंतु शब्दार्थ के अनुसार दून का चतुर्गुण अर्थात् एक मात्रा में आठ वाणियों का उच्चारण हो सकता है। चौदून शब्द के व्यवहार से हम चौगुण अर्थ ही लेते हैं।

परमाठा : आलाप द्रष्टव्य। संगीत-रत्नाकरोक्त 'प्रतिमण्ठ' ताल से ही 'परमाठा' शब्द का प्रचलन हुआ है--यद्यपि ऐसा नहीं कहा जा सकता कि वर्तमान अर्थ के साथ रत्नाकरोक्त संज्ञार्थ का सामञ्जस्य परिलक्षित होता है।

पल्टा : तान द्रष्टव्य।

पाट : वाद्य के अक्षर-समूह को 'पाट' कहा जाता है, साधारणतः आनद्ध वाद्य के ही वादन में ही 'पाट' शब्द का उल्लेख किया जाता है। (बोल द्रष्टव्य)

पूर्वांग : अंग द्रष्टव्य।

पेराडी : छंद का प्रकारभेद। चतुर्मात्रिक छंद में सोलह मात्रा में साढ़े दस वाणी का समानलय में उच्चारण करने पर पेराडी होती है। उसमें प्रति वाणी का काल $1\ {}^{11}/_{21}$ मात्रा होगा। (लय द्रष्टव्य)

पेशकार : ठेके के विभिन्न विस्तार को पेशकार कहा जाता है। ठेके को विविध रूप में 'पेश' करना। ठेका बजाने के बाद इस ठेके का विविध रूप में विस्तार किया जाता है। पेशकर में ठेके के बोलों का ही व्यवहार होगा, एवं खुले और बंद दोनों प्रकार के बोल रहेंगे। यथा--

। । । । । । । ।
धातेटे केटेधि नाग धेना घेना धागे तेना केना

| | | | | | | |

तातेटे केटेति नाक तेना घेना धागे धेना घेना आदि

प्रकारभेद : राग-रागिनी के कई प्रकारभेद भारतवर्ष के विभिन्न घरानों में दिखायी देते हैं। यहाँ 'प्रकारभेद' का अर्थ एक ही राग या रागिनी के विभिन्न प्रकार के भेद समझना होगा, 'विभिन्न राग विभिन्न प्रकार के' यह अर्थ नहीं। प्रचलित रागों के प्रकारभेद का विशद विवरण इस पुस्तक में देना सम्भव नहीं है, एवं इसमें राग-रागिनी के संबंध में कोई विवरण नहीं दिया गया है। शिक्षार्थियों की सुविधा के लिए किस-किस राग के कितने प्रकार के भेद हैं, उसकी एक तालिका दी गई है, यह तालिका इस विषय में बिलकुल अंतिम नहीं है, यह ग्रंथकार के व्यक्तिगत संग्रह पर निर्भर रहकर ही तैयार की गई है–इसके अलावा और कई प्रकार हो सकते हैं, उनका संग्रह नहीं किया जा सका। यहाँ एक गोत्रीय विभिन्न रागों की तालिका दी गई है। जैसे तोड़ी–इसे एक गोत्र माना गया है एवं तोड़ी के अंतर्गत दरबारी, गुर्जरी, लाचारी इत्यादि विभिन्न रागों के नाम भी सन्निविष्ट हुए हैं। किसी भी राग का परिचय देने की चेष्टा नहीं की गई है, मात्र नाम एवं प्रकार संख्या दी गई है। अन्य ग्रंथ में राग-रागिनी का विशद विवरण दिया जाएगा। (ग्रंथकार का ग्रंथ 'राग व्याकरण' द्रष्टव्य)–वाणी प्रकाशन। इसके अलावा औडुव, षाड़व एवं सम्पूर्ण हिसाब से भी कोई-कोई प्रकार भेद बताते हैं। एक ही गोत्र के विभिन्न रागों की तालिका में मिश्रराग भी दिखाई देंगे, तालिका को यथासम्भव सम्पूर्ण करने के उद्देश्य से ही ये नाम दिए गए हैं।

(क) राग-रागिनी के गोत्र-अनुसार प्रकारभेद

(1) कल्याण–(1) यमन, (2) कामोद, (3) केदार, (4) क्षेम, (5) गुणकल्याण, (6) गोरखकल्याण, (7) चन्द्र, (8) छाया, (9) जयत्, (10) दीपक, (11) पियार, (12) पूर्व, (13) बिलासखानी, (14) भूप, (15) भोग, (16) मियाँ की, (17) रवि, (18) रैनी, (19) शंकर, (20) शंकरा, (21) सावनी, (22) शुद्ध, (23) श्याम, (24) हमीर, (25) हेम

(2) कान्हड़ा–(1) आडम्बरी, (2) कोलाहल, (3) कौशिक, (4) खम्बाजी, (5) चन्द्रमुखी, (6) जय जयन्ती, (7) दरबारी, (8) देवशाख, (9) दौलती, (10) नौबतखानी, (11) नागध्वनि, (12) नायकी, (13) पञ्चमुखी, (14) पलासी, (15) बागेश्री, (16) वासन्ती, (17) बिलासखानी, (18) भूप, (19) मुद्राकी, (20) शुद्ध, (21) सिन्दूरा, (22) सुघराई, (23) सुरठी, (24) सूहा, (25) सूहासुघराई, (26) हुसेनी

(3) कामोद–(1) करुण, (2) गोपी, (3) शुद्ध, (4) श्री, (5) हेम

(4) **केदार**–(1) कोमल, (2) चाँदनी, (3) जलधर, (4) मनोहर, (5) मलुहा, (6) मारु, (7) शुद्ध, (8) सावनी

(5) **कोश**–(1) चन्द्र, (2) भव, (3) मंगल, (4) माल, (5) रव, (6) शुद्ध (7) सूर्य

(6) **खम्बाज (खमाज)**–(1) अहम्, (2) गारा, (3) झिंझिट (झिझोटी), (4) तिलंग, (5) लूम, (6) शुद्ध, (7) हमीर

(7) **गौरी**–(1) चित्रा, (2) टंकी, (3) मारवा, (4) मालीगौरा, (5) ललिता, (6) शुद्ध

(8) **झिंझिट (झिंझोटी)**–(1) कसौली, (2) गारा, (3) देव, (4) नूरपुरी, (5) पहाड़ी, (6) लूम, (7) शुद्ध

(9) **तोड़ी**–(1) अञ्जनी, (2) अदारंगी, (3) आशावरी, (4) अहीरी, (5) काफी, (6) कोमलदेवी, (7) खट, (8) गान्द्रिका, (9) गांधारी, (10) गुर्जरी, (11) छाया, (12) छायाली, (13) जौनपुरी, (14) तुर्की, (15) दरबारी, (16) देवगांधार, (17) देशी, (18) प्रभातपट, (19) फिरोजखानी, (20) वरारी, (21) बहादुरी, (22) बिलासखानी, (23) भूपाल, (24) मार्गी, (25) मियाँ की, (26) रामा, (27) लक्ष्मी, (28) लाचारी, (29) शुद्ध

(10) **नट**–(1) कामोद, (2) केदार, (3) गौड़, (4) छाया, (5) नटकिन्द्र, (6) नटकुरञ्जिका, (7) नटनारायण, (8) बृहन्नट, (9) शुद्ध

(11) **वसन्त**–(1) गोपी, (2) पञ्चम, (3) परज, (4) वसंतनारायणी, (5) वसंतबहार, (6) वसंतभैरव, (7) वसंतमुखारी, (8) ललित, (9) शुद्ध, (10) श्री

(12) **बहार**–(1) अडाणा, (2) जौनपुरी, (3) बागेश्री, (4) भैरव, (5) भैरवी, (6) मालकोश, (7) ललित, (8) शुद्ध, (9) सूहा, (10) सोहिनी, (11) हिन्दोल

(13) **बिलावल**–(1) अल्हैया, (2) अहीरी, (3) अहीरीभैरव, (4) यमनी, (5) औड़व, (6) औड़वदेवगिरि, (7) कुकुभ, (8) क्षेम, (9) जयजय, (10) देवगिरि, (11) नट, (12) बंगाल, (13) विभाष, (14) मारु, (15) मुद्रा, (16) मुद्रिक, (17) लच्छाशाख, (18) शुल्क, (19) शुद्ध, (20) सरफरदा, (21) हंस, (22) हेम

(14) **बिहाग**–(1) कोमल, (2) जयंत, (3) देव, (4) नट, (5) पट, (6) मारु, (7) मालव, (8) रैनी, (9) शुद्ध, (10) हेम

(15) **भैरव**–(1) आदि, (2) आनंद, (3) अहीर, (4) औड़व, (5) कल्लिनाथ, (6) कोमल, (7) टंक, (8) नौबतखानी, (9) पञ्चमुखी, (10) पलाशी, (11) प्रभात, (12) वसंत, (13) बंगाल, (14) बिलासखानी, (15) विष्णु, (16) वैरागी, (17) मंगल, (18) शिवमत, (19) शुद्ध, (20) श्री, (21) षाड़व, (22) सरस्वती, (23) सामंत।

(16) **भैरवी**–(1) आनंद, (2) आशा, (3) कसौली, (4) कौशी, (5) तोड़ी, (6) पलाशी, (7) शुद्ध, (8) सामंत, (9) सिंधु, (10) सिन्दूरा, (11) सोहन।

(17) **मल्हार**–(1) अरुण, (2) कामोद, (3) गौड़, (4) चञ्चलसस, (5) चर्जू की, (6) जयजयन्ती, (7) जाज, (8) देश, (9) धुंधिकी, (10) धुलिया, (11), नट, (12) नौबतखानी, (13) पौरानी, (14) विलासी, (15) मथुरादास की, (16) मदनमञ्जरी, (17) मियाँ की, (18) मीराबाई की, (19) मेघ, (20) रामदासी, (21) रूपमञ्जरी, (22) शुद्ध, (23) सत् की, (24) सुरठ, (25) सूरदासी, (26) सोहन, (27) हरदासी, (28) हाहा हुहु।

(18) **रामकली**–(1) कोमल, (2) परज, (3) शुद्ध।

(19) **शंकरा**–(1) अरुण, (2) यमन, (3) करण, (4) वरण, (5) भरण, (6) शुद्ध, (7) शुधंकरा।

(20) **सारंग**–(1) गौड़, (2) गौरहार, (3) धुलिया, (4) बड़हंस, (5) बृंदावनी, (6) भीम, (7) मधुमाधवी, (8) मारु, (9) मियाँ की, (10) रक्तहंस, (11) लंकदहन, (12) लूम, (13) शुल्क, (14) शुद्ध, (15) सर्प, (16) सामंत, (17) सारंगी, (18) सुत्, (19) सुरठी।

राग-रागिनी के गौत्र-अनुयायी प्रकारभेद तालिकाबद्ध किए गए। इसके पश्चातः 94 राग-रागिनी का वर्णाक्रम से उल्लेख कर प्रत्येक के प्रकार के भेदों की संख्या निर्देशित की गई है।

(ख) एक ही राग के प्रकारभेद

(1) आडम्बरी कान्हड़ा-2, (2) आशा-2, (3) आशावरी-2, (4) इमन (यमन)-4, (5) काफी-2, (6) कुकुभबिलावल-2, (7) क्षेमकल्याण-2, (8) खट-2, (9) खमाज-2, (10) गांधारीतोड़ी-2, (11) गुणक्री-2, (12) गोरखकल्याण-4, (13) गौड़मल्हार-2, (14) गौरी-6, (15) चञ्चलससमल्हार-2, (16) चन्द्रकोश-2, (17) चित्रागौरी-2, (18) छायातोड़ी-2, (19) जयजय बिलावल-2, (20) जयंत बिहाग-2, (21) जयत-4, (22) जयतकल्याण-2, (23) जीलफ-2, (24) जंगला-3, (25) तिलक कामोद-3, (26) त्रिवेणी-2, (27) दरबारी कान्हड़ा-2, (28) दीपक-2, (29) दुर्गा-2, (30) देवगिरि बिलावल-5, (31) देशकार-2, (32) देशगौड़-2, (33) धनाश्री-2, (34) धवलश्री-2, (35) धूलिया सारंग-2, (36) नायकी कान्हड़ा-4, (37) नारायणी-2, (38) नीलाम्बरी-2, (39) पञ्चम-7, (40) पटमञ्जरी-3, (41) तलाश्री-2, (42) पहाड़ी-2, (43) पीलू-2, (44) पूरबी-2, (45) पूर्वा-2, (46) प्रतापलंकेश्वर-2, (47) प्रभातभैरव-3, (48) फिरोजखानी तोड़ी-2, (49) बड़हंससारंग-4, (50) बरवा-2, (51) बसवरा-2, (52) बहादुरी तोड़ी-2, (53) बागेश्री-2, (54) बिहाग-2, (55) बिहागड़ा-2, (56) भवशाख-2, (57) भिन्नषड्ज-2, (58) भीम-2, (59) भूपालतोड़ी-2, (60) मंगलभैरव-3, (61) मधुमाधवी सारंग-5, (62) माझ-2, (63) मारु-2, (64)

मारुकेदार-2, (65) मालश्री-2, (66) मालीगौरा-3, (67) मियाँ सारंग-5, (68) मेघमल्हार-2, (69) योगिया (जोगिया)-2, (70) रामकली-4, (71) लंकादहन सारंग-4, (72) लाचारी तोड़ी-5, (73) वराटी या वरारी-2, (74) वसंत-6, (75) विभाष-4, (76) वृन्दावनी सारंग-2, (77) शंकरा अरुण-2, (78) शंकरा करण-2, (79) शंकराभरण-2, (80) शिवमतभैरव-2, (81) शुल्कबिलावल-2, (82) शुद्धकोश-2, (83) शुद्धमल्हार-2, (84) शुद्धसारंग-2, (85) श्यामकल्याण-3, (86) सावनी-2, (87) सावेरी-2, (88) सामंतसारंग-2, (89) सूरठीकान्हड़ा-2, (90) सूरदासी मल्हार-2, (91) सोहिनी-3, (92) हरिदासी मल्हार-2, (93) हिन्दोल-2, (94) हेम-2।

प्रमाण श्रुति

भरत एवं शाङ्गदेव ने प्रमाण श्रुति का उल्लेख कर यह निर्धारित किया है कि एक श्रुति का परिमाप या प्रमाण किस प्रकार है। षड्ज ग्राम में पञ्चम की चार श्रुतियाँ निर्दिष्ट हैं एवं षड्ज से पञ्चम स्वर त्रयोदश (13 वीं) श्रुति पर अवस्थित है, अतः यह षड्ज के संवादी स्वर रूप में कहा जाता है। नवम् श्रुति पर अवस्थित स्वर भी संवादी है अर्थात् षड्ज के साथ मध्यम स्वर का भी संवादी-सम्पर्क है। ऋषभ स्वर से त्रयोदश श्रुति पर धैवत अवस्थित होने से वह संवादी है, किंतु ऋषभ से नवम् श्रुति पर कोई स्वर नहीं है, पञ्चम स्वर की तृतीय श्रुति ही ऋषभ से नवम् श्रुति है, अतः ऋषभ और पञ्चम में वादी-संवादित्व षड्ज-ग्राम में नहीं है। मध्यम ग्राम में पञ्चम स्वर तीन श्रुतिविशिष्ट होने से वह सन्दीपिनी श्रुति पर अवस्थित है एवं धैवत आलापिनी, मंदती, रोहिणी और रम्या श्रुतिचतुष्टय की रम्या श्रुति पर अवस्थित है। मध्यम ग्राम में पञ्चम के साथ ऋषभ का वादी-संवादित्व है। और धैवत स्वर त्रयोदश श्रुति पर दोनों ग्रामों में ही है, अतः दोनों ग्रामों में वह ऋषभ का संवादी है। षड्ज ग्राम के पञ्चम एवं मध्यम ग्राम के पञ्चम का पार्थक्य मात्र एक श्रुति है। षड्ज एवं मध्यम ग्रामों में अन्यान्न समस्त स्वर स्वस्थानों पर अवस्थित हैं, अतः ऋषभ के संवादी पञ्चम के साथ षड्ज के संवादी पञ्चम को पार्थक्य लेकर ही श्रुति का परिमाप निर्धारित हुआ है, इसीलिए सन्दीपिनी श्रुति को प्रमाण श्रुति कहा गया है। सरल रूप में व्याख्या करने पर स्थिति इस प्रकार होगी—सा का संवादी प है, किंतु इस प को यदि त्रिश्रुति विशिष्ट रे स्वर का संवादी करना हो तो प को अपनी श्रुति की पूर्वश्रुति पर स्थापित करना होगा, पूर्वोक्त पञ्चम एवं शेषोक्त पञ्चम का प्रभेद मात्र एक श्रुति को लेकर है, एवं इन दो प्रकार के पञ्चम का स्वर-तारतम्य ही श्रुति का प्रमाण है, इसके अलावा एक श्रुति का स्वरूप निर्देश करने की अन्य कोई व्यवस्था नहीं है, इसीलिए यह प्रमाण श्रुति है।

प्रस्तार : प्रस्तार का अर्थ है विस्तार करना। स्वरसप्तक के स्वाभाविक क्रम को भिन्न-भिन्न प्रकार से सजाने की रीति को प्रस्तार कहा जाता है। गाथिक, सामिक, स्वरान्तर, औडुव, षाड़व और सम्पूर्ण तानें प्रस्तार द्वारा ही निर्णीत होती हैं। आर्चिक तान एक स्वर विशिष्ट होने से उसका विस्तार नहीं है। दो स्वर युक्त गाथिक तान के दो प्रस्तार होते हैं, यथा—सारे और रेसा। तीन स्वरों की सामिक तान सारेग है, इसके छह प्रस्तार होते हैं, यथा—सारेग, रेसाग, सागरे, गसारे, रेगसा, गरेसा। इसी प्रकार चार स्वर विशिष्ट स्वरान्तर तान के चौबीस, पाँच स्वर विशिष्ट औडुव तान के एक सौ बीस, छह स्वर विशिष्ट षाड़व तान के सात सौ बीस एवं सप्तस्वर-विशिष्ट सम्पूर्ण तान के पाँच हजार चालीस प्रस्तार होते हैं। (तान द्रष्टव्य)

फरद : यह शब्द अनुकरणात्मक लगता है। तबला-वादन में व्यवहृत टुकड़े का प्रकारभेद है। जिस टुकड़े के अंत में 'कत् धेरे केटे ताक धा' ये बोल शब्द रहते हैं, उसे ही फरद् कहा जाता है। टुकड़े के अन्यान्य अंश जिस लय में बजाए जाते हैं, साधारणतया उसकी द्विगुण लय में उक्त बोल शब्द बजाए जाते हैं। यथा—

+| | | | 3|
धा -तेटे तेटेधागे तेटेघड़ा - नधागे तेटेतेट
| | |
कड़धातेटे घेनेतोटे घेनेतुना
o| | | | 1|
तातेटेता तेटेकड़धा तेटेतेटे धातेटेधा तेटेधागि
| | | +|
नधगिन त्रेकेटतकता कत्-धिर किटतक धा''

फरासबन्दी—तबला इत्यादि वाद्यों के वादन के समय 'गौर-चन्द्रिका' के समान एक प्रकार के टुकड़े को फरासबन्दी कहा जाता है। (सलामी टुकड़ा और उठान द्रष्टव्य)

फिरत—'फिरकत' का नामान्तर, कोई-कोई इसे 'पलटी' का नामान्तर कहते हैं। (तान द्रष्टव्य)

बन्दिश—बन्दिश शब्द का अर्थ है शृंखला, संहति, बँधी हुई रचना इत्यादि। किसी भी गीत या स्वर-रचना को बन्दिश (बंगला में बन्देज) कहा जाता है, किन्तु प्रचलित व्यवहार में श्रेष्ठ रचना को ही बन्दिश कहा जाता है। साधारणतः प्राचीन गुणियों द्वारा रचित गान अथवा 'सरगम' को बंदिश कहा जाता है। सदारंग रचित

खयाल और बहादुर सेन द्वारा रचित 'सरगम' बंदिशी रचना है, इसे सभी स्वीकार करेंगे। वर्तमान काल में भी किसी गुणी द्वारा उत्कृष्ट रचना की सृष्टि की जाने पर उसे बंदिशी कहा जाता है। रवीन्द्रनाथ के गान निश्चय ही बंदिशी रचनाएँ हैं, इस विषय में दो मत नहीं हो सकते, ऐसी आशा है।

साधारण अर्थ में कहा जाता है कि जो गीत या स्वरचना सुर (धुन) एवं छंद के समान रूप से मनोमुग्धकारी है, उसे ही बंदिशी रचना कहा जाता है।

बढ़त–(1) विलंबित लय से द्रुत लय में जाने की प्रक्रिया को बढ़त कहते हैं।

(2) राग के विस्तार को भी बढ़त कहा जाता है। साधारणतः द्वितीय अर्थ में ही बढ़त शब्द का अधिक व्यवहार है।

(3) आलाप के मध्यकाल के अंग को 'डगर की बढ़त' कहा जाता है। (आलाप द्रष्टव्य)

बराबर–लय का प्रकार भेद। ताल की प्रत्येक मात्रा पर बोल की एक-एक वाणी बजाये जाने पर उसे बराबर लय कहा जाता है, बराबर का अर्थ समान लेना होगा। इसे मध्यलय भी कहा जाता है।

बहुत्व–राग विशेष में किसी-किसी स्वर का अधिक व्यवहार दिखाई देती है, तब कहा जाता है कि इस राग में इस स्वर में 'बहुत्व' है। राग में अंश स्वर का व्यवहार ही सर्वाधिक है अर्थात् अंश स्वर का ही 'बहुत्व' हो जाता है। अंश स्वर का अर्थ है राग का प्रधान स्वर, प्रचलित भाषा में 'वादी'। 'बहुत्व' शब्द का अर्थ मात्र संख्या-गुरुत्व नहीं है। अर्थात् यमन राग के एक गान अथवा 'सरगम' का अनुसंधान कर यह देख लेने पर ही कि गांधार स्वर का कितनी बार व्यवहार हुआ है, गांधार का प्राधान्य स्थिर नहीं किया जाता, 'बहुत्व' शब्द का 'प्रधान' अर्थ में भी व्यवहार करना होगा। यथा–यमन में व्यवहृत एक पदसमष्टि–ऩिरेग, रेग, ऩिरे, ऩिग, रेसा, यह यमन का पद है इसमें संदेह नहीं; किंतु इसमें 'नि' तीन बार, 'रे' चार बार, 'ग' तीन बार और 'सा' एक बार व्यवहृत हुआ है, अतः 'रे' स्वर ही 'अंश' रूप में विवेचित हो सकता था, एवं 'सा' एक बार व्यवहृत होने से वह उसका 'विवादी' रूप में भी गण्य होता। अतः देखा जाता है कि संख्या-गुरुत्व बहुत्व क निदर्शन नहीं है। यहाँ विविध रूप में, भिन्न-भिन्न प्रकार से गांधार स्वर को ही प्रकाशित, उद्‌भासित किया गया है, एवं उसका आश्रय लेकर ही इस पदसमष्टि की रचना हुई है, अतः संख्या की दृष्टि से 'रे' से अल्प होते हुए भी गांधार यहाँ प्रधान है। 'प्रयोग बहुल स्वर' इस शास्त्रवाक्य के 'बहुल'

शब्द का साधारण अर्थ लेना भूल होगी।

बाई–तवायफ द्रष्टव्य

बाज–वाद्य-संगीत में बजाने की रीति को बोलाचाल की भाषा में 'बाज' कहा जाता है, यथा–ध्रुपदी बाज, खयाली बाज, ठुमरी बाज इत्यादि। उसी प्रकार सोनिया बाज, मसीतखानी बाज, रजाखानी बाज, पूर्वी बाज, इमदादखानी बाज आदि कहा जाता है। 'बाज' का अर्थ बजाने की रीति अथवा स्टाइल (Style)।

'रीति' के कई प्रकार के नियम हैं। एक वादन रीति का विश्लेषण कर वाद्यवस्तु के पारस्पर्य से एक सुनिर्दिष्ट नियम दिखायी देने पर ही उसे 'बाज' के रूप में उल्लेख किया जा सकता है। सुनिर्दिष्ट नियम न रखकर इच्छानुसार वादन-पद्धति का कोई 'बाज' नहीं कहा जा सकता। 'बाज' को 'चलन' या 'चाल' भी कहा जाता है। ग्रंथकार 'वादकी' शब्द के व्यवहार का पक्षपाती हैं। (इमदादखानी, मसीतखानी और रजाखानी द्रष्टव्य)

बाँट–बाँट का अर्थ है बाँटना। गान के मातु अथवा भाषा को छंद-वैचित्र्य के लिए विभिन्न रूप में विभक्त करने को बाँट कहा जा सकता है। इसी प्रकार गत की वाणी को विभिन्न प्रकार से विभक्त करने को भी बाँट कहा जाता है। ध्रुपद में तान का व्यवहार नहीं होता, उसके स्थान पर मात्र बाँट का ही व्यवहार किया जाता है। खयाल में बाँट और तान दोनों का व्यवहार होता है। (मातु द्रष्टव्य)

बेमंचा–मृदंगादि पर परण-वादन के समय यदि अंदाज के अनुसार सम पर न आया जाय तब सम के अव्यवहित बाद ही किसी तिहाई का सहारा लेकर बाद के आवर्त में सम पर पहुँचने की रीति को 'बेमंचा' कहा जाता है।

बेमांजा–तिहाई द्रष्टव्य।

बोल या वाणी–वाद्य-संगीत में ध्वनि निष्पन्न करने के विभिन्न प्रकार के आघात को संगीत की भाषा में बोल कहा जाता है। विभिन्न वाद्ययंत्रों में विभिन्न बोलों का व्यवहार होता है।

समस्त तत वाद्यों पर दो प्रकार के बोल बजते हैं–

(1) अंतर्मुखी–इस बोल को संगीत-रत्नाकर में 'संलेख' कहा गया है। इसका स्वरूप है 'डा'।

(2) बहिर्मुखी–इसे संगीत-रत्नाकर ग्रंथ में 'अवलेख' कहा गया है। इसका

स्वरूप है 'रा'।

इसमें भी कुछ व्यक्तिक्रम, भेद हैं। सरोद वाद्य पर अंतर्मुखी बोल को 'रा' एवं बहिर्मुखी बोल को 'डा' कहा जाता है। कोई-कोई इसराज वाद्य पर भी इस नियम का पालन करते हैं।

वीणा वाद्य पर 'डा' एवं 'रा' दोनों बोल ही अंतर्मुखी हैं, वीणा वाद्य पर तार ऊर्ध्वाधोगतिसम्पन्न बोलों के द्वारा बजाये जाते हैं; उनमें केवल चिकारी के तारों पर ऊर्ध्व गति के बोल व्यवहृत होते हैं, प्रधान तारसमूह पर अधोगति के बोलद्वय व्यवहृत होते हैं। वीणावाद्य पर मध्यमांगुली द्वारा बजाये जानेवाले अधोगति के बोल को 'ड' एवं तर्जनी द्वारा बजाये जानेवाले अधोगति के बोल को 'ग' एवं मध्यमा या कनिष्ठा अँगुली द्वारा ऊर्ध्वगति में बजाये जानेवाले बोल को 'र' कहा जाता है। चिकारी के वादन में ही मात्र कनिष्ठा अँगुली का व्यवहार होता है। इसके अलावा वीणा पर 'ता', 'ना', 'घा', 'घिघि', 'घेघे', 'घेघाय', 'द्रार', 'डगर', 'घना' इत्यादि बोलों का व्यवहार है। वीणा की प्रधान वादनोपयोगी बोल-समष्टि है 'डगर'।

रबाब, सुरश्रृंगार, सितार, सरोद, इसराज इत्यादि वाद्यों के मुख्य बोल हैं 'डा' एवं 'रा'। इन दो बोलों की संयुक्ति एवं प्रस्तार-भेदों से असंख्य बोलों की सृष्टि हुई है। यथा–

(1) डा, (2) रा, (3) डारा (डा एकमात्रा और रा एकमात्रा), (4) डेरे या डिरि (संयुक्त एकमात्रा), (5) द्रा अथवा ड्रा, (6) राड़्, (7) द्रेदा, (8) द्रेदार्, (9) डाडार्, (10) राडार्, (11) डारार्, (12) राड़्रा, (13) डाड़्रा इत्यादि कई प्रकार के बोलों की सृष्टि हुई है।

आनद्ध वाद्यों के बोलों के अनुकरण से तत वाद्यों में 'डा' और 'रा' बोलों के माध्यम से विविध छंदवैचित्र्य प्रदर्शित होते हैं। यथा–

| | | |

धाधा तेरेकेटे धागेधि घेनेनाग्

डारा डेरेडेरे डाराड्डा राडाडार् इत्यादि।

आनद्ध वाद्यों पर कई प्रकार के बोल व्यवहृत होते हैं। यथा–(1) त, (2) द, (3) न, (4) ता, (5) ति, (6) ना, (7) नान्, (8) तेत्, (9) त, (10) टे, (11) ड़े, (12) तेन्, (13) देन्, (14) धेन्, (15) ग, (16) घ, (17) गा, (18) घा, (19) गे, (20) घे, (21) कात्, (22) क, (23) के, (24) थु, (25) तुन्, (26) धिंगर, (27) घांगर, (28) धागेधि, (29) तेर्केट्, (30) तकिट्, (31) क्रान्, (32) क्रेधाने, (33) धुमकेटे, (34) झाँ, (35) गुर्, (36) थै, (37) ताँऊ, (38) खुर् (39) तित्ता आदि।

आनद्ध वाद्यों के बोल-समूह को संगीत-रत्नाकर में 'पाट' कहा गया है। इस शास्त्र में 'हस्तपाट' शब्द का भी उल्लेख है। 'पटह' वाद्य ही आनद्ध वाद्य का आदिस्वरूप है, इस वाद्य से ही 'पाट' शब्द उद्भूत हुआ है।

साधारणतः वाद्यसंगीत में जिसे बोल कहा जाता है, कण्ठ्य संगीत में उसी के अनुरूप वस्तु को वाणी कहा जाता है, वस्तुतः बोल और वाणी एकार्थबोधक हैं।

कण्ठ्य संगीत में व्यवहृत कुछ बोलों के उदाहरण दिये जा रहे हैं–

(1) ता, (2) ना, (3) दिम्, (4) तुम्, (5) नाता, (6) दानि, (7) देरे, (8) द्रिम्, (9) नुम्, (10) अललुम्, (11) आलि, (12) तेले, (13) ओदानि, (14) ओदेर्, (15) देर्ना, (16) नेरि इत्यादि।

उपरोक्त बोलों का कण्ठ्य संगीत के आलाप और तराना में व्यवहार होता है। इनके अलावा आनद्धवाद्यों के बोल भी कण्ठ्य संगीत में गाये जाते हैं। इन समस्त निरर्थक वाणियों के छंद रूप ही एकमात्र प्रधान वस्तु हैं, इस वाणी के प्रयोग से विशुद्ध रागसंगीत का उपभोग संभव होता है–वाक्य के अर्थ द्वारा मन विक्षिप्त नहीं होता। काफी प्रचलित किंवदन्ती यह है कि 'अनन्त हरि नारायण' के अपभ्रंश रूप में 'नेते नरि' आदि का व्यवहार हुआ है। यह भ्रामक लगता है। संगीत-रत्नाकर में 'तेन तेन' शब्दों का व्यवहार दिखायी देता है; निश्चय ही इनका व्यवहार ईश्वर-वाचक अर्थ में ही हुआ है। (खुलि, मुदि, नष्टवोल, द्रष्टव्य)

भजन–ईश्वर की गुणभाषा और गुणकीर्तन के गीत। इन गीतों की सहायता से ईश्वर-भजन किया जाता है। वर्तमान काल में भजन शास्त्रीय संगीत-समारोहों में प्रतिष्ठित हो गये हैं।

भड़वा–बाई अथवा तवायफ के पिता या भ्राता को भड़वा कहते हैं।

भाव–अंग-प्रत्यंगादि के प्रदर्शन द्वारा भाव अभिव्यक्त करने को 'भाव बतलाना' कहते हैं। ठुमरी-गायिका, नर्तक-नर्तकी एवं नट-नटी 'भाव' प्रदर्शित करते हैं।

रसास्वादन से चित्त मे जो 'विकृति' उत्पन्न होती है, उसे भाव कहते हैं। भाव की रस में परिणति को समझने के लिए विवेच्य विषय चार हैं–

(1) स्थायी भाव
(2) संचारी (संचरणशील) भाव या व्यभिचारी भाव
(3) विभाव
(4) अनुभाव

(1) स्थायी भाव–रस के प्रधान भाव को स्थायी भाव कहा जाता है, क्योंकि एक विशिष्ट भाव से एक विशिष्ट रसास्वाद की उत्पत्ति होती है एवं उस भाव की विरक्ति होने पर उस रस का भी लोप हो जाता है। इसीलिए मुख्य भाव को स्थायी

भाव कहा जाता है।

(2) **संचारी भाव या व्याभिचारी भाव**–किसी भी मुख्य या स्थायी भाव के आनुषंगिक अन्यान्य जो समस्त भाव अप्रधान होते हुए भी उसे परिपुष्ट करते हैं या उससे प्रसृत होते हैं, उन्हें इस स्थायी भाव के संचारी या व्यभिचारी भाव कहा जाता है।

(3) **विभाव**–भाव के उपकरण-समूह को विभाव कहा जाता है। यथा–पुष्पोद्यान, संगीत, वसन्तऋतु, युद्ध, अग्नि, शस्त्र आदि।

(4) **अनुभाव**– भाव को अभिव्यक्त करने की क्रिया को अनुभाव कहा जाता है। यथा–भ्रू-संकुचन, आस्फालन, कटाक्ष, स्मितहास्य इत्यादि।

प्रत्येक रस के विभिन्न स्थायी भाव, संचारी भाव, विभाव और अनुभाव हैं। (रस द्रष्टव्य)

भिन्ना गीति–गीति द्रष्टव्य।

मंच–यूरोपीय स्वरलिपि-पद्धति के पंचरेखा विशिष्ट स्टाफ का बंगला भाषा में 'मंच' कहकर उल्लेख किया गया है। अर्द्ध शताब्दी पूर्व यूरोपीय स्वरलिपि-पद्धति का भारतीय संगीत में प्रचलन करने का प्रयास हुआ था, किंतु अन्ततः वह संभव नहीं हुआ। मंच का अन्य अर्थ है आवृत्ति। साधारणतया आनद्ध वाद्य के उपलक्ष्य में यह अर्थ व्यवहृत होता है।

मत–संगीत में कई मुनियों के कई मत विद्यमान हैं, उनमें विभिन्न ऋषि-प्रणीत विभिन्न शास्त्रों के मतों को संगीतविद् ग्राह्य मानते हैं। इन मतों का प्रयोजन व्यावहारिक संगीत में बिलकुल नहीं हैं, किंतु संभवतः ऐतिहासिक गवेषणा के लिए यह अपरिहार्य हैं। शास्त्रोक्त राग-रागिनी के साथ प्रचलित राग-रागिनी का सादृश्य बिलकुल नहीं है, शास्त्रीय स्वर-सप्तक व्यावहारिक स्वर-सप्तक से पृथक है, तथापि भारतीय संगीतविद् व्यावहारिक संगीत की व्याख्या के समय शास्त्रीय मत की अवतारणा करते हैं, उसका प्रतिपादन करते हैं–वर्तमान ग्रंथकार को इसका उद्देश्य अज्ञात है। वर्तमान काल में प्रचलित शास्त्रीय संगीत के परिप्रेक्ष्य में शास्त्रीय स्वर-सप्तक एवं राग-रागिनी का विश्लेषण करने के बाद शास्त्रीय मतों की अवतारणा करना युक्तिसंगत होगा, उसके अलावा नहीं। जो भी हो, विभिन्न ऋषियों के शास्त्रोक्त विभिन्न मतों का उल्लेख किया जा रहा है।

वर्तमान काल में राग-रागिनी के विवरण में चार प्रधान मतों का उल्लेख किया जाता है, उनके प्रवक्ता हैं–

(1) ब्रह्मा, (2) भरत, (3) हनुमन्त (4) कल्लिनाथ।

इनके मतानुयायी प्रत्येक राग की पत्नी रागिनी एवं पुत्र और पुत्रवधु का उल्लेख देखा जाता है। यहाँ विशद् तालिका दी गई है।

(1) **ब्रह्मा**–ब्रह्मा के मतानुयायी छह राग एवं उनमें प्रत्येक की छह रागिनियाँ हैं। ब्रह्मा के मत का समर्थन करनेवाला कोई भी ग्रंथ नहीं मिलता, किंतु परवर्ती ऋषियों ने ब्रह्मा के मत का उल्लेख किया है। इस मतानुयायी छह राग हैं। यथा–

राग	रागिनी
1. भैरव	1. भैरवी
	2. गुर्जरी
	3. रामकली
	4. गुणकली
	5. सैन्धवी
	6. बंगाली
2. श्रीराग	1. मालश्री
	2. त्रिवेणी
	3. गौरी
	4. केदारी
	5. मधुमाधवी
	6. पहाड़ी
3. मेघराग	1. मल्लारी
	2. सौरटी
	3. सावेरी
	4. कौशिकी
	5. गान्धारी
	6. हरशृंगारी
4. वसन्त	1. देशी
	2. देवगिरि
	3. वराटी
	4. तोड़ी
	5. ललिता
	6. हिन्दोली
5. पंचम	1. विभाष
	2. भूपाली
	3. कर्णाटी
	4. बड़हसिका

	5. मालवी
	6. पटमंजरी
6. नटराग	1. कामोदी
	2. कल्याणी
	3. आभीरी
	4. नाटिका
	5. सारंगी
	6. हमीर

(2) **भरत**--ऐतिहासिक तथ्य पर निर्भर न रहते हुए भी भरत के नाम से जो मत प्रचलित हैं, उसके अनुसार छह राग और प्रत्येक राग की पाँच रागिनयाँ, पाँच पुत्र, एवं पाँच पुत्रवधुएँ हैं। यथा–

राग	रागिनी	पुत्र	पुत्रवधु
1. भैरवी	1. मधुमाधवी	1. बिलावल	1. रामकली
	2. भैरवी	2. पंचम	2. सुहाई
	3. बंगाली	3. देशाख्य	3. सुघराई
	4. वरानी	4. देवगान्धार	4. पटमंजरी
	5. सैन्धवी	5. विभाष	5. तोड़ी
2. मालकोश	1. गुणकली	1. सोम	1. सुरठी
	2. खम्बावती	2. परशन	2. त्रिवेणी
	3. गुर्जरी	3. बड़हंस	3. कर्णाटी
	4. भूपाली	4. ककुभ	4. आशावरी
	5. गौरी	5. बंगाल	5. गोड़गिरि
3. हिन्दोल	1. वेलावली	1. रेखबहंस	1. केदारा
	2. देशाखी	2. वसन्त	2. कामोदी
	3. ललिता	3. लोकहास	3. बिहागड़ा
	4. भीमपलाशी	4. गान्धर्व	4. काफी
	5. मालवी	5. ललित	5. परज
4. दीपक	1. नट	1. शुद्धकल्याण	1. बड़हंसी
	2. मल्लारी	2. सोरठ	2. देशवराटी
	3. केदारी	3. देशकार	3. वैराटी
	4. कान्हड़ा	4. हमीर	4. देवगिरि
	5. भारेका	5. मारु	5. सिन्धरा
5. श्रीराग	1. वासन्ती	1. नट	1. श्याम

	2. मालवी	2. छायानट	2. पुरिया
	3. मालश्री	3. कान्हड़ा	3. गुर्जरी
	4. साहना	4. यमन	4. हमीरी
	5. धनाश्री	5. शंकराभरण	5. अडाना
6. मेघ	1. सारंग	1. बहादुरी	1. पहाड़ी
	2. वंका	2. नटनारायण	2. जयन्ती
	3. गान्धर्व	3. मालव	3. गान्धारी
	4. मल्लारी	4. जयती	4. पूरबी
	5. मुलतानी	5. कामोद	5. जयजयन्ती

(3) **हनुन्त**–हनुमन्त-मत का कोई भी ग्रंथ प्रचलित नहीं है, किंतु उनके परवर्ती ग्रंथकारों ने हनुमन्त-मत का उल्लेख किया है। उसी के अनुसार राग-रागिनी का विवरण दिया गया है। पण्डितगण इस मत को ही वर्तमान काल में प्रचलित राग-रागिनी का समर्थक मानते हैं–

राग	रागिनी
1. भैरव	1. मध्यमादि
	2. भैरवी
	3. बंगाली
	4. वराटिका
	5. सैन्धवी
2. कौशिक	1. तोड़ी
	2. खम्बावती
	3. गौरी
	4. गुणकिरि
	5. ककुभ
3. हिन्दोल	1. वेलावली
	2. रामकिरी
	3. देशाख्य
	4. पटमंजरी
	5. ललिता
4. दीपक	1. केदारी
	2. कानड़ा
	3. देशी
	4. कामोदी

	5. नाटिका
5. श्रीराग	1. बासन्ती
	2. मालवी
	3. मालश्री
	4. धन्यासिका
	5. आशावरी
6. मेघराग	1. मल्लारी
	2. देशकारी
	3. भूपाली
	4. गुर्जरी
	5. टंक

(4) **कल्लिनाथ**–संगीत-रत्नाकर के टीकाकार कल्लिनाथ के मतानुयायी छह राग, छत्तीस रागिनियों का विवरण दिया गया है। कल्लिनाथ प्रणीत किसी ग्रंथ का पता नहीं चलता।

राग	रागिनी
1. श्रीराग	1. गौरी
	2. कोलाहल
	3. धवल
	4. वरोराजी या रदारंगी
	5. मालकोश
	6. देवगान्धार
2. पंचम	1. त्रिवेणी
	2. हस्तान्तरितहा या स्तम्भतिर्थिका खमाइची
	3. आभिरी या अहीरी
	4. कोकभ
	5. वरारी
	6. आशावरी
3. भैरव	1. भैरवी
	2. गुर्जरी
	3. वेलावली
	4. बिहाग या वादाहंसी
	5. कर्णाट
	6. कानड़ा अथवा भाषा
4. मेघ	1. बंगाली

	2. मधुरा या मुद्रा
	3. कामोदी
	4. धानश्री
	5. देवतीर्थी
	6. देवली या तीर्थकी
5. नटनारायण	1. तरवंकी या देवली
	2. तिलंगी या तिलकि
	3. पूर्वी
	4. गान्धारी
	5. राम या विराम
	6. सिन्धुमल्लारी या शुद्ध मल्लारी
6. वसन्त	1. आन्धाली
	2. गमकी
	3. पटमंजरी
	4. गौंडगिरि
	5. धामकी या टंक
	6. देवशाख

पूर्वोक्त मत-चतुष्टय के संबंध में मेरा कहना यह है कि प्रत्येक राग की रागिनियों की आलोचना करके देखने पर प्रतीत होगा कि इस प्रकार राग के साथ रागिनियों को संयुक्त करने का कोई कारण नहीं है, यह केवल कवित्व एवं कल्पनाप्रसूत है। रागिनियों के साथ राग का किसी प्रकार का सादृश्य या सामंजस्य रहने पर इस संयुक्ति का कोई अर्थ रहता। राग-रागिनियों के चित्रांकन एवं राग-रागनियों में स्त्री-पुत्र-पुत्रवधु की संपर्क-स्थापन एक ही मनोवृत्तिप्रसूत लगता है।

इसके अलावा ऋषियों का मत कहकर इस विषय को प्राधान्य अवश्य दिया गया है, किंतु संगीत के औपपत्तिक विषय में ऋषिमत अनेक स्थानों पर उपेक्षित एवं खंडित हो रहा है।

मत्सरीकृत–मूर्च्छना द्रष्टव्य।

मध्यलय–मध्यलय को ही स्वाभाविक लय अथवा आदर्श लय मानकर उसकी तुलना में विलंबित एवं द्रुत लय का व्यवहार होता है। मध्यकाल को 'बराबर' लय भी कहा जाता है। (लय द्रष्टव्य)

मध्यसप्तक–तारसप्तक द्रष्टव्य।

मध्यम–स्वरसप्तक का चतुर्थ स्वर। यह स्वरसप्तक का मध्यस्वर है, अतः इसका नाम मध्यम हुआ है। शास्त्रोक्त शुद्ध सप्तक में मध्यम स्वर चार-श्रुति-विशिष्ट है। वज्रिका, प्रसारिणी, प्रीति और मार्जनी, मध्यम के रस श्रुतिचतुष्टय की अन्त्यश्रुति मार्जनी पर मध्यम स्वर अधिष्ठित है।

मध्यमग्राम–गान्धार सप्तक

मन्द्रसप्तक–तारसप्तक द्रष्टव्य।

मसीतखानी–वर्तमान काल में सितार, सरोद एवं इसराज वाद्यों पर जो सब गत-तोड़े बजाये जाते हैं, उनके स्रष्टा एवं प्रचारक थे मसीत खाँ। उनके पूर्व अमीर खुसरु द्वारा सृष्ट बाज का प्रचलन था। तानसेन के पुत्र विलास खाँ के पौत्र करीम सेन, उनके पौत्र मसीत खाँ ने पूर्वोक्त बाज का कई प्रकार से संस्कार, परिष्कार, सुधार कर मसीतखानी बाज की सृष्टि की एवं अपने पुत्र बहादुर खाँ को शिक्षा दी। बहादुर खाँ, मतान्तर से बहादुर सेन के पुत्रादि क्रम में इस बाज की धारा से जयपुर-घराने की सृष्टि हुई। कहने की आवश्यकता नहीं कि मसीतखानी बाज विलंबित खयाल के आदर्श से ही रचा गया था एवं इसमें जोड़-तोड़ा, विस्तार आदि का व्यवहार होता था। जयपुर के विख्यात सितारिये अमृतसेन मसीत खाँ के पुत्रवंशीय अर्थात् बहादुर सेन के प्रपौत्र थे। अमृत सेन के भानजे अमीर खाँ मैसूर में दरबारी वादक थे। यही जयपुर-घराने का परिचय है। बहादुर सेन के निजवंश के अलावा कुतुबबख्श नामक एक शिष्य भी थे, परवर्ती काल में वे कुतुबुद्दौला नाम से परिचित हुए। कुतुबुद्दौला द्वारा सृष्ट की कई 'सरगम' और गतें प्रचलित हैं। अमीर खाँ से मैसूर दरबार के विख्यात सितारिये बरकतुल्ला खाँ ने सितार-वादन की शिक्षा पायी, उनके द्वारा बजाये गये भूपकल्याण राग की एक ग्रामोफोन रिकार्ड है। उनके रिकार्ड जयपुन-घराने की आदर्श प्रतिच्छवि है। प्रथित यश सितारिये उस्ताद मुस्ताक अली खाँ के पिता स्व. आशिक अली खाँ बरकतुल्ला खाँ के शिष्य थे।

संभवतः मसीत खाँ ने ही सितार पर तीन तार के स्थान पर पाँच तारों का व्यवहार किया, किंतु यह सन्देहातीत है कि उन्होंने चिकारी या तड़प के तारों का सितार पर व्यवहार नहीं किया। इसका कारण यह है कि जयपुरी-सेनीय गुणी तड़प के तार का व्यवहार करते हुए भी मात्र तीस वर्ष पूर्व भी चिकारी का व्यवहार नहीं करते थे। इसके पश्चात् अमीर खुसरु प्रवर्तित सितार-बाज एवं मसीतखानी बाज का सामान्य परिचय दिया जा रहा है।

1. अमीर खुसरु-बाज—इस बाज की गत में मात्र एक तुम या चरण रहता था एवं सामान्य तोड़ों का भी व्यवहार होता था। अमीर खुसरु प्रवर्तित बाज़ का उदाहरण आज भी विद्यमान है, यथा—काफी की चिरपरिचित गत—

o| | | |1| | | | |+| | | |3 | | |

सा रेरे रे ग – म प म प – प म ग रे सा नि

डा डेरे डा रा – डा रा डा रा – डा रा डा रा डा र

इसके बोल अत्यन्त सरल हैं एवं यह अध्यलय की गत है।

जयपुर के अमृतसेन के शिष्य पण्डित सुदर्शनाचार्य शास्त्री महाशय के मत से मसीत खाँ के पिता फिरोज खाँ एवं उनके पिता अमीर खुसरो—ये अमीर खुसरो ही सितार-प्रवर्त्तक थे। उक्त मत सर्वसम्मत नहीं है, वरन् प्रचलित इतिहास के प्रतिकूल है। सितार-प्रवर्त्तक (इतिहासानुयायी) अमीर खुसरु त्रयोदश और चतुर्दश शताब्दी के संधिकाल में वर्तमान थे। प्रथमोक्त अमीर खुसरु भिन्न व्यक्ति थे।

सुदर्शनाचार्य के मत के पक्ष में युक्ति यह है कि अकबर के दरबार में कोई भी सितारवादक नहीं था, अतः लगता है कि तानसेन के युग के बाद ही सितार का प्रचलन हुआ होगा—एवं सितार-प्रचारक अमीर खुसरु संभवतः परवर्ती व्यक्ति थे।

2. मसीतखानी-बाज—मसीतखानी बाज को 'पछाओ (पछवाँ) का बाज' अर्थात् 'पश्चिमी बाज' कहा जाता है। मसीत खाँ ने विलंबित खयाल के अनुकरण से सितार पर वादनोपयुक्त विलंबित गत की रचना की थी। यह गत तत्कालीन खयाल-गान-पद्धति में बजती थी। तान, तोड़ा एवं विस्तार समस्त खयाल-पद्धति से सम्पादित किये जाते थे। मसीत खाँ ने सितार वाद्य पर और दो तार जोड़कर त्रितंत्री सितार को पंचतंत्री सितार में रूपांतरित किया। उनके समय में तड़प एवं चिकारी के तारों का व्यवहार नहीं था। जयपुरी सितारिये अनुमानतः तीस वर्ष पूर्व भी सितार पर चिकारी के तारों का व्यवहार नहीं करते थे। इसके पश्चात् मसीत खाँ प्रवर्तित मसीतखानी गत की धारावाहिक वादन-पद्धति अथवा वाद्यवस्तु की पारस्पर्य दिया जा रहा है।

मसीतखानी गत की बंदिश में युक्त बोलों का व्यवहार नहीं है। मुख्यतः विलंबित त्रिताल में मसीतखानी गत की रचना हुई, बोलों का उदाहरण—

| 1| | | | +| | | | 3| | | |

(डेरे)। डा डेरे डा रा। डा डा रा डेरे। डा डेरे डा रा।

o| | | | 1| | | | +| | | |

डा डा रा डेरे। डा डेरे डा रा। डा डेरे डा रा।

3| | | | o| | | |

डा डेरे डा रा। डा डा रा डेरे।

उल्लिखत गत के प्रथम आवर्त को स्थायी धातु कहा जाता है एवं द्वितीय

आवर्त को वर्तमान काल में 'माँझा' कहा जाता है। स्थायी और अंतरा के मध्यवर्ती धातु होने से इसका नाम माँझा पड़ा है। माँझा का अर्थ है मध्यवर्ती। इसके बाद गत का अंतरा बजाने की रीति है। अंतरे के बोल–

| 3| | | | o| | | | 1| | | |
(डेरे)। डा डेरे डा रा। डा डा रा डेरे। डा डेरे डा रा।
+| | | | 3| | | | o| | | |
डा डेरे डा रा। डा डेरे डा रा। डा डा रा डेरे।

स्थायी, माँझा एवं अंतरा बजाने के बाद राग के अंश-स्वर को आश्रय कर स्वर-विस्तार किया जाता है, बाद में अंश-स्वर के संवादी स्वर एवं उसके पश्चात् राग के विशेष पद-विन्यास का आश्रय लेकर स्वर-विस्तार किया जाता है। इसके बाद छोटी और बड़ी तानें बजायी जाती हैं। मसीतखानी गत की तानें अधिकांशतः खाली से तृतीय मात्रा पर समाप्त कर चतुर्थ मात्रा से गत की स्थायी शुरू की जाती है। मसीतखानी गत में तबले पर मात्र ठेके का ही व्यवहार था, संगत की परण आदि बजाने की रीति नहीं थी। चिकारी के तार संयोजित न होने से झाला का काम भी नहीं था।

मसीतखानी बाज में आलाप की द्रुत जोड़ के अनुकरण से जोड़ की व्यवस्था थी एवं यही मसीतखानी वादन-पद्धति का अंतिम अंग था।

गुलाम मुहम्मद खाँ ने सुरबहार का आविष्कार कर, उस पर चिकारी के तार संयोजित किये एवं उसके अनुकरण से सितार पर भी चिकारी का संयोजन किया गया। गुलाम मुहम्मद एवं उनके पुत्र सज्जाद मुहममद मुख्यतः सुरबहार की ही साधना कर गये हैं। गुलाम मुहम्मद तानसेन के पुत्रवंशीय प्यार खाँ एवं कन्या वंशीय उमराव खाँ के शिष्य थे, अतः वे मुख्यतः ध्रुपदांगी पद्धति का ही अनुसरण करते थे। सज्जाद मुहम्मद भी सुरबहार पर ध्रुपदांगी वीणा का बाज बजाते थे। गुलाम मुहम्मद सितार के लिए कई गतों की रचना कर गये हैं, जो आज भी प्रचलित हैं। वे एवं उनके पुत्र सज्जाद मुहम्मद सितार भी बजाते थे, किंतु वे मुख्यतः सुरबहार-वादक ही थे। इमदाद खाँ आलाप के द्वादश अंगों का गत की वादन-पद्धति में व्यवहार कर मसीतखानी बाज का आद्यन्त रूपांतरण और प्रभूत उन्नति-साधन कर गये हैं। मसीतखानी बाज मुख्यतः प्राचीन काल की खयाल-पद्धति है, इमदाद खाँ ने खयाल पद्धति के साथ ध्रुपद-पद्धति का अद्‌भुत सम्मिश्रण किया एवं सितार पर झाला के प्राधान्य का उन्होंने ही प्रचलन किया। इमदाद खाँ ने सुरबहार पर भी खयाल एवं ध्रुपद-पद्धति का सम्मिश्रण किया था, उसमें खयाल में व्यवहृत तान-पलटा का भी आलाप में व्यवहार हुआ है। सितार और सुरबहार की वादन-पद्धति में सम्यक् परिवर्तन कर दिये जाने से अब उसे मसीतखानी बाज कहना ठीक नहीं, कई लोगों ने इसे 'आधुनिक मसीतखानी' नाम से प्रचारित किया है, किंतु

वर्तमान ग्रंथकार ने 1940 से इस पद्धति को 'इमदादखानी बाज' कहकर इसका प्रचार किया है एवं भारतवर्ष के कई संगीतज्ञों, मनीषियों ने इस प्रचेष्टा का समादर किया है। (इमदादखानी द्रष्टव्य)

माँझा–वर्तमान काल में वाद्ययंत्र-संगीत में स्थायी और अंतरा का मध्यवर्ती एक तुक 'माँझा' नाम से प्रचलित हुआ है, पहले यह स्थायी के अंतर्भुक्त था।

माँझादार–तबले पर बजनेवाला एक प्रकार का टुकड़ा या गत एवं रेला। इसका लक्षण यह है कि लय या छंद में तारतम्य (न्यूनाधिक्य) से एक बोल के आद्यंत के साथ मध्यस्थानीय बोल का पार्थक्य रहेगा। यथा–गत माँझेदार–

+I I 3I I oI I 1I I
आदि–धागेते रेकेटे धागात् ताकेटे धागेने धा त्रेकेटे धिनाग दिघेने

+I I I I
माझा या मध्य–केड़ेनाग धागतेरे केटेताग धा-तेटे

oI I 1I I
घेड़ेनाग तेगेनाग ताकेटेधा त्रेकेटेधेकेटे

+I I 3I I oI
अंत–धागेतेरेकेटे धागातूताकेटे धागेनेधात्रेकेटे धिनागदिघेने केड़ेनागतागतेरे

I 1I I 1
केटेतागधातेटे घेड़ेनागतेगेनाग ताकेटेधा, केटधेतेटे

माठा–संगीत-रत्नाकरोक्त मण्ठ ताल से ही 'माठा' शब्द प्रचलित है, यद्यपि वर्तमान अर्थ के साथ रत्नारोक्त अर्थ का सामंजस्य परिलक्षित नहीं होता। (आलाप द्रष्टव्य)

मातु–गान की भाषा को शास्त्र में मातु कहा जाता है, एवं गान में व्यवहृत राग के स्वर-समन्वित अवयव को धातु कहा जाता है। (धातु द्रष्टव्य)

मात्रा–काल अखंड है। मनुष्य के समय-ज्ञान की सुविधा के लिए उस अखंड समय को, जिसे क्रिया द्वारा विभक्त किया जाता है उसे मात्रा कहते हैं। निमेष काल को मात्रा या कला कहा जाता है। संगीत-रत्नाकार में मात्रा के लक्षण के संबंध में कहा गया है कि पाँच लघु अक्षरों का उच्चारण करने में जिस परिमाण में समय आवश्यक है उसी परिमाण के समय को एक मात्रा कहते हैं। क च ट त प–इन पाँच वर्णों का एकत्र उच्चारण-काल एक मात्रा है। इसे ही लघु मात्रा कहा जाता

है। इसी प्रकार दस वर्णों के उच्चारण के काल को गुरु मात्रा कहा गया है एवं पंद्रह वर्ण के उच्चारण के काल को प्लुत मात्रा कहा गया है। अर्थात् लघु मात्रा की द्विगुण विलंबित लय को गुरु एवं त्रिगुण विलंबित लय को प्लुतमात्रा कहा जाता है। मात्रा को प्रस्वनित करने के लिए ही ताल की सृष्टि हुई है एवं वर्तमान काल में इन प्रस्वनित स्थानों का ही मात्रा नाम से व्यवहार हुआ है।

मार्गसंगीत–शास्त्र-निर्दिष्ट नियमावली का पालन कर। ईश्वर-उपासना के उद्देश्य से जिस संगीत का अनुशीलन किया जाता था, उसे ही मार्ग संगीत कहा जाता था। किंतु वर्तमान काल में उच्चांग या क्लासिकल संगीत को ही मार्गसंगीत कहा जाता है। शास्त्रोक्त विशुद्ध रीति अनुवर्ती संगीत को ही मार्गसंगीत कहा जाता है। मार्ग का अर्थ है–ऋषि-प्रदर्शित पथ।

मिराशी–बाई या तवायफ के साथ जो ततवाद्य या आनद्ध वाद्य की संगत करते हैं, उन्हें मिराशी कहते हैं।

मींड–वीणा, सितारादि वाद्यों पर व्यवहृत अन्यतम मुख्य वादन कला। किसी भी एक स्वर के पर्दे पर तर्जनी या मध्यमा अवस्थित कर यदि तार को बहिर्मुखी गति में आकर्षण किया जाय एवं दक्षिण हस्त से उस समय तार पर आघात किया जाय तो इस तरह-निर्दिष्ट स्वर से परवर्ती अथा तत्परवर्ती उच्च स्वर ध्वनित होता है। यह प्रक्रिया ही मींड है। संभवतः मींड को ही संगीत-शास्त्र में 'स्फुरित' कहा गया है।

मींडखंड–तान द्रष्टव्य।

मुख–गान या गत के स्थायी तुक का एक क्षुद्र अंश। 'सम' के पूर्वस्थित पाँच मात्रा-विशिष्ट अंश को ही त्रिताल में साधारणतः 'मुख' कहा जाता है। परण, तान या विस्तार कर स्थायी के 'मुख' के अवलंबन से 'सम' पर आने की रीति ही साधारणतया प्रचलित है। इसे गीत या पदविदारी भी कहा जा सकता है।

मुखड़ा–मुखड़ा, मोहड़ा अथवा मोड़ा एक ही वस्तु का नामान्तर है। तबले में 'खाली' से 'सम' तक वादनोपयोगी बोल को मुखड़ा या मोहड़ा कहा जाता है। यह भी एक प्रकार का टुकड़ा है। किसी-किसी का कहना है कि 'सम' से 'सम' तक के समय में एक टुकड़ा यदि तीन बार बजाया जाय तो इस टुकड़े को मोहड़ा कहते हैं। जो इस मत का पोषण करते हैं वे 'खाली' से 'सम' तक के काल के वादनोपयोगी टुकड़े को मुखड़ा कहते हैं, अर्थात् उनके मत से मोहड़ा और मुखड़ा

स्वतंत्र वस्तु है।

मोहड़ा–

o1 | +| |

धेरेधेरे केटेताग धा कता गदि घेन्ना

1| | | |

कत्ते टेधा – धेरेधेरे केटेतागतान धा

मुदि–तबला-बायाँ पर सभी बोल बजाने के बाद दोनों हाथ वाद्य के ऊपर ही निबद्ध रहे एवं समस्त बोलों की ध्वनि बद्ध या अप्रकट हो, उसे ही मुदि बोल कहा जाता है।

मुदिबोल–त, ते, ति, तेत्, तिक्, धेड़नक्, र, ट, टे, तूँ, दिं, तिं, दी। के, की, किँ, क, कत्, धा, ध, धे, धेत्, धित्, धिक्। (मुदि द्रष्टव्य, खुलि द्रष्टव्य।)

मुद्रा–गीतवाद्य के समय भावद्योतक अंग-भंगिमा को मुद्रा कहते हैं। हस्तमुखादि की भंगिमा यदि दृष्टिकटु हो तो उसे मुद्रादोष कहा जाता है। यदि ये भंगिमाएँ नयन-मनोरम हों तो उन्हें मुद्रागुण कहा जाता है। संगीत-रत्नाकर के नाट्याध्याय में चतुःषष्टि (64) प्रकार की हस्तमुद्राओं का उल्लेख है, अभिनय और नृत्य में इनका व्यवहार होता है।

मुरकी–खटका का नामान्तर। (खटका द्रष्टव्य)

मूर्च्छना–1. वीणा, सितारादि वाद्ययंत्रों पर व्यवहृत एक प्रकार की वादनकला। मींड और मूर्च्छना एकार्थक हैं। वर्तमान काल में मूर्च्छना का व्यवहार इस अर्थ में नहीं होता।

2. मूर्च्छना का मुख्य अर्थ लिखा जा रहा है। यथाक्रम से स्वरसप्तक के आरोहण एवं अवरोहण को मूर्च्छना कहा जाता है। 'क्रम' में आरोहण ही है, अवरोहण नहीं; मूर्च्छना एवं क्रम में यही प्रभेद है। (मूर्च्छना कुछ अंशों में यूरोपीय modulation के समान है।) इसके पश्चात् षड्ज और मध्यम ग्रामों की मूर्च्छनाओं की व्याख्या या विवरण दिया जा रहा है, गान्धार ग्राम अव्यवहार्य है अतः उसका उल्लेख नहीं किया गया है।

षड्ज ग्राम। शुद्ध मूर्च्छना

	संगीत-रत्नाकर	नारदमत	आरोहण	अवरोहण	प्रचलित ठाट का सादृश्य
1.	उत्तरमंद्रा	उत्तरवर्णा	सारेगमपधनि	निधपमगरेसा	सारेग॒मपधनि॒ काफी
2.	रजनी	अभिरुद्गता	नि़सारेगमपध	धपमगरेसानि़	सारेगमपधनि बिलावल
3.	उत्तरायता	अश्वक्रांता	ध़नि़सारेगमप	पमगरेसानि़ध़	सारेग॒मम॑ध॒नि॒
4.	शुद्धषड्जा	सौवीरी	प़ध़नि़सारेगम	मगरेसानि़ध़प़	सारेग॒मपध॒नि॒ जौनपुरी या प्रचलित आशावरी
5.	मत्सरीकृत	हृष्यका	म़प़ध़नि़सारेग	गरेसानि़ध़प़म़	सारेगमपधनि॒ खमाज
6.	अश्वक्रांता	उत्तरायता	ग़म़प़ध़नि़सारे	रेसानि़ध़प़म़ग़	सारेगम॑पधनि कल्याण
7.	अभिरुद्गता	रजनी	रे़ग़म़प़ध़नि़सा	सानि़ध़प़म़ग़रे़	सारे॒ग॒मपध॒नि॒ भैरवी

शास्त्रोक्त मूर्च्छना का स्वरूप होगा—'सारेगमपधनिधपमगरेसा'। किंतु आरोहण-अवरोहण विभिन्न रूप से लिखने के लिए अन्त्य स्वर 'नि' दो बार लिखा गया है।

मध्यम ग्राम। शुद्ध मूर्च्छना

			आरोहण	अवरोहण	प्रचलित ठाट का सादृश्य
1.	सौवीरी	आप्यायनी	मपधनिसांरेंगं	गंरेंसांनिधपम	सारेगमपधनि॒ खमाज
2.	हरिणाश्वा	विश्वहता	गमपधनिसांरें	रेंसांनिधपमग	सारेगम॑पधनि कल्याण
3.	कलोपनता	चंद्रा	रेगमपधनिसां	सांनिधपमगरे	सारे॒ग॒मपध॒नि॒ भैरवी
4.	शुद्धमध्या	हेमा	सारेगमपधनि	निधपमगरेसा	सारेग॒मपधनि॒ काफी
5.	मार्गी	कपर्दिनी	नि़सारेगमपध	धपमगरेसानि़	सारेगमपधनि बिलावल
6.	पौरवी	मैत्री	ध़नि़सारेगमप	पमगरेसानि़ध़	सारेग॒मम॑ध॒नि॒

7. हृष्यका	चंद्रावती	प़ध़नि़सारेगम मगरेसानि़ध़प़	सारेगमपधनि जौनपुरी या प्रचलित आशावरी

मध्यम ग्राम में 'प' स्वर तीन श्रुति-विशिष्ट एवं 'ध' स्वर चार श्रुति-विशिष्ट है—षड्ज ग्राम से मात्र यही प्रभेद है। अतः मोटे तौर पर काफी ठाट ही लिया गया है। शास्त्रोक्त शुद्ध स्वर-सप्तक काफी ठाट के समान है अतः संगीत-रत्नाकरोक्त मूर्च्छना के आरोहण-अवरोहण में तीव्र और कोमल सूचक चिह्न का व्यवहार नहीं किया गया है, किंतु वर्तमान काल में प्रचलित स्वरों में इनका व्यवहार किया गया है।

इसके पश्चात् सा-ग्राम का व्यवहार दिखाया गया है।

(1) शुद्ध मूर्च्छना, (2) सकाकलीक मूर्च्छना, (3) सान्तर मूर्च्छना, (4) सान्तरकाकलीक मूर्च्छना—मूर्च्छना के ये चार प्रकार के भेद हैं। दोनों ग्रामों की चौदह प्रकार की मूर्च्छनाओं में प्रत्येक के चार प्रकार के भेद होने से छप्पन (56) मूर्च्छनाएँ होती हैं। अंतर—चतुःश्रुति का गान्धार एवं काकली—चतुःश्रुति का निषाद। अतः पूर्वोक्त शुद्ध मूर्च्छना का अर्थ है वर्तमान काल का कोमल गान्धार एवं कोमल निषाद युक्त मूर्च्छना। कहने की आवश्यकता नहीं कि किसी भी मूर्च्छना के आदि स्वर को 'सा' मानकर वर्तमान के साथ सादृश्य दिखाया गया है। यथा, मत्सरीकृत मूर्च्छना के आदिस्वर 'म' को 'सा' मानकर स्वर-विन्यास करने पर खमाज ठाट इंगित होगा। इसके पश्चात् अन्यान्य प्रकार भेद लिखे जा रहे हैं।

सकाकलीक मूर्च्छना

	आरोहण	**अवरोहण**	**तुलनीय स्वरग्राम**
1. उत्तरमंद्रा	सारेगमपधनि	निधपमगरेसा	सारेगमपधनि
2. रजनी	नि़सारेगमपध	धपमगरेसानि़	सारेगगमधनि
3. उत्तरायता	ध़नि़सारेगमप	पमगरेसानि़ध़	सारेगममधनि
4. शुद्धषड्जा	प़ध़नि़सारेगम	मगरेसानि़ध़प़	सारेगमपधनि
5. मत्सरीकृत	म़प़ध़नि़सारेग	गरेसानि़ध़प़म़	सारेगमपधनि
6. अश्वक्रांता	ग़म़प़ध़नि़सारे	रेसानि़ध़प़म़ग़	सारेगमधधनि
7. अभिरुद्गता	रे़ग़म़प़ध़नि़सा	सानि़ध़प़म़ग़रे़	सारेगमपधनि

सान्तर मूर्च्छना

	आरोहण	अवरोहण	तुलनीय स्वरग्राम	सादृश्य
1. उत्तरमंद्रा	सारेगमपधनि	निधपमगरेसा	सारेगमपध<u>नि</u>	खमाज
2. रजनी	ऩिसारेगमपध	धपमगरेसाऩि	सारेगमंपधनि	कल्याण
3. उत्तरायता	धऩिसारेगमप	पमगरेसाऩिध़	सा<u>रे</u><u>ग</u>मप<u>ध</u><u>नि</u>	भैरवी
4. शुद्धषड्जा	प़ध़ऩिसारेगम	मगरेसाऩिध़प़	सारे<u>ग</u>मपध<u>नि</u>	काफी
5. मत्सरीकृत	म़प़ध़ऩिसारेग	गरेसाऩिध़प़म़	सारेगमपधनि	बिलावल
6. अश्वक्रांता	ग़म़प़ध़ऩिसारे	रेसाऩिध़प़म़ग़	सा<u>रे</u><u>ग</u>गमं<u>ध</u><u>नि</u>	
7. अभिरुद्ता	रे़ग़म़प़ध़ऩिसा	साऩिध़प़म़ग़रे़	सारे<u>ग</u>मप<u>ध</u><u>नि</u>	जौनपुरी या प्रचलित आशावरी

सान्तर काकलीक मूर्च्छना : प्रचलित शुद्ध या बिलावल ठाट

1. उत्तरमंद्रा	सारेगमपधनि	निधपमगरेसा	सारेगमपधनि	बिलावल
2. रजनी	ऩिसारेगमपध	धपमगरेसाऩि	सा<u>रे</u><u>ग</u>ममं<u>ध</u><u>नि</u>	
3. उत्तरायता	धऩिसारेगमप	पमगरेसाऩिध़	सारे<u>ग</u>मप<u>ध</u><u>नि</u>	जौनपुरी या प्रचलित आशावरी
4. शुद्धषड्जा	प़ध़ऩिसारेगम	मगरेसाऩिध़प़	सारेगमपध<u>नि</u>	खमाज
5. मत्सरीकृत	म़प़ध़ऩिसारेग	गरेसाऩिध़प़म़	सारेगमंपधनि	कल्याण
6. अश्वक्रांता	ग़म़प़ध़ऩिसारे	रेसाऩिध़प़म़ग़	सा<u>रे</u><u>ग</u>मप<u>ध</u><u>नि</u>	भैरवी
7. अभिरुद्गता	रे़ग़म़प़ध़ऩिसा	साऩिध़प़म़ग़रे़	सारे<u>ग</u>मपध<u>नि</u>	काफी

उल्लिख़त मूर्च्छनाओं को देखने से यही प्रतीत होगा कि मात्र सकाकलीक मूर्च्छनाओं के अलावा अन्य सभी मूर्च्छनाएँ अधिकांशतः वर्तमान काल में प्रचलित कतिपय ठाटों के अनुरूप हैं। संगीत-रत्नाकरोक्त शुद्ध स्वर-सप्तक की रजनी या निषाद-मूर्च्छना ही वर्तमान काल में प्रचलित शुद्ध ठाट या बिलावल ठाट है।

दूसरी ओर रत्नाकरोक्त सान्तर काकलीक षड्ज मूर्च्छना ही वर्तमान बिलावल ठाट है। इन दो प्रकारों से ही रत्नाकर के साथ वर्तमान काल के शुद्ध सप्तक का सामंजस्य स्थापित करना संभव है, अतः वर्तमान काल में प्रचलित अशास्त्रीय एवं भ्रामक स्वर-श्रुति-विन्यास की युक्ति पूर्णरूप से खंडित हुई। (श्रुति द्रष्टव्य)

मेट्रोनोम–यूरोपीय मात्रा-परिमापक यंत्र। ई. 17वीं शताब्दी में आविष्कृत, किंतु वर्तमान काल में प्रचलित यंत्र ई. 19वीं शताब्दी के आरंभ में निर्मित हुआ। मेट्रोनोम में घड़ी देखने के पेण्डुलम के समान एक काँटा है, वह प्रति मात्रा के आसपास दोलता रहता है एवं इस दोला (झूलने) से मात्राएँ ध्वनित होती हैं। आधुनिक मेट्रोनोम में मात्रा की ध्वनि के अलावा एक घंटा भी ध्वनित होता है एवं इच्छानुसार मात्रा के बाद एक-एक घंटा-ध्वनि निरूपित की जाती है। त्रिताल में प्रत्येक तीन मात्रा की स्वाभाविक ध्वनि के बाद एक-एक घंटा-ध्वनि निःसृत हो सकती है। एक से छह मात्रा के बाद एक घंटाध्वनि बजाने की व्यवस्था है। मात्रा की लय के निरूपण की भी व्यवस्था है। प्रति मिनट में चालीस ध्वनियों से आरंभ कर, दो सौ आठ ध्वनियों तक का नियंत्रण किया जा सकता है। भारतीय संगीत के शिक्षार्थियों के लिए लयज्ञान-अर्जन हेतु मेट्रोनोम अत्यन्त सुविधाजनक है।

मेल–ठाट द्रष्टव्य।

मेलकर्त्ता–आश्रय राग। (ठाट द्रष्टव्य)

मोड़ेदार–तबले पर मोड़ेदार टुकड़ा या गत बजती है।
उदाहरण–

+| | | | 3|
क्रान् केड़ेनाग तागतेरे केटेताग धिनूधा
| | | o| |
केटेताग तागतेरे केटेताग धिनतेरे केटेताग
| | 1| | | | +|
तागतेटे क्रान् तेरेकेटे तागधेरे केटेताग क्रान् धा

मोहरा–वाद्य या कण्ठ्य संगीत के आलाप में प्रत्येक तान, विस्तार अथवा अन्यान्य अंगों का विरति (विराम) सूचक विशिष्ट स्वर-विन्यास। वाद्य संगीत का मोहरा–

विलंबित लय : सा - - सा - - - - - सानि़ सानि़ रे - सा -
डा रा रा डा रा रा रा रा रा डा डा डा रा डा रा

मध्यलय : सा - - सा - - सानि़ सानि़ रे - सा -
डा रा रा डा रा रा डा डा डा रा डा रा

द्रुत लय : सा - सा - सानि़ सानि़ रे सा -
डा रा डा रा डा डा डा डा रा

'रा' बोल चिकारी पर बजेगा।

कण्ठ्य संगीत का मोहरा–

विलंबित लय : सा सा सा सा सा सा सा सा सानि़ सानि़ रे सा
ता ना ना ता ना ना ना ता ना ना नु म

मध्य लय : सा सा सा सा सा सा सानि़ सानि़ रे सा
ता ना ना ता ना ना ता ना नु म

द्रुत लय : सा सा सा सा नि़ नि़ रे सा
ता ना ना ना ता ना नु म

मृदु–क्षीण। स्वर-सप्तक में कोमल स्वरों को मृदु कहा जाता है, यथा–मृदु मध्यम, अर्थात् शुद्ध मध्यम। मृदु ऋषभ, अर्थात् कोमल ऋषभ। शास्त्रान्तर के अनुसार मृदु पंचम का अर्थ है तीव्र मध्यम। मृदु शब्द तीव्र शब्द का विपरीत अर्थ प्रकट करता है।

यति–जिस प्रकार छंदोबद्ध श्लोक में यति होती है, उसी प्रकार संगीत में भी यति होती है, जिसका अर्थ है क्षणिक विश्राम। राग-रागिनी में किसी स्वर का प्राधान्य दिखाने के लिए इसका व्यवहार है।

रक्ति–माधुर्य साधारणतया रागरक्ति अर्थ में ही इसका व्यवहार होता है।

रंजकता–प्रीतिकार। साधारणतः राग के संबंध में ही प्रयोज्य है।

रजनी–मूर्च्छना द्रष्टव्य।

रजाखानी–तराना के अनुकरण से सितार आदि वाद्यों पर वादनोपयोगी गत को रजाखानी गत कहा जाता है। कई गुणी मानते हैं कि मसीत खाँ के शिष्य गुलाम रजा ने इस वादन-पद्धति की सृष्टि की एवं उसी के अनुसार इसका नाम रजाखानी हुआ। किंतु अन्य कई गुणियों के मतानुसार मसीत खाँ ने स्वयं अपने प्रिय शिष्य के लिए इस वादन-पद्धति की सृष्टि की। मसीतखानी बजा अपने वंश के लिए रखकर, प्रिय शिष्य की संतुष्टि के लिए उनके नामानुसार इस बाज की रचना कर, उन्हें शिक्षा प्रदान की। इस बाज को पूर्वी बाज कहा जाता है, क्योंकि गुलाम रजा के वंशधर एवं शिष्यगण दिल्ली से पूर्वांचल में आकर बस गये थे। मसीतखानी बाज

जयपुर से सेनियागण को ही प्राप्त किया था। इस बाज को पछाँह या पश्चिमी बाज कहा जाता है।

मसीतखानी बाज में जिस प्रकार सरल बोलों का व्यवहार होता है, रजाखानी बाज में युक्त बोलों का प्राधान्य देखा जाता है एवं इनकी रचना विलंबित लय में नहीं होती। वास्तव में वर्तमान काल में मसीतखानी और रजाखानी बाज दोनों की एक-दूसरे के परिपूरक हैं; मसीतखानी गत बजाने के बाद ही रजाखानी गत बजाने का नियम है, जिस प्रकार विलंबित लय के खयाल गायन के बाद ही द्रुत लय का तराना गाने की रीति सुप्रचलित है। मसीतखानी गत में बोलों का कोई विशेष वैशिष्ट्य प्रकट नहीं होता; रजाखानी गत में इस वैशिष्ट्य का प्रदर्शन किया जाता है।

रजाखानी बाज के बोलों के साथ तराना का सामंजस्य प्रदर्शित होता है; इसमें 'सरगम' न देकर तराना की वाणी एवं गत के बोल मात्र दिये गये हैं। स्थायी–

1। । । । +। । । । 3। । । । o। । । । 1।
- ता - ना दी - - - म् ता - ना दी - - - म्
- डा र् डा डा - - - र् डा र् डा डा - - - र्

। । । +। ।। । 3।
ता - ना तु - - - म्
डा र् डा डा - - - र्

। । । o। । । । 1। । । ।
ता - ना देर् देर् देर् देर् देर् देर् तुम देर्
डा र् डा डेरे डेरे डेरे डेरे डेरे डेरे डा डेरे

+। । । । 3। । । । o। । । । । 1। । । ।
त्रे दा - रे ता ना दे - र ना दे - द ना दे - र ना ता
द्रे डा र् डा डा रा डा - र् डा डा - र् डा डा - र् डा रा

यह यमन राग में रचित एक प्रसिद्ध तराना की वाणी एवं प्रसिद्ध गत के बोल हैं।

रजाखानी गत बजाने के बाद इस गत में बोल लेकर विविध प्रकार की बाँट की जाती है एवं बाद में टुकड़े बजाये जाते हैं। बाँट अथवा टुकड़ों का प्रधान वैशिष्ट्य ही है युक्त बोलों का व्यवहार, यद्यपि वर्तमान काल में सरल बोलों का प्रचलन रजाखानी गत में भी आलाप के कतिपय अंगों, 'झारा' नामक एक अंग एवं झाला के वैचित्र्यपूर्ण व्यवहार का संयोजन कर पुरातन रजाखानी पद्धति को पूर्णतया नवीन रूप दिया है। (वाद्यः सितार द्रष्टव्य)

रम्यगीति–राग-नियम-विवर्जित रमणीय गीति।

रस	स्थायी भाव	संचारी भाव	अनुभाव	विभाव
1. शृंगार	रति या अनुराग	चिंता, औत्सुक्य, ग्लानि, श्रम आदि	कटाक्ष, भुजांदोलन ओष्ठंदशन इत्यादि	मधुऋतु, पुष्पोद्यान, नृत्यगीत, चंदन, चित्रदर्शन इत्यादि
2. हास्य	हास		नेत्र, कपोल या ओष्ठाधर का कंपन, दृष्टिनिमीलन, दृष्टिकुंचन पार्श्व-पीड़न इत्यादि	निर्लज्जता, अन्य का अनुकरण, विषय में अरुचि, असंगत वाक्य, कपटता इत्यादि
3. करुण	शोक,	ग्लानि, श्रम, भय, मोह, विषाद, चिंता औत्सुक्य, दीनता उन्मत्तता, स्वरभंग अपस्मार आदि	अश्रुपात, परिवेदना, स्तंभ, विवर्णता, श्वास उच्छ्वास, देहपात मस्तक या वक्ष पर कराघात इत्यादि	इष्ट या बंधु या स्त्री पुत्रवियोग, विपदा, अनर्थ, देशांतरित होना इत्यादि
4. रौद्र	क्रोध	उत्साह, आवेग, उग्रता, चपलता, रोमांच इत्यादि	भृकुटी, रक्तनेत्र, दंत और ओष्टपीड़न हस्तनिष्पेषण, शत्रु-प्रताड़ना, मर्दन, शस्त्रपात, प्रहार, रक्तक्षारण इत्यादि	हिंस्रस्वभावसम्पन्न जीव, मिथ्यावाक्य, क्रोध, परदारा-भिगमन, आचारनिंदा, विद्या की निंदा इत्यादि
5. वीर	उत्साह	रोमांच, उग्रता आवेग इत्यादि	दानादि, त्याग, भावगंभीर वाक्य-भाषण आदि	नीति, विनय, कीर्ति, आक्रमणसामर्थ्य, दुर्घर्षता आदि

6. भयानक	भय	दैन्य, आवेग, चांचल्य, शंका, मोह, त्रास, अपस्मार, मृत्यु इत्यादि	नयन, हस्त, चरण का स्तंभन और कंपन, रोमांच, ओष्ठ और तालुजिह्वा की शुष्कता, स्वरभंग, दुश्चिंता इत्यादि	भीषणाकृति व्यक्ति या जंतु-दर्शन, विकृत ध्वनि-श्रवण, त्रास, बंधु-विनाश-वार्ता-श्रवण इत्यादि
7. बीभत्स	घृणा	मोह, आवेग, अपस्मार, व्याधि मृत्यु इत्यादि	गात्रकंपन, नासा-ओष्ठ-चिबुक कुंचन निष्ठीवन (थूकना), विशृंखल पदक्षेप इत्यादि	अप्रिय वस्तु, निषिद्ध वस्तु, अतितृप्ति-हेतु अरुचिकर वस्तु, उद्वेगदायक वस्तु आदि
8. अद्भुत	विस्मय	स्तंभन, स्वेद, रोमांच, आवेग, संभ्रम इत्यादि	नयन-विस्तार, निर्निमेष दृष्टि, पुल-कोद्गम, साधुवाद आनंदकोलाहल, गदगद वचन, हर्ष इत्यादि	दुर्लभवस्तुप्राप्ति, आकाश-चारियों का दर्शन, व्योमयानादि दर्शन, इंद्रजाल दर्शन, अलौलिक प्रासाद दर्शन इत्यादि
9. शांत	तत्त्वज्ञान-जनित वैराग्य	परमानंदोद्भूत उन्मत्तता, हर्ष, तत्त्वज्ञान, स्मृति इत्यादि	तत्त्वज्ञान विषयक आलाप, दृष्टि का नासाग्र-स्थापन, मोक्षशास्त्र का अर्थ-चिंतन, ब्रह्मविद्या का उपेदश इत्यादि	संसारभीरुता, विषयदोष-दर्शन, साधुसंग, आध्यात्मिक विवेचन-आलोचना, तीर्थ-भ्रमण इत्यादि

रस–संगीत-रत्नाकर में 'रस' के संबंध में लिखा गया है–"आस्वादन नामक स्वसंवेद्यसुखस्वरूप संवित् (ज्ञान) को रस कहते हैं।" सरल अर्थ में यही कहा जा सकता है कि जिस बाह्यवस्तु या गुण के आस्वादन से देह अथवा चित्त की विकृति (भावान्तर) उत्पन्न होती है उसे रस कहते हैं। रस नौ (9) प्रकार के हैं। (कुछ गुणी आठ प्रकार और कुछ गुणी दस प्रकार भी अवश्य बताते हैं। कोई-कोई और भी तीन रस स्वीकार करते हैं।)–(1) शृंगार या आदि रस, (2) हास्य रस, (3) करुण रस, (4) रौद्र रस, (5) वीर रस, (6) भयानक रस, (7) बीभत्स रस, (8) अद्‌भुत रस, (9) शांत रस।

जो गुणी आठ रस स्वीकार करते हैं, वे शांतरस को चित्त एवं इंद्रिय क्रिया का उपशम (इंद्रियनिग्रह), अतः चित्त की स्वाभाविक अवस्था मानते हैं। जो दस रसों के पक्षपाती हैं, वे वात्सल्यभाव को भी रस के अंगीभूत करते हैं। कोई-कोई भक्ति, स्नेह और लौल्य (लोलुपता)–इन तीन रसों को स्वीकार करते हैं। इसके पश्चात् रस एवं उनके आश्रित भावादि का विवरण दिया जा रहा है। सृष्टि के कारण रूप-शृंगार को आदिरस कहा गया है। (चार्ट पृष्ठ संख्या 122-123 पर)

संगीत-रत्नाकर ग्रंथ में उपर्युक्त विषयों की विस्तृत व्याख्या है। (भाव द्रष्टव्य)

राग–संगीत-रत्नाकर में राग शब्द का योगार्थ दिया गया है–करणवाच्य में रंज् + घञ् : स्वर एवं वर्ण विशिष्ट जिस ध्वनि द्वारा लोगों का चित्त अनुरक्त होता है, उसे राग कहते हैं।

कर्त्तृवाच्य में रंज् + घञ् : स्वर और वर्ण विशिष्ट जो ध्वनि-विशेष लोगों के चित्त को अनुरक्त करती है, वही राग है।

किंतु उक्त संज्ञार्थ से यूरोपीय हार्मनीप्रधान संगीत भी सूचित होता है, क्योंकि 'हार्मनी' प्रकाशक 'कॉर्ड' भी स्वर-वर्ण विशिष्ट ध्वनि है एवं वह लोगों के चित्त को अनुरक्त भी करती है। अतः हार्मनी-प्रधान संगीत से रागसंगीत का कोई भी पार्थक्य इस व्याख्या से परिस्फुट नहीं होता। अतएव इस प्रकार की व्याख्या से संभवतः यह पार्थक्य सूचित होगा–

'विशेष नियमाबद्ध, पारस्पर्य (क्रम) प्रधान जो स्वर-विन्यास लोगों के चित्त को अनुरक्त करता है, उस स्वर-विन्यास को राग कहते हैं।'–'पारस्पर्य प्रधान' स्वर-विन्यास समध्वनित 'हार्मनी' से पृथक है। हार्मनी का समध्वनित मेजर कॉर्ड 'सागप' यदि समध्वनित न होकर पारस्पर्य अनुसार ध्वनित हो तो वह शंकरा राग के एक पद-विन्यास के रूप में परिचित होगा। हार्मनी और मेलॉडी (अथवा रागसंगीत) दोनों में यही पृथकता है। रागसंगीत भारतवर्ष की निजस्व वस्तु है, वर्तमान काल में विश्व में अन्यत्र कहीं भी यह नहीं है। शुद्ध एवं विकृत स्वर-समूह के आरोहण, अवरोहण, व्यवहृत स्वर-संख्या एवं व्यवहृत स्वरों के आपेक्षिक पारस्पर्य

भेद से विभिन्न प्रकार के रागों की सृष्टि हुई है। स्वर-पारस्पर्य ही राग का सर्वप्रधान उपादान है।

ठाट का अर्थ है किसी भी राग में व्यवहृत स्वरसप्तक का क्रमानुयायी आरोहण मात्र, इसमें पारस्पर्य का कोई प्रश्न नहीं एवं अवरोहण भी नहीं है। प्रचलित दस ठाट सर्वदा संपूर्ण सप्तस्वरविशिष्ट रहते हैं।

एक ठाट के स्वरसप्तक में एक या दो स्वर वर्जित कर एवं स्वरों के स्वाभाविक क्रम या पारस्पर्य का उल्लंघन कर कई प्रकार के रागों की सृष्टि हुई है, अतः एक-एक ठाट में कई राग निहित रहते हैं। राग में व्यवहृत स्वरसप्तक के एक या दो स्वरों को वर्जित कर भी राग सृष्ट हुए हैं एवं सप्तक के स्वाभाविक क्रम से भी जिस प्रकार एक राग की सृष्टि हुई है, उसी प्रकार स्वरों के विचित्र पारस्पर्य से भी राग की सृष्टि हुई है। यह ठाट एवं राग का पार्थक्य है।

मोटे तौर पर कहा जा सकता है–शुद्ध और विकृत सात स्वरों का स्वाभाविक पारस्पर्य या क्रम की ठाट है। शुद्ध और विकृत सात, छह अथवा पाँच स्वरों के विशिष्ट पारस्पर्य के अनुसार आरोहण एवं अवरोहण ही राग है। उदाहरणस्वरूप–

ठाट–सारेगमपधनिसां

राग–आरोहण–निसागमपनिसा

अवरोहण–निधपमगरेसा

काफी ठाट एवं उसी ठाट के अंतर्गत भीमपलाश्री का आरोहण-अवरोहण दिया गया है। यहाँ राग के आरोहण में ऋषभ एवं धैवत वर्जित है एवं अवरोहण सप्तस्वर विशिष्ट है।

वर्तमान काल में भारतवर्ष में राग-रागिनी की भित्ति (बुनियाद, आधार, आश्रय) पर ही उच्चांग, शास्त्रीय संगीत प्रचलित है। प्राचीन काल में 'जाति' के आधार पर भारतीय उच्चांग संगीत प्रतिष्ठित था।

परवर्ती काल में छह राग, उनकी तीस या छत्तीस रागिनियों, पुत्रों एवं पुत्रवधुओं का उल्लेख मिलता है, किंतु इस प्रकार के संबंधों के आविष्कार में कोई युक्तिसंगत बात नहीं लगती। (मत द्रष्टव्य)

साधारणतः तीन जातीय राग हैं–

(1) संपूर्ण, (2) षाड़व, (3) औड़व

आरोहण-अवरोहण के अनुसार इनके मिश्रण से नौ जातीय राग-रागिनियों की सृष्टि हो सकती है। (जाति द्रष्टव्य)

इसके अतिरिक्त और एक प्रकार से जाति-विभाग किया जाता है। यथा–

(1) शुद्ध श्रेणी–शुद्ध राग।

(2) सालंक श्रेणी या छायालग श्रेणी–जिस राग में अन्य किसी एक राग की छाया रहती है, अर्थात् जो दो रागों के मिश्रण से उद्भूत है।

(3) संकीर्ण श्रेणी—जिस राग में शुद्ध और छायालग रागों का अर्थात् दो से अधिक रागों का सम्मिश्रण हुआ है।

ऋतुराग नामक और भी एक विभाग है। (ऋतु द्रष्टव्य)

पंडित भातखंडे ने और एक प्रकार से रागों का विभाजन किया है। यथा—

1. दिवागेय राग

2. संध्यागेय एवं उषागेय राग

3. रात्रिगेय राग

पंडितजी ने प्रचलित हिन्दुस्तानी संगीत का विवेचन कर, रागों के संबंध में निम्न नियम बनाये हैं—

1. राग संपूर्ण, षाड़व एवं औड़व भेद से तीन प्रकार के हैं।

2. रागपदवाच्य से होने पर कम-से-कम पाँच स्वरों का व्यवहार होगा। व्यतिक्रम, अपवाद भी है—यथा, चार स्वरों का राग मालश्री।

3. किसी भी राग में मध्यम एवं पंचम एक साथ दोनों वर्जित नहीं होंगे।

4. साधारणतः राग में एक ही स्वर शुद्ध और विकृत रूप में एक साथ व्यवहृत नहीं होगा; किंतु इसका भी व्यतिक्रम है—यथा, ललित राग में शुद्ध और तीव्र में।

5. उत्तर भारत मे बिलावल ठाट ही शुद्ध ठाट के रूप में गण्य है।

6. साधारणतः हिन्दुस्तानी पद्धति में राग को तीन प्रधान भागों में विभक्त किया गया है—

(क) शुद्ध रे और शुद्ध ध युक्त राग

(ख) कोमल रे और कोमल ध युक्त राग

(ग) कोमल ग और कोमल नि युक्त राग

7. प्रत्येक हिन्दुस्तानी राग में वादी (अंश) स्वर रहेगा एवं उसके व्यवहार का वैशिष्ट्य रहेगा।

8. वादी स्वर की अवस्थिति के अनुसार राग को पूर्वांग या उत्तरांग राग कहा जायेगा।

9. राग-रागिनी का समय निरूपण मनस्तत्वगत आधार पर ही निर्धारित किया गया है, ऐसा अनुमान किया जाता है।

10. राग-रागिनी के समय-निरूपण में तीव्र मध्यम स्वर का प्राधान्य अत्यंत अधिक है।

11. सूर्योदय एवं सूर्यास्तकाल में गेय रागों को संधिप्रकाश राग कहा जाता है एवं साधारणतः ये राग कोमल रे और कोमल ध—विशिष्ट राग-श्रेणी के अंतर्गत ही आते हैं।

12. साधारणतः कोमल ग और कोमल नि युक्त राग दिन के द्विप्रहर एवं रात्रि के द्विप्रहर में गाये जाते हैं।

13. शुद्ध रे ध ग और नि युक्त राग साधारणतः संधिप्रकाश रागों के तत्काल बाद गाये जाते हैं।

14. सायंगेय रागों के अंश या वादी स्वरों के परिवर्तन से उन्हें सहज ही प्रातः गेय रागों में परिवर्तित किया जा सकता है। वादी स्वर की पूर्वांग या उत्तरांग में अवस्थिति।

15. उत्तरभारतीय संगीतविद् अपने-अपने कौशल से राग में विवादी स्वर का प्रयोग करते हैं।

16. पूर्वांग राग आरोहण में एवं उत्तरांग राग अवरोहण में अपनी-अपनी रक्ति उत्तम रूप से प्रकट करते हैं।

17. संधिप्रकाश रागों के ठीक पहले गेय रागों में सा, म और प स्वर प्रलंबित होते हैं एवं इनका ही वादी या अंश स्वरों के रूप में व्यवहार होता है।

18. उत्तरभारतीय संगीत में राग-रागिनी का मिश्रण प्रचलित है, किंतु दक्षिण भारत में यह मिश्रण असंभव है।

राग के परिचायक कतिपय लक्षण ध्यान देने योग्य हैं। यथा—

1. नाम
2. आरोहण-अवरोहण
3. ठाट
4. लय : विलंबित, मध्य द्रुत गति विशिष्ट
5. अंग : पूर्वांग या उत्तरांग
6. अंश स्वर : वादी इत्यादि
7. ग्रहादि : ग्रह, न्यास इत्यादि
8. स्थान : मंद्र, मध्य या तार स्थान का प्राधान्य
9. जाति : संपूर्ण, षाड़व या औड़व
10. श्रेणी : शुद्ध, छायालग या संकीर्ण
11. चलन : शुद्ध या सरल अथवा वक्र
12. काल : ऋतु एवं समय
13. पकड़ : प्रधान स्वर-विन्यास
14. गोष्ठी : किस गोष्ठी (कुल, श्रेणी) का राग है।

गोष्ठी के संबंध में मेरा कहना यह है कि एक ठाट के राग समश्रेणीय नहीं भी हो सकते हैं। यथा, तोड़ी एवं मुलतानी एक ही ठाट के होते हुए भी, वे विभिन्न गोष्ठी राग हैं। इसी प्रकार भैरवी, और मालकोश एक ही ठाट के होते हुए भी वे पृथक् गोष्ठी के अंतर्गत हैं। (प्रकारभेद द्रष्टव्य)

निम्नलिखित राग मौलिक रागों के रूप में निर्धारित हैं—

1. कान्हड़ा
2. काफी
3. कामोद
4. खमाज
5. गौड़सारंग
6. नट
7. वृंदावनी सारंग
8. बिलावल
9. बिहाग
10. भैरव
11. मालकोश
12. मालश्री
13. मेघ
14. ललित
15. शंकरा
16. शुद्धकल्याण
17. शुद्ध मल्हार
18. श्री
19. सिंधु
20. हिन्दोल

राग-रागिनी का समय सेनिया घराने में निम्न प्रकार से निर्धारित हैं—

प्रातः 4-5.30 वसंत, परज, सोहिनी, ललित, पंचम, भटियार, विभाष, भाकार (भंखार) इत्यादि।

5.30-7 मेघरंजनी, विभाष, जोगिया, कालिंगड़ा, प्रभात, रामकली, गुणकली, भैरव इत्यादि।

7-10 हिन्दोल, मालश्री, गौड़सारंग इत्यादि।

10-11.30 भैरवी, आशावरी, तोड़ी, जौनपुरी, देशी, खट इत्यादि।

11.30-1 सूहा, सुघराई, देवशाख, सारंग इत्यादि।

1-4 हंसकिंकिणी, पटममंजरी, प्रदीपकी, धानी, भीमपलाश्री, धनाश्री, पीलू, मुल्तानी इत्यादि।

4-5.30 पूरबी, पुरिया, धानश्री, जयत्श्री, रेवा, श्री, त्रिवेणी, टंक, मालवी, गौरी इत्यादि।

5.30-7 पुरिया, मारवा, जयत्, मालीगौरा, साझगिरि, वराटी।

7-10 यमन, भूपाली, शुद्धकल्याण, जयतकल्याण, चंद्रक्रांत, हमीर, कामोद, श्याम, छायानट, बिहाग, हेमकल्याण, नट, मलुहा, शंकरा, दुर्गा, माण्ड, पहाड़ी इत्यादि।

10-11.30 खमाज, झिंझोटी, तिलंग, खम्बावती, दुर्गा, रागश्री, गारा, सुरठ, देश, तिलककामोद, जयजयन्ती इत्यादि।

11.30-1 काफी, सैन्धवी, सिन्दूरा, बागेश्री, बहार, सहाना, मेघ, मल्हार इत्यादि।

1-4 दरबारी कान्हड़ा, अडावा, नायकी कान्हड़ा, कौशिकी कान्हड़ा, मालकोश इत्यादि।

इसके अलावा कई ग्रंथों में कई प्रकार का समय-निर्देश मिलता है, किंतु पूर्वोक्त व्यवस्था ही उस्ताद-वर्ग में सुप्रतिष्ठित है।

रागचित्र—राग-रागिनी के चित्ररूप एवं उनका वर्णन पूर्णतया कवि-कल्पना है, ऐसा अनुमान किया जाता है, किंतु इस विषय में गवेषणा का प्रयोजन है।

रागिनी—रागिनी का निर्देश किस प्रकार हुआ, इसका कोई ठीक विवरण नहीं मिलता। किसी-किसी का कहना है कि छह ऋतुओं के अनुसार छह रागों की रचना हुई है एवं इनके अलावा सभी रागिनी-श्रेणी के अंतर्गत हैं। किसी-किसी का कहना है कि राग की मंथर गति एवं गांभीर्य और रागिनी का गतिवांचल्य एवं चपलतायुक्त माधुर्य ही दोनों के पार्थक्य का सूचक है। अनुमान किया जाता है कि पुल्लिंग एवं स्त्रीलिंग शब्द के नामकरण ही से राग-रागिनी का जो कुछ पार्थक्य है, उसका संकेत

देता है। किंतु संगीत-रत्नाकर ग्रंथ में तोड़ी और गुर्जरी का उल्लेख राग नाम से ही हुआ है। रागिनी नामकरण परतर्वी काल में ही हुआ होगा। यह गवेषणा का विषय है।

रेला–रेला शब्द का अर्थ है 'वेग से वर्षण'। तबले पर जो सब बोल अति द्रुत लय में, अति सरल गति में बजाये जाते हैं, उसे रेला कहते हैं। रेले में खुली और मुदि (बन्द) दोनों प्रकार की रीति प्रयोज्य है। यथा–

खुली–

+। । । । 3। । । ।

धा - तेरे घेड़ेनाक धा - तेरे घेड़ेनाक धा - तेरे घेड़ेनाक तुन्ना केड़ेनाक

बंद–

o। । । । 1। । । ।

ता - तेरे केड़ेनाक ता - तेरे केड़ेनाक धा - तेरे घेड़ेनाक तुन्ना केड़ेनाक

रेले में 'घेड़ेनाक', 'धेरेधेरे', 'केटेताक' इत्यादि बोल बजाये जाते हैं।

लग्गी–टुकड़ा, कायदा, गत आदि का एक अंश लेकर अति द्रुत लय में उसका विस्तार करने को लग्गी कहते हैं। यथा–

। । । ।

धा - तेटे केटेताक् नाधि - नूना ता - तेटे केटेताक् नाधि - नूना

। । । ।

तेरेकेटे ताधि नूना धा तेरेकेटे ताकि - नूना ता

। । । ।

घेनेधागि नाधातेरेकेटे केनेताकि नाता तेरेकेटे

लघुसंगीत–रम्यगीति, गजल, भजन, 'आधुनिक' इत्यादि गान तथा थिएटर में व्यवहृत समस्वर वाद्य (कंसर्ट), तबला-लहरा के साथ वादनोपयोगी 'सरगम'–जिसे 'लहरा' कहा जाता है–ये लघुसंगीत की श्रेणी में आते हैं।

लचाऊ ठुमरी–ठुमरी द्रष्टव्य।

लड़गुथाव–आलाप द्रष्टव्य।

लड़लपेट–आलाप द्रष्टव्य।

लड़ी–आलाप द्रष्टव्य।

लय–मात्राकाल-निरूपक ताल या आघात की मध्यवर्ती विश्रांति को लय कहा जाता है। संगीत-रत्नाकर के टीकाकार ने कहा है–एक क्रिया (आघात) के अव्यवहित (व्यवधानहीन) बाद अविच्छेद (अविराम) रूप से यदि क्रियांतर (अन्य आघात) आरंभ हो तो विच्छेद या विश्रांति नहीं है, अतः वहाँ लय भी नहीं है। इस लक्षण के अनुसार यही प्रतीत होगा कि मात्राद्वय का मध्यवर्ती 'काल' ही लय है।

दो आघातों की मध्यवर्ती विश्रांति क्षणस्थायी होने पर आघात द्रुततर होंगे–उसे द्रुतलय कहा जाता है। विश्रांति उससे द्विगुण परिमित काल स्थायी होने पर उसे मध्यलय एवं विश्रांति उसकी चतुर्गुण परिमित काल स्थायी होने पर उसे विलंबित लय कहा जाता है। विलंबित का अर्थ है प्रलंबित।

इस प्रसंग में कहा जाता है कि मध्यवर्ती लय को प्रधान रूप में मान लेने पर उससे विलम्बित एवं द्रुत इन दो प्रकार की लय का तारतम्य ठीक ढंग से प्रदर्शित हो सकता है। मात्रा-लक्षण (मात्रा द्रष्टव्य) में कहा गया है कि एक निमेष परिमाण काल, अथवा मतान्तर में पाँच लघु वर्ण उच्चारण करने में जितने समय की आवश्यकता है, वह परिमित समय ही मात्रा है। इस लक्षण के अनुसार मात्रा का जो परिमाण मिला, उसे ही मध्यलय कहने पर, इस काल को ही आदर्श स्वरूप मान लेना युक्तिसंगत है। इस काल की द्विगुण लय को द्रुतलय एवं इस काल की आधी लय को विलम्बित लय कहा जाता है।

आदर्श लय परिमापक और कोई भी सुनिर्दिष्ट नियम नहीं है।

मात्रा-लक्षण में कहा गया है कि उक्त नियमानुयायी मात्रा द्विगुणित होने पर गुरु मात्रा एवं त्रिगुणित होने पर प्लुत मात्रा कहा जाता है।

इससे प्रतीत होता है कि एक ही वस्तु का दो प्रकार से विभाजन किया गया है–लघु, गुरु और प्लुत। अथवा, द्रुत, मध्य और विलम्बित।

आधुनिक ग्रंथों में लय के सात प्रकार के विभेदों का उल्लेख किया गया है–

(1) विलम्बित, (2) मध्य या बराबर, (3) आड़ी, (4) कुआड़ी, (5) पेराड़, (6) बड़ार, (7) शुलुफ।

इन शब्दों की व्याख्या यथास्थान दी गयी है। उस्ताद दुर्गालाला महाशय के 'तबला शिक्षा' ग्रंथ में पूर्वोक्त सात लय-भेदों का उल्लेख है। इसमें देखा जाता है कि इन सात प्रकार के भेदों में द्रुत लय का उल्लेख नहीं है, शुलुफ का उल्लेख है–वह अतिद्रुत लय है।

अन्य प्रकार से लय को तीन भागों में विभक्त करने की पद्धति भी है–

1. सारक्ता–इसमें बोलों का प्रथम भाग विलम्बित, मध्यभाग द्रुत एवं अन्त्य भाग विलम्बित है।

2. मृदंगा–बोलों का प्रथम भाग द्रुत, मध्य भाग विलम्बित एवं अन्त भाग द्रुत है।

3. गोपुच्छ–बोलों का प्रथम भाग मध्य, मध्य भाग विलम्बित एवं अन्त्य भाग द्रुत है।

कण्ठ्य या वाद्ययंत्र से जिस किसी भी लय का काम करते हुए किसी भी आनद्ध वाद्य द्वारा बराबर या स्वाभाविक लय-समन्वित संगत की जाती है, उसका एकमात्र उद्देश्य गायक अथवा वादक के लिए एक लय का आदर्श स्थापित करना है–गायक अथवा वादक लय के इस आदर्श-अनुयायी छंद और लय का काम करता है। इससे श्रोतागण आनद्ध वाद्य से उत्थित लय के परिप्रेक्ष्य में गायक या वादक के लय-ज्ञान का उपभोग करते हैं। अतः यह सहज ही प्रतीत होता है कि किसी भी लय का काम करने के लिए स्वाभाविक लय का एक आदर्श अपरिहार्य है।

जो मुख्यतः आनद्ध वाद्य पर लय का काम करते हैं, उनके सम्मुख तत या सुघिर वाद्य की सहायता से आदर्श लय प्रदर्शित होती है। इस प्रकार के वादन को 'लहरा' कहा जाता है, यद्यपि शब्दार्थ के साथ इस वादन-प्रणाली का सादृश्य नहीं है। (लहरा द्रष्टव्य)

विलम्बित, मध्य, द्रुत त्रिविध लय के उदाहरण दिये जा रहे हैं–संगतवाद्य (लय के आदर्श के लिए)

| | | | | | | |
बराबर या मध्यलय– धा गि ने ते ना क धि न्
मुख्य वाद्य सितार के बोल–
| | | | | | | |
बराबर या मध्यलय डा रा डा रा डा रा डा रा
| | | | | | | |
यही विलम्बित लय डा - रा - डा - रा -
| | | | | | | |
यही द्रुत लय डारा डारा डारा डारा डारा डारा डारा डारा
| | | | | |
यही प्लुत लय डाराडारा डाराडारा डाराडारा डाराडारा डाराडारा डाराडारा
| |
डाराडारा डाराडारा

लयकारी–स्वाभाविक लय की अपेक्षा लय के विविध रूप में वैचित्र्य-प्रदर्शन को गायक या वादक की लयकारी या लयकाम कहा जाता है। लय का सब प्रकार का वैचित्र्य (यथा–विलम्बित, मध्य, द्रुत, आड़ी, कुआड़ी, पेराड़, बड़ार, शुलुफ, सम,

विषम, अतीत, अनागत एवं अनाघात) स्वाभाविक अर्थात् मध्यलय या बराबरलय के परिप्रेक्ष्य में प्रदर्शित होता है। लयकारी को आलंकारिक लय भी कहा जाता है।

गांधर्व महाविद्यालय से प्रकाशित 'तबलावादक' ग्रंथ में पाँच जातियाँ स्वीकृत हुई हैं–

1. चतस्त्र, 2. तिस्त्र, 3. खण्ड, 4. मिश्र, 5. संकीर्ण।

कई गुणियों ने दिव्यसंकीर्ण नाम से और एक जाति का उल्लेख किया है।

1.चतस्त्र–मूल लय के सम विभाग में बजायी जाने वाली लयकारी को चतस्त्र जाति कहते हैं। यहाँ लय के चतुर्मात्रिक विभाग को ही मुख्य या आदर्श माना गया है, यथा–त्रिताल।

2. तिस्त्र–मूल चतुर्मात्रिक लय का आदर्श रखकर उसकी पौन मात्रा को एक-एक मात्रा मानकर काम करने पर तिस्त्र जाति की लयकारी होती है। इसमें आड़ी लय ही प्रकट होती है।

3. खण्ड–मूल चतुर्मात्रिक लय का आदर्श रखकर उसकी सवा मात्रा को एक-एक मात्रा मानकर काम करने पर खण्ड जातीय लयकारी होती है।

4. मिश्र–मूल लय का आदर्श रखकर उसकी पौने दो मात्रा को एक-एक मात्रा मानकर काम करने पर मिश्र जातीय लयकारी होती है।

5. संकीर्ण–मूल लय का आदर्श रखकर उसकी सवा दो मात्रा को एक-एक मात्रा मानकर काम करने पर संकीर्ण जातीय लयकारी होती है।

उल्लिखित पाँच शब्दों में प्रथम चार शब्दों का अन्य अर्थ में भी व्यवहार होता है। यथा–

1. चतस्त्र–जिसमें चार मात्रा के विभाग रहते हैं। त्रिताल, कहरवा आदि।

2. तिस्त्र–जिसमें तीन मात्रा के विभाग रहते हैं। एकताल, दादरा इत्यादि।

3. मिश्र–जिसमें तीन एवं चार दोनों प्रकार के मात्रा-विभाग रहते हैं। झुमरा, दीपचन्दी आदि।

4. खण्ड–जिसमें ताल के विभाग असमान रहते हैं। झपताल, शूलताल, धमार इत्यादि।

लयकारी में ताल के दस लक्षण स्वीकार किये जाते हैं–

1. काल–अखण्ड समय का विचार।

2. मार्ग–रीति, चलन का ढंग।

3. क्रिया–सशब्द और निःशब्द।

4. अंग–अवयव, ताल के पद।

5. ग्रह–सम, विषम, अतीत, अनागत, अनाघात।

6. जाति–चतस्त्र, तिस्त्र, मिश्र, खण्ड, संकीर्ण, दिव्यसंकीर्ण।

7. कला–हस्तगति का सौन्दर्य।

8. लय–गतिवेग और विश्राम।

9. यति–लय की गति के नियम और विश्रान्ति-प्रवृत्ति–समा, स्रोतगता, गोपुच्छा, मृदंगा, पिपीलिका।

10. प्रस्तार–मात्रा और छंद का विविध रूप से विस्तार।

लहरा–लहर शब्द का अर्थ है 'धारा'। आनद्ध वाद्य का वादन ही मुख्य होने पर उसे 'लहरा' कहा जाता है। साधारणतः आनद्ध वाद्य कण्ठ्य या वाद्ययंत्र संगीत का अनुगामी है। 'लहरा' वादन में स्थिति इसके विपरीत हो जाती है, अर्थात् कण्ठ्य एवं वाद्ययंत्र संगीत आनद्ध वाद्य का अनुगामी होता है। कण्ठ एवं वाद्य संगीत जब मुख्य होता है तब भी आनद्ध वाद्य की सामयिक मुख्यता स्वीकार करने के लिए कण्ठ से या वाद्ययंत्र पर मुख से बार-बार गाया या बजाया जाता है एवं आनद्ध वाद्य पर विविध प्रकार से लय-वैचित्र्य प्रदर्शित होता रहता है।

लहरा-वादन का विशेष पारस्पर्य अथवा सिलसिला है। यथा–1. उठान, 2. ठेका, 3. फरासबन्दी, 4. पेशकार, 5. कायदा, 6. गत, 7. टुकड़ा 8. चक्रदार, 9. रेला, 10. लग्गी। इस सिलसिले या पारस्पर्य में शेषोक्त दो वादक की इच्छा पर निर्भर हैं–कोई बजाते हैं, कोई नहीं भी बजाते। (इन शब्दों की व्याख्या यथास्थान द्रष्टव्य)

लहरे की गत–आनद्ध वाद्य पर बजनेवाले लहरे के साथ संगतोपयोगी गत। इन गतों का प्रधान वैशिष्ट्य यह है कि इनमें सरल बोलों का व्यवहार होता है एवं प्रतिमात्रा पर एक-एक स्वर एवं एक-एक बोल बजाया जाता है। यथा–

+। । । । 3। । । । o। । । । 1। । । ।
प – प ध म प ध – म प ध प म रे सा रे
डा – डा रा डा रा डा – डा रा डा रा डा रा डा रा

इसका और भी एक वैशिष्ट्य यह है कि इसमें मांजा या अंतरा नहीं रहता किन्तु कोई-कोई स्थायी के बीच में ही तारस्वर के प्रयोग से अंतरे का वैशिष्ट्य प्रदर्शित करने की चेष्टा करते हैं। यथा–

+। । । । 3। । । । o। । । । 1। । । ।
प – प ध म रें सां ध म प ध प म रे सा रे
डा – डा रा डा रा डा रा डा रा डा रा डा रा डा रा

लागडाँट–जिस संगीत में श्रोताओं का चित्त अविराम निविष्ट रहता है, उस संगीत में ही 'लागडाँट' नामक गुण विद्यमान है। प्राचीन ग्रंथकारों ने उसे शुद्धभाषा में 'लग्नदण्ड' कहकर निर्धारित किया है। प्रचलित भाषा में हम 'लागडाँट' का अभाव होने पर 'जमा नहीं' कहते हैं, एवं 'लागडाँट' उत्तम होने पर हम 'खूब जमा' कहते

हैं। 'जमा' शब्द के साथ 'लाग' शब्द का अर्थगत योग है।

रागपद का सुललित पारस्पर्य ही 'लागडाँट का प्रधान हेतु है। एक रागपद के ठीक अव्यवहित बाद में पारस्पर्य हीन एवं उसके प्रतिकूल पद का व्यवहार होने पर राग रूप की हानि होती है, किन्तु उसके अनुकूल पद का व्यवहार होने पर श्रोताओं के चित्त में आनंद का संचार होता है अतः ऐसा समझा जा सकता है कि 'लागडाँट' उत्तम हुआ है। समग्र संगीत यदि इसी प्रकार आनंददायक हो तभी 'लागडाँट' उत्तम होता है। पारस्पर्यहीन एवं प्रतिकूल पद का अर्थ है कौतुहलोद्दीपक अप्रत्याशित पद। साहित्य में जो ग्रंथ पाठकों के मन को अविच्छिन्न रूप से आकृष्ट कर सके, उसे बाँधे रख सके, वह भी 'लागडाँट' गुण विशिष्ट माना जा सकता है।

लास्य–नृत्य (मणिपुरी) द्रष्टव्य

वक्र–सरल का विपरीत। कूटतान के स्वरूप को ही वक्र कहा जाता है, यथा–'सागमप' यह सरल तान या शुद्ध तान है, 'सामगप' यह वक्र या कूटतान है। राग-रागिनियों में जिनमें क्रमानुयायी स्वरसप्तक का व्यवहार न होकर व्युत्क्रमानुयायी, प्रतिक्रमानुयायी स्वरों का व्यवहार होता है, उन्हें वक्र राग-रागिनी कहा जाता है। सरल रागों में कूटतानों का व्यवहार होता है, किन्तु उन रागों का रूप सरल स्वर-व्यवहार में प्रकट होता है, इसीलिए इन रागों को सरल राग कहा जाता है। वक्र रागों का रूप स्वरों के वक्र व्यवहार से प्रकट होता है, अतः इन्हें वक्रराग कहा जाता है। यथा–यमन सरल राग है, इसका रूप 'नि़रेगमंप' इस सरल तान के व्यवहार से ही प्रकट होता है। किन्तु यमन में वक्र या कूटतान का भी व्यवहार है, यथा–'गमंनिधप'।

वक्र राग में सरल स्वर-व्यवहार से राग का रूप प्रकट नहीं होगा, जैसे कामोद में कूटतान–'सामरेप' के स्थान पर यदि शुद्धतान–'सारेमप' का व्यवहार किया जाय, तो कामोद का रूप प्रकट नहीं होगा। राग में यदि पकड़ कूटतान या वक्रतान युक्त हो तो उसे वक्रराा कहा जाता है। वक्रराग के अलावा वक्रस्वर का भी उल्लेख है, किन्तु उसे वक्रस्वर न कहकर संचारी वर्णगत स्वर कहना सम्भवतः शास्त्रसम्मत है, क्योंकि राग में स्वरों का व्यवहार आरोही वर्ण, अवरोही वर्ण अथवा संचारी वर्ण या आरोही-अवरोही मिश्रित वर्ण में होता है, यथा–'सारेगम' यह पद आरोही वर्ण में है; 'मगरेसा' यह अवरोही वर्ण में है' 'गमरेसा' इसमें 'गम' आरोही वर्ण है, 'मरेसा' अवरोही वर्ण है, अतः यह पद संचारी वर्ण में है। यहाँ वक्र स्वर किसे कहा जायेगा ? साधारणतः गांधार को ही वक्र स्वर कहा जाता है, किंतु 'निधपमगमरेसा'–इस पद में गांधार को जिस प्रकार वक्र कहा जाता है, उसी प्रकार मध्यम को भी वक्र कहने में दोष नहीं है। अतः किसी भी स्वर को वक्र कहना निरर्थक है, पद को वक्र कहा

जा सकता है, यथा—'गमरेसा' पद वक्र या संचारी पद है।

वजन—शास्त्र में ऐसा उल्लेख है कि भारतीय संगीत में स्वर पशु-पक्षियों की ध्वनियों से ग्रहण किए गये हैं, किंतु वैज्ञानिक प्रणाली से इस तथ्य का विश्लेषण नहीं किया गया है। व्यावहारिक क्षेत्र में पशु-पक्षियों के रव (शब्द) के साथ स्वर के किसी भी सामंजस्य की उपलब्धि नहीं होती, इस कारण भारतीय स्वरसप्तक के प्रथम स्वर षड्ज का कोई भी निर्दिष्ट वजन नहीं हैं किसी भी ध्वनि को षड्ज के रूप में ग्रहण किया जा सकता है। पाश्चात्य संगीत में प्रत्येक स्वर का वजन निर्दिष्ट किया गया है। पाश्चात्य शास्त्रकार के मत से स्वर की कम्पन-संख्या द्वारा ही साधारणतः वजन निर्धारित होता है। पाश्चात्य ग्रंथों में षड्जादि स्वर-सप्तक की प्रति सेकण्ड कम्पन-संख्या (आंदोलन-संख्या) इस प्रकार है—

सा-240; रे-270; ग-300; म-320; प-360; ध-400; नि-450; सां-480।

मध्य सप्तक के सा की कम्पन-संख्या 240 होने पर उसके तार सप्तक के सा की कम्पन-संख्या उसकी द्विगुण होगी, अतः वह 480 है।

सा की कम्पन-संख्या लेकर ही पाश्चात्य संगीत-क्षेत्र में विभिन्न मतामत एवं व्यवहार दिखायी देते हैं।

तार सप्तक के सा के विभिन्त मतों के अनुसार कतिपय कम्पन-संख्यायें दी जा रही हैं—

वैज्ञानिक क्षेत्र—सा—512.0
इंगलैण्ड इत्यादि—सा—517.3
फिलहार्मनिक—सा—522.5
नव फिलहार्मनिक—सा—528.0
रूस—सा—535.0
सामरिक—सा—540.0

हमारे देश की कई संगीत-मण्डलियाँ और रिकार्डिग कम्पनियाँ 540.0 कम्पन-संख्या को ही तार षड्ज का वजन मानती हैं। (श्रुति द्रष्टव्य)

वराड़ी—यह छंद का एक प्रकार का भेद है। त्रिताल की सोलह मात्राओं के छंद को आदर्श मानकर सोहल मात्रा में सात वाणी समान लय में उच्चारित होने पर वह वराड़ी छंद होगा। इसमें प्रत्येक वाणी का काल मात्र 2 1/7 होगा। कई गुणी सोलह मात्रा के समान नौ भाग करने पर जो छंद बनता है उसे ही 'वराड़ी' कहते हैं एवं सात भाग करने पर 'कुआड़ी' कहते हैं, अतः कुआड़ी और वराड़ी को लेकर कुछ मतभेद हैं। अधिकांश का मत ही ग्रहण योग्य है एवं उसे ही इस पुस्तक में सम्मिलित किया गया है।

वर्ण–संगीत में 'वर्ण' शब्द के दो प्रकार के अर्थ ग्रहण किए गये हैं–प्रथम 'अक्षर' अर्थ में, द्वितीय 'जाति' अर्थ में। भाषा में जिस प्रकार वर्ण रहते हैं, संगीत में भी उसी प्रकार वर्ण का व्यवहार है। सा रे ग म प ध नि–ये सात वर्ण हैं। जो स्वर को विस्तारित करता है, उसे वर्ण कहा जाता है। इस वर्ण के आश्रय से ही स्वर अथवा ध्वनि प्रकाशित होती है। यहाँ वर्ण का अर्थ है 'अक्षर'। भाषा में जिस प्रकार वर्ण की सहायता से पद की सृष्टि होती है, यथा–'कमल'–यह एक पद है, संगीत में भी कतिपय वर्णों की सहायता से पद की सृष्टि होती है, यथा–निरेग। भाषा में जिस प्रकार विशेष नियम के अनुसार पद-रचना न होने पर वह निरर्थक होता है, यथा–'लकम', संगीत में भी उसी प्रकार विशेष नियमानुयायी पर-रचना न होने पर वह राग में व्यवहार्य नहीं होती, यथा–'सानिमध'। (पद द्रष्टव्य)

शास्त्र में स्थायी वर्ण, आरोहीवर्ण, अवरोहीवर्ण एवं संचारीवर्ण का व्यवहार है; स्थायीवर्ण, यथा–सासासा; आरोहीवर्ण, यथा–सारेग; अवरोहीवर्ण, यथा–गरेसा; संचारीवर्ण, यथा–सागरे।

शास्त्र का अर्थ समझ न पाने के कारण कई परवर्ती ग्रंथकारों ने 'धातु' को 'वर्ण' कहकर उसका वर्णन किया है। 'स्थायी' और 'संचारी' शब्द धातु में भी प्रयोज्य हैं एवं वर्ण में भी प्रयोज्य हैं, इसीलिए इस भ्रम की सृष्टि हुई है। उन्होंने स्थायी, अंतरा, संचारी और आभोग इन चार कलियों का 'वर्ण' के रूप में उल्लेख किया है। दस्तुतः वर्ण-रचित अलंकारों में ही स्थायी, आरोही, अवरोही और संचारी वर्ण शब्दों का प्रयोग होगा, गान की कलि, या चरण में नहीं।

वर्णालंकार–वर्ण-रचित अलंकार, यथा–'सागरे' यह सचारी-वर्णगत पद है, इसी प्रकार पद के प्रयोग से अलंकारों की सृष्टि होती है, यथा–सागरे, रेमग, गपम, मधप, पनिध। यह सम्पूर्ण रूप से एक संचारीवर्णगत अलंकार है, इस अलंकार का नाम है 'मन्द्रादि'। (अलंकार द्रष्टव्य)

वाणी–आलाप द्रष्टव्य।

वादक गुण–शास्त्रोक्त वादक गुणों और दोषों में कुछ विशेष रूप से ध्यान देने योग्य हैं।

वे ही सुवादक हैं–

1. जो यह जानते हैं कि हस्त, अँगुली एवं कोण (मिजराब या जवा) मे किस प्रकार आघात किया जाता है।

2. जो गायन-वादन में अभिज्ञ, निपणु हैं।

3. जो यति, ताल और लय में अभिज्ञ हैं।

4. जो पाटज्ञ हैं, अर्थात् हस्तसाधनोपयुक्त बोल या वाणी जानते हैं।

5. जो हस्त के गुण-अवगुण के संबंध में विज्ञ हैं।

6. योग्य श्रोताओं का अभिप्राय समझ कर, जो वादन कर सकते हैं।

7. जो वाद्ययंत्र के ध्वनितत्व के संबंध में विज्ञ हैं।

8. जो 'सम' प्रभृतिग्रह के संबंध में अभिज्ञ हैं।

9. गीत, वाद्य और नृत्य के 'छिद्र' ढँकने (दोष दूर करने) में जो सुदक्ष हैं।

10. जो ग्रह और न्यास स्थान के संबंध में विज्ञ हैं।

11. जो गीत और नृत्य के प्रमाणज्ञ हैं।

12. जो वाद्य के सब प्रकार के भेदों से अवगत हैं।

13. रूप और सुरेखा युक्त, श्रीयुक्त जिनका शरीर है।

14. जो हस्तपाट के बोलों या वाणीसमूह के उच्चारण में पटु हैं।

15. सभी वाद्य-भेदों के संबंध में जो विवेचक हैं।

16. नाद के उदभव, वृद्धि और विलय के संबंध में जिन्हें विलक्षण ज्ञान है।

उक्त गुण जिनमें हैं वे ही वादनक श्रेष्ठ हैं। उनमें कई या सब गुण न होने पर उन्हें अधम वादक कहा जाता है। ये गुण आनद्ध और तत वाद्यों के वादक दोनों के लिए प्रयोज्य हैं। लगता है कि तत या तार के वाद्यों के वादकों में कतिपय अतिरिक्त गुण होना आवश्यक है—

1. वाद्य को निर्भूल स्वर में मिलाने की क्षमता।

2. मुद्रादोष-हीनता।

3. स्थिरचित्त एवं शांतमस्तिष्क।

4. वयोज्येष्ठ के प्रति यथाविहित सम्मान-प्रदर्शन।

5. क्षमता से अधिक द्रुत लय में बजाने का अभिनय नहीं करना।

6. गर्व प्रकट नहीं करना।

7. वाद्य की स्वच्छता।

8. संगतकारियों या अनुचर-वृन्द को सबके सामने अकारण हीन प्रतिपन्न, प्रमाणित करने की चेष्टा न करना।

वादी—'वादी' शब्द के संगीतविदों में कई प्रकार के तर्क-वितर्क एवं विभ्रान्ति की सृष्टि हुई है—शास्त्रीय शब्द के शास्त्रोक्त अर्थ के बदले अपने कपोलकल्पित अर्थ का प्रचलन कर, इस तक्र-वितर्क एवं विभ्रान्ति की सृष्टि की गयी है। शास्त्रोक्त यथार्थ अर्थ के संबंध में गवेषणा का प्रयास किया जा रहा है—

संगीत-रत्नाकार का 'स्वराध्याय' स्वर-सप्तक की उत्पत्ति एवं उससे सम्बन्धित समस्त तथ्यों का विषय लेकर ही रचा गया है। स्वराध्याय में रागों का उल्लेख गौण है, क्योंकि उसके लिए रागाध्याय है ही।

स्वराध्याय में प्रधानतः श्रुतियों का विवरण, एवं इन श्रुतियों पर स्वरस्थापन एवं स्वरों का पारस्परिक संबंध बताया गया है।

पारस्परिक संबंध का निर्णय करते समय एक-एक स्वर को मुख्य या आदर्श मानकर उसी स्वर के अनुपात से अन्यान्य स्वर किस प्रकार हैं, उस पर ही प्रकाश डाला गया है—वादी, संवादी, अनुवादी और विवादी इस शब्दचतुष्ट्य की सहायता से। मुख्य स्वर अर्थात् जिस स्वर की तुलना से अन्यान्य स्वरों का संबंध निर्धारित होगा, उसे वादी कहा गया है। वादी स्वर से नवम् एवं त्रयोदश श्रुति पर अधिष्ठित स्वर को वादी स्वर का संवादी कहा गया है। विवादी एवं अनुवादी स्वरों के इस प्रकार लक्षण नहीं बताए गये हैं, किन्तु रत्नाकरोक्त वादी-संवादी निर्धारण का 'मण्डलप्रस्तार' करने पर देखा जाता है कि तीन श्रुति विशिष्ट स्वरद्वय 'रे' एवं 'ध' अन्यान्य स्वरों के विवादी हैं। द्विश्रुति विशिष्ट स्वरद्वय 'नि' और 'ग' मात्र 'रे' एवं 'ध' स्वरद्वय के विवादी हैं, किन्तु अन्यान्य स्वरों के अनुवादी हैं। इससे लगता है कि चतुःश्रुतिविशिष्ट एवं द्विश्रुतिविशिष्ट स्वरों में अनुवादी संबंध है, किन्तु त्रिश्रुतिविशिष्ट स्वरद्वय के साथ किसी का भी संवादित्व या अनुवादित्व नहीं है।

वादी-संवादी सम्पर्क के प्राधान्य को ही ग्रंथ में स्वीकार किया गया है। शास्त्र में संवादी स्वर के दो लक्षण बताये गये हैं—

1. वादी से नवम् या त्रयोदश श्रुति पर अवस्थित स्वर।
2. समश्रुति-विशिष्ट स्वरद्वय परस्पर वादी-संवादी।

प्रथम नियमानुयायी देखा जाता है कि 'सा' वादी होने पर 'म' अथवा 'प' उसका संवादी होगा। अब प्रश्न यह उठता है कि 'सा' का संवादी 'म' एवं 'प' दोनों ही किस प्रकार होंगे ? यहाँ कहना यह है कि शास्त्रोक्त वादी-संवादी के प्रथम नियम की ओर ध्यान देने से दिखायी देगा कि मध्यसप्तक के 'सा' से मन्द्रसप्तक का 'म' त्रयोदश श्रुति पर ही अधिष्ठित है एवं मन्द्र मध्यम का द्विगुण स्वर होने पर ही मध्यसप्तक का 'म' 'सा'—स्वर से नवम् श्रुति पर अवस्थित रहकर संवादी प्रमाणित हुआ है, अतः ऐसा देखा जायेगा कि वादी-संवादी का अंतर त्रयोदश श्रुतियों पर ही होगा एवं उपलक्षण से मात्र नवम् श्रुति का व्यवहार दिखायी देता है। अन्यान्य ग्रंथकारों ने वादी-संवादी का वर्णन 'षड्ज-पंचम-भाव' कहकर किया है एवं इस 'षड्ज'-पंचम' को अधिक प्राधान्य दिया है।

नवम् श्रुति पर संवादी स्वीकार कर व्यवहार के समय जब देखा गया कि नवम् श्रुति पर संवादी स्वीकृत होने पर 'म' एवं 'नि' वादी-संवादी संबंध में आबद्ध हो जाते हैं, किंतु 'म' और 'नि' समश्रुतिसम्पन्न स्वर नहीं हैं, तब शास्त्रकारों ने द्वितीय नियम की अवतारणा कर 'म' ओर 'नि' स्वरद्वय का वादी-संवादी संबंध समाप्त कर दिया। इस सम्पूर्ण स्थिति पर विचार कर यह कहा जा सकता है कि वादी स्वर का आरोह क्रम अथवा अवरोहक्रम में त्रयोदश श्रुति पर संवादी स्वर का अवस्थान

निर्दिष्ट है। इस सूत्र के अनुसार हम 'सा' का संवादी 'म' एवं 'प' दोनों स्वर ही पायेंगे। प्रचलित रीति के अनुसार 'रे' स्वर का संवादी 'ध' एवं 'प' भी होता है, किंतु यह भी भूल है, क्योंकि शास्त्रोक्त 'रे' त्रिश्रुतिक और 'प' चतुःश्रुतिक है एवं दोनों की अवस्थिति भी त्रयोदश श्रुति पर नहीं है। मध्यम ग्राम में 'प' तीन श्रुति विशिष्ट होने से उस ग्राम में 'रे' और 'प' वादी-संवादी हो सकते हैं (प्रमाणश्रुति द्रष्टव्य)। वर्तमान काल में कई वर्षो से हारमोनियम के व्यवहार से 'रे' स्वर का शास्त्रोक्त रूप नष्ट हो गया है; मात्र 'रे' स्वर की ही क्यों, 'रे ग ध नि सभी स्वरों की यही अवस्था है। वर्तमान प्रचलन के परिप्रेक्ष्य में संवादी स्वरों की एक तालिका प्रस्तुत की जा रही है, इस तालिका के अलावा अन्य किसी भी संवादी स्वर का अस्तित्व नहीं है। यह तालिका शास्त्रोक्त शुद्ध स्वरसप्तक अर्थात् वर्तमान काफी ठाट को आदर्श मानकर तैयार नहीं की गयी है, वर्तमान काल में प्रचलित बिलावल ठाट के आदर्श से इसकी रचना की गयी है। इसमें कोमल स्वरों का उल्लेख अवश्य है।—

अधस्तन		**मध्यसप्तक-स्थित**				**ऊर्ध्वतन**
संवादी	अनुवादी	विवादी	वादी	विवादी	अनुवादी	संवादी
म़	ध़	नि़	सा	रे	ग	प
म़॑	ध़	सा	रे	रे	म	ध॒
प़	नि़	रे	रे	ग	म॑	ध
ध़	नि़	रे	ग	ग	प	नि॒
ध़	सा	ग	ग	म	ध	नि॒
नि़	रे॒	ग	म	म॑	ध	सां
नि़	रे	म	म॑	प	नि॒	रें
सा	ग	म॑	प	ध	नि॒	रें
रे	ग	प	ध॒	ध	सां	गं॒
रे	म	ध॒	ध	नि	रें	गं
ग॒	म॑	ध	नि	नि	रें	मं
ग	प	नि॒	नि	सां	गं	मं॑
म	ध	नि	सां	रें॒	गं	पं

इस तालिका में उद्धत स्वरों के अलावा अन्य कोई भी स्वर संवादी नहीं हो

सकता। कई गुणी कोमल-ऋषभ को वादी मानकर पंचम को उसका संवादी बताते हैं, अथवा शुद्ध गांधार और कोमल निषाद को वादी-संवादी के रूप में मानने का निर्देश करते हैं; यह भी भ्रामक है। भारतीय संगीत में राग-रागिनी के वादी, संवादी, अनुवादी और विवादी स्वरों का उल्लेख करने की रीति प्रायः सर्वसम्मत हो गयी है। यह व्यवहार शास्त्र-व्याख्या के पूर्णतया प्रतिकूल है, क्योंकि शास्त्र में अंश, न्यास, अपन्यास, विन्यास इत्यादि शब्द ही राग-रागिनी के उपलक्ष्य में निर्दिष्ट हैं; वादी, संवादी इत्यादि शब्द राग-रागिनी में प्रकारान्तर से व्यवहृत होते अवश्य हैं, किन्तु इन नामों से नहीं। राग-रागिनी के वादी, संवादी, अनुवादी और विवादी जैसे कोई शब्द नहीं हैं, राग-रागिनी का अंश स्वर ही प्रधान स्वर है, एवं जो स्वर प्रधान होगा उसे वादी मानकर उसके संवादी स्वर का कुछ कम प्राधान्य उसमें रहेगा, संवादी स्वर का प्राधान्य कभी अंश स्वर की अपेक्षा अधिक नहीं रहेगा, किन्तु अन्यान्य स्वरों की अपेक्षा वह प्रधान होगा, यथा ग्रह, न्यास या अपन्यास स्वर रूप में संवादी स्वर व्यवहृत हो सकेगा। अनुवादी स्वर भी न्यास या अपन्यास रूप में व्यवहृत हो सकता है, किंतु विवादी स्वर कभी ग्रह, अंश, न्यास, अपन्यास, संन्यास, विन्यास इत्यादि स्वररूप में व्यवहृत नहीं होगा। शास्त्र में विवादी स्वर को वर्जित स्वर कहने का यही तात्पर्य है। विवादी स्वर को राग से बहिष्कृत करने के उद्देश्य से उसे वर्जित नहीं कहा गया है। उस प्रकार के क्षेत्र में किसी भी सम्पूर्ण श्रेणी के राग के वादी या अंश स्वर का विवादी नहीं एवं औड़व राग के अंश स्वर या वादी स्वर के दो विवादी स्वर ही वर्जित हैं, ये दोनों युक्तियाँ समान रूप से हास्यास्पद हैं। यहाँ यह कहना विषयबाह्य नहीं होगा कि यूरोपीय हार्मनी का व्यवहार भी वादी, संवादी और अनुवादी के आधार पर प्रतिष्ठित है। ऋषभ के साथ पंचम का संवादित्व वर्तमान काल में कई रागों में उल्लिखित रहता है, एवं षड्ज के साथ भी कई रागों में पंचम का संवादित्व उल्लिखित रहता है। यहाँ वर्तमान ग्रंथकार मानता है कि जिन सब रागों में रे-प वादी-संवादी रूप में उल्लिखित होते हैं, उन्हें मध्यम ग्रामस्थ राग माना जाय एवं जिन रागों में सा-प वादी-संवादी व्यवहृत होते हैं, उन्हें षड्ज ग्रामस्थ राग मानने में दोष नहीं है। (प्रभात श्रुति द्रष्टव्य)

वाद्य–भारतीय संगीत-शास्त्र की परिभाषा में वाद्ययंत्र चार प्रकार के हैं–

(1) **तत**–जो सब वाद्य ताँत अथवा तार के संयोग से बजाये जाते हैं, उन्हें तत वाद्य कहते हैं। यथा–वीणा, सितार, प्यानो इत्यादि।

(2) **सुषिर**–जो सब वाद्य वायु द्वारा बजाये जाते हैं, उन्हें सुषिर वाद्य कहते हैं। यथा–बंशी, शंख, हारमोनियम इत्यादि।

(3) **आनद्ध अथवा वितत**–जो सब वाद्य चर्माच्छादित करके बजाये जाते हैं, उन्हें आनद्ध या वितत वाद्य कहते हैं। यथा–तबला, ढाक इत्यादि।

(4) **घन**–जो सब वाद्य धातुनिर्मित होते हैं, एवं आघात करके बजाये जाते हैं, उन्हें घन वाद्य कहते हैं। यथा–घण्टा, जलतरंग, खरताल इत्यादि।

भारतवर्ष में जिन सब वाद्ययंत्रों का व्यवहार होता है, उनकी तालिका और संक्षिप्त वर्णन दिया जा रहा है। वाद्य-तालिका में कई प्रकार के विदेशी वाद्यों का उल्लेख है, वर्तमान काल में ये सब भारतवर्ष में सुप्रचलित हैं।–

1. आनंदलहरी–तत। भारतीय ग्राम्य वाद्य विशेष। छोटे ढोल की एक ओर का चर्माच्छादित भाग खुला रहता है एवं दूसरी ओर के चर्म के मध्यस्थल में छिद्र कर, उसी स्थान से एक काष्ठ के टुकड़े के साथ एक छोटी ताँत आबद्ध रहती है एवं इसी ताँत को दूसरे किनारे पर पकड़ने के लिए एक काष्ठ का उपयुक्त टुकड़ा संलग्न रहता है। ढोल को बायीं बगल में दबाकर रखकर बायें हाथ से ताँत से संलग्न काष्ठ के टुकड़े को खींचकर पकड़ना पड़ता है, एवं दायें हाथ से जवाकृति के काष्ठ या नारियल के मोटे टुकड़े से इसे बजाया जाता है। बायें हाथ के काष्ठ-टुकड़े का तनाव कड़ा या नर्म करने पर स्वर की उच्चता या निम्नता का तारतम्य होता है। बाडल और भिक्षुक इस वाद्य के सहयोग से गायन करते हैं। ढोल का चर्म लेई द्वारा काष्ठ के साथ जोड़ा जाता है। इस पर कई प्रकार के छंदों का प्रदर्शन किया जाता है, किंतु स्वर-वैचित्र्य विशेष नहीं है। इसे कई लोग 'गुबगुबी' कहते हैं।

2. ऑर्गन–सुषिर। यह वाद्य साधारणतः गिरजाघरों में धर्मसंगीत के साथ बजाया जाता है। अकेले वादक के लिए यह वाद्य सर्वापेक्षा बृहत् है। कई गुणियों का अभिमत है कि प्रायः दो हजार वर्ष पूर्व इस वाद्य का आविष्कार हुआ। धर्म-संगीत के साथ इसका व्यवहार ईसवी पंचम शताब्दी से आरम्भ हुआ है। धातु-निर्मित नली के भीतर से वायु का प्रवेश कराकर इसे ध्वनित किया जाता है। नली दो प्रकार की होती है, एक फ्लू नली, अन्य रीड नली। फ्लू नली वर्तमान काल में प्रचलित साधारण पीतल की बाँसुरी के समान फूँक-छिद्र युक्त है; रीड नली एक ओर हारमोनियम की रीड के समान रीड युक्त रहती है। नलियाँ मोटी एवं बड़ी से पतली एवं छोटी होने से यथाक्रम मन्द्र से तार स्वर ध्वनित होते हैं। वायु प्रवेश कराने के लिए हॉपर का व्यवहार पहले होता था, वर्तमान काल में वैद्युतिक उपाय से यह कार्य होता है। ऑर्गन वस्तुतः बंशी के समान ही बजाया जाता है। वर्तमान काल में इसके कई उन्नत प्रकार आविष्कृत हुए हैं एवं सभी घरों में व्यवहार के योग्य छोटे आकार के ऑर्गनों का आविष्कार वर्षों पूर्व हो चुका है। उनमें नलियों के बदले पीतल-निर्मित रीड के भीतर से वायु प्रवेश कर रीडों को ध्वनित करती है। ऑर्गन चाबी दबाकर बजाया जाता है। शुद्ध स्वरों के लिए हस्तीदंत अथवा श्वेत सेलुलाइड निर्मित एवं कोमल स्वरों के लिए कृष्णवर्ण काष्ठनिर्मित अपेक्षाकृत छोटी चाबियों का व्यवहार होता है। वर्तमान शताब्दी के प्रथम भाग में भी ऑर्गन का व्यवहार इस देश में अत्यधिक था, वर्तमान काल में प्रायः पच्चीस वर्षों से इसका

व्यवहार अपेक्षाकृत कम हुआ है। गार्हस्थ्य ऑर्गन में साधारणतः पाँच सप्तक स्वरों का व्यवहार होता है। गार्हस्थ्य ऑर्गन को हारमोनियम का ही बृहत् संस्करण कहा जाता है। (हारमोनियम द्रष्टव्य)

3. इसरार या इसराज–तत। सितार के दाँड पर सारिन्दा के समान खोल युक्त कर इस वाद्य का उद्‌भव हुआ। खोल चर्माच्छादित रहता है एवं उसके ऊपर स्थित सवारी के ऊपर से तार विन्यस्त रहते हैं। यह गज से बजाया जाता है। सितार की मीड़ को छोड़कर बायें हाथ के अन्यान्य सभी काम इस वाद्य पर हो सकते हैं। इसरार पर पीतल-निर्मित तड़प (तरब) के तार रहते हैं, एवं नायकी तार लौहनिर्मित होता है। इसरार पर तार लगाने की प्रणाली भी सितार के समान है। साधारणतः यह गायन के अनुगामी वाद्य के रूप में ही प्रचलित था, किंतु वर्तमान काल में इसका व्यवहार एकाकी वाद्य के रूप में होता है।

4. एकतारा–तत। चर्माच्छादित तुम्बे के साथ एक बाँस लगाकर उसके ऊपर के भाग में खूँटी लगायी जाती है। तुम्बे के चमड़े के ऊपर एक सवारी (जवाड़ी, घोड़ी) लगाकर उसके ऊपर पीतल या लोहे का तार विन्यस्त किया जाता है। देखने में यह वाद्य क्षुद्राकृति तम्बूरे के समान है। दायें हाथ में बाँस पकड़कर तर्जनी अँगुली से मिजराब के सहयोग से इसे बजाया जाता है। बाउल, वैरागी और भिक्षुक इस वाद्य को बजाकर गायन करते हैं। शास्त्र में इसे ही एकतंत्री वीणा कहा गया है, एवं सभी वीणाओं का उत्स मानकर इसे प्रधानता दी गयी है। यह राग-रूप प्रकाशक वाद्य नहीं है, इस पर मात्र एक स्वर ही ध्वनित हो सकता है।

5. ओबो–सुषिर। यूरोपीय बंशीजातीय वाद्य। देखने में कुछ-कुछ क्लॉरनेट के समान है, किन्तु क्लॉरनेट से मुख्य पार्थक्य यह है कि इसमें दो रीडें संयुक्त रूप से व्यवहृत होती हैं एवं क्लॉरनेट में एक रीड का व्यवहार होता है। इसके छिद्रों पर निकिल अथवा रजत-निर्मित स्प्रिंगयुक्त चाबियों का व्यवहार होता है। ओबो वाद्य आबलूस (कृष्णवर्ण) काष्ठनिर्मित होता है। यूरोपीय 'कंसर्ट' में ओबो वाद्य का विशेष महत्त्व है।

6. करताल–घन। काँसा अथवा पीतलनिर्मित झाँझ का छोटा संस्करण। करताल प्रधानतः मृदंग की संगत से बजाया जाता है, कीर्तन-गीत में यह अन्यतम प्रधान वाद्य है। (झाँझ द्रष्टव्य)

7. काँसर या काँसी–घन। काँसा-निर्मित गोलाकार, ऊँचा स्कन्ध, छोटी थाली के समान आकृति-विशिष्ट भारतीय घन वाद्य। यह डण्डे से बजाया जाता है एवं इसका व्यवहार प्रधानतः मांगलिक एवं पूजानुष्ठान में होता है। इस पर विविध प्रकार के छंदों का काम किया जाता है। शंख, घण्टा और काँसर हिन्दुओं की पूजा में नित्य व्यवहार के वाद्य हैं। अन्य देशों में भी काँसराकृति के वाद्य हैं, उन्हें 'गाँग' कहा जाता है।

8. काड़ा–आनद्ध। मृत्तिका अथवा काष्ठ निर्मित वाद्य। इसकी आकृति कटोरी के समान है और खुला मुँह-चर्माच्छादित रहता है। गले में लटका कर डण्डे की सहायता से इसे बजाया जाता है। सामरिक और मांगलिक प्रयोजन में ही काड़ा का व्यवहार होता है। चमड़े का आच्छादन रस्सी अथवा चर्मरज्जू से खिंचा रहता है।

9. कानन–तत। बहुत पुराना वाद्य। इसे कोई अरबी, कोई मिस्री एवं कोई भारतीय वाद्य कहते हैं। कोई-कोई इसे शास्त्रोक्त 'शततन्त्री वीणा' एवं 'कात्यायनी वीणा' भी कहते हैं। प्राचीन काल में कानन पर चालीस अथवा बयालीस तार रहते थे। वर्तमान काल में कानन पर और भी तार संयोजित हुए हैं एवं प्यानो के अनुरूप लोहे की खूँटी के साथ तार बँधे रहते हैं एवं तारों के अन्य किनारे एक पतली सवारी के ऊपर से कानन पर अटकाये जाते हैं। कानन का स्वरूप लकड़ी बॉक्स के समान है। यह अँगुलियों से बजाया जाता है एवं कभी-कभी लकड़ी की डण्डी से भी बजाया जाता है। कानन यूरोपीय हार्प एवं प्यानो के समान युक्ततंत्री पर भी बजाया जाता है। इसे स्वरमण्डल भी कहते हैं।

10. कॉर्नेट–सुषिर। पीतल निर्मित बाँसीजातीय यूरोपीय वाद्य। इसमें फूँक की पद्धति भारतीय शंख के समान है। इसके अग्र भाग से अंतयभाग क्रमशः मोटे से पतला एवं दैर्ध्य कम करने के उद्देश्य से नली कुण्डली के आकार की होती जाती है। इस पर तीन चाबियाँ रहती हैं एवं इन चाबियों को वॉल्व कहा जाता है। इन तीन वॉल्वों को एक-एक या युक्त रूप से दबाने से विविध स्वर ध्वनित होते हैं। कॉर्नेट साधारणतया सामरिक बैण्ड में ही बजाता है।

11. क्लॉरनेट–सुषिर। यूरोपीय बाँसी जातीय वाद्य। यह आबलूस (आबनूस-कृष्णवर्ण) काष्ठनिर्मित है एवं छिद्र निकल अथवा रजत निर्मित स्प्रिंगयुक्त चाबियों से आच्छादित हैं। क्लॉरनेट में एक रीड का व्यवहार होता है, ओबो के साथ क्लॉरनेट का यही प्रधान पार्थक्य है। यूरोपीय वाद्य होते हुए भी भारतवर्ष में इसका विशेष प्रचलन है। प्रायः सभी प्रकार के 'कँसर्ट' के साथ क्लॉरनेट बजाया जाता है। गान के अनुगामी वाद्य एवं एकाकी वाद्य के रूप में भी क्लॉरनेट बजाया जाता है।

12. खंजनी–आनद्ध। क्षुद्र व्यासयुक्त गोलाकार काष्ठखण्ड का एक ओर का भाग चर्माच्छादित रहता है, बायें हाथ में रखकर दायें हाथ की अँगुली से उसे बजाया जाता है। यह डफ जातीय है, किन्तु क्षुद्र व्यासयुक्त है एवं पार्श्वभाग डफ की अपेक्षा अधिक चौड़ा है। भालू के नाच के साथ इसका व्यवहार होता है।

13. खरताल–घन। लोहे के दो खण्ड, प्रत्येक एक वित्ता दीर्घ, एक आँगुल परिमाण में स्थूल, चौकोन गड़न, केवल दोनों किनारों पर क्रमशः पतले। इस प्रकार के दो लौहखण्ड दायीं मुठ्ठी में रखकर परस्पर आघात से बजाये जाते हैं। प्रधानतः 'कंसर्ट' वाद्य में व्यवहत। भजन गीत के समय एकाकी वादन भी होता है। कोई

युगल रूप में दोनों हाथों से भी खरताल बजाते हैं।

14. गिटार–तत। मुरगण प्राच्यदेश से ही गिटार स्पेन ले गये। राजा सौरीन्द्रमोहन ठाकुर महाशय के ग्रंथ 'यन्त्रकोश' में लिखा हुआ है कि भारतवर्ष से कच्छपी वीणा फारस ले जायी गयी एवं वहाँ से वह अरब पहुँची, जहाँ उसका रूप बदल गया और वह गिटार नाम से प्रचलित हुई। गिटार, एसोर, सितारा आदि नाम प्रचलित हैं वर्तमान काल में भारतवर्ष में दो प्रकार के गिटार प्रचलित हैं। स्पेनिश गिटार एवं हवाइयन गिटार। दोनों गिटार प्रायः एक ही प्रकार के हैं, किंतु उन्हें मिलाने एवं बजाने की प्रणाली में पार्थक्य है। स्पेनिश गिटार बायें हाथ की अँगुली एवं पर्दों की सहायता से बजायी जाती है, हवाइयन गिटार एक नली के आकार की लौह निर्मित वस्तु की सहायता से बजायी जाती है; दायें हाथ के अँगूठे, तर्जनी और मध्यमा में मिजराब और जवा के बीच की एक प्रकार की वस्तु पहनकर उसे बजाया जाता है। बंगाल में आजकल हवाइयन गिटार गायन के अनुगामी रूप में एवं एकाकी वादन के रूप में खूब प्रचलित है। स्पेनिश गिटार के समान एक प्रकार के वाद्य को सितारा भी कहा जाता है। विख्यात बेहाला (वायलिन)-निर्माता स्ट्रेडिवेरियस ने दो प्रकार की गिटारों का निर्माण किया था।

15. गोपीयंत्र–तत, ग्राम्य वाद्य विशेष। आनंदलहरी के ढोल के समान कद्दू-निर्मित एक खोल की दोनों ओर बाँस की दो पट्टियाँ संलग्न रहती हैं। ये दो पट्टियाँ प्रायः दो हाथ लम्बी होती हैं और ऊपर मिली रहती हैं एवं मिलन-स्थल पर उन्हें जोड़ने के लिए खूँटी लगी रहती है। इसमें साधारणतया पीतल के तार का व्यवहार किया जाता है। बाँस की दो पट्टियों में एक को बायें हाथ में रखकर दायें हाथ की मिजराब-युक्त तर्जनी द्वारा इसे बजाया जाता है। बायें हाथ के अँगूठे, तर्जनी और मध्यमा द्वारा पट्टियाँ दबाकर पकड़ने से निम्नस्वर ध्वनित होता है। इस वाद्य का बाउल, वैरागी और भिक्षुक व्यवहार करते हैं।

16. घण्टा–घन, काँसा मिश्रित पीतल अथवा लौह निर्मित घण्टा प्रचलित है। घण्टे का व्यवहार कई प्रकार से होता है एवं आकृति भी कई प्रकार की है। भारतवर्ष में देव-पूजा में जिस घण्टे का व्यवहार होता है, उसके साथ पीतल या काँसा निर्मित एक दण्ड भी रहता है, बायें हाथ में यह दण्ड रखकर घण्टा बजाया जाता है। मन्दिरों में जंजीर की सहायता से घण्टा झूलता रहता है, देवदर्शनाकांक्षाी व्यक्ति मन्दिरों में प्रवेश करते समय यह घण्टा बजाते हैं।

17. घड़ी–घन। काँसा निर्मित थाली के समान। काष्ठ की हथौड़ी से यह बजाया जाता है। प्राचीन काल में यान्त्रिक घड़ी का प्रचलन न होने के कारण सूर्य की अवस्थिति एवं छाया देखकर समय का निरूपण कर प्रति प्रहर कांस्यनिर्मित घड़ी बजायी जाती थी, तभी से वह घड़ी नाम से प्रचलित है। वर्तमान काल में स्कूलों, कालेजों और कारखानों में समय-निर्देशक के रूप में घड़ी का व्यवहार प्रचलित है।

इसके अलावा इसका व्यवहार मांगलिक अनुष्ठानों और देव-पूजा में भी है।

18. जगझम्फ–आनद्ध, काड़ा के समान एवं मृत्तिका-निर्मित। जगझम्फ की आकृति काड़ा की अपेक्षा बड़ी है। इसका व्यवहार भी काड़ा के समान ही है।

19. जलतरंग–घन, चीनी मिट्टी से निर्मित विभिन्न प्यालों में जल के परिमाण के कम-अधिक होने से स्वर ध्वनित होते हैं। प्यालों को लकड़ी के एक तख्ते के ऊपर मजबूती से रखा जाता है एवं वादक दोनों हाथों में दो डण्डियों की सहायता से जलतरंग बजाता है। इसकी ध्वनि अत्यंत मधुर है, 'कन्सर्ट' के अन्यतम वाद्य के रूप में इसका व्यवहार है। वर्तमान काल में जलतरंग का व्यवहार कुछ कम हुआ है।

20. जाइलोफोन–घन, काँच अथवा काष्ठ-खण्ड के माप के तारतम्य से विभिन्न स्वर ध्वनित होते हैं। बृहत् से क्षुद्र पर्यन्त प्रायः दस या उससे अधिक काष्ठखण्ड या काँच के टुकड़े सूत या ताँत के ऊपर विन्यस्त रहते हैं, एवं दो डण्डियों से इन्हें बजाया जाता है। यह वाद्य बहुत प्राचीन है; रूस, पोलैण्ड, अफ्रीका आदि अंचलों में इसका व्यवहार अत्यधिक था। चीन और बर्मा में भी इसी प्रकार का वाद्य काफी अधिक प्रचलित है।

21. झाँझ–झाँझर, घन। झाँझ दो प्रकार की होती है, मध्यमाकृति एवं बृहदाकृति। मध्यमाकृति झाँझ दो होती है और वे परस्पर आघात से बजायी जाती हैं। 'कंसर्ट' में इसका व्यवहार होता है। बृहदाकृति झाँझ एक रस्सी की सहायता से लटकती रहती है और डण्डी की सहायता से उसे बजाया जाता है। यह वाद्य संसार में प्रायः सर्वत्र प्रचलित है एवं अन्यान्य देशों में इसे 'गाँग' कहा जाता है। झाँझ की आकृति देखने में करताल के समान है, अर्थात् पीतल-निर्मित बिना कोर की थाली के मध्यभाग को सामान्य ऊँचा करने पर झाँझ की आकृति होगी। बीच में छिद्र रहता है एवं इस छिद्र में रस्सी लगी रहती है।

22. टाइसोकोडो–तत, यह वाद्य जापान से भारत में आया है। यह कानन और गिटार वाद्यों के समवाय से टाइपराइटर के समान चाबी-युक्त कर निर्मित है। चार या उससे अधिक तारों का व्यवहार होता है एवं चाबियाँ दबाने से तार स्वरसप्तक के पर्दों पर टकरा कर विभिन्न स्वर ध्वनित करते हैं। चाबियाँ देखने में टाइपराइटर की चाबियों के समान हैं एवं कई बार इन चाबियों पर स्वरों के नाम लिखे होते हैं। इस वाद्य ने कुछ समय से भारतवर्ष के शास्त्रीय संगीत के समारोहों में भी प्रवेश किया है, एवं उच्चांग संगीत के समस्त गत, तोड़ा, तान आदि इस वाद्य पर आसानी से बजने लगते हैं। भारतीय वादकों ने इसे 'बुलबुलतरंग' नाम दिया है। यह वाद्य जवा से बजाया जाता है।

23. टिकारा–आनद्ध, यह ताँबा, पीतल, काष्ठ अथवा मृत्तिका द्वारा निर्मित होता है। काड़ा के समान एक ओर चर्माच्छादित एवं दूसरी ओर कोणाकृति का होता

है। यह काड़ा की अपेक्षा छोटा है एवं शहनाई वाद्य के अनुगामी वाद्य के रूप में बजाया जाता है। टिकारा बड़े आकार का भी होता है, उन्हें हाथी या ऊँट की पीठ पर रखकर बजाया जाता है। टिकारा दो डण्डियों से बजता है।

24. ट्रम्पेट–सुषिर, पीतल निर्मित बाँसुरी जातीय यूरोपीय वाद्य। यह प्रायः कॉर्नेट के अनुरूप है, किंतु वादन-पद्धति कॉर्नेट की अपेक्षा कठिन है। इस वाद्य की ध्वनि कॉर्नेट की अपेक्षा अधिक मधुर है। प्राचीन काल में ट्रम्पेट में वाल्व नहीं रहते थे, किंतु परवर्ती काल में वाद्य के विकास हेतु कॉर्नेट के समान तीन वाल्व संयोजित हुए। इसमें फूँक की पद्धति शंख के समान है। यूरोपीय 'कंसर्ट' में ट्रम्पेट विशेष प्रयोजनीय वाद्य है। कई बार ट्रम्पेट के अग्रभाग पर एक ढक्कन का व्यवहार करने पर उसकी ध्वनि क्षीण और दबी-सी होती है। भारतीय 'कन्सर्ट' में इस दबी ध्वनि युक्त ट्रम्पेट का खूब व्यवहार होता है।

25. ट्रम्बोन–सुषिर, पीतलनिर्मित बंशी जातीय यूरोपीय वाद्य। पतला एवं अत्यंत लम्बा, किंतु अंग्रेजी वर्ण 's' के समान आकृति होने से अपेक्षाकृत छोटा लगता है। इस वाद्य के मध्य भाग में नलिका दो भागों में विभक्त रहती है एवं अन्य एक नली इस विभाग में इस प्रकार संयोजित रहती है कि वह प्रधान नलिका में सहज प्रवेश कर सकती है एवं बाहर निकल सकती है। इस प्रकार स्वरों की उच्चता और निम्नता का तारतम्य रखा जा सकता है। यूरोपीय कन्सर्ट में इस वाद्य का व्यवहार होता है, इसमें फूँक की पद्धति शंख के समान है।

26. डफ या डम्फ–आनद्ध, एक बृहद् व्यास के चक्राकार काष्ठखण्ड की एक ओर चर्म द्वारा आच्छादित। डफ वाद्य के अनुरूप ही अरब का 'डफ', यहूदी लोगों का 'टफ', मिस्र का 'टेम्बोरिन', 'इंगलैण्ड' का 'टेबारेट' आदि वाद्य हैं। डफ का व्यवहार आज भी भारतवर्ष में यायावर श्रेणी में लोगों में प्रचलित है। कन्सर्ट में भी कोई-कोई डफ वाद्य का व्यवहार करते हैं। यह काफी प्राचीन है, प्राचीन ध्रुपद में भी इसका उल्लेख है।

27. डमरू या डुगडुगी–आनद्ध, यह भारतोय ग्राम्य वाद्य है। यह महादेव के अत्यंत प्रिय वाद्य के रूप में परिचित है। दो छोटी काष्ठनिर्मित कटोरियों का खुला भाग चर्माच्छादित रहता है एवं तल भाग परस्पर संयोजित कर देने से जिस प्रकार की आकृति बनती है, डमरू उसी प्रकार की आकृति-विशिष्ट वाद्य है। दोनों तल भागों के संयोगस्थल पर सूत की दो रस्सियों के किनारों पर सीसे की गोलियाँ संलग्न रहती हैं। दायें हाथ से डमरू हिलाने से ये दो गोलियाँ चर्म पर आघात कर ध्वनि उत्पन्न करती हैं। वर्तमान काल में भालू, बंदर, सर्प आदि को नचाने के लिए इसका व्यवहार होता है एवं परिव्राजक ऐन्द्रजालिक (जादूगर) भी इसका व्यवहार करते हैं।

28. ढाक या डंका–आनद्ध, अति प्राचीन एवं सबसे बृहत् भारतीय आनद्ध

वाद्य। इसके अतिबृहत् रूप को जयढाक कहते हैं। जयढाक कई बार लौहचद्दर-निर्मित होता है। ढाक काष्ठनिर्मित एवं दोनों ओर चर्माच्छादित होता है। अधिकांश समय एक ओर ही दो डण्डों से बजाया जाता है। ढाक पक्षियों के पंखों से सुशोभित किया जाता है। ढाक के अनुगामी वाद्य के रूप में काँसी का प्रयोग होता है। मांगलिक अनुष्ठान एवं पूजा में ढाक अत्यावश्यक वाद्य है।

29. ढोल–आनद्ध, ढाक से छोटे आकार का वाद्य। इसके दोनों मुखों पर चर्म आच्छादित रहता है एवं बायें हाथ की ओर का चमड़ा 'गाब' या 'खरली' युक्त (चमड़े के भाग में वृक्षविशेष के आटे का लेप) होता है एवं दायें हाथ की ओर का चर्म खरली विहीन होता है। दायें हाथ की डण्डी और बायें हाथ की हथेली से ढोल बजाया जाता है। इसके साथ काँसी भी बजती है। मांगलिक और पूजा-अनुष्ठान में यह वाद्य व्यवहृत होता है।

30. ढोलक–आनद्ध, ढोल की अपेक्षा छोटे आकार का वाद्य, अन्यान्य सभी प्रकार से ढोल के समान। इसका चमड़ा सूती रस्सियों से खिंचा रहता है और पीतल के कड़ों की सहायता से ढोलक को दृढ़ किया जाता है। ढोलक दो हाथों से ही बजता है, ढोल के समान यह डण्डी से नहीं बजाया जाता। ढोल के समान ही इसके एक ओर के चमड़े पर खरली (लेप) लगायी जाती है। यात्रा और थिएटर के कंसर्ट में यह अत्यावश्यक वाद्य है।

31. बतला–आनद्ध, आलाप और ध्रुपद के अलावा अन्यान्य समस्त उत्तरभारतीय उच्चांग संगीत का ताल और मात्रा निर्देशक वाद्य। कहा जाता है कि परवावज को दो भागों में विभाजित कर, बायें हाथ का भाग बायाँ और दायें हाथ का भाग तबला नाम से प्रचलित हुआ है। तबला-बायाँ युग्म रूप से बजाये जाते हैं। अनुगामी वाद्य होते हुए भी इसका अपना प्राधान्य सर्वत्र स्वीकृत है एवं स्वप्रधान वाद्य के रूप में अथवा स्वतंत्र वादन योग्य वाद्य के रूप में भी संगीत-समारोहों में इसका वादन होता है–उस समय सारंगी या हारमोनियम की संगत इसके साथ रहती है। तबले के ऊपर खरली (चमड़े के मध्य भाग में लेप अथवा स्याही) लगी रहती है एवं लकड़ी के वर्तुलाकार गट्टों के ऊपर से चर्मरज्जू खरलीयुक्त चर्माच्छादन को खींचकर रखती है। इन गट्टों को सरकाकर तबले की ध्वनि को मन्द्र या तार किया जाता है। (बायाँ द्रष्टव्य)

32. तम्बूरा–तत, इसे तम्बुरु वीणा भी कहा जाता है। यह वाद्य एकतारा जातीय है एवं इस पर रागरूप परिस्फुट नहीं किया जा सकता, मात्र कतिपय स्वर ध्वनित किये जाते हैं। तम्बूरे पर साधारणतः चार तार लगाये जाते हैं। गायक अथवा वादक द्वारा गाये-बजाये जाने वाले राग के अंश स्वर और उसके संवादी स्वर आदि के अनुसार एवं अधिकांश समय षड्ज को ही अंश स्वर या प्रधान स्वर मानकर तम्बूरे के तार मिलाये जाते हैं। तम्बूरे का व्यवहार सर्वदा ही अनुगामी वाद्य के

रूप में होता है, यह स्वप्रधान वाद्य नहीं है। गायक अथवा वादक की संगीत-प्रस्तुति के समय उनके द्वारा व्यवहृत ठाट का आदर्श स्वर अर्थात् षड्ज, राग का अंशस्वर एवं उसके संवादी स्वर ध्वनित करने से उनकी स्वर-च्युति नहीं होती एवं सुमधुर गुंजन से राग की यथोपयुक्त पटभूमि निर्मित होती है। कई गुणी मानते हैं कि तुम्बा से तम्बूरा नामकरण हुआ, जबकि अन्य कुछ गुणी मानते हैं कि 'तुम्बुरू' नामक एक गन्धर्व ने इसकी सृष्टि की।

33. **ताउस**–तत, इसराज के खोल (तुम्बी) को अथवा उसके निचले छोर का आकार मयूराकृति कर उसे 'ताउस' नाम से प्रचलित किया गया है। इसराज के साथ इसका अन्य कोई पार्थक्य नहीं है। यह गज से बजाया जाता है। ताउस पर मयूर के दो पाँव इस प्रकार न्यस्त रहते हैं कि जिससे ताउस स्वाधीनतः और लम्बाई में खड़ा रह सकता है एवं इस अवस्था में उसे बजाया जाता है। राजा सौरीन्द्रमोहन ठाकुर के मत से ईसवी उन्नीसवीं शताब्दी के प्रायः मध्य काल में इसकी सृष्टि हुई।

34. **तुबड़ी**–सुषिर, कद्दू एवं बाँस निर्मित द्विनलिका युक्त बाँसुरी। यह ग्राम्य वाद्य है। इसका व्यवहार सपेरे करते हैं। एक विशेष आकृति की तुम्बी इसमें लगायी जाती है। तुम्बी का प्रायः दो-तिहाई अंश नलिका के आकार का और अवशिष्ट अंश गोलाकृति का हो गया है एवं गोलाकृति अंश के शेष भाग (अंतिम छोर) पर रीड़युक्त दो बासुरियाँ समान अंतराल में लगायी गयी हैं। एक बंशी से एकाकी स्वर ध्वनित होता है एवं अन्य से राग बजाया जाता है। इस बाँसुरी की विशेषता यह है कि वादक को निश्वास-प्रश्वास के कारण बंशी की ध्वनि रुकती नहीं है, क्योंकि गोलाकृति तुम्बी में जो वायु संचित होती है वही कुछ क्षणों के लिए बंशी को ध्वनित रख सकती है। इस बँशी-वादन का एक वैशिष्ट्य है कि सभी इस बंशी को बजा नहीं सकते। पहली बात तो यह है कि यह बँशी खरीदते समय सपेरे फूँक का छिद्र अत्यधिक बड़ा कर काटकर उसकी बिक्री करते हैं, किंतु उनके अपने व्यवहार की बँशी का छिद्र अत्यंत छोटा होता है एवं बजाने के समय जब वे श्वास लेते हैं तब फूँक का छिद्र जीभ से बंद कर रखते हैं, उससे तुम्बी में सचिंत वायु धीरे-धीरे बँशी को ध्वनित करती रहती है। इस गोपनीय तथ्य का ग्रंथकार ने स्वयं परीक्षण कर पता लगाया है। सचिंत वायु बँशी को ध्वनित करती है, इसीलिए किसी-किसी ने तुबड़ी की तुलना यूरोपीय बेगपाइप के साथ की है। इसे तिक्तिरी (तिक्त-कडुए कद्दू से) एवं पुंगी भी कहा जाता है। उत्तर प्रदेश और पंजाब में इसे बीन कहते हैं।

35. **तूरी**–सुषिर, पीतल निर्मित बाँसी जातीय वाद्य। यह यूरोपीय ट्रम्पेट के अनुरूप है, किंतु तूरी (तूर्य) सीधी है एवं इस पर कोई रन्ध्र या वाल्व नहीं है। अति प्राचीन काल में ट्रम्पेट इसी प्रकार का था। इसकी फूँक-पद्धति शंख के समान

है। मांगलिक अनुष्ठान में इसका व्यवहार होता है। प्राचीन काल में रणस्थल में इसका व्यवहार होता था। इससे अधिक स्वर ध्वनित नहीं होते, अतः बिगुल के समान इसकी ध्वनि किसी प्रकार अर्थ-निर्देशक भी नहीं हो सकती।

36. दमामा–आनद्ध, मृत्तिका निर्मित टिकारा के समान किंतु टिकारा की अपेक्षा इसका मुँह अधिक प्रशस्त है। पहले यह युद्धस्थल में टिकारा के सहयोग से बजाया जाता था; वर्तमान काल में कभी-कभी मांगलिक उत्सव में इसका व्यवहार होता है।

37. दिलरुबा–तत, इसराज वाद्य के बृहत संस्करण को दिलरुबा कहा जाता है। इसकी ध्वनि मन्द्र एवं आलाप के उपयोगी है। इसराज के साथ आकृतिगत पार्थक्य यह है कि इसका खोल सारंगी के खोल (बतली) के आकार का है, सारिन्दा के खोल के समान गोलाकृति नहीं है। यह गज का वाद्य है।

38. दुन्दुभि–आनद्ध, नगाड़ा का शास्त्रीय नामान्तर। (नगाड़ा द्रष्टव्य)

39. दोतारा–तत, दोतारा कई प्रकार के देखे जाते हैं। (क) कद्दू के तुम्बे की एक ओर बाँस का एक डण्डा लगा रहता है एवं इस वंशदण्ड के ऊपरी किनारे पर दो खूँटियों से दो तार तुम्बी के चमड़े के साथ जुड़े रहते हैं। इस वाद्य को तंजोर अंचल में 'ठनठना' कहा जाता है। यह एकतारा के समान ही है, किंतु दो खूँटियों से दो तार पार्श्ववर्त्ती विन्यस्त हैं, एवं दो तार एक के ऊपर एक बिन्यस्त हैं, इस प्रकार का दो तारा भी मद्रास अंचल में दिखायी देता है–दो खूँटियों से तार निकल कर द्वितल 'सरस्वती' (वाडूनिर्यास) के भीतर से होकर तुम्बी के चर्म के ऊपर स्थित द्वितल सवारी के ऊपर न्यस्त रहते हैं। दोनों तार एक ही स्वर में मिलाये जाते हैं। यह दोतारा लम्बाई में प्रायः एक मनुष्य के समान है। (ख) अन्य एक दोतारा है जो सुरसंग्रह वाद्य के समान है, किंतु दो तार युक्त है। इस वाद्य की आकृति कुछ परिमाण में सरोद के समान है, किंतु सरोद की लोहनिर्मित चादर के बदले काष्ठनिर्मित चादर का व्यवहार होता है। इस वाद्य को आकार में रबाब जातीय मानना गलत नहीं होगा। कई बार इस पर चार अथवा पाँच तार भी रहते हैं, तथापि इसे दोतारा ही कहा जाता है। यह ग्राम्यवाद्य है एवं बंगाल के प्रायः सभी ग्रामीण अंचलों में इस वाद्य का प्रचलन है। गान के अनुगामी वाद्य के रूप में ही इसका व्यवहार है, कभी-कभी एकाकी वाद्य के रूप में भी इसे बजाया जाता है। यह जवे से बजता है। इसे स्वराज अथवा सुरसंग्रह भी कहा जाता है।

40. नगाड़ा–आनद्ध, शास्त्रीय नाम दुन्दुभि। नगाड़ा (नाकाड़ा) मृत्तिका निर्मित अर्द्धगोलाकार चर्माच्छादित वाद्य है। यह गले में लटकाकर दो अथवा एक डण्डी से बजाया जाता है। यह पक्षियों के पंखों से सजाया जाता है। पहले यह सामरिक वाद्य था, वर्तमान काल में मांगलिक वाद्य के रूप में इसका व्यवहार है। नगाड़ा के अत्यंत बृहत् संस्करण को महानगाड़ा कहते हैं, एवं वह नगाड़ा के समान

अर्द्धगोलाकृति न होकर, नीचे के भाग में कुछ कोणाकृति होती है। महानगाड़े को भूमि पर रखकर दो डण्डियों से उसे बजाया जाता है। महानगाड़े के साथ टिकारा भी बजाया जाता है।

41. पखावज–आनद्ध, मृदंग से ही काष्ठ विशेष निर्मित पखावज की सृष्टि है। पखावज फारसी शब्द 'पाख-आवाज' से बना है, जिससे मन्द्र ध्वनि निकलती है। पखावज के दायें हाथ का चर्माच्छादित मुँह विपरीत मुँह से छोटा होता है और वह खरली (बीच में गोलाकार स्याही) युक्त होता है। बायें हाथ के चर्माच्छादित मुँह पर आटा लगाया जाता है। चर्माच्छादन चर्मरज्जुओं द्वारा खिंचे रहते हैं एवं इन चर्मरज्जुओं के नीचे काष्ठ के आठ गट्टे लगे रहते हैं, इन गट्टों को सरकाकर पखावज का स्वर मिलाया जाता है। वर्तमान मृदंग के साथ इसका आकृतिगत पार्थक्य है। पखावज ध्रुपद एवं तारपरण के साथ बजता है। बंगला में इसे मृदंग कहा जाता है।

42. पिकोलो–सुषिर, काष्ठनिर्मित यूरोपीय बाँशीजातीय वाद्य। पिकोलो फ्लूट (बाँसुरी) के ही समान है किंतु फ्लूट से इसकी आकृति छोटी है एवं अतितार सप्तक में ही पिकोलो बजाया जाता है। (फ्लूट द्रष्टव्य)

43. प्यानो–तत, यूरोपीय संगीत में मुख्य चाबीयुक्त वाद्य–'हार्प सिकर्ड' वाद्य के अनुरूप एवं उसके परवर्ती सृष्टि। 'हार्प सिकर्ड' वाद्य अनुमानतः ईसवीं सोलहवीं शताब्दी के पूर्व आविष्कृत हुआ एवं उस समय यूरोपीय संगीत में आनुषंगिक वाद्य के रूप में इसका व्यवहार होता था। फ्लारेंस निवासी क्रिस्टोफर द्वारा अष्टादश शताब्दी में प्यानो का आविष्कार किये जाने के बाद 'हार्प सिकर्ड' का व्यवहार कम होने लगा। हार्प सिकर्ड के विविध आकृतिगत भेद से स्पिनेट, वर्जिनल, क्लेविकॉर्ड आदि नामकरण हुए। हार्प सिकर्ड एवं प्यानो दोनों वाद्य ही भारतीय वाद्य कानन के समान हैं अथवा यूरोपीय हार्प वाद्य के समान उस पर तार विन्यस्त रहते हैं एवं ऑर्गन वाद्य के समान चाबियों की सहायता से ये तार ध्वनित किये जाते हैं। यहाँ तक प्यानो एवं हार्प सिकर्ड एक ही प्रकार के हैं। उनमें पार्थक्य यह है कि प्यानो पर चाबियाँ दबाकर हथौड़ी के समान वस्तु द्वारा तारों पर आधात किया जाता है एवं हार्प सिकर्ड पर चाबियाँ दबाकर एक अन्य प्रकार की वस्तु द्वारा तार ध्वनित किये जाते हैं। इन्हें 'जैक' कहा जाता है, क्योंकि ये तारों को नीचे से ऊपर उठाकर ध्वनित करते हैं।

प्यानो वाद्य की कई प्रकार से उन्नति हुई है। प्राचीन काल में प्यानो पर पाँच सप्तकों के स्वरों का व्यवहार किया जाता था, वर्तमान काल में सात सप्तक व्यवहृत होते हैं। प्यानो की ध्वनि को प्रलम्बित अथवा संक्षिप्त करने के लिए 'डेम्पर' आदि की व्यवस्था हुई है। 'डेम्पर' द्वारा 'हथौड़ी' के आघात से निःसृत ध्वनि को तत्काल बंद किया जा सकता है अथवा स्वाभाविक रूप से ध्वनि बंद् होने के समय

से प्रलम्बित कर, ध्वनि की आश बढ़ायी जाती है। वर्तमान काल में एक-एक स्वर के लिए दो-दो अथवा तीन-तीन तार समान अंतराल में संयोजित रहते हैं एवं प्रत्येक स्वर के लिए विभिन्न हथौड़ी एवं चाबी निर्दिष्ट रहती है। प्यानो की ध्वनि के साथ जलतरंग और कुछ अंशों में सरोद की ध्वनि का सादृश्य है। प्यानो-वादन पद्धति अन्यान्य यूरोपीय वाद्यों की तुलना में अधिकतर कष्टसाध्य है, एव प्यानो को कई व्यक्ति सर्वप्रधान वाद्य के रूप में स्वीकार करते हैं। प्यानो का नाम प्यानोफोर्टे है; संक्षिप्त कर प्यानो नामकरण हुआ है। वर्तमान काल में भारतवर्ष में प्यानो का व्यवहार अधिक हो गया है।

44. फ्लाजोलेट–सुषिर, पीतल या काष्ठनिर्मित यूरोपीय बाँसुरी। इस देश की पीतल, काष्ठ अथवा बाँस की साधारण बाँसुरी के अनुरूप, अंतर यह है कि इसमें प्रधान रन्ध्रो की विपरीत दिशा में एक छिद्र के बदले दोनों हाथों के दोनों अँगूठों के लिए दो छिद्र रहते हैं। फ्लाजोलेट सीधा पकड़कर बजाया जाता है, इसकी फूँक का छिद्र 'विसल' के समान है। 'विसल' की फूँक की व्यवस्था को ही 'फ्लू' कहा जाता है एवं 'विसल' की व्यवस्था के अनुरूप रहने से एक प्रकार के 'ऑर्गन' की नली को 'फ्लू' नली कहा जाता है। फ्लाजोलेट की पद्धति सहज साध्य है।

45. फ्लूट–सुषिर, स्वर्ण, रजत, पीतल या काष्ठ की यूरोपीय बाँसुरी। तीन प्रकार की फ्लूट प्रचलित हैं। प्रथम एवं आदि फ्लूट की फूँक-पद्धति भारतवर्षीय वेणु के अनुरूप है। इस प्रकार की बाँसुरी की आद्यन्त नलिकावत् है एवं मुँह की ओर से एक विशेष प्रकार से फूँक देकर बजायी जाती है। इसकी फूँक-पद्धति काफी कुछ बालक-बालिकाओं द्वारा खाली शीशी बजायी जाने की पद्धति के समान है। द्वितीय प्रकार की फ्लूट पर फूँक-छिद्र फ्लाजोलेट के समान है। तृतीय प्रकार की फ्लूट आड़ी बाँसुरी है। यह बाँसुरी आड़ी रखकर प्रथमोक्त प्रकार के समान फूँक से बजायी जाती है। इनमें वर्तमान काल में तृतीय प्रकार की फ्लूट का अधिक व्यवहार होता है। आदि फ्लूट के अलावा अन्य दो प्रकार की फ्लूट पर स्वरछिद्र स्प्रिंगयुक्त चाबियों द्वारा आच्छादित रहते हैं। अति तीव्र सप्तक के उपयुक्त फ्लूट को ही पिकोलो कहा जाता है। 'वीम' फ्लूट स्वर्ण अथवा रजत निर्मित होती है एवं श्रेष्ठ वादक रजतफ्लूट का ही व्यवहार करते हैं। स्वर्ण-फ्लूट की ध्वनि मधुरतम है।

46. बाँया–आनद्ध, तबला और बाँया संयुक्त रूप मे ही बजाया जाता है। बाँया का एकाकी व्यवहार नहीं है, किंतु कोई-कोई अपनी धुन में एकाकी वादन भी करते हैं। बाँया का खरली (स्याही) युक्त चर्माच्छादन चर्म या सूत की रस्सियों से खिंचा रहता है। बाँया दो प्रकार से बनता है–एक मृत्तिका द्वारा, अन्य कलाई किए गये ताम्बे द्वारा। दोनों में मृत्तिका निर्मित बाँया की ध्वनि मधुरतम है। मृत्तिका निर्मित बाँया का चर्माच्छादन चर्मरज्जुओं से खिंचा रहता है एवं ताम्रनिर्मित बाँया

के लिए सूत की रज्जु का व्यवहार किया जाता है, सूती रस्सी की खींच के लिए पीतल या निकल के कड़े रस्सी में लगे रहते हैं। बाँया की ध्वनि तबले की ध्वनि से गम्भीर है। (तबला द्रष्टव्य)

47. बाँसुरी (बंसी)–सुषिर। अति साधारण सुषिर वाद्य। प्राचीन काल में बाँस से यह वाद्य बनता था, अतः इसका नाम बंसी अथवा बाँसुरी हुआ है, वर्तमान काल में काष्ठ, पीतल अथवा मृत्तिका निर्मित होते हुए भी इसे बंसी ही कहा जाता है। वर्तमान काल में प्रचलित बाँसुरी के कई प्रकार दिखायी देते हैं–

(क) सरल बंसी–इसका फूँक-छिद्र विसल के समान है। साधारणतः यह बंसी सर्वत्र दिखायी देती है और इसे बजाना अपेक्षाकृत सहज है।

(ख) आड़ी बंसी या मुरली–इसका फूँक-रन्ध्र बंसी के एक किनारे पर अवस्थित है, उस किनारे का मुँह काष्ठ की ढकनी से बंद रहता है। इसकी वादन-पद्धति बालक-बालिकाओं के खाली शीशी बजाने के समान है।

(ग) वेणु–यह बंसी आद्यन्त नलिका समान है, फूँ-छिद्र जैसा कोई विशेष छिद्र नहीं है, स्वरछिद्र अन्यान्य बाँसुरियों के समान हैं। इस बंसी की फूँक-पद्धति अन्यान्य बांसुरियों की तुलना में अपेक्षाकृत कठिन है–कुछ अशों में आड़ी बंसी की फूँक-पद्धति के समान, किंतु इसे प्रायः सीधे ढंग से पकड़ना होता है। वेणू बंसी को वर्तमान काल में 'टिपारा फ्लूट' कहा जाता हैं। सरल बंसी सीधे ढंग से, आड़ी बंसी आड़े ढंग से एवं वेणू दोनों के बीच के ढंग से पकड़कर बजायी जाती है।

48. बिगुल–सुषिर। पीतल या ताम्र निर्मित यूरोपीय वाद्य। यह वाल्व-विहीन ट्रम्पेट के अनुरूप है, किंतु ट्रम्पेट की अपेक्षा कुछ स्थूल एवं छोटे आकृति की है। फूँक के तारतम्य (न्यूनाधिक्य) से पाँच या छह स्वर बिगुल से निकलते हैं। इस पर स्वरछिद्र या वाल्व नहीं हैं। किंतु आजकल वाल्व-विशिष्ट बिगुल का भी आविष्कार हुआ है। इस प्रकार के बिगुल के बदले कॉर्नेट का भी व्यवहार किया जा रहा है। बिगुल सामरिक वाद्य है, इस पर अर्थ-निर्देशक स्वर-रचना बजायी जाती है। फूँक-पद्धति शंख के समान है। यह वाद्य प्रायः सभी देशों के सामरिक विभागों में व्यवहृत होता है।

49. बेहाला–तत। बेहाला के प्रचलन के संबंध में कई प्रकार के मत हैं। किसी-किसी का कहना है कि रावण द्वारा सृष्ट पिनाकी वीणा से ही बेहाला की उत्पत्ति हुई है एवं भारतवर्ष से ही अन्यान्य देशों में बेहाला का प्रचलन हुआ है। कुछ गुणी बेहाला वाद्य को भारतीय भाषा में 'बाहुलीन' कहते हैं। वर्तमान काल में जो बेहाला भारतवर्ष में प्रचलित है वह किसी प्रकार से भारतीय नहीं है, इस विषय में मतभेद नहीं है। यूरोप में सोलहवीं ईसवीं शताब्दी से ही बेहाला का अधिक प्रचलन हो गया था, किंतु ईसवी सप्तदश शताब्दी के अंत तक स्ट्रेडिवेरियस ने बेहाला का कई प्रकार से विकास कर, उसे यूरोपीय तत वाद्यों में सर्वप्रधान बना

दिया था। ईसवीं अष्टादश शताब्दी से बेहाला समूह-संगीत के वाद्यों में सर्वप्रधान वाद्य के रूप में निरूपित हुआ। इस पर चार तारों का व्यवहार होता है। प्राचीन काल में सब तार ताँत के थे, वर्तमान काल में लोहे के तारों का भी व्यवहार होता है। वर्तमान काल में दो ताँत के तार, एक लौहतार एवं एक निकल अथवा जर्मन सिल्वर तार द्वारा वेष्टित रेशम तार व्यवहृत होते हैं। साधारणतः बेहाला पर तीन सप्तक स्वरों का व्यवहार होता है। भारतवर्ष में बेहाला का प्रचलन बहुत अधिक हो गया है, किंतु वाद्य की मधुरता की दृष्टि से भारतीय बेहाला यूरोपीय बेहाला की तुलना में अत्यंत नगण्य है। बेहाला की वादन-पद्धति भी दोनों देशों में सम्पूर्ण पृथक है।

50. बैंजो–तत, बैंजो के साथ गिटार का अंतर यह है कि गिटार की तबली काष्ठनिर्मित है एवं बैंजो की तबली चर्मनिर्मित है एवं उसकी विपरीत दिशा में कोई आच्छादन नहीं है। बैंजो की तबली गोलाकृति 'डफ' वाद्य के समान है, चर्माच्छादित पृष्ठ के ऊपर सवारी बिठाकर उस पर तार विन्यस्त रहते हैं। कलकत्ता में प्रायः तीस-चालीस वर्ष पूर्व बैंजो का विशेष प्रचलन हुआ था, किंतु वर्तमान काल में प्रायः वह नहीं देखा जाता। (गिटार द्रष्टव्य)

51. बैगपाइप–सुषिर, इंगलैण्ड में मध्ययुग से ही बैगपाइप का प्रचलन है, किंतु इसका आविष्कार बहुत पहले ही हो गया था। स्कॉटलैण्ड में बैगपाइप का समादर सर्वाधिक है। स्कॉटलैण्डवासियों के लिए यह नित्य प्रयोजनीय वाद्य है, जिस प्रकार भारतवर्ष में शंख नित्य प्रयोजनीय है। इसमें तीन रीडयुक्त पाइप रहते हैं, वे वादी-संवादी के अनुसार मिलाये जाते हैं एवं इनसे एक लम्बी ध्वनि निकलती है। रीडयुक्त एक पाइप पर बंसी के समान छिद्र हैं, इससे विभिन्न स्वर बजाये जाते हैं एवं एक फूँक-पाइप है जिस के द्वारा चर्मनिर्मित एक मसक में वायु भर दी जाती है। इस मसक के विभिन्न स्थानों से फूँक-पाइप सहित पाँच पाइप निकले हुए हैं। मसक या बैग बायें हाथ एवं कमर की बायीं ओर के भाग के बीच रखकर बायें हाथ के दबाव से पाइपों को ध्वनित किया जाता है। बैगपाइप की फूँक-पाइप को ब्लो-पाइप, स्वर छिद्रविशिष्ट प्रधान पाइप को चष्टार पाइप, एवं शेष तीन पाइपों को ड्रोन पाइप कहा जाता है। आयरलैण्ड में भी बैगपाइप का काफी प्रचलन है।

भारतवर्ष में सम्भवतः हॉलैण्डवासी सैनिकों द्वारा बैगपाइप का प्रचलन किया गया है एवं साधारणतः भारतीय बैगपाइप-वादक हॉलैण्ड की पोशाक पहनकर ही बैगपाइप बजाने आते हैं। बैगपाइप की ध्वनि अत्यंत कर्कश हैं, किंतु एक बैण्ड में अन्यान्य वाद्यों के समवाय में बैगपाइप वाद्य का अपना वैशिष्ट्य प्रकट होता है। बैगपाइप की आकृति असाधारण होने के कारण साधारण लोगों में बैगपाइप के संबंध में कुछ अधिक औत्सुक्य है। वर्तमान काल में भारतीय वादक इस पर राग-रागिनी एवं फिल्मी गीत भी बजाते हैं।

52. बैसुन–सुषिर। ओबो जातीय यूरोपीय बंसी। ओबो से इसकी ध्वनि मन्द्र है और सामान्य आकृतिगत पार्थक्य भी है। किंतु इसे ओबो का ही एक प्रकार भेद माना जाता है। (ओबो द्रष्टव्य)

53. भेरी–सुषिर। पीतल का बंसीजातीय वाद्य। यह दीर्घाकार होती है, किंतु कुछ छोटी नलिकाओं के समवाय से बजती है। साधारणतः नलिकायें एक के भीतर दूसरी प्रविष्ट रहती है, बजाते समय नलिकाओं को खींचकर बाहर करने पर कैमरे के ट्राइपोड के समान वह दीर्घाकार हो जाती है। इसमें फूँक-पद्धति शंख के समान है। प्राचीन काल में रणस्थल में भेरी का व्यवहार था, वर्तमान काल में मांगलिक अनुष्ठान में इसका व्यवहार किया जाता है।

54. मन्दिरा–घन। काँसा अथवा ताम्बा, जस्तामिश्रित काँसे से छोटे-छोटे दो प्यालों की आकृतिवाला वाद्य। यह पारस्परिक आघात से बजता है। मांगलिक अनुष्ठान में ढोल के सहकारी वाद्य के रूप में मन्दिरा (मंजीरा) का व्यवहार होता है।

55. मादल या मुरज–आनद्ध। संस्कृत मर्द्दल शब्द की अपभ्रंश। यह इस देश का ग्राम्य वाद्य है। मादल काष्ठनिर्मित होता है, मृदंग के समान काष्ठ का यह खोल आद्यन्त चर्मरज्जुओं द्वारा वेष्ठित रहता है एवं उसके दोनों किनारों के भाग चर्माच्छादित रहते हैं। मादल के दोनों किनारों की परिधि प्रायः समान होती है एवं चर्म से आच्छादित दोनों भाग चर्मरज्जुओं द्वारा खिंचे रहते हैं। संथाल लोग मादल का अधिक प्रयोग करते हैं। बंगाल के विभिन्न गाँवों में उत्सवादि के समय मादल बजाया जाता है। शास्त्र में 'मादल' को मर्द्दल, काष्ठनिर्मित होने पर भी मृदंग, अथवा मुरज कहा गया है। शास्त्र में मादल की बायीं ओर खरली लगाने की व्यवस्था भी है।

56. मृदंग या खोल–आनद्ध। अति प्राचीन भारतीय वाद्य। मृदंग मृत्तिका निर्मित होता है, उसके दायें हाथ की ओर का मुँह छोटा एवं बायें हाथ की ओर का मुँह बड़ी परिधि का होता है। मृदंग के मध्य भाग की परिधि दोनों ओर के मुखों की तुलना में अधिक होती है। मादल की भाँति यह अवयव आद्यन्त चर्मरज्जुओं द्वारा वेष्टित रहता है। मृदंग की दोनों ओर मुखों के खरली (स्याही) युक्त चर्माच्छादन चर्मरज्जुओं से खिंचे रहते हैं। इसे बोलचाल की भाषा में खोल कहा जाता है एवं बंगाल के मुख्य और विशिष्ट संगीत कीर्तन के साथ खोल बजाया जाता है। मणिपुरी नृत्य के साथ भी खोल बजाने की रीति प्रचलित है।

मृत्तिका-निर्मित आनद्ध वाद्य को ही मृदंग कहा जाता है, किंतु शास्त्र में काष्ठनिर्मित मादल का उल्लेख भी मृदंग के रूप में किया गया है। पखावज को भी मृदंग कहा जाता है।

57. मैण्डोलिन–तत। गिटारजातीय यूरोपीय वाद्य–इस पर चार युग्मतार रहते

हैं, अर्थात् दो-दो तार पास-पास विन्यस्त रहते हैं, इस प्रकार कुल आठ तार होते हैं। गिटार के समान इस पर पर्दे हैं, यह जवा द्वारा बजाया जाता है। साधारणतः मैण्डोलिन का खोल इसराज के खोल के पिछले भाग के समान अण्डाकार होता है। मैण्डोलिन वाद्य ल्यूट वाद्य के ही अनुरूप है, वर्तमान काल में ल्यूट वाद्य प्रायः लुप्त हो गया है—एवं यूरोपीय ग्रंथकारों ने ल्यूट को प्राच्य के तत वाद्य के रूप में स्वीकार किया है।

58. रबाब–तत, राजासौरीन्द्रमोहन ठाकुर के 'यंत्रकोष' में लिखा हुआ है कि प्रायः हजार वर्ष पूर्व अरब देश के वसूदग्रामवासी अब्दुल्ला ने 'रुबेब' नामक वाद्य का आविष्कार किया, एवं 'रुबेब' ही वर्तमान काल में रबाब नाम से परिचित है। पाश्चात्य लेखक के मतानुसार तानसेन ही रबाब के स्रष्टा हैं, किंतु पूर्वोक्त मत ही सम्भवतः ठीक है। भारतवर्ष में रुद्रवीणा नामक जो वाद्य प्रचलित है, वही रबाब है। रुद्रवीणा का उल्लेख संगीत-रत्नाकार में नहीं है, सम्भवतः किसी आधुनिक संगीतकार ने रबाब को रुद्रवीणा नाम से अभिहित किया होगा, जिस प्रकार सरोद को शारदीय वीणा नाम से प्रचलित किया गया है। शास्त्र में ततवाद्य मात्र का उल्लेख वीणा के रूप में है, अतः रबाब भी वीणा का ही प्रकारभेद है।

रबाब वाद्य पूर्णतया काष्ठनिर्मित है एवं खोल चर्माच्छादित है, इसे 'खाल' (चर्म) कहा जाता है, एवं इस खाल के ऊपर काष्ठ या हाथीदाँत निर्मित सवारी के ऊपर से छह ताँत विन्यस्त रहते हैं। रबाब पर चिकारी के ताँत नहीं हैं। ताँत के वाद्य में आश या श्वास कम रहने के कारण इस पर अत्यंत विलम्बित आलाप करना सम्भव नहीं है, अतः रबाब पर वादनोपयोगी आलाप भी बीन के आलाप से कुछ पृथक है।

आलाप के जोड़ अंग का काम एवं तारपरण ही इस पर प्रधानतः बजाया जाता है। तारपरण के काम के समय रबाब के 'खाल' (चर्माच्छादित तबली) पर बायें और दायें हाथ की सीधी अँगुलियों (चाँटी) से कुछ बोल बजाये जाते हैं। बाये हाथ से रबाब के दाँड पर सीधी हस्तांगुलियों से कुछ बोल बजाये जाते हैं, इस प्रकार हस्तांगुली-थपेड़ को 'चपक' कहा जाता है। भारतवर्ष में बहुत कम संगीतकार रबाब वाद्य बजाते हैं। यह वाद्य जवा से बजाया जाता है। रबाब के 'खाल' पर हस्तांगुलियों द्वारा बजाने की पद्धति के अनुकरण से ही सरोद पर तारपरण बजाने के लिए 'चाँटी' (सीधी हस्तांगुलियाँ) का व्यवहार प्रचलित हुआ है। मियाँ तानसेन का पुत्र-वंश रबाब का उत्कर्ष करता आ रहा है।

59. रामसिंगा–सुषिर, अति प्राचीन भारतीय वाद्य। यह पीतल या ताम्रनिर्मित है। यह वाद्य अंग्रेजी 's' अक्षर के समान दीर्घाकार अवयव विशिष्ट है। प्राचीन काल में यह रणवाद्य था, वर्तमान काल में पूजा एवं मांगलिक अनुष्ठान में ही इसका व्यवहार होता है। इसकी आकृति अन्यान्य बंसीजातीय वाद्यों से पृथक है एवं इसकी

ध्वनि भी अन्यान्य सुषिर वाद्यों की अपेक्षा वैशिष्टचपूर्ण है। इसकी फूँक-पद्धति शंख के समान है।

60. वीणा–तत, संगीत-शास्त्र में सभी प्रकार के तत वाद्यों को वीणा-श्रेणी के अंतर्गत रखा गया है। इससे यही माना जाता है कि 'वीणा' शब्द एक गोष्ठी का परिचायक है–इसका कारण यह है कि 'कानन' को कात्यायनी वीणा कहा जाता है, पिनाकी वीणा गज से बजायी जाती है, किसी-किसी ने सरोद को शारदीय वीणा बताकर उल्लेख किया है। सितार को कच्छपी वीणा एवं त्रितंत्री वीणा भी कहा जाता है। सप्ततंत्री चित्रा वीणा का भी उल्लेख है, वर्तमान सितार के साथ उसकी तुलना की जा सकती है। किसी-किसी ने सारंगी को सारंग वीणा भी कहा है। इससे ऐसा माना जा सकता है कि तत वाद्य मात्र ही वीणा-श्रेणी के अंतर्गत है। संगीत-रत्नाकार में 'चर्मतंतु' एवं 'लौहमयतंत्री' दोनों प्रकार की तन्त्रियों का उल्लेख है। आधुनिक और प्राचीन शास्त्रों में निम्नलिखित कई प्रकार की वीणाओं का उल्लेख है–

(1) आलापिनी; भेड़ की आँत की ताँत, कपास या रेशम का सूत व्यवहार्य; (2) औदुम्बरी; (3) एकतंत्री; (4) कच्छपी; (5) किन्नरी–इनमें हैं (क) बृहती, (ख) मध्यमा, (ग) लघवी; (6) कुब्जिका; (7) कूर्मिका; (8) घोषवती; (9) चित्रा (सप्ततंत्री); (10) जया; (11) ज्येष्ठा; (12) तुम्बुरु (तम्बूरा); (13) त्रितंत्री; (14) त्रिस्वरी; (15) दक्षिणी; (16) नकुल (द्वितंत्री); (17) नकुलोष्ठी; (18) नादेश्वर; (19)नारदीय; (20) निःशंक; (21) परिवादिनी; (22)पिनाकी (धनुयंत्र); (23) पोन; (24) प्रसारिणी; (25) वल्लकी; (26) विपंची (नवतंत्री); (27) ब्रह्म; (28) भरत; (29) मत्तकोकिला (एकविंशतितंत्री); (30) महती (प्रचलित); (31) रंजनी (दण्ड एवं पटरी सितार के समान); (32) रावणहस्तक; (33) रुद्र (रबाब); (34) शततंत्री (सम्भवतः कानन); (35) शारदीय (सरोद); (36) श्रुति (द्वाविंशतितंत्री); (37) षटकर्ण; (38)सारंग (सारंगी); (39) सुर (सुरश्रृंगार); (40) स्वर; (41) हन्तिका।

ग्रंथकार वर्तमान काल में प्रचलित वीणा को ही शास्त्रोक्त महती वीणा मानते हैं। प्रचलित अन्यान्य सभी तत वाद्य, यथा, सितार, सुरबहार, सरोद, इसराजास, रबाब, सुरश्रृंगार इत्यादि के साथ महती वीणा का मूलगत पार्थक्य है। प्रधान पार्थक्य दो हैं–

1. अन्यान्य समस्त तत वाद्यों में खोल एवं तबली हैं, वीणा वाद्य की तबली नहीं है। तबली एक काष्ठफलक अथवा चर्माच्छादन है, जिसके ऊपर सवारी अधिष्ठित रहती है एवं जिसके द्वारा तुम्बा आच्छादित रहता है। तबली अन्यान्य वाद्यों के डाँड के साथ संयुक्त की जाती है।

2. अन्यान्य सभी तत वाद्यों का नायकी तार जिस ओर विन्यस्त रहता है, अर्थात् सामने से वाद्य देखने पर दर्शक की दाहिनी ओर रहता है, महती वीणा-वाद्य

का नायकी तार उसके विपरीत दिशा में, अर्थात् दर्शक की बायीं ओर रहता है। इसीलिए इस वीणा वाद्य की वादन-पद्धति अन्यान्य सभी तत वाद्यों की वादन-पद्धति से मूलतः पृथक है।

प्राचीन काल में वीणा वाद्य का डाँड बाँस निर्मित होता था। पोरवाले एक विशिष्ट बाँस-डाँड की दुष्प्राप्यता के कारण वर्तमान काल में वह काष्ठ निर्मित रहता है। यह अचल ठाट का वाद्य है, इसकी सारिकायें अथवा पर्दे मोम आदि द्वारा डाँड के साथ संयुक्त रहते हैं। वीणा वाद्य के डाँड के ऊपरी भाग पर बजाने के उपयोगी चार प्रधान तारों का व्यवहार होता है, एवं दर्शक-परिदृष्ट बायीं ओर चिकारी के दो तार और दायीं ओर छेड़ का तार रहता है। यह शेषोक्त तार बायें हाथ के अँगूठे से बजाया जाता है। चिकारी के दो तार दायें हाथ की कनिष्ठांगुली से एवं नायकी तार तर्जनी और मध्यमा से मिजराब की सहायता से बजाया जाता है। वीणा बजाते समय मिजराब पहनने की रीति भी सितारदि वाद्यों की रीति से पृथक है। मियाँ तानसेन का कन्यावंश वीणा वाद्य का उत्कर्ष करता आ रहा है।

61. वेणु–सुषिर, बाँसुरी द्रष्टव्य।

62. शंख–सुषिर, हिन्दुओं की अत्यंत परिचित वस्तु। पूजा, मांगलिक, दैनिक अनुष्ठान और संकेत-ज्ञापन में शंख का व्यवहार है। शंख की नाभि काटकर फेंकनी पड़ती है एवं इस स्थल से फूँक देकर इसे बजाना होता है। शास्त्र में इस छिद्र स्थल पर स्वर्ण या रजत निर्मित एक नलिका मोम द्वारा चिपकाने की व्यवस्था है, किंतु साधारणतः उसका व्यवहार नहीं किया जाता। इसकी फूँक-पद्धति का अपना वैशिष्ट्य है, दोनों होंठ जोर से दबाकर फूँक मारनी पड़ती है।

63. शहनाई–सुषिर, यह काष्ठनिर्मित बंसी जातीय वाद्य है। आकृति धतूरा-पुष्प के समान है, प्रशस्त बहिर्मुख भाग पीतल का है। शहनाई युग्मरीड के व्यवहार से बजती है। शहनाई एकाकी रूप में प्रायः नहीं बजती, अन्य एक शहनाई पर निरंतर षड्ज स्वर बजाया जाता है एवं इसके साथ क्षुद्र टिकारा की संगत की जाती है। प्रधानतः इन तीन वादकों के समवेत रूप से वादन की गोष्ठी को 'रोशन चौकी' कहा जाता है। वर्तमान काल में रोशनचौकी ने उच्चांग संगीत के जलसों में स्थान प्राप्त कर लिया है। प्राचीन काल में मांगलिक एवं उत्सवादि के उपलक्ष्य में ही इसका वादन होता था। रोशन चौकी का प्रचलित नामांतर नौबत् है। देव मन्दिर या राजप्रासाद के प्रधान तोरण के ऊपर के भाग पर नौबत बजाने के लिए नौबतखाना बना रहता है। प्राचीन काल में प्रति प्रहर के अंत में वहाँ नौबत बजाने की रीति थी। वर्तमान काल में मथुरा, वृन्दावन, वाराणसी प्रभृति तीर्थनगरियों के कई मन्दिरों में प्रहर के अंत में शहनाई बजती है। शहनाई फारस में भी प्रचलित है।

64. शिंगा–सुषिर, प्राचीन काल में यह महिश-शृंग से निर्मित होता था,

वर्तमान काल में धातुनिर्मित शिंगा का प्रचलन होने से शृंग-निर्मित शिंगा का व्यवहार अपेक्षाकृत कम है। वनवासी आज भी शृंग-निर्मित शिंगा का व्यवहार करते हैं। इसकी फूँक-पद्धति शंख के समान है। शिंगा पूर्व निर्धारित संकेत-ज्ञापन का सुषिर वाद्य है।

65. सरोद--तत, सरोद रबाब वाद्य के समान आकृति वाला है। रबाब के साथ इसका प्रधान पार्थक्य पटरी की आकृति का सामान्य प्रभेद, चिकारी एवं तड़प के तारों का व्यवहार है। इसके अलावा इसके डाँड के ऊपर का भाग लौह निर्मित चद्दर द्वारा मण्डित है। प्राचीन काल में सरोद पर ताँत का व्यवहार किया जाता था, उस समय इसके डाँड के ऊपर का भाग लौह-चद्दर से मण्डित नहीं रहता था। इसवीं उन्नीसवीं शताब्दी के अंत में सरोद पर लोहे के तारों का व्यवहार प्रचलित होने से डाँड के ऊपर के भाग को लौह चद्दर मण्डित किया गया है। सरोद पर पर्दे नहीं हैं, रबाब के समान यह पर्दाविहीन वाद्य है। लोहे के तारों के व्यवहार से सरोद के स्वरों की आश अथवा श्वास में वृद्धि हुई है, अतः इस पर विलम्बित आलाप बजाना सम्भव है। इसके अलावा रबाब की पूरी वादन-पद्धति का सरोद पर व्यवहार किया जा सकता है। सरोद मुख्यतः गत-तोड़ा बजाने का वाद्य है, यद्यपि आलाप इस पर श्रुति मधुर होता है। रबाब पर गत नहीं बजायी जा सकती, वह मात्र आलाप का ही वाद्य है। रबाब के तारपरण का काम आजकल सरोद पर किया जाता है। रबाब के चर्माच्छादन के ऊपर जिस प्रकार हाथ की चाँटी द्वारा तारपरण के कुछ बोल बजाये जाते हैं, सरोद पर भी इसी प्रकार चाँटी द्वारा बोल बजाये जाते हैं।

66. सारंगी--तत, कई गुणी इसे पिनाकी वीणा का ही रूपान्तर मानते हैं, किंतु मात्र धनुर्यन्त्र (गजवाद्य) होने से ही इसे पिनाकी वीणा का रूपान्तर मानना संगत नहीं है। कई गुणी मानते हैं कि यह रावण द्वारा आविष्कृत है। यह भी पौराणिक आख्यायिका मात्र है। कोई-कोई इसे सारंग-वीणा भी कहते हैं। यह अति प्राचीन वाद्य है, इसमें संदेह नहीं।

इसका अंग एक काठ से निर्मित है एवं खोल चर्माच्छादित है। साधारणतः चार प्रधान ताँत एवं पीतल-निर्मित ग्यारह तड़प-तार इस वाद्य पर लगते हैं। पहले यह ग्राम्य वाद्य ही था, प्रायः पाँच सौ वर्षों से इसका व्यवहार गीतानुगामी समारोह-वाद्य के रूप में होता आ रहा है। वर्तमान शताब्दी के प्रारम्भ से यह एकाकी प्रधानवाद्य के रूप में उच्चांग संगीत-समारोह में प्रतिष्ठित है। इसी समय कुछ सारंगी-वादकों ने छप्पन तार युक्त सारंगी का निर्माण कराया था एवं उन्होंने सुरबहार की समस्त आलाप वादन-पद्धति को अपनी सारंगी पर बजाने की क्षमता प्राप्त कर ली थी।

67. सारिन्दा--तत, खोल की आकृति इसराज के समान होते हुए भी तुलना

में बृहत्तर। पर्दाविहीन ग्राम्य वाद्य। यह वाद्य धनु या गज से बजाया जाता है एवं मात्र मीन ताँतों अथवा अश्वपुच्छ-निर्मित तारों का इस पर व्यवहार होता है। यह वाद्य किस देश का है, इसका निर्णय नहीं किया जा सका है, किंतु यह अति प्राचीन वाद्य है।

68. सितार–तत। 'सितार' फारसी शब्द है, इसका अर्थ है 'तीन तार'। शास्त्र में त्रितंत्री वीणा और कच्छपी वीणा का उल्लेख मिलता है। कच्छपी वीणा से कछुआ सितार का नामकरण हुआ है, ऐसा पंडितों का अभिमत है। भारतवर्ष में त्रितंत्री वीणा का प्रचलन सम्भवतः अधिक था, एवं ईसवी त्रयोदश शताब्दी के अंतिम दशक से चतुर्दश शताब्दी के प्रथम दशक के बीच अमीर खुसरु ने त्रितंत्री वीणा को सितार का नाम देकर उसका प्रचार किया। उस समय से त्रितंत्री वीणा 'सितार' नाम से प्रचलित है। अमीर खुसरु सितार के आविष्कर्ता नहीं हैं। यह वाद्य अत्यधिक लोकप्रिय होने के कारण इसका क्रमिक विकास हुआ, एवं तीन तारों के स्थान पर पाँच तार लगाए गये। सम्भवतः तानसेन-वंशज मसीत खाँ ने ही ये अतिरिक्त तार लगाये। सितार वाद्य पर वादनोपयोगी गत की भी मसीत खाँ ने सृष्टि की है। उनके द्वारा आविष्कृत वादन-पद्धति को 'मसीतखानी बाज' कहा जाता है। मसीत खाँ ने अपने वंश के लिए मसीतखानी बाज सुरक्षित रखा था। उन्होंने अपने एक शिष्य गुलाम रज़ा खाँ को शिक्षा देने के लिए अन्य प्रकार के बाज की सृष्टि कर शिष्य के नामानुयायी उसे 'रज़ाखानी बाज' कहकर प्रचलित किया। वर्तमान ग्रंथकार गुलाम रज़ा खाँ को ही रजाखानी गत का स्रष्टा मानता है, यद्यपि गुलाम रजा का वर्णन मसीत खाँ के शिष्य के रूप में मिलता है। रज़ाखानी बास को 'पूर्वी' अथवा 'पूरब का बाज' भी कहा जाता है। मसीतखानी बाज के साथ विलम्बित खयाल एवं रज़ाखानी बाज के साथ तराना का अधिक सादृश्य है। (मसीतखानी और रज़ाखानी द्रष्टव्य) वर्तमान बीसवीं शताब्दी के आरम्भ में मसीतखानी बाज के आधार पर विख्यात सितारिया इमदाद खाँ और एक प्रकार की वादनपद्धति की सृष्टि कर गये हैं, वह 'इमदादखानी बाज' नाम से प्रचलित हुआ है। कुछ गुणी इस बाज का उल्लेख 'आधुनिक मसीतखानी' कहकर भी करते हैं। (इमदादखानी द्रष्टव्य)

मियाँ तानसेन के पुत्र सूरतसेन के वंशजों ने 'मसीतखानी बाज' अपनाया था एवं जयपुर के सेनिया मसीतखाँ के घरानेदार हैं। मसीतखानी बाज को 'पछवाँ का बाज' अथवा 'पश्चिमी बाज' भी कहा जाता है।

अनुमानतः तीस वर्ष पूर्व भी जयपुरी सितार पर चिकारी के तारों का व्यवहार नहीं होता था, मात्र पाँच प्रधान तारों का व्यवहार किया जाता था। मियाँ तानसेन के पुत्र-वंश के प्यार खाँ और दोहित्र-वंश के उमराव खाँ के शिष्य गुलाम मुहम्मद खाँ ने प्रायः एक सौ पच्चीस वर्ष पूर्व आलाप-वादनोपयोगी वाद्य सुरबहार की सृष्टि की, एवं उस पर तड़प और चिकारी के तार लगाए। इसके पश्चात सितार पर

भी चिकारी के तार लगाए गये। जयपुरी सेनिया उस समय भी चिकारी का व्यवहार नहीं करते थे। गुलाम मुहम्मद खाँ साहब के पुत्र सज्जाद मुहम्मद खाँ कलकत्ता के विख्यात सुरबहार और सितार वादक थे। इमदाद खाँ को कई वर्षों तक सज्जाद मुहम्मद की सुर-साधना सुनने का सुअवसर मिला था।

वर्तमान काल में अधिकांश स्थानों पर तड़पदार सितार का व्यवहार किया जाता है, तड़पविहीन सितार उच्चांग संगीत के समारोहों में अब दिखायी नहीं देता। सितार मुख्यतः औचार आलाप और गत बजाने का वाद्य है, किंतु इस पर मंद्र षड्ज का तार लगाकर आलाप भी बजाया जाता है। आलाप का अंग उत्तम होने पर भी खरजमन्द्र तार के कारण गत बजाने की दृष्टि से इस वाद्य का व्यवहार कुछ असुविधाजनक है। चिकारी का प्रधान काम है 'झाला', खरजमन्द्र तार युक्त सितार पर वह संतोषजनक नहीं होता।

सितार के डाँड के ऊपर के काष्ठफलक को पटरी कहा जाता है, एवं तुम्बे के खोल के आच्छादक काष्ठफलक को तबली कहा जाता है। वर्तमान काल में सितार पर प्रधान सात तार एवं तड़प के ग्यारह से तेरह तक तारों का व्यवहार होता है। सचल ठाट के सितार पर सत्तरह, अचल ठाट के सितार पर तेईस एवं इनके मध्यवर्ती बहुत अधिक प्रचलित सितार पर उन्नीस पर्दे होते हैं। साधारणतः उन्नीस पर्दों के सितार को ही अचल ठाट का वाद्य कहा जाता है। विगत चालीस-पचास वर्षों से बड़े तड़पदार सितार पर दो तुम्बे लगाने की रीति प्रचलित हुई है; जयपुरी सितार पर पहले तीन तुम्बे होते थे; वर्तमान सितार के दो तुम्बों के अलावा प्रधान तुम्बे के संलग्न पीछे ही तृतीय तुम्बा लगता था—वर्तमान काल में इसका व्यवहार नहीं है।

69. सुरचैन/तत/तड़पविहीन सितार का बृहत् रूप, इसका खोल काष्ठनिर्मित होता है। सुरचैन वाद्य का आविष्कार सम्भवतः सुरबहार के पहले ही हुआ है। इस पर आलाप बजाया जाता है। इसके आविष्कर्ता कौन थे, इसका पता नहीं चलता। सरोदाकृति फिर भी पर्दे और सवारी युक्त एक प्रकार का वाद्य भी सुरचैन के नाम से जाना जाता है। यह सरोद के समान जवा अथवा सितार के समान मिजराब से बजाया जा सकता है।

70. सुरबहार—तत, तानसेन के पुत्र-वंश के प्यार खाँ एवं दोहित्र-वंश के उमराव खाँ के शिष्य गुलाम मुहम्मद खाँ ने आलाप-वादनोपयोगी सुरबहार वाद्य की सृष्टि की। सुरबहार सितार वाद्य के अनुरूप है, दोनों में पार्थक्य—

1. सितार की अपेक्षा सुरबहार अति बृहत् है।

2. सितार के पाँच प्रधान तारों के स्थान पर सुरबहार पर सात तारों का व्यवहार होता है, जिनमें दो चिकारी के तार हैं।

3. साधारणतः सितार पर तड़प के तारों का व्यवहार नहीं होता था, सुरबहार

पर तड़प के तार लगाये गये।

4. सितार पर मन्द्र स्वरों का व्यवहार अत्यंत अल्प था, सुरबहार पर मन्द्र स्वरों का व्यवहार उत्तम रूप से हुआ।

इसके अलावा सितार और सुरबहार की वादन-पद्धति प्रायः समान है। (सितार द्रष्टव्य) सुरचैन की आकृति देखकर ऐसा अनुमान होता है कि वही सुरबहार का निकटतम 'पूर्व पुरुष' है।

71. सुरमंजरी, सुरमण्डल या स्वरमण्डल–तत, कानन का नामांतर।

72. सुररबाब–तत, रबाब वाद्य पर लौह-पीतल निर्मित तार एवं काष्ठ-पटरी के स्थान पर सुरश्रृंगार के समान लौह पटरी का व्यवहार कर सुररबाब की सृष्टि हुई। इसकी वादन-पद्धति सुरश्रृंगार के समान है, किंतु तारपरण के काम के समय रबाब के समान खाल (चर्म) पर हाथ की चाँटी द्वारा इसे बजाया जाता है।

73. सुरश्रृंगार–तत, रबाब वाद्य के काष्ठ के खोल के स्थान पर तुम्बा, खाल के आच्छदन-स्थल पर काष्ठतबली, काष्ठपटरी के स्थान पर सरोद के समान लौहचद्दर-निर्मित पटरी एवं ताँत के स्थान पर लौह और पीतल के तार का व्यवहार कर सुरश्रृंगार की सृष्टि है। बाद में इस पर चिकारी के दो तार लगाये गये। तानसेन के पुत्र-वंश के जाफर खाँ ने वाराणसी के एक कारीगर से सुरश्रृंगार का निर्माण कराया था। रबाब की ध्वनि को अधिकतर लोकप्रिय करने एवं विलम्बित आलाप बजाने के उपयुक्त करने के उद्देश्य से ही जाफर खाँ ने सुरश्रृंगार की सृष्टि की थी। इसकी ध्वनि गम्भीर एवं मधुर है, वाद्य का श्वास भी रबाब से अधिक है। भारतवर्ष में सुरश्रृंगार-वादक बहुत कम हैं।

74. सुरसंग्रह या स्वराज–तत, दोतारा का नामांतर।

75. सैक्सोफोन–सुषिर, पीतल-निर्मित यूरोपीय बंसी जातीय वाद्य। एडल्फ सैक्स नामक एक व्यक्ति ने ई. 1840 में इसका आविष्कार किया। इसकी आकृति अंग्रेजी अक्षर 'S' के समान है, इस पर दो हाथों की अँगुलियों के लिए छह छिद्र एवं स्प्रिंगयुक्त ढकनी वाले विशिष्ट अतिरिक्त बीस रन्ध्र हैं। यूरोपीय कंसर्ट वाद्यों में काष्ठमय सुषिर और धातुघटित सुषिर वाद्यों की ध्वनियों में सामंजस्य स्थापित करने के लिए इसकी सृष्टि हुई। काष्ठमय सुषिर वाद्यों की ध्वनि कोमल एवं मृदु है, धातुघटित सुषिर वाद्यों की ध्वनि कर्कश एवं उच्च है–इन दोनों में सामंजस्य स्थापित करने के उद्देश्य से सैक्सोफोन की ध्वनि कोमल और उच्च हुई है। इस पर फूँक-पद्धति क्लॉरनेट के समान है। क्लॉरनेट के समान इसमें एक रीड का व्यवहार होता है। रीड काष्ठमय सुषिर वाद्य का प्रधान वैशिष्ट्य है, उसकी ध्वनि मधुर होती है। पीतल या धातुघटित सुषिर वाद्य की फूँक-पद्धति अधिकांश स्थलों पर शंख के अनुरूप होने से कर्कश हो जाती है।

76. हवाइयन गिटार/तत/गिटार द्रष्टव्य।

77. हॉर्न–सुषिर, पीतल निर्मित यूरोपीय बंसी जातीय वाद्य। शृंग निर्मित शिंगा से ही हॉर्न की सृष्टि है। इसका उत्स शृंग होते हुए भी बहुत समय से हॉर्न पीतल से निर्मित होता आ रहा है। ट्रम्पेट या ट्रम्बोन जातीय सभी प्रकार के सुषिर वाद्य हॉर्न-गोष्ठी के अंतर्गत हैं। इसके अलावा ट्रम्पेट के विशिष्ट प्रकार को भी हॉर्न कहा जाता है; यह कुण्डलाकृति एवं तीन वाल्वयुक्त बंसी है। इसकी फूँक-पद्धति ट्रेम्पेट के समान एवं शंख के अनुरूप है।

78. हार्प–तत, बहुत प्राचीन वाद्य। किसी-किसी ग्रंथकार के मतानुसार वाद्यों में यही सर्वप्रथम है। ईसापूर्व त्रयोदश शताब्दी में मिस्र में इस वाद्य का व्यवहार होता था। साधारणतः तीन काष्ठफलक त्रिभुजाकृति कर संलग्न किये जाते हैं एवं इस त्रिभुज के दो काष्ठफलकों के बीच लौहतार विन्यस्त रहते हैं। जिन दो काष्ठफलकों के बीच तार विन्यस्त किये जाते हैं, उनके बीच एक फलक के साथ बॉक्स की आकृति का ध्वनिकोष युक्त रहता है, एवं इससे ही ध्वनि निःसृत होती है।

हार्प-वादक उच्च स्थान पर बैठकर दोनों जाँघो के बीच हार्प स्थापित कर दोनों हाथों की अँगुलियों से हार्प बजाता है। तार स्थूल और सूक्ष्म एवं बृहत् और क्षुद्र भेद से स्वरों की निमन्ता या उच्चता के अनुसार ध्वनित होते हैं। हार्प कई प्रकार की आकृतियों के होते हैं एवं विभिन्न देशों में विभिन्न आकृति के हार्प देखे जाते हैं। भारतीय कात्यायनी वीणा या कानन हार्प जातीय वाद्य हैं।

विकृत स्वर–वर्तमान काल में स्वरसप्तक में षड्ज और पंचम की कोई विकृति नहीं होती, किंतु ऋषभ, गांधार, मध्यम, धैवत और निषाद–इन पाँच स्वरों की तीव्र और कोमल भेद से विकृति होती है। यथा, कोमल गांधार प्राचीन काल में शुद्ध स्वर रूप में परिचित था, वर्तमान काल में वह विकृत स्वर के रूप में जाना जाता है। तीव्र मध्यम स्वर शुद्ध मध्यम स्वर की विकृति है, अतः वह विकृत स्वर है। स्वस्थान अर्थात् निज निर्दिष्ट श्रुति छोड़कर अन्य स्थान पर अधिष्ठित होने पर ही वह स्वर विकृत रूप में गण्य है। (श्रुति द्रष्टव्य)

विढार, विड़ार या विदार–सम्भवतः 'विदार' से ही विड़ार का व्यवहार आरम्भ हुआ है; 'विदार' का अर्थ है विदीर्ण करना। यहाँ स्वाभाविक क्रम को ही विदीर्ण करना अर्थ परिस्फुट होता है। राग के विस्तार में स्वाभाविक एवं प्रत्याशित पारस्पर्य के बदले अस्वाभाविक एवं अप्रत्याशित पारस्पर्य या गति का व्यवहार होने पर उस पारस्पर्य, गति या चलन को विड़ार कहा जाता है। उसमें राग का रूप भी कुछ समय के लिए अप्रकट रह सकता है, किंतु अन्य राग की छाया प्रकट नहीं होती। यह अत्यंत कष्टसाध्य निपुणता का प्रदर्शन है। यमन राग में विड़ार

का विस्तार इस प्रकार हो सकता है–'गर्मनि, र्मनिध, रेग, र्मधनि, धर्म, गरेसा'। आलाप के मध्य अंग में विड़ार का व्यवहार होता है। विड़ार गति में रचित 'सरगम' एवं गत भी मिलती है। यहाँ गति का अर्थ है चलन।

विदारी–जो विदीर्ण करता है, उसे विदारी कहते हैं। संगीत-शास्त्र में प्रधानतः दो प्रकार की विदारी का उल्लेख है। यथा–

1. गीत विदारी–गीतखण्ड को गीत विदारी कहते हैं। 'ललितलवंगलता परिशीलन। 'कोमल मलयसमीरे'–इस पंक्ति को दो भागों में विभक्त करता है, अतः प्रत्येक भाग को गीतविदारी कहा जाता है।

2. पदविदारी–राग के अंश स्वर एवं उसके संवादी अथवा अनुवादी स्वर एवं न्यास स्वर पर एक-एक विदारी सम्पूर्ण होने पर उसे पदविदारी कहा जाता है। जिस स्वर पर विदारी सम्पूर्ण हो, उसे 'अपन्यास' स्वर कहते हैं। यह 'विदारी सम्पूर्ण करता है', इस गुण के लिए इसे अपन्यास स्वर कहते हैं। अतः देखा जाता है कि अंश स्वर, उसके संवादी स्वर और उसके अनुवादी स्वर में से कोई भी एक अपन्यास स्वर रूप में व्यवहृत हो सकता है। इसी प्रकार न्यास स्वर भी विदारी सम्पूर्ण कर सकता है। अंश स्वर, उसके संवादी अथवा अनुवादी स्वर में से कोई भी न्यास स्वर हो सकता है। अंश स्वर का विवादी स्वर न होकर जो स्वर विदारी सम्पूर्ण करता है, उसे 'संन्यास' स्वर कहा जाता है। जो स्वर अंश स्वर का विदारी न होकर विदारी का भाग-स्वरूप पद सम्पूर्ण करता है, उसे 'विन्यास' स्वर कहा जाता है। अर्थात्, पदविदारी को क्षुद्रतर भागों में भी विभक्त किया जाता है, इससे यही प्रतिपन्न हुआ, एवं इस प्रकार विभक्त विदारी के छोटे पदों के अंतिम स्वर को 'विन्यास स्वर' कहा गया है। यहाँ 'अपन्यास' और 'संन्यास' स्वरद्वय के पार्थक्य के संबंध में कुछ संदेह की गुंजाइश है। न्यास स्वर के संबंध में किसी प्रकार के संदेह का कारण नहीं है, जिस कारण मौटे तौर पर समग्र राग के अंतिम स्वर को न्यास स्वर कहा जाता है–अर्थात् जिस स्वर पर गीतादि पूर्ण होते हैं, वही न्यास स्वर है।

पदविदारी के उदाहरण–यमन राग में अंश-ग, न्यास-सा।

(क) अंशस्वर व्यवहृत परविदारी–ऩिरेग।

(ख) अंश स्वर का संवादी स्वर व्यवहृत विदारी–मधनि।

(ग) अंश स्वर का अनुवादी स्वर व्यवहृत विदारी–मगप।

(घ) न्यास स्वर व्यवहृत विदारी–ऩिरेसा।

उल्लिखित चार प्रकार के विदारी में प्रथम में स्वयं अंश स्वर ही अपन्यास

स्वर हुआ है। द्वितीय में अंश स्वर का संवादी स्वर ही अपन्यास हुआ है। तृतीय में अनुवादी स्वर पर एवं चतुर्थ में न्यास स्वर पर विदारी सम्पूर्ण है।

संन्यास स्वर का उदाहरण बाद में दिया गया है। अंश स्वर गांधार का विवादी स्वर न होकर जो स्वर विदारी सम्पूर्ण करता है, वही संन्यास स्वर है। अतएव वर्तमान काल में प्रचलित शुद्ध गांधार का विवादी स्वर धैवत नहीं है अतः वह विदारी का अंतिम स्वर हो सकता है। यथा–

(ङ) अंशस्वर का विवादी नहीं, इस प्रकार के स्वर के व्यवहार में विदारी–मंनिध।

यहाँ अभिप्राय यह है कि वर्तमान काल में प्रचलित शुद्ध ठाट में गांधार एवं धैवत में संवादित्व है, किंतु जिस कारण यमन राग के अंशस्वर गांधार एवं संवादी निषाद निर्दिष्ट हुआ है, अतः यहाँ धैवत का संवादित्व ग्राह्य नहीं है।

विन्यास स्वर का उदाहरण दिया जा रहा है। अंश स्वर का विवादी न होकर जो स्वर विदारी का भाग स्वरूप एक पद के अंत में रहता है उसे विन्यास स्वर कहते हैं। (यहाँ विदारी त्रिस्वर-विशिष्ट न होकर छह-स्वर-विशिष्ट ग्रहण किया गया, अन्यथा विदारी का भाग करना सम्भव नहीं होगा।)–

(च) अंशस्वर का विवादी न होकर विदारी का पद-खण्डनकारी–मंनिध मंधप।

स्वाभाविक रूप से विदारी द्विखण्डित होने पर मंनिध और मंधप–ये दो भाग होते हैं। यहाँ प्रथम भाग का 'ध' एवं द्वितीय भाग का 'प' विन्यास स्वर होगा।

न्यास आदि के वर्णन से यही प्रतीत होता है कि–

(1) न्यास स्वर पर गीत अथवा वाद्य पूर्ण अथवा समाप्त होता है।

(2) अपन्यास स्वर पर गीतखण्ड अथवा स्वरपद सम्पूर्ण होता है।

(3) अंशस्वर के विवादी स्वर के अलावा, एवं अपन्यास स्वर के अलावा अन्य स्वर पर गीतखण्ड अथवा स्वरपद सम्पूर्ण होने पर इस स्वर को संन्यास स्वर कहा जाता है, अर्थात्, अन्यान्य सभी स्वर संन्यास हो सकते हैं।

(4) विन्यास स्वर पर गीतखण्ड अथवा स्वरपद के क्षुद्र अंश सम्पूर्ण होते हैं।

विन्यास–विदारी द्रष्टव्य।

विलम्बित लय–शब्द आपेक्षिक है। मध्यलय की आधी लय ही विलम्बित लय है। (लय द्रष्टव्य)

विलोम–व्युत्क्रम अर्थात् स्वरसप्तक के स्वाभाविक क्रम का विपरीत क्रम, यथा–निधपमगरेसा, इस क्रम में। अवरोही क्रम। (अवरोह द्रष्टव्य)

विवादी–विवादी स्वर के लक्षण के संबंध में शास्त्र में कहा गया है कि दो स्वरों के बीच यदि एक श्रुति हो तो ये स्वरद्वय परस्पर विवादी होते हैं, अर्थात् वर्तमान शुद्ध ठाट में गांधार और मध्यम परस्पर विवादी हैं। विवादी स्वरों की तालिका दी जा रही है।

विवादी स्वर	**वादी स्वर**	**विवादी स्वर**
नि़	सा	रे॒
सा	रे॒	रे
रे॒	रे	ग॒
रे	ग॒	ग
ग॒	ग	म
ग	म	म॑
म	म॑	प
म॑	प	ध॒
प	ध॒	ध
ध॒	ध	नि॒
ध	नि॒	नि
नि॒	नि	सां

किसी-किसी राग में विवादी स्वर के प्रयोग से राग-रक्ति परिस्फुट होती है, यथा–बिहाग राग में गांधार अंश स्वर है, अतः मध्यम उसका विवादी स्वर है; किंतु बिहाग में 'गमग' पद अपरिहार्य है, यहाँ 'म' स्वर पर स्थायित्व नहीं है एवं 'म' स्वर किसी भी पद का अंतिम स्वर होने पर, अर्थात् विदारी 'म' स्वर पर सम्पूर्ण करने पर बिहाग के रागत्व की हानि होगी; तथापि कई कलाकार 'म' स्वर के प्रलम्बित व्यवहार से बिहाग में नवीनता का प्रदर्शन करते हैं। ऐसी स्थिति में 'म' स्वर को कमी भी 'ग' स्वर के साथ युक्त करना समीचीन नहीं है, यथा, 'निधपम'–इस पद में 'म' प्रलम्बित हुआ है, यह राग-नियम के बाहर है, क्योंकि 'म' यहाँ विदारीकारक स्वर हो गया। विवादी स्वर की दुर्बलता बनाये रखना उचित है एवं ग्रह, न्यास, अपन्यास, संन्यास और विन्यास में विवादी स्वर को सर्वदा वर्जित

रखना समीचीन है। उल्लिखित 'म' स्वर के उदाहरण में यह 'म' स्वर सर्वदा आंदोलित रूप में व्यवहृत होता है—अर्थात् 'निधपमपमपम' इस प्रकार प्रलम्बित होगा, स्थिर रूप में नहीं।

विषम—ताल द्रष्टव्य।

विस्तार—मूल शब्दगत अर्थ में विस्तार एवं तान एक ही वस्तु है, किंतु व्यवहारगत अर्थ में प्रभेद दिखायी देता है। स्वर के अनिबद्ध विस्तार को विस्तार एवं विविध अलंकारों से विभूषित छंदोबद्ध विस्तार को तान कहने से सम्भवतः इन दोनों का पार्थक्य उत्तम रूप से प्रकट होगा। प्रस्तार का अर्थ भी विस्तार है, किंतु प्रस्तार एक विशेष नियम के अनुसार किया जाता है, विस्तार का वैसा कोई नियम नहीं है। (तान द्रष्टव्य)

वेगस्वरा या बेसरा गीति—गीति द्रष्टव्य।

शब्दालंकार—शब्द ध्वनित करने के लिए हाथ या गले के कौशल में सम्पन्न करने क्रिया को शब्दालंकार कहा जाता है। (अलंकार द्रष्टव्य)

शुद्धजाति—राग द्रष्टव्य।

शुद्धतान—तान द्रष्टव्य।

शुद्ध श्रेणी—शुद्धजाति द्रष्टव्य।

शुद्धषड्जा—मूर्च्छना द्रष्टव्य।

शुद्धस्वर—स्वरसप्तक में 'सा' एवं 'प' स्वरों के अलावा अन्यान्य पाँच स्वरों की विकृति सम्भव है, ये स्वर जब अविकृत रहते हैं, तब उन्हें शुद्ध स्वर कहा जाता है। 'सा' और 'प' स्वर सर्वदा ही शुद्ध हैं, क्योंकि इनकी विकृति नहीं होती। संगीत-रत्नाकरोक्त शुद्ध 'ग' और 'नि' स्वर वर्तमान काल में विकृत स्वर रूप में निर्धारित हुए हैं, एवं वर्तमान बिलावल ठाट के शुद्ध 'ग' और 'नि' सिंगीत-रत्नाकर में विकृत स्वर रूप में निर्दिष्ट हैं। (स्वर द्रष्टव्य)

शुद्धागीति—गीति द्रष्टव्य।

शुलुफ़–स्वाभाविक लय की चतुर्गुण से अधिक द्रुत लय को शुलुफ़ लय कहा जाता है। यह परिभाषा आनद्ध वाद्य के संबंध में व्यवहृत है। सोलह मात्राओं में यदि चौसट की अपेक्षा अधिक वाणी उच्चारित हो, तो वही शुलुफ़ है। यथा धेरे धेरे केटे ताक् ताक् तरे केटे ताक

यहाँ एक मात्रा में आठ वाणियों (बोलों) का उच्चारण हुआ है, अतः यह शुलुफ़ का उदाहरण है।

श्वास–वाद्य के अवयव की अनुरणन-शक्ति को श्वास कहा जाता है। अच्छा वाद्य होने पर श्वास अधिक समय तक स्थायी रहता है एवं खराब वाद्य में श्वास प्रायः नहीं रहता। श्वास स्थायी करने के लिए तुम्बे या काष्ठखोल का व्यवहार होता है। वाद्य का काष्ठ जितना शुष्क होगा, उसकी श्वास-वृद्धि की सम्भावना उतनी ही अधिक होगी। आजकल कलकत्ता में कुछ श्रेष्ठ वाद्य-कारीगर विविध वैज्ञानिक उपायों से वाद्य-श्वास-वृद्धि की चेष्टा कर रहे हैं।

श्रुति–सप्तक स्थित स्वरसमूह की क्रमिक उच्चता-परिमापक इकाई या unit विशेष के 'श्रुति' नामकरण के संबंध में कहा जाता है कि स्वर की यह क्रमिक उच्चता मात्र श्रवणेन्द्रिय द्वारा ही अनुभव की जाती है, अन्य किसी भी इन्द्रिय द्वारा यह सम्भव नहीं है, इसीलिए इसका नाम श्रुति हुआ है। स्वरसप्तक में अनंत ध्वनियाँ हैं, किंतु केवल बाईस 'श्रुतियाँ' ही ग्राह्य मानी गयी हैं। कई गुणी इसका कारण यह बताते हैं कि स्वर-सप्तक में मात्र बाईस प्रभेद ही कर्णगोचर होते हैं। किंतु यह धारणा अनुमान मात्र है, सबकी श्रवण-शक्ति समान नहीं है। संगीत-रत्नाकार में कहा गया है कि नाड़ीद्वय-ईड़ा और पिंगला से बाईस अप्रत्यक्ष अदृश्य नाड़ियाँ निकली हैं, ये नाड़ियाँ क्रमिक रूप से उच्च, उच्चतर रूप में अवस्थित हैं, एवं इनके द्वारा ही श्रुतियों की अनुभूति होती है, अतः श्रुति-संख्या बाईस ग्रहण की गयी है।

वस्तुतः जिस प्रकार एक फुट को बारह इंचों में विभिक्त करने का कोई निर्दिष्ट कारण नहीं है, उसी प्रकार स्वर-सप्तक को बाईस श्रुतियों में विभक्त करने का कारण नहीं बताया जा सकता।

शास्त्रकारों ने बाईस श्रुतियों को पाँच जातियों में विभक्त किया है। बाईस श्रुतियों एवं पाँच जातियों के नाम निम्न तालिका में दिये गये हैं। यूरोपीय वैज्ञानिकों ने स्वर-सप्तक के स्वरों के वजन अर्थात् क्रमोच्चता का परिमाप ध्वनित-तारों की प्रति सेकण्ड कम्पन-संख्या द्वारा निरूपित किया है–इस कम्पन संख्या द्वारा ही प्रत्येक श्रुति का वजन निरूपित हो सकता है। (वजन द्रष्टव्य)

कई शास्त्रज्ञ पंडितों के मतानुसार श्रुतियाँ समान नहीं हैं, किंतु इस मत की

कोई सुपरिकल्पित युक्ति नहीं दी गयी है। हम श्रुतियों को समान मानकर ग्रहण करने के पक्षधर हैं, क्योंकि उसके बिना श्रुतियों को नियमबद्ध नहीं किया जा सकता। श्रुति स्वरसप्तक की विषयीभूत वस्तु है, अतः किसी भी एक स्वरसप्तक के आदिस्वर षड्ज के परिमाण के ऊपर उस षड्जाश्रित स्वरसप्तक की श्रुतियों की क्रमिक उच्चता का परिमाण निर्भर करता है। षड्ज स्वर की कम्पन-संख्या का परिमाण यदि 'क' है, तो उस षड्ज की अपेक्षा तार-षड्ज का परिमाण 'क x 2 होगा; एवं उस स्वरसप्तक की प्रत्येक श्रुति का परिमाण 'क ÷ 22' होगा। इसी प्रकार षड्ज स्वर का परिमाण 'ख' होने पर श्रुति का परिमाण 'ख ÷ 22' होगा। यूरोपीय वैज्ञानिकों ने षड्ज की कई प्रकार की कम्पन-संख्या निर्धारित की है, इसका विवरण 'वजन' शब्द की व्याख्या में दिया गया है। सबसे पहले यह अवश्य स्मरण रखना होगा कि शास्त्रकारों ने कम्पन-संख्या का विचार कर, श्रुति का निर्धारण नहीं किया–मात्र श्रवण-शक्ति पर निर्भर कर ही श्रुति निर्धारित हुई है। आधुनिक संगीतविदों ने पाश्चात्य वैज्ञानिक गवेषणा के साथ शास्त्रीय श्रुति का समीकरण करने के प्रयास में श्रुति को अनावश्यक रूप से जटिल और अबोधगम्य बना दिया है एवं 'श्रुतियाँ समान नहीं' इस प्रकार के मत का प्रचार वे कर रहे हैं। श्रुतियाँ यदि असमान हो, तो 'तीन श्रुति', 'चार श्रुति' आदि श्रुति-संख्या का उल्लेख मात्र निरर्थक ही नहीं, बल्कि हास्यास्पद भी होगा। इसके पश्चात् बाईस श्रुतियों का विशद् विवरण दिया जा रहा है–

(विवरण अगले पेज पर है।)

इसके पश्चात् पूर्वोक्त श्रुतियों के संबंध में आर्थर मोर एवं के.के. वर्मा द्वारा उल्लिखित कम्पन-संख्या और पाश्चात्य स्वर-नाम (पूर्ववर्ती तालिका की संख्या-निर्देशपूर्वक) यथाक्रम दिये जा रहे हैं–

(4) 364 सी, (5) 275 सी-शार्प, (6) 286 डी-फ्लैट, (7) 297 डी, (8) 309.375 डी-शार्प, (9) 319.6875 ई-फ्लैट, (10) 330 ई, (11) 341 ई-शार्प, (12) 346.5 एफ-फ्लैट, (13) 352 एफ, (14) 371.25 एफ-शार्प, (15) 384 जी-फ्लैट, (16) 396 जी, (17) 412.5 जी-शार्प, (18) 426.25 ए-फ्लैट, (19) 440 ए, (20) 454.66 ए-शार्प, (21) 462 ए-डबल शार्प, (22) 469.332 बी-फ्लैट, (1) 495 बी, (2) 506 बी-शार्प, (3) 517 सी-फ्लैट, (4) 528 सी

-The Statesman, Aug-21 & sept. s, 1961

आर्थर मोर ने रम्या श्रुति पर 'ए'-शार्प की एवं उग्रा श्रुति पर 'ए'-डबल शार्प की कम्पन-संख्या क्रमशः 449.776 एवं 459.554 मानी है, किंतु उससे रोहिणी श्रुति पर 'ए' स्वर के साथ जटिल आनुपातिक संख्या की सृष्टि होने एवं 'ए' स्वर

क्रम	श्रुतिनाम	जाति	संगीत पारिजात अनुयायी स्वर	संगीतरत्नाकर अनुयायी स्वर	प्रचलित स्वर	ई.क्लेमेंट्स उल्लिखित कंपन संख्या
4	छंदोवती	मध्या	सा	सा	सा	240
5	दयावती	करुणा	पूर्व रे	-	अतिकोमल रे	250
6	रंजनी	मध्या	कोमल रे	-	कोमल रे	256
7	रक्तिका	मृदु	रे या पूर्व ग	रे	रे	266 $^{2}/_{3}$
8	रौद्री	दीप्ता	तीव्रतर रे या कोमल ग	-	तीव्र रे	270
9	क्रोधा	आयता	ग	ग	कोमल ग	284 $^{4}/_{9}$
10	वज्रिका	दीप्ता	तीव्र ग	साधारण ग	तीव्र कोमल ग	288
11	प्रसारिणी	आयता	तीव्रतर ग	अन्तर ग	ग	300
12	प्रीति	मृदु	तीव्रतम ग	च्युत म	तीव्र ग	316 $^{4}/_{81}$
13	मार्जनी	मध्या	म अथवा अति तीव्रतम ग	म	म	320

14 क्षिति	मृदु	तीव्र म	-	-	$333\frac{1}{3}$
15 रक्ता	मध्या	तीव्रतर म	-	तीव्र म	$337\frac{1}{2}$
16 सन्दीपिनी	आयता	तीव्रतम म	मध्यमग्रामोक्त या कौशिक प	तीव्रतर म	$345\frac{3}{5}$
17 आलापिनी	करुणा	प	प	प	360
18 मदंती	करुणा	पूर्व ध	-	अतिकोमल ध	375
19 रोहिणी	आयता	कोमल ध	-	कोमल ध	384
20 रम्या	मध्या	ध या पूर्व नि	ध	ध	400
21 उग्रा	दीप्ता	तीव्र ध या कोमल नि	-	तीव्र ध	405
22 क्षोभिणी	मध्या	नि या तीव्रतर ध	नि	कोमल नि	$426\frac{2}{3}$
1 तीव्रा	दीप्ता	तीव्र नि	कैशिकी नि	तीव्र कोमल नि	432
2 कुमुद्वती	आयता	तीव्रतर नि	काकली नि	नि	450
3 मन्दा	मृदु	तीव्रतम नि	च्युत सा	तीव्र नि	$474\frac{2}{27}$
4 छंदोवती	मध्या	सां	सां	सां	480

के साथ उनका विवादित्व अति उग्र होने के कारण के.के वर्मा ने रम्या श्रुति और उग्रा श्रुति की कम्पन-संख्या क्रमशः 454.66 और 462 निर्धारित की।

आर्थर मोर एवं के.के. वर्मा की प्रचेष्टा प्रशंसनीय होते हुए भी हमारे संगीत-शास्त्र की दृष्टि से वह त्रुटिरहित नहीं है, क्योंकि 'सी' या 'सा' के साथ 3/2 आनुपातिक 'जी' या 'प' सन्दीपिनी श्रुति पर आ गया है, उसका आलापिनी श्रुति के अंतर्गत रहना ही उचित है। ई. क्लेमेंट्स ने 'सा' के 3/2 आनुपातिक 'प' को आलापिनी श्रुति पर ही निर्दिष्ट किया है। श्रुति-गणना के हिसाब से भी 'सा' से त्रयोदश श्रुति पर पंचम अवस्थित है, किंतु नयी प्रचेष्टा से वह द्वादश श्रुति पर अवस्थान कर रहा है। अर्थात् मोर एवं वर्मा ने षड्ज की श्रुति भी गणना के अंतर्गत लेकर भूल की है, षड्ज की श्रुति को छोड़कर त्रयोदश श्रुति पर पंचम अवस्थित है।

संगीत-रत्नाकरोक्त स्वर-विवरण केवल षड्ज ग्राम में ही प्रयोज्य है। विस्तार-भय से मध्यम या गांधार ग्रामों का स्वर-विवरण यहाँ नहीं दिया गया है। (ग्राम द्रष्टव्य)

वर्तमान काल में प्रचलित श्रुति एवं स्वर-विन्यास का विचार अपरिहार्य हो गया है। शास्त्रीय श्रुति-विभाग संक्षिप्त रूप में लिखा जा रहा है—

1234 567 89 10 11 12 13 14 15 16 17
|||| ||| || | | | | | | | |
सा रे ग म प

18 19 20 21 22 1234
| | | | | ||||
ध नि सां

अर्थात् 'सा' की चार श्रुतियाँ, 'रे' की तीन श्रुतियाँ, 'ग' की दो श्रुतियाँ, 'म' की चार श्रुतियाँ, 'प' की चार श्रुतियाँ, 'ध' की तीन श्रुतियाँ, 'नि' की दो श्रुतियाँ हैं। भरत, शार्ङ्गदेव प्रभृति शास्त्रकारों ने विशेष रूप से निर्देश दिया है कि स्वर अपनी अंत्य श्रुति पर प्रतिष्ठित है।

भारतवर्ष के मूल्यवान शास्त्र साधारणतः यूरोपीय मनीषियों ने पढ़े हैं और उन्होंने उनकी समालोचना की है, अतः इस युग में वे भारतीयों के लिए पठनोपयोगी हुए हैं। संगीत-शास्त्र के संबंध में भी इस नियम का व्यतिक्रम नहीं हुआ है। सर विलियम जोन्स, लेफ्टि.कर्नल जेम्स टॉड, केप्टन एन. अगस्तस विलार्ड प्रभृति पंडितों ने संस्कृत शास्त्रों की समालोचना कर भ्रमवशतः 'सा' एवं 'रे' स्वरों के मध्यवर्ती स्थान पर 'सा' की चार श्रुतियाँ स्थापित की हैं। इसी प्रकार अन्यान्य स्वरों की श्रुतियाँ भी उसके बाद के स्वरों के मध्यवर्ती स्थानों पर स्थापित हुई हैं। स्वर और श्रुति का यह विभाजन उस युग में भ्रामक प्रतीत नहीं हुआ; उसका कारण यह है कि पूर्वोक्त पंडित उनके द्वारा व्यवहृत स्वर-सप्तक के साथ इस प्रकार के स्वर

और श्रुति-विन्यास का एक प्रकार का सादृश्य अनुभव कर सके। यूरोपीय सप्तक वर्तमान काल में प्रचलित शुद्ध स्वर-सप्तक विलावल ठाट के समान है, उसमें 'सा' एवं 'रे' का मध्यवर्ती स्थान बृहत् अंतर विशिष्ट, 'रे' एवं 'ग' का मध्यवर्ती स्थान मध्यान्तर-विशिष्ट, 'ग' एवं 'म' का मध्यवर्ती स्थान क्षुद्रान्तर-विशिष्ट, 'प', 'ध', 'नि' 'सां' स्वरों के मध्यवर्ती स्थान भी यथाक्रम पूर्वोक्त प्रकार से स्वरांतर विशिष्ट है। यूरोपीय पंडितों का यह भ्रम अत्यंत स्वाभाविक है। उन्होंने अन्ततः इस प्रकार श्रुति-विन्यास किया–

1 2 3 4	5 6 7	8 9	10 11 12 13
| | | |	| | |	| |	| | | |
सा बृहदन्तर	रे मध्यान्तर	ग क्षुद्रान्तर	म बृहदन्तर

14 15 16 17	18 19 20	21 22	1 2 3 4
| | | |	| | |	| |	| | | |
प बृहदन्तर	ध मध्यन्तर	नि क्षुद्रान्तर	सां बृहदन्तर

प्यानो वाद्य पर स्वर इसी प्रकार के अंतर से ही अवस्थित हैं, अतः यूरोपीय पंडित श्रुतियों के संबंध में अपनी भ्रान्ति को समझ नहीं सके। उपर्युक्त मनीषियों ने ही अठारहवीं शताब्दी के मध्यकाल से उन्नीसवीं शताब्दी के मध्यकाल तक प्रायः सौ वर्षों के काल में भारतीय संगीत के संबंध में अत्यंत प्रामाणिक ग्रंथों की रचना कर भारतीय संगीतविदों की ज्ञान-पिपासा निवृत्त की है।

दुःख की बात यह है कि उस युग के भारतीय ग्रंथकारों ने भी यूरोपीय मनीषियों की भ्रान्ति को शुद्ध मानकर तदनुयायी अपने ग्रंथों की रचना की है, स्वतंत्र रूप से ऋषि-प्रणीत शास्त्रों की सम्यक् पर्यालोचना नहीं की।

दो सौ वर्ष पूर्व की यूरोपीय भ्रान्ति वर्तमान काल में 'आधुनिक श्रुति स्वर' नाम से सुप्रतिष्ठित होकर विराजमान है। बंगाल के प्राचीन ग्रंथकारों ने भी इस भ्रान्ति को स्वीकार कर लिया है। सबसे बड़ी बात यह है कि संगीतशास्त्र के पंडित स्व. विष्णुनारायण भातखण्डे महाशय ने इस भ्रान्ति को केवल स्वीकार ही नहीं किया, बल्कि 'विष्णु शर्मा' की भणिता से रचित 'अभिनवराग मंजरी' ग्रथ के संस्कृत श्लोक में वे इस भ्रान्ति को ही नियम का आभिजात्य (कुल-संस्कार) प्रदान कर गये हैं–इसका एकमात्र कारण यही हो सकता है कि वर्तमान संगीत के विवेचन में शास्त्रीय श्रुति-विभाग के साथ प्रत्यक्ष अभिज्ञता का सामंजस्य बिठाना अत्यंत श्रमसाध्य है। उन्होंने लिखा है–

"एते शुद्धस्वराः सप्त स्वस्वाद्यश्रुतिसंस्थिताः।"

प्राचीन काल में ऋषि-प्रणीत शास्त्र में इस प्रकार कहा गया है–

"एते शुद्धस्वराः सप्त स्वस्वान्तश्रुतिसंस्थिताः।"

वर्तमान काल में संगीत-शास्त्र की समालोचना और गवेषणा पहले की तुलना में बढ़ जाने के कारण अशास्त्रीय श्रुति-विभाग शीघ्र वर्ज्य हो गया है। शास्त्रोक्त श्रुति-विभाग स्वीकार कर लेने पर वर्तमान काल के राग-समूह की शास्त्रोक्त रागों के साथ तुलना कर, उनमें सामंजस्य स्थापित करने के प्रयास किये जा सकेंगे। किंतु जहाँ स्वर-सप्तक का मौलिक आधार ही परिवर्तित है, वहाँ शास्त्रोक्त रागों की आलोचना करना वृथा श्रम ही होगा।

वर्तमान काल में प्रचलित श्रुति-विभाग अधिकांश स्थलों पर सम्पूर्ण भ्रामक है, उसके प्रमाण में कहा जा सकता है कि यदि षड्ज अपनी आद्य श्रुति पर ही अधिष्ठित रहे, तो षड्ज की अन्य तीन श्रुतियाँ षड्ज और ऋषभ स्वरद्वय के मध्य स्थान पर ही स्थित हैं, एवं ऐसी स्थिति में षड्ज की श्रुतियाँ अतिकोमल एवं कोमल ऋषभ की आश्रय रूप कैसे हो सकती हैं ? कुछ गुणी यह दृष्टान्त देंगे कि निषाद एवं षड्ज की मध्यवर्ती श्रुतियाँ एवं मध्यम और पंचम की मध्यवर्ती श्रुतियाँ क्रमशः षड्ज एवं पंचम की श्रुतियाँ होने पर कोमल षड्ज न कहकर तीव्र निषाद एवं कोमल पंचम न कहकर तीव्र मध्यम कहा जाता है। उसके उत्तर में यही कहना है कि षड्ज एवं पंचम स्वरद्वय अविचलित या अचल स्वरों के रूप में गृहीत हैं, अर्थात् इन दो स्वरों की कोई विकृति स्वीकार नहीं की गयी है, अतः बाध्य होकर षड्ज एवं पंचम की श्रुतियाँ होते हुए भी उन्हें क्रमशः तीव्र निषाद और तीव्र मध्यम की आश्रयस्वरूप ग्रहण किया गया है।

षड्ज स्वर-सप्तक का आदि एवं जनक स्वर है, अतः उसकी विकृति वर्तमान काल में स्वीकार नहीं की जाती; उसी प्रकार षड्ज के प्रधान संवादी स्वर रूप में पंचम की भी विकृति स्वीकार नहीं की जाती। इसके अलावा स्वराष्टक के अंग-विभाग में 'सारेगम' स्वरचतुष्टय को पूर्वांग एवं 'पधनिसां' स्वरचतुष्टय को उत्तरांग कहा जाता है। यह ध्यान देने यागय है कि 'सारेगम' स्वरचतुष्टय के पूर्वांग में क्रमिक उच्चता की स्थिति जिस प्रकार है, 'पधनिसां' स्वरचतुष्टय के उत्तरांग में क्रमिक उच्चता की स्थिति उसी प्रकार है। अतः षड्ज की विकृति न होने पर पंचम की भी विकृति सम्भव नहीं है।

किसी-किसी यूरोपीय वैज्ञानिक ने श्रुति के बदल 'सेंट' नामक इकाई द्वारा स्वरों की उच्चता का परिमाप किया है, किंतु यहाँ उसे असंगत मानकर उसका उल्लेख नहीं किया गया है। स्वरों की कम्पन-संख्या वैज्ञानिक यंत्र-निर्धारित है तथा विश्व में सर्वत्र प्रमाणित है, अतः उसका उल्लेख किया गया है। इस कम्पन-संख्या की सहायता से स्वर-सप्तक के स्वरों के पारस्परिक अनुपात निर्दिष्ट किए गये हैं।

इस विषय में वैज्ञानिकों द्वारा स्वीकृत स्वरकम्पन-संख्या ही व्यवहृत हुई है—

सा-240 — रे:सा = $^9/_8$; ग:सा = $^5/_4$; म:सा = $^4/_3$; प:सा = $^3/_2$; ध:सा = $^5/_3$; नि:सा = $^{15}/_8$, सां:सा = 2

रे-270 — ग:रे = $^{10}/_9$; म:रे = $^{32}/_{27}$; प:रे = $^4/_3$; ध:रे = $^{40}/_{27}$; नि:रे = $^5/_3$; सां:रे = $^{16}/_9$

ग-300 — म:ग = $^{16}/_{15}$; प:ग = $^6/_5$; ध:ग = $^4/_3$; नि:ग = $^3/_2$; सां:ग = $^8/_5$

म—320 — प:म = $^9/_8$; ध:म = $^5/_4$; नि:म = $^{45}/_{32}$; सां:म = $^3/_2$

प-360 — ध:प = $^{10}/_9$; नि:प = $^5/_4$; सां:प = $^4/_3$

ध-400 — नि:ध = $^9/_8$; सां:ध = $^6/_5$

नि-450 — सां:नि = $^{16}/_{15}$

सां-480

भारतीय नियमानुसार कोई भी स्वर कम्पन-संख्या द्वारा निर्दिष्ट नहीं है, कोई भी स्वर 'सा' हो सकता है, किंतु यूरोपीय स्वर कम्पन-संख्या द्वारा अविचलित रूप से सुनिर्दिष्ट हैं। (स्वर द्रष्टव्य)

श्रुति-हारमोनियम—वाद्यों में इसका उल्लेख नहीं है, इसका कारण यह है कि यह व्यक्ति विशेष की आधुनिक उदभावाना मात्र है, इसका अधिक प्रचार नहीं हुआ है। श्रुति-गवेषणा के लिए श्रीयुत् के.वी. देवल महाशय के निर्देश पर लंदन की मूर एण्ड मूर कम्पनी ने श्रुति-हारमोनियम का निर्माण किया था। इंगलैण्ड में इस वाद्य का 'पेटेण्ट' (15548/11) लिया गया था।

इस हारमोनियम पर तेईस चाबियों का व्यवहार किया गया है एवं बाईस श्रुतियों के अनुसार रीड लगायी गयी हैं। इस हारमोनियम की सहायता से पंडित के.वी देवल ने कई प्रकार की गवेषणा, अन्वेषण कर एक ग्रंथ प्रकाशित किया है। पंडित ई. क्लेमेण्ट्स भी इस हारमोनियम की सहायता एवं स्व. अब्दुल करीम खाँ साहब के सहयोग से श्रुतियों के संबंध में कई प्रकार के अन्वेषण कर गये हैं।

श्रुति-हारमोनियम की श्रुतियों की कम्पन-संख्या प्रचलित कम्पन-संख्या से कुछ पृथक है, असंगत मानकर उनका विशद् विवरण यहाँ नहीं दिया गया है।

श्रीयुत् के.वी. देवल महाराष्ट्रीय थे एवं अवकाश प्राप्त डिप्टी कलक्टर थे। वे कई प्रकार के सांगीतिक अन्वेषणों में संलग्न थे।

षड्ज–खरज द्रष्टव्य।

षड्जग्राम–गांधार ग्राम द्रष्टव्य।

षाड़व–स्वरसप्तक में एक स्वर वर्जित करने पर छह स्वर शेष रहते हैं, इस दह स्वर-विशिष्ट क्रम को षाड़वित या षाड़वीकृत क्रम कहा जाता है। षाड़वित क्रम में षड्ज स्वर कभी वर्जित नहीं होगा। छह स्वर-विशिष्ट राग को षाड़व जातीय राग कहा जाता है।

संकीर्ण श्रेणी–जिस राग में शुद्ध एवं छायालग रागों का मिश्रण हुआ है, उसे संकीर्ण श्रेणी का राग कहते हैं। (राग द्रष्टव्य)

संगत–शब्दार्थ है 'मिलन'। कण्ठ्य या वाद्य यंत्र-संगीत के साथ आनद्ध वाद्य पर ताल और छंद निर्देशक वादन को संगत कहा जाता है। 'संगत' सर्वत्र अनुगमन के अर्थ में व्यवहृत है, अर्थात् कण्ठ्य या वाद्य संगीत की अनुगामी रहती है। आनद्ध वाद्य जब मुख्य वाद्य के रूप बजाया जाता है, तब उसे संगत नहीं कहा जाता, लहरा कहा जाता है।

संगीत–गीत, वाद्य एवं नृत्य के सम्मिलित रूप को संगीत कहा जाता है। किंतु संगीत का प्रचलित अर्थ है कण्ठ्य एवं वाद्य संगीत। संगीत की सीमा और भी संकीर्ण कर मात्र कण्ठ्य संगीत को ही संगीत कहा जाता है।

वर्तमान काल में रागप्रधान कण्ठ्य एवं वाद्य-संगीत के साथ छंद एवं ताल प्रधान आनद्ध वाद्य की संगत मिलाकर प्रस्तुति को संगीत कहना प्रचलित हो गया है। नृत्य को संगीत शब्द से पृथक कर, उसे अन्यतम मुख्य कलाविद्या के रूप में गण्य किया गया है।

सचल ठाट–यहाँ ठाट का अर्थ है ततवाद्य की सारिकायें या पर्दे। सप्तदश (17) पर्दे के ततवाद्य पर कोमल स्वर बजाते समय पर्दे सरकाने पड़ते हैं, अतः सप्तदश पर्दे या ठाट के वाद्य को सचल ठाट का वाद्य कहा जाता है। (अचल ठाट द्रष्टव्य)

सचल स्वर–स्वर-सप्तक के 'सा' और 'प' स्वरों को छोड़कर अन्य पाँच स्वरों की तीव्र या कोमल भेद से विकृति हो सकती है, अतः इन स्वरों को सचल स्वर कहा जाता है। वर्तमान काल में 'सा' और 'प' अचल स्वर रूप में गण्य होते हैं। (अचल स्वर द्रष्टव्य)

संचारी तुक–ध्रुपद या आलाप की चार कलियों, तुकों या चरणों में तृतीय कलि। मध्यसप्तक के गांधार या मध्यम से मन्द्रसप्तक की शेष सीमा तक संचारी का विकास-स्थान है। स्थायी और अंतरा की सीमा तक यह संचरणशील है। यद्यपि मध्यसप्तक के गांधार या मध्यम से इसका आरम्भ निर्दिष्ट है। (धातु द्रष्टव्य)

संचारी वर्ण–वर्ण द्रष्टव्य।

सन्धि प्रकाश–ऊषा और संध्या के समय के राग को सन्धिप्रकाश राग कहा जाता है। मुख्यतः जिन रागों में कोमल ऋषभ और कोमल धैवत या व्यवहार है, उन रागों को ही साधारणतः सन्धिप्रकाश-रागों की श्रेणी में रखा जाता है। (राग द्रष्टव्य)

संन्यास–विदारी द्रष्टव्य।

सपाट तान–तान द्रष्टव्य।

सप्तक–संगीत में मूल सात स्वरों के समन्वय को सप्तक कहा जाता है। साधारणतः मन्द्र, मध्य एवं तार–इन तीन सप्तकों का व्यवहार होता है, किंतु इन तीन सप्तकों के अलावा अतिमन्द्र सप्तक का भी व्यवहार होता है। मध्य सप्तक के 'सा' से तार सप्तक के 'सा' तक–इन आठ स्वरों के समन्वय को अष्टक या बोलचाल की भाषा में octave कहा जाता है, साधारणतः व्यावहारिक रूप में अष्टक ही प्रचलित है। सप्तक को ग्राम भी कहा जाता है, यथा मन्द्र, मध्य एवं तार ग्राम। यूरोपीय संगीत में 'आक्टेव' का अर्थ है एक स्वर का अष्टम स्वर, अर्थात् 'सा' स्वर का 'आक्टेव' सा अथवा सां, समग्र स्वराष्टक नहीं।

सप्तालंकार–अलंकार द्रष्टव्य।

सम–ताल द्रष्टव्य

समय–भारतीय राग-रागिनियों का समय निरूपित है; उनमें से कुछ राग सब समय गाये-बजाये जाते हैं, जैसे काफी, पीलू, भैरवी आदि। कुछ दिवागेय राग वास्तव में रात में गाये जाते हैं, यथा सूहा और सुघराई कान्हड़ा। गौड़सारंग राग दिन के समय में गाया जाता है, किंतु इस राग में सारंग अंग बिलकुल न रहने से रात्रिगेय राग के रूप में भी यह विवेचित हो सकता है, यद्यपि इसका नामान्तर 'दिन का बिहाग' है। राग-रागिनी के समय-निर्देश की कोई युक्ति है या नहीं, पता नहीं, किंतु अधिक व्यवहार के कारण एक नियम बन गया है। वर्तमान काल में इन सब नियमों का सर्वत्र पालन नहीं होता, यथा–आजकल ललित राग प्रातःकाल गाया जाता है, मालकोश राग भी प्रातःकाल सुना जाता है। ऋतुराग विशेष-विशेष ऋतुओं में सर्वदा गाये जा सकते हैं, इस प्रकार का नियम भी प्रचलित है। पंडित भातखण्डे ने रागों का बिश्लेषण कर उनके कुछ समय-निर्देशक नियम लिखे हैं। (राग द्रष्टव्य)

सम्पूर्ण–स्वरसप्तक के सात स्वरों के व्यवहार से जो राग गाया या बजाया जाता है, उसे सम्पूर्ण जातीय राग कहा जाता है। सात स्वर-विशिष्ट क्रम, मूर्च्छना या तान को सम्पूर्ण कहा जाता है।

सरगम–मातु या गान के भाषा विहीन गायनोपयोगी राग-प्रकाशक तालबद्ध स्वर-विन्यास को 'सरगम' कहा जाता है। इस प्रकार के स्वर-विन्यास में व्यवहृत 'सा रे ग म' स्वरों से ही 'सरगम' शब्द की उत्पत्ति है। 'सरगम' सर्वदा गाये जाते हैं, उनका वादन होने पर उसे गत कहा जाता है, यद्यपि इस प्रकार की गत में बोलों का कोई प्राधान्य नहीं है। उत्तर भारत में कई बन्दिशें एवं विख्यात 'सरगम' गाये जाते हैं। अधिकांश समय में खयाल एवं ठुमरी के अंग रूप में 'सरगम' गाये जाते हैं। चतुरंग, त्रिवट एवं तराना में भी 'सरगम' गाये जाते हैं।

सलामी टुकड़ा–तबला या पखावज पर लहरा बजाने के आरम्भ में तिहाईयुक्त एक टुकड़ा बजाया जाता है, तिहाइयों के बीच-बीच में विराम का काल इस प्रकार रहता है कि उस समय में श्रोताओं का सलाम द्वारा अभिवादन करने का समय मिल जाता है। इस प्रकार तीन बार सलाम किया जाता है। सलामी टुकड़े के बाद अन्यान्य वाद्यवस्तु सिलसिलेवार बजायी जाती है। (लहरा द्रष्टव्य)

सवारी–जवारी शब्द का नामांतर। (जवारी द्रष्टव्य)

साकारी–सहकारी स्वर। एक स्वर उसकी पूर्ववर्ती स्वराश्रित श्रुति की परवर्ती श्रुति पर अधिष्ठित होने पर उसे पूर्ववर्ती स्वर का सहकारी या साकारी स्वर कहा

जाता है, यथा—अतिकोमल ऋषभ। (स्वर द्रष्टव्य)

साथसंगत—कण्ठ्य या वाद्य संगीत के गीत या वाद्यवस्तु को जब आनद्ध वाद्य की वाद्यवस्तु के साथ समभाव से गाया या बजाया जाता है तब उसे साथसंगत कहा जाता है। (आलाप द्रष्टव्य, संगत द्रष्टव्य)

सादरा—झपताल में रचित होरी या ध्रुपद गान को सादरा कहा जाता है। दिल्ली के निकटस्थ शाहदरा ग्राम निवासी एवं बैजू बावरा की शिष्य-परम्परा के भ्रातृद्वय शिवमोहन और शिवनाथ ने झपताल के ध्रुपद में एक वैशिष्टचपूर्ण रीति प्रचलित कर अपने ग्राम के नाम पर उसका नामकरण किया। पृथक रूप से झपताल का अथवा ध्रुपद का नाम सादरा नहीं है, किंतु दोनों का सम्मिलित नाम सादरा रूप में प्रसिद्ध हुआ है। साधारणतः ध्रुपद कहने का अर्थ है चौताल का धुप्रद, धमार कहने का अर्थ है धमार ताल में ध्रुपद एवं सादरा कहने का अर्थ है झपताल का ध्रुपद।

साधारण गांधार—गांधार जब मध्यम की प्रथम श्रुति ग्रहण कर त्रिश्रुतिक हो जाता है, तब उसे साधारण-गांधार कहा जाता है। (श्रुति द्रष्टव्य)

साधारणी गीति—गीति द्रष्टव्य

साम—सामवेद। वेद का जो अंश गाया जाता है, वही साम है। ऋक् मंत्र स्वर-सहयोग से गाये जाने पर वे ही साम में परिणत होते हैं। अनुमानतः चार-पाँच सहस्र वर्ष पूर्व भी सामगान का प्रचलन था। किसी-किसी का कहना है कि सामगान में चार स्वरों का व्यवहार होता था; कई गुणियों की मान्यता है कि सामगान में स्वर-सप्तक का व्यवहार था। संगीत-रत्नाकार में यही उल्लेख है कि सामगान में तीन स्वरों का व्यवहार था। सामगान में उदात्त, अनुदात्त और स्वरित—इन तीन स्वरों का व्यवहार था।

सामिक—सामगान में तीन स्वरों का व्यवहार था, अतः तीन स्वर विशिष्ट तान को सामिक तान कहा जाता है। (तान द्रष्टव्य)

सारणा—संचालन, स्थानान्तरण। स्वर को उच्च या निम्न करने को सारणा कहा जाता है। संगीत-रत्नाकार के श्रुति-प्रकरण में दो वीणाओं का उल्लेख है—

(1) ध्रववीणा, जिसके तार बाईस श्रुतिस्वर के अनुसार बँधे रहते हैं।

(2) चलवीणा, जिनके तार इच्छानुसार दृढ़ या शिथिल कर स्वरों की निम्नता या उच्चता का तारतम्य बिठाया जा सकता है।

ध्रुववीणा को आदर्श मानकर, चलवीणा में तारों को शिथिल कर एक-एक श्रुति निम्न कर अथवा उतार कर, ध्रुववीणा के बाईस तारों के श्रुतिस्वरों के साथ समता कायम कर सारणा करने का उपदेश दिया गया है। चार बार से अधिक सारणा निषिद्ध भी है, क्योंकि स्वर की सर्वाधिक श्रुति-संख्या चार है। इस सारणा का मूल उद्देश्य श्रुति की उच्चता के मान का निर्णय करना है, अर्थात् यही प्रमाणित करना है कि श्रुतियाँ परस्पर समान हैं। कुछ लोग भ्रमवशतः सारणा का सारिका अर्थ में भी व्यवहार करते है।

सारिका–पर्दा।

सालंकश्रेणी–इसे सालग या छायालय श्रेणी भी कहा जाता है। (छायालय द्रष्टव्य)

सिलसिला–पारस्पर्य (Sequence)। वैज्ञानिक आधार पर प्रतिष्ठित सभी प्रकार की रचनाओं का विशिष्ट पारस्पर्य या सिलसिला है। सिलसिले पर निर्भर रहकर ही रचना का विश्लेषण होता है एवं नियम आदि अथवा व्याकरण प्रस्तुत किया जाता है। सिलसिले के बिना नियम आदि निरूपित नहीं हो सकते। आलाप, ध्रुपद, खयाल, ठुमरी, टप्पा आदि समस्त कण्ठ्य संगीत की गायन पद्धतियाँ, उसी प्रकार आलाप, गत प्रभृति आश्रित वाद्यसंगीत की वादन-पद्धति में एक सुपरिकल्पित सिलसिला है। अभिजात उस्ताद अपने शिष्य-वर्ग को सिलसिले के अनुसार शिक्षा देते हैं। सिलसिले के संबंध में जो अनभिज्ञ हैं एवं नीच वृत्ति द्वारा अशिक्षितपटुता मात्र जिसने अर्जित की है, ऐसे संगीतज्ञ को अताई कहा जाता है। सिलसिले का यथाक्रम सम्पूर्ण विवरण देना इस ग्रंथ का उद्देश्य नहीं है, उदाहरण-स्वरूप आलाप का सिलसिला यथास्थान दिया गया है। उपयुक्त उस्तादों से सिलसिला सीखना चाहिये। (आलाप द्रष्टव्य)

सुरपरण–वाद्य संगीत में विविध प्रकार के बोलों के सहयोग से वादन की क्रिया को सुरपरण कहा जाता है। तारपरण में, आनद्धवाद्य की परण के अनुरूप छंद में ततवाद्य पर बोल बजाये जाते हैं; सुरपरण में, आनद्धवाद्य की परण नहीं बजायी जाती, किंतु विविध प्रकार के छंद-युक्त बोलों का काम किया जाता है। सुरपरण एवं तारपरण में यही प्रभेद है।

सेनिया घराना–व्यापक अर्थ में मियाँ तानसेन के वंशज सेनिया नाम से परिचित हैं, किंतु तानसेन के पुत्र एवं कन्या के वंशज अपना परिचय सेनिया कहकर

नहीं देते, पुत्र एवं कन्या-वंश के रूप में अपना परिचय देते हैं। मियाँ तानसेन के एक पुत्र सूरतसेन के वंशज एंव विख्यात सितारिये मसीत खाँ के वंशज भी जयपुर में जाकर निवास करने लगे, वे ही परवर्ती काल में सेनिया वंश के रूप में परिचित हुए। जयपुर के सेनिया-कलाकारों ने मुख्यतः सितार-वाद्य ही ग्रहण किया था। सेनिया घराने के विख्यात सितारिये अमीर खाँ मैसूर में दरबारी वादक थे एवं उन्होंने बरकतुल्ला खाँ को सितार की शिक्षा दी। जयपुर-घराने में प्रचलित मसीतखानी बाज को सेनिया बाज या पछवाँ बाज कहा जाता है।

स्थायीवर्ण–वर्ण द्रष्टव्य।

स्थायी तुक–आस्थायी (अस्थायी) और धातु द्रष्टव्य।

स्पर्श–तार के वाद्य पर बायें हाथ की तर्जनी एक पर्दे के ऊपर रखकर उसके बाद के पर्दे को मध्यमा अंगुली द्वारा स्पर्श करने को स्पर्श कहा जाता है। तर्जनी अँगुली के पर्दे पर अवस्थित रहने की अवस्था में दायें हाथ के मिजराब से तार को आघात करने के बाद मध्यमा अंगुली द्वारा परवर्ती पर्दा स्पर्श कर मध्यमा अंगुली पर्दे से उठा लेनी पड़ती है। यह कृंतन के समान ही है, किंतु कृंतन में मध्यमा अंगुली द्वारा तार बाहर की ओर काटना होता है, स्पर्श में मात्र स्पर्श ही किया जाता है।

स्वयम्भू स्वर–यह एक विशेष महत्त्वपूर्ण एवं विशेष गवेषणा-सापेक्ष विषय है। इसका शब्दार्थ होगा–जो स्वर स्वयं उत्पन्न होता है। स्वयं-सृष्ट ध्वनि ही अनाहत नाद है, किंतु स्वयम्भू स्वर उस प्रकार का अनाहत नाद भी नहीं है। यूरोपीय हारमॉनिक्स (Harmonics) शब्द के साथ स्वयम्भू स्वर का सादृश्य है।

तम्बूरा (तानपुरा) वाद्य पर षड्ज स्वर ध्वनित होने पर षड्ज की ध्वनि की सहयोगी और भी एक ध्वनि श्रुतिगोचर होती है, साधारणतः वह पंचम स्वर अथवा गांधार स्वर है। मात्र पंचम स्वर ध्वनित होने पर परवर्ती ऋषभ स्वर स्वयं ध्वनित होता है। पंचम का संवादी स्वर ऋषभ है एवं पंचम स्वर से वह पंचमस्थानीय स्वर भी है। महाराष्ट्रीय सुपंडित श्री के.वी. देवल महाशय ने इस स्वयम्भू स्वर के संबंध में कई प्रकार की गवेषणा की है। स्वर-सप्तक के स्वरों के व्यवधान मोटे तौर पर दो प्रकार के मानकर स्वयम्भू स्वर के संबंध में गवेषणा करने पर एक विशेष परिस्थिति का सामना करना पड़ेगा। यही प्रमाणित होगा कि षड्ज स्वर समस्त शुद्ध या विकृत स्वरों का जनक है। वर्तमान युद्ध या बिलावल ठाट का स्वर-व्यवधान इस प्रकार है–

सा		रे		ग		म		प		ध		नि		सां
	बृहत्		बृहत्		क्षुद्र		बृहत्		बृहत्		बृहत्		क्षुद्र	

षड्ज और पंचम स्वरों में मुख्य रूप से वादी-संवादित्व है, इन दो स्वरों के बीच व्यवधान इस प्रकार है—बृहत्, बृहत्, क्षुद्र, बृहत्। अर्थात् तीन बृहत् एवं एक क्षुद्र व्यवधान, दूरत्व या अंतर है। मुख्य वादी-संवादी समस्त स्वरद्वय में तीन बृहत् एवं एक क्षुद्र व्यवधान है।

षड्ज स्वर ध्वनित होने पर, उसका पंचम स्वर अर्थात् संवादी स्वर स्वयम्भू स्वर-रूप में ध्वनित होगा। पंचम स्वर ध्वनित होने पर, उसका संवादी ऋषभ स्वयम्भू स्वर-रूप में ध्वनित होगा। इस प्रकार सभी स्वर एक षड्ज स्वर से उद्भूत होते हैं, यथा—

सा	(बृहत्	बृहत्	क्षुद्र	बृहत्)	प
	रे	ग	म	प	
प	(बृहत्	बृहत्	क्षुद्र	बृहत्)	रे
	ध	नि	सा	रे	
रे	(बृहत्	क्षुद्र	बृहत्	बृहत्)	ध
	ग	म	प	ध	
ध	(बृहत्	क्षद्रु	बृहत्	बृहत्)	ग
	नि	सा	रे	ग	
ग	(क्षुद्र	बृहत्	बृहत्	बृहत्)	नि
	म	प	ध	नि	
नि	(क्षुद्र	बृहत्	बृहत्	बृहत्)	म॑
	सा	रे	ग	म॑	
म॑	(क्षुद्र	बृहत्	बृहत्	बृहत्)	रे
	प	ध	नि	रे॒	
रे॒	(क्षुद्र	बृहत्	बृहत्	बृहत्)	ध॒
	रे	ग	म॑	ध॒	
ध॒	(क्षुद्र	बृहत्	बृहत्	बृहत्)	ग॒
	ध	नि	रे	ग	
ग॒	(बृहत्	बृहत्	बृहत्	क्षुद्र)	नि
	म	प	ध	नि	
नि॒	(बृहत्	बृहत्	बृहत्	क्षुद्र)	म
	सा	रे	ग	म	
म	(बृहत्	बृहत्	बृहत्	क्षुद्र)	सां
	प	ध	नि	सां	

उपर्युक्त तालिका देखने से प्रतीत होगा कि एकमात्र षड्ज स्वर से उसके संवादी स्वर एवं इस संवादी स्वर से उसका संवादी स्वर, इसी प्रकार समस्त व्यवहार्य शुद्ध एवं विकृत स्वर निरपेक्ष रूप से उद्भूत होते हैं।

स्वर–जगत में ध्वनियाँ अनन्त हैं, किंतु सभी ध्वनियाँ स्वर नहीं हैं। संगीत-रत्नाकर में स्वर का अर्थ इस प्रकार बताया गया है–"श्रुति समूह के अनंतर अनुरणनात्मक जो स्निग्ध[1] ध्वनि उत्पन्न होती है, जो ध्वनि अन्य किसी भी सहकारी कारण की अपेक्षा न कर स्वतः ही श्रोताओं का चित्तरंजन करती है, उसे ही स्वर कहते हैं।" स्वर शब्द का यह अर्थ अत्यंत व्यापक है। यद्यपि 'श्रुतिसमूह के अनन्तर' कहने से सप्तक का ही निर्देश किया गया है, स्वर शब्द का अर्थ इस प्रकार होने पर सम्भवतः वह सम्पूर्ण होगा–

एक ध्वनि और उसकी द्विगुण-उच्च ध्वनि, एवं इन दोनों की मध्यवर्ती विशेष विधि-अनुयायी क्रमिक उच्चता के व्यवधान में अवस्थित अन्यान्य ध्वनियाँ–इन्हें ही स्वर कहते हैं।

इस प्रकार नियामाबद्ध अंतर पर अवस्थित स्वर स्वतः ही लोगों का चित्तरंजन करते हैं। दूसरी ओर कहा जाता है कि कोई भी संगीतोपयोगी ध्वनि जब स्वर-सप्तक की कोई भी एक ध्वनि रूप में प्रतिभात होगी, तभी वह ध्वनि 'स्वर' पदवाच्य होगी।

स्वर सम्पूर्ण रूप में ही आपेक्षिक है, आपेक्षिक ध्वनि न होने पर वह स्वर नहीं हो सकता–उसे ध्वनि ही कहा जाता है। यदि 'प' स्वर उच्चारित होता है तो तत्काल इस स्वर की अपेक्षा में 'सा' स्वर का स्वरूप मन में उदय होगा, अन्यथा 'प' स्वर की कोई भी विशिष्ट अनुभूति नहीं हो सकती। अन्यान्य समस्त स्वर ही षड्ज स्वर की अपेक्षा से अभिव्यक्त होते हैं, षड्ज स्वर ही अन्यान्य छह स्वरों का आदर्श स्वर है एवं अन्यान्य स्वरों का वैचित्र्य षड्ज स्वर का आश्रय लेकर ही प्रतिभात है। निरपेक्ष एवं एकाकी रूप में एक स्वर उच्चारित होने पर उसका स्वरत्व नहीं रहेगा, वह एक मात्र ध्वनि होगी–उसका स्वर-सप्तक के किसी भी

---

1. वैज्ञानिकों ने स्थिर किया है कि एक ही प्रकार की कम्पन-संख्या युक्त ध्वनि को संगीतोपयोगी (Musical या स्निग्ध) ध्वनि कहते हैं, एवं कई प्रकार की कम्पन-संख्यायुक्त समवेत ध्वनि को आवाज मात्र (Nonmusical अथवा कर्कश) कहा जाता है। स्निग्ध ध्वनि ही 'स्वर' शब्द की उद्दिष्ट वस्तु है। आवाज का अनुरणन नहीं होता। जिस ध्वनि का अनुरणन होता है, वही संगीतोपयोगी हो सकती है। शास्त्रकारों ने अनुरणात्मक ध्वनि को ही स्निग्ध ध्वनि या स्वर कहा है। संगीत में व्यवहार-उपयोगी स्वर उसी को कहा जाता है जो स्वरग्राम के सात स्वरों में एक होगा। 'श्रुतिसमूह के अनन्तर' वाक्य द्वारा यही प्रतीत होता है।

स्वर हिसाब से व्यवहार किया जा सकता है।

एक ध्वनि एवं उच्चता में उसकी द्विगुणित ध्वनि के मध्यवर्ती स्थान में छह स्वरों की अवस्थिति ग्रहण की जाती है एवं इन आठ ध्वनियों को स्वराष्टक (Oetave) एवं द्विगुणित स्वर का त्याग कर सात ध्वनियों को स्वरसप्तक कहा जाता है। स्वरों की उच्चता के अंतर का परिमाप करने के लिए श्रुति नामक इकाई या Unit ग्रहण की गयी है। शास्त्र में स्वरों के नाम हैं षड्ज, ऋषभ, गांधार, मध्यम, पंचम, धैवत और निषाद् एवं षड्ज का द्विगुण उच्च स्वर पुनः षड्ज है–ये ही स्वराष्टक के आठ स्वर हैं। द्वितीय षड्ज को छोड़कर अन्यान्य सात स्वरों को स्वरसप्तक कहते हैं। स्वरों की पारस्परिक क्रमिक उच्चता दो प्रकार से मापी जा सकती है।

1. भारतीय पद्धति से श्रुति द्वारा।

2. यूरोपीय पद्धति से कम्पन-संख्या द्वारा।

स्वरों की संक्षिप्त लिपि-पद्धति इस प्रकार है–सा रे ग म प ध नि। इन सात स्वरों को शुद्ध स्वर कहा जाता है। इन शुद्ध स्वरों में 'सा' और 'प' स्वरद्वय को छोड़कर अन्य पाँच स्वरों के श्रुति-विन्यास के तारतम्य से विकृति है। 'सा' और 'प' स्वरों की विकृति नहीं होती, अतः इन दो स्वरों को अचल स्वर कहा जाता है, एवं अन्य पाँच स्वरों की विकृति सम्भव है अतः उन्हें सचल स्वर कहा जाता है। स्वरों की विकृति दो प्रकार से की जाती है–

1. मूर्च्छना द्वारा

2. आश्रय श्रुति के परिवर्तन द्वारा।

1. मूर्च्छना द्वारा स्वरों की विकृति–

यदि मोटे तौर पर स्वरों को बृहत् एवं क्षुद्र अन्तर के व्यवधान से अवस्थित माना जाय, तो वर्तमान काल में प्रचलित शुद्ध स्वर अर्थात् बिलावल ठाट का स्वर-अंतर इस प्रकार होगा–

सा रे ग म प ध नि सां
बृहत् बृहत् क्षुद्र बृहत् बृहत् बृहत् क्षुद्र

यही बिलावल ठाट की प्रथम मूर्च्छना है (सुविधा के लिए अवरोहण नहीं लिखा गया है)। इसकी द्वितीय मूर्च्छना में आद्य स्वर लिया जाय–

रे ग म प ध नि सां रें
बृहत् क्षुद्र बृहत् बृहत् बृहत् क्षुद्र बृहत्

यह मूर्च्छना यदि किसी वाद्ययंत्र पर षड्ज के पर्दे से बजायी जाय तो उक्त ऋषभ को षड्ज, गांधार को ऋषभ, मध्यम को निम्न उच्चता-विशिष्ट गांधार, पंचम

को मध्यम, धैवत को पंचम, निषाद को धैवत, तार-षड्ज को निम्न उच्चता-विशिष्ट निषाद एवं तार-ऋषभ को तार-षड्ज माना जायगा।

इस द्वितीय मूर्च्छना द्वारा निम्न उच्चता-विशिष्ट गांधार और निषाद अर्थात् संगीत की परिभाषा में कोमल गांधार और कोमल निषाद उदभूत हुए। इसी प्रकार अन्यान्य मूर्च्छनाओं द्वारा अन्यान्य विकृत स्वरों का पता लगाया जाता है।

2. आश्रयश्रुति के परिवर्तन से स्वरों की विकृति—

संगीत-रत्नाकरोक्त शुद्ध ठाट का श्रुति-विन्यास इस प्रकार है—

|||| ||| || |||| |||| ||| || ||||
सा रे ग म प ध नि सां

इस प्रकार स्वर-विन्यास से वर्तमान आदि ठाट का अथवा कोमल गांधार और कोमल निषाद-युक्त ठाट का सादृश्य है। वर्तमान के कोमल गांधार और कोमल निषाद संगीत-रत्नाकर में शुद्ध नाम से अभिहित हैं। गांधार एवं निषाद जब यथाक्रम मध्यम की दो एवं षड्ज की दो श्रुतियाँ ग्रहण कर निष्पन्न होते हैं, तब संगीत-रत्नाकर के मत से स्वरद्वय के नाम यथाक्रम अंतर गांधार एवं काकली निषाद होते हैं। ये शेषोक्त दो स्वर वर्तमान शुद्ध गांधार और शुद्ध निषाद हैं। यथा—

|| || || ||| || || || |||| ||| || || ||
नि सा रे ग म प ध नि सां

यहाँ गांधार स्वर अपना श्रुति-स्थान परिवर्तन कर मध्यम की द्वितीय श्रुति पर एवं निषाद अपना स्थान परिवर्तन कर षड्ज की द्वितीय श्रुति पर निष्पन्न है। संगीत-रत्नाकर के मत से इन दो स्वरों की विकृति हुई। वर्तमान स्वर-सप्तक में ये दो स्वर शुद्ध रूप में परिचित हैं, एवं रत्नाकर के श्रुति-विभाग में, अर्थात् गांधार और निषाद दो श्रुति-विशिष्ट होने पर, वर्तमान काल में वे विकृत स्वर रूप में परिचित होते हैं। वर्तमान शुद्ध स्वर-सप्तक या बिलावल ठाट—

|| ||| |||| || |||| ||| |||| ||
सा रे ग म प ध नि सां

यहाँ ऋषभ एवं धैवत की श्रुति-संख्या को लेकर वर्तमान काल में कुछ मतभेद हैं, कुछ गुणी वर्तमान ऋषभ एवं धैवत को चुतःश्रुतिविशिष्ट एवं गांधार और निषाद को चतुश्रुतिविशिष्ट मानते हैं। उससे ऋषभ-पंचम एवं ऋषभ-धैवत में वादी-संवादित्व अवश्य प्रमाणित होता है, किंतु गांधार-धैवत में वह लुप्त हो जाता है। जो भी हो, मोटे तौर पर इस प्रकार का श्रुति-विन्यास ही शास्त्रसम्मत है।

उक्त बिलावल ठाट के श्रुति-विन्यास में ऋषभ जब अपनी प्रथम श्रुति पर निष्पन्न होता है, तब उसे अतिकोमल या साकारी ऋषभ कहा जाता है, द्वितीय श्रुति पर निष्पन्न होने पर कोमल ऋषभ कहा जाता है। इसी प्रकार धैवत अपनी प्रथम श्रुति पर अति कोमल या साकारी एवं द्वितीय श्रुति पर कोमल रूप में परिचित

है। मध्यम जब पंचम की दो श्रुतियाँ ग्रहण कर चतुःश्रुतिक होता है, तब उसे तीव्र मध्यम कहा जाता है। गांधार के संबंध में भी इसी प्रकार की व्यवस्था है। अतः जो स्वर स्थानच्युत होते हैं, उन्हें विकृत स्वर कहा जाता है। वर्तमान काल में प्रचलित बिलावल ठाट के श्रुति-विन्यास में सब प्रकार के व्यवहार योग्य शुद्ध और विकृत स्वर यहाँ प्रदर्शित किए गये हैं–

श्रुति

1. तीव्र कोमल नि (विकृत)
2. नि (शुद्ध)
3. तीव्र नि (विकृत)
4. सा (शुद्ध)
5. अतिकोमल या साकारी रे (विकृत)
6. कोमल रे (विकृत)
7. रे (शुद्ध)
8. अतिकोमल या साकारी ग (विकृत) मतान्तर से रे (शुद्ध)
9. कोमल ग (विकृत)
10. तीव्र कोमल ग (विकृत)
11. ग (शुद्ध)
12. तीव्र ग (विकृत)
13. म (शुद्ध)
14. x
15. तीव्र म (विकृत)
16. x
17 प शुद्ध
18 अतिकोमल या साकारी ध (विकृत)
19. कोमल ध (विकृत)
20 ध (शुद्ध)
21. अतिकोमल या साकारी नि (विकृत) मतान्तर से ध (शुद्ध)
22. कोमल नि (विकृत)

उल्लिखिल सब विकृतियाँ ही वर्तमान उच्चांग संगीत में व्यवहृत हैं, यद्यपि मोटे तौर पर पाँच स्वरों की मात्र पाँच प्रकार की विकृति है–

शुद्ध रे	शुद्ध ग	शुद्ध म	शुद्ध ध	शुद्ध नि
कोमल रे	कोमल ग	तीव्र म	कोमल ध	कोमल नि

तुलनात्मक दृष्टि से प्रणिधान का विषय–

संगीत-रत्नाकरोक्त शुद्ध ठाट का श्रुतीवेन्यास

4	3	2	4
||||	|||	||	||||
सा	रे	ग	म
4	3	2	4
||||	|||	||	||||
प	ध	नि	सां

वर्तमान काल में सुप्रतिष्ठित भ्रामक श्रुतिविन्यास

4	3	2	4
||||	|||	||	||||
सा	रे	ग	म
4	3	2	4
||||	|||	||	||||
प	ध	नि	सां

इन दोनों की तुलना करने पर दिखायी देगा कि श्रुति-विन्यास दोनों प्रकार से ही समान हैं, अर्थात् 4, 3, 2, 4, 4, 3, 2—इस क्रम से ही हुआ हैं, किंतु प्रथमोक्त प्रकार में प्रत्येक विभाग की अन्त्य श्रुति एवं द्वितीयोक्त प्रकार में आद्यश्रुति स्वर स्थान रूप में निर्दिष्ट हुई है। इसमें गांधार और मध्यम का मध्यवर्ती क्षुद्र अंतर स्पष्ट होते हुए भी, शास्त्र की घोर उपेक्षा हुई है। (श्रुति द्रष्टव्य)

स्वरज्ञान—पंडित भातखण्डे ने स्वरज्ञान के लक्षणस्वरूप दो नियम लिखे हैं—

1. कोई भी स्वर किसी क्षण कण्ठ से उच्चारण की क्षमता।
2. कोई भी स्वर सुनते ही तत्काल उसे पहचान सकने की क्षमता।

ऐसा होने पर यह समझना होगा कि व्यक्ति को स्वर ज्ञान हो गया है।

स्वरलिपि—स्वरों को लिपिबद्ध करने की रीति को स्वरलिपि कहा जाता है। संगीत-रत्नाकर आदि ग्रंथों में मोटे तौर पर एक प्रकार की स्वरलिपि रहते हुए भी उसके व्यवहारपयोगी विस्तारित रूप का उद्भावन और बहुल प्रचार वर्तमान काल की घटना है और पाश्चात्य प्रथा की देखा-देखी ऐसा हुआ है, इसमें संदेह नहीं। कृष्णधन बन्धोपाध्याय महाशय ने यूरोपीय 'स्टाफ नोटेशन' को ही भारतीय संगीत में प्रयुक्त करने का प्रयास किया था, किन्तु वह चल नहीं सका। वर्तमान काल में इस देश में जो कुछ प्रकार की स्वरलिपि-पद्धतियाँ प्रचलित हैं, उनका विवरण दिया जा रहा है—

1. दण्डमात्रिक—क्षेत्रमोहन गोस्वामी कर्त्तृक उद्भावित।
2. आकारमात्रिक—द्विजेन्द्रनाथ ठाकुर कर्त्तृक उद्भावित एवं ज्योतिरिन्द्रनाथ

ठाकुर कर्त्तृक प्रचारित; यह पद्धति अर्द्धशताब्दी से अधिक समय से बंगाल में व्यवहृत है।

3. भातखण्डे-पद्धति—इसमें मात्रा-निर्देशक चिह्नों के बदले ताल के पदों को विभक्त किया जाता है। यह पद्धति प्रायः पैंतीस वर्षों से प्रचलित है।

(1) दण्डमात्रिक स्वरलिपि का उदाहरण—

+ 1 o 3

। । । । । । । । । । । । । । । । ।

▲ ▲ ▲ ▲ ▲ ▲

नि़।स ऋ ऋ ग। ग म म प। ध ध नि नि।सं ऋं ऋं गं

इस पद्धति में एक मात्रा के चिह्नस्वरूप एक '।' दण्ड व्यवहृत होता है, अर्द्धमात्रा के चिह्नस्वरूप (ँ) चन्द्रबिन्दु व्यवहृत होता है एवं चतुर्थांश मात्रा के चिह्नस्वरूप 'x' डमरू चिह्न का व्यवहार होता है। कोमल स्वर पर '▲' त्रिभुज चिह्न, तीव्र स्वर पर ' ~। ' पताका चिह्न का व्यवहार होता है। ताल के चिह्न है—सम +, तृतीय ताली 3, खाली 0, प्रथम ताली 1।

स्वरानुर्तन चिह्न—'।' मन्द्र (निम्न) स्वरग्राम में स्वरों के नीचे बिन्दु एवं तार स्वरग्राम में स्वरों के मस्तक पर बिन्दु का प्रयोग होता है।

(2) आकारमात्रिक स्वरलिपि का उदाहरण

2 3 0 1

ना्। सा ऋा रा ज्ञा। गा मा ह्मा पा। दा धा णा ना। सा' ऋा' रा' ज्ञा'

इस पद्धति में प्रत्येक स्वर के साथ आकार चिह्न रहने से एक मात्रा समझना होगा। एंक मात्रा के दो या उससे अधिक स्वर रहने पर समवेत स्वरों के अंतिम स्वर आकार चिह्न युक्त होगा, यथा—सरगमा, इसमें 'सारेगम' चार स्वर एक मात्रा में उच्चारित होंगे।

शुद्ध स्वर—स र ग म प ध न

विकृत स्वर—ऋ ज्ञ ह्म द ण

स्वरानुवर्तनचिह्न हाइफन युक्त आकार—सा-1-1

ताल के चिह्न—सम 2, तृतीय ताल 3, खाली 0, प्रथम ताल 1। अर्द्धमात्रा के लिए स्वर के साथ विसर्ग ':' एवं चतुर्थांश मात्रा के लिए स्वर के साथ एक शून्य '0' का व्यवहार होता है। निम्न (मन्द्र) ग्राम में स्वर के नीचे हस् (्) और तार ग्राम के स्वरों के मस्तक पर रेफ (') का व्यवहार होता है।

(3) भातखण्डे-पद्धति का उदाहरण—

नि़ सा रे॒ रे ग॒ ग म मं प ध॒ ध नि॒ नि सां

x 2 0 3

इस पद्धति में कोमल स्वर के नीचे आड़ी रेखा '-' चिह्न एवं तीव्र स्वर के

ऊपर एक खड़ी रेखा '।' चिह्न का व्यवहार होता है। निम्न (मन्द्र) ग्राम में स्वर के नीचे और तार ग्राम में स्वर के ऊपर बिन्दु चिह्न लगाया जाता है। इस पद्धति में मात्रा-प्रदर्शक किसी चिह्न का व्यवहार नहीं होता, उसके बदले ताल-पद के खण्ड या यति स्वरूप '।' दण्ड का व्यवहार होता है, एवं स्वरलिपियाँ मात्रानुसार असंलग्न रूप में व्यवहृत होती हैं। एक मात्रा में एक से अधिक स्वरों का व्यवहार होने पर '‿' इस प्रकार के चिह्नबद्ध संलग्न रूप में लिखित स्वरों को एक मात्रा मानना होगा। यथा—सारेसा ध़ प ग—यहाँ 'सारेसा' एक मात्रा, एवं अन्य तीन स्वर एक-एक कर तीन मात्रा के हैं।

इस पद्धति में 'सम' को प्रथम ताल माना जाता है एवं चिरकाल से आचरित तृतीय ताल को द्वितीय एवं प्रथम को तृतीय ताल रूप में माना जाता है।

चतुर्थांश या अर्द्धमात्रा के लिए कोई विशेष चिह्न नहीं है।

स्वरानुवर्त्तन-चिह्न "—"। प-प सां।

उक्त तीन प्रकार की स्वरलिपि-पद्धतियों में आलंकारिक स्वर की स्वरलिपि एक ही प्रकार की है। यथा—

सानि़रेसा	मग	धपमप	
	नि़,	रे,	सां

संगीत-शास्त्र विशारद ब्रजेन्द्रकिशोर रॉयचौधुरी महाशन ने अपने व्यवहार के लिए इस प्रकार की एक आडम्बरहीन स्वरलिपि-पद्धति का आविष्कार किया था—

	+				3				0				1			
	।	।	।	।	।	।	।	।	।	।	।	।	।	।	।	।
न्	स	ऋ	र	ज्ञ	ग	म	ह्म	प	द	ध	ण	न	स'	ऋ'	र'	ज्ञ'

उल्लिखित अन्यान्य पद्धतियों के समान इसमें भी ताल के पद-विभाग किये जाते हैं। दण्ड '।' मात्रा का व्यवहार ही इसमें निर्दिष्ट है। दण्डमात्रा में छंद और मात्रा की सूक्ष्म स्वरलिपि करना सम्भव होता है। विकृत स्वर आकारमात्रिक स्वरलिपि के समान है। कभी-कभी मात्रा का परित्याग कर भातखण्डे-पद्धति अनुयायी स्वरलिपि का व्यवहार किया जाता है।

यथा—

+				3				0				1			
न	ध	अ	र	ए	स	न	ध	प	ह्म	अ	प	ग	र	स	अ

यहाँ 'अ', 'ए', एवं 'इ' आदि स्वरवर्ण स्वरलिपि के चिह्नस्वरूप उच्चारित होते हैं। इससे आरम्भिक शिक्षार्थी को बहुत जल्दी मात्रा-ज्ञान हो जाता है। वर्ण असंयुक्त रहने से प्रत्येक की एक-एक मात्रा है।

अन्यान्य चिह्न भातखण्डे-पद्धति के समान हैं।

स्वरान्तर–तान द्रष्टव्य।

स्वरित–उच्च और निम्न का मध्यवर्ती स्वर।

हलक तान–तान द्रष्टव्य।

हलका–जिस स्वर-विस्तार या तान में पद क्रमशः छोटे होते जाते हैं, उसे हलका कहते हैं। यथा–

गगरेसा रेगरेग। ममगरे गमगम। पपमग मप।

धधपम पध। निनिधप। ममगरे। गग। रेरे। सा

हॉर्मनी–यह विषय भारतीय संगीत कोश के दायरे के बाहर होते हुए भी भारतीय और पाश्चात्य दोनों पद्धतियों की तुलनात्मक दृष्टि से यह निःसंदेह शिक्षाप्रद है, एक पद्धति की निश्चित धारणा बन जाने पर उसके विपरीत पद्धति की धारणा भी स्पष्ट होगी। पाश्चात्य देश का संगीत प्राचीन काल में 'मेलॉडी' या सुरप्रधान था। इस 'सुर' में हमारे समान राग-नियमावली अवश्य नहीं थी, कुछ धुन-जातीय 'सुर' ही था, किंतु पाश्चात्य संगीतज्ञ स्वरसप्तक एवं मुख्य स्वर से तृतीय, चतुर्थ, पंचम एवं अष्टम अर्थात् मुख्य स्वर के द्विगुण या तारस्वर के प्राधान्य के संबंध में सजग थे। मुख्य स्वर का तृतीय स्वर भारतीय प्रणाली से अनुवादी, चतुर्थ एवं पंचम स्वर भारतीय प्रणाली से संवादी स्वर हैं। तृतीय, चतुर्थ एवं पंचम स्वरों का प्राधान्य ग्रीकयुग से ही स्वीकृत है, अतः वादी, संवादी, अनुवादी और विवादी स्वरों का उल्लेख सभी देशों में स्वीकृत है। पाश्चात्य देशों में ईश्वर-उपासना के उपलक्ष्य में गिरजाघरों में समवेत रूप से 'Plain song' गाये जाते थे। समवेत गीति-पद्धति में एक ही गान भिन्न-भिन्न उम्र के स्त्री-पुरुषों द्वारा विभिन्न रूप से गाये जाने के फलस्वरूप विभिन्न मूर्च्छनाओं में गाने के सिवा अन्य कोई उपाय नहीं था एवं वह श्रुतिमधुर भी होता था। इस श्रुतिमाधुर्य की प्रेरणा से तत्कालीन संगीतज्ञों में गवेषणा-प्रवृत्ति जागृत हुई एवं उन्होंने नियम बनाया कि समूह-गायन के सभी गायकों को मूलस्वर और उसके चतुर्थ, पंचम था अष्टम स्वराश्रित मूर्च्छनाओं का ही व्यवहार करना होगा। इसके फलस्वरूप गान का मूल 'सुर' ही विभिन्न संवादी स्वराश्रित मूर्च्छनाओं में गाया जाने लगा। अर्थात् मूल गान का प्रत्येक स्वर एकाकी रूप में ध्वनित न होकर उसके संवादी स्वर के साथ समध्वनित होने लगा–यही हार्मनी का इतिहास है।

गान के स्वर एकाकी न रहने से, इन्हें 'स्वर' न कहकर 'कॉर्ड' कहा जाता था, दो या उनसे अधिक स्वर समध्वनित होने पर ही उसे 'कॉर्ड' कहते हैं। इस

प्रकार की गीतिपद्धति को 'ऑर्गनम' (Organum) कहा जाता था। इसके परवर्ती काल में 'पेडल' (Pedal)-गीतिपद्धति का आविष्कार हुआ, उसमें ऑर्गनम' गान के साथ मुख्य स्वर एवं उसका संवादी पंचम स्वर निरंतर ध्वनित होता था।

ईसवी दशम शताब्दी से चतुर्दश-पंचदश शताब्दी तक 'कॉर्ड' के संबंध में कई प्रकार से अनुसंधान चलता रहा एवं चतुर्थ, पंचम एवं अष्टम स्वरों के समान तृतीय एवं षष्ठ स्वरों का व्यवहार होने लगा। तृतीय स्वर के व्यवहार से द्विस्वरयुक्त 'कॉर्ड' तीन स्वर युक्त हो गया और उसने 'ट्रायड' (Triad) नाम ग्रहण किया। ईसवी चतुर्दश शताब्दी से ही हॉर्मनी पर आधारित संगीत की उन्नति के संकल्प के साथ कई प्रकार की गवेषणाएं होने लगीं एवं ईसवी पंचदश शताब्दी के पाश्चात्य संगीत की धारा पूर्णतया हॉर्मनी-आधारित हो गयी। हॉर्मनी के साथ अविच्छेद्य रूप से 'काउण्टर पाइण्ट' का भी प्रचलन हुआ। भारतीय संगीत में कोई 'सुर' जिस प्रकार एक-एक स्वर के पारस्पर्य से रूप ग्रहण करता है, पाश्चात्य संगीत का एक 'सुर' समध्वनित त्रिस्वर या 'ट्रायड' के पारस्पर्य से रूपायित होता है—इसे ही हॉर्मनी-प्रधान संगीत कहा जाता है।

इस सुर-रचना के प्रत्येक 'ट्रायड' के प्रथम, द्वितीय एवं तृतीय स्वर यदि एकाकी एवं निरपेक्ष रूप से एक-एक श्रुतिमधुर सुर-रचना करे, अर्थात् मूल सुर के प्रत्येक 'ट्रायड' के प्रथम स्वरों को सजाने पर एक श्रुतिमधुर सुर-रचना हो, इसी प्रकार 'ट्रायड' के द्वितीय या तृतीय स्वरों को पृथक कर सजाने पर यदि तीन पृथक सुर-रचना हो सके, तभी ट्रायडरचित मूल सुर-रचना को 'काउण्टर पाइण्ट' कहा जाता है। विशुद्ध हॉर्मनी संगीत में 'सुर' का प्राधान्य स्वीकार नहीं किया जाता, मात्र 'ट्रायडों' का ही प्राधान्य दिखायी देने लगता है, किंतु 'काउण्टर पाइण्ट'—संगीत में हार्मनी संजात ट्रायड एवं इनके पारस्पर्य-जनित 'सुर' समभाव से ही उपलब्ध होता है। पाश्चात्य मनीषी हॉर्मनी को Vertical या खड़ा एवं Melody या सुर को Horizontal या व्यापक (भूमि समान्तर) संगीत मानते हैं, अतः 'काउण्टर पाइण्ट' संगीत को एक साथ दोनों प्रकार से उपभोग करना होता है, यह उपभोग-क्षमता अनुशीलन-प्राप्य है। 'काउण्टर पाइण्ट' के बाद 'Canon', 'Fugue' प्रभृति जिन सब विभिन्न प्रकार की संगीत-पद्धतियों का प्रचलन हुआ है—उनका विवरण यहाँ विषयबाह्य होगा।

भारतीय राग-संगीत को लेकर हॉर्मनी का प्रयोग करने पर वह 'काउण्टर पाइण्ट' की श्रेणी में ही आयेगा, किंतु 'ट्रायड' के व्यवहार से रागरूप सर्वदा खण्डित होगा एवं यह निःसंदेह कहा जा सकता है कि 'हॉर्मनी' या 'काउण्टर पाइण्ट' भारतीय रागसंगीत का पूर्णतया विपरीतधर्मी है।

हिन्दुस्थानी पद्धति—उत्तर भारतीय उच्चांग (शास्त्रीय) संगीत-पद्धति

वंशावली

तानसेन के समय से अद्यावधि उत्तर भारतीय संगीत के घराने : पुत्र, कन्या और शिष्यवर्ग

(1) तानसेन वंशावली

मकरंद या मुकुंदराम पाण्डे

|

हरिदास स्वामी के शिष्य-रामतनु पाण्डे या मुहम्मद अता अली खाँ या तानसेन + प्रेमकुमारी या हुसेनी ब्राह्मणी
(1480-1575) (1505-1585)

सूरत सेन — तरंग सेन — शरत् सेन — विलास खाँ — सरस्वती+नौबात खाँ (मिश्री सिंह)

सूरत सेन | मोहन सेन | सुधीन सेन

विलास खाँ: उदय सेन — दयालसेन — कन्या+लाल खाँ (गुणसमुद्र)

उदय सेन | करीम सेन + कन्या (दयालसेन) — रसबीन खाँ (दयालसेन)

करीम सेन + कन्या: सुधर खाँ — राजरस खाँ (दूसरे पृष्ठ पर)

सुधर खाँ | हासन खाँ (सफेद देव) |

राजरस खाँ | मसीत खाँ (सितार)

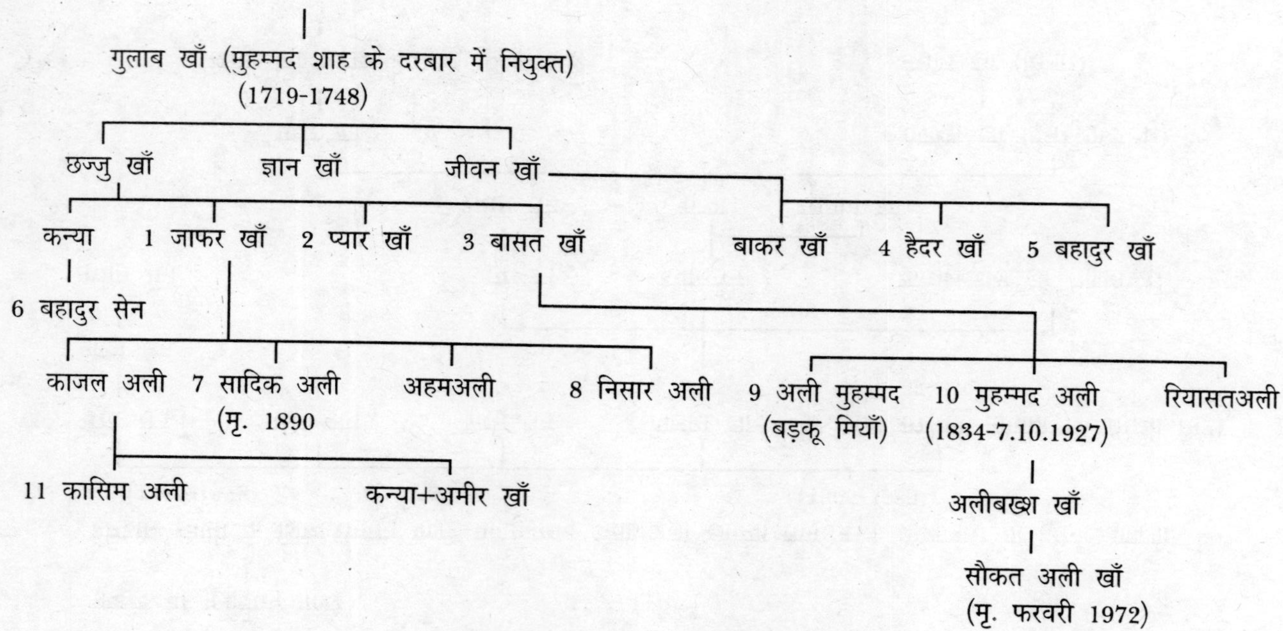
गुलाब खाँ (मुहम्मद शाह के दरबार में नियुक्त)
(1719-1748)
छज्जु खाँ
ज्ञान खाँ
जीवन खाँ
कन्या
1 जाफर खाँ
2 प्यार खाँ
3 बासत खाँ
बाकर खाँ
4 हैदर खाँ
5 बहादुर खाँ
6 बहादुर सेन
काजल अली
7 सादिक अली
(मृ. 1890
अहमअली
8 निसार अली
9 अली मुहम्मद
(बड़कू मियाँ)
10 मुहम्मद अली
(1834-7.10.1927)
रियासतअली
11 कासिम अली
कन्या+अमीर खाँ
अलीबख्श खाँ
सौकत अली खाँ
(मृ. फरवरी 1972)

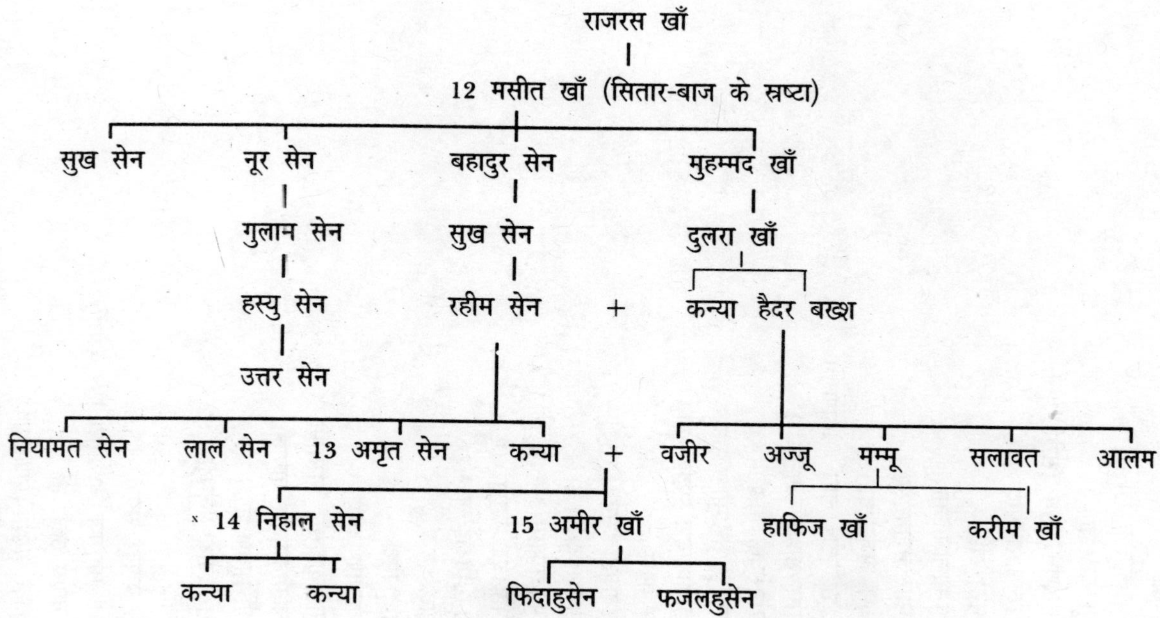

[* निहाल सेन की दो कन्याओं का विवाह अमीर खाँ के दो पुत्रों के साथ हुआ]

13 अमृत सेन

14 निहाल सेन (सितार)

सुदर्शनाचार्य शास्त्री

15 अमीर खाँ

बरकतुल्ला खाँ

9 अली मुहम्मद खाँ

इनायत हुसेन (सरोद)

16 ताराप्रसाद घोष

नन्हे खाँ

पन्नालाल जैन

प्यारे नवाब खाँ

वैद्य अर्जुन दास

17 मिठाई लाल (वाराणसी)

मीर साहेब (जालन्धर)

रामसेवक मिश्र

सर सौरीन्द्रमोहन ठाकुर

हरिनारायण मुखोपाध्याय

11 कासिम अली

इनायत हुसेन (सरोद)

गणेश वाजपेयी

भगवानदास सितारी

महेशचंद्र सरकार

17 मिठाई लाल

यदु भट्ट

18 गुरुप्रसाद मिश्र

यदुमणि दासी

राधिकाप्रसाद गोस्वामी

लक्ष्मीनारायण बाबाजी

शशिभूषण दे

सुरेन्द्रनाथ मजुमदार

1 जाफर खाँ

6 बहादुर सेन

19 महाराज विश्वनाथ सिंह (रीवाँ)

20 ठाकुर नवाब अली खाँ

कादर बख़्श (मुर्शिदाबाद)

16 तारा प्रसाद घोष

प्रकाशचन्द्र जैन

21 नवाब सादत अली खाँ (छम्मन साहब)

सलामत खाँ

8 निसार अली

वजीर खाँ-(बीन, रबाब, सुरश्रृंगार)

22 पन्नालाल वाजपेयी (सितार)

वैद्य अर्जुन दास

14 निहाल सेन

प्राणकृष्ण चट्टोपाध्याय

22 पन्नालाल बाजपेयी

जीवनलाल महाराज

देवचन्द्र शर्मा

महेशचन्द्र सरकार (बीन)

2 प्यार खाँ

आनन्द किशोर (बेतिया)

18 गुरु प्रसाद मिश्र

नवाब हसमत जंग (टाँक)

बख्तावरजी

6 बहादुर सेन

23 शिवनारायण मिश्र

3 बासत खाँ

11 कासिम अली

नियामतुल्ला खाँ (सरोद)

राजा हरकुमार ठाकुर

राणाघाट के पालचौधुरी

5 बहादुर खाँ

गदाधर चक्रवर्ती (विष्णुपुर)

6 बहादुर सेन

अली हुसेन

इनायत हुसेन

वजीर खाँ (रामपुर)

गुलाम नबी खाँ (शौरी)

नवाब हैदर अली (रामपुर)

22 पन्नालाल बाजपेयी (सितार)
बुनियाद हुसेन खाँ
(ध्रुपद, खयाल)
मजरू खाँ (सरोद)
मुहम्मद हुसेन (बीन)
12 मसीत खाँ
गुलाम रजा
19 महाराज विश्वनाथ सिंह (रीवाँ)
बख्तावरजी
10 मुहम्मद अली
कनाई लाल ढेंगड़ी (गया)
गिरिजाशंकर चक्रवर्ती
ज्ञानदाकान्त लाहिड़ी
20 ठाकुर नवाब अली खाँ
डॉ. नाटु
नवाब अशफाक अली खाँ
21 नवाब सादत अली खाँ
नवाब हमीद अली (रामपुर)
बड़े आगा
विष्णुनारायण भातखण्डे
बिहारीलाल पण्डा (गया)
वीरेन्द्र किशोर रॉयचौधुरी
(रबाब, सुरश्रृंगार)
सौकत अली खाँ
(रबाब, सुरश्रृंगार)
सुरेशचन्द्र चक्रवर्ती
सैयद खैरत अहमद
17 मिठाई लाल
बड़ी मोतीबाई
24 शिवेन्द्र नारायण वसुमणि
(सन्तुबाबू)
हुस्नाबाई
23 शिवनारायण मिश्र
विनोद गोस्वामी

विश्वनाथ राव
श्यामसुन्दर मिश्र
(इसराज)

24 शिवेन्द्रनारायण वसुमणि
एलेन डेनेल्यु
श्रीपद बन्धोपाध्याय

7 सादिक अली
11 कासिम अली
खुर्शीद अली खाँ
8 निसार अली
22 पन्नालाल बाजपेयी
वैद्य अर्जुन दास
महेशचन्द्र सरकार
(बीन)

4 हैदर अली खाँ
(बेतिया घराने के प्रवर्त्तक)
नवाब अली नक्की खाँ
(वाजिद अली शाह के दीवान)

(2) तानसेन का कन्या-वंश

तानसेन
|
सरस्वती + मिश्रीसिंह (नौबात खाँ)
(मिश्रीसिंह, महाराज समुखनसिंह के पुत्र)

(सरस्वती + मिश्रीसिंह की संतान:)

- शेर खाँ
- हासान खाँ
  |
  हुसेन खाँ
  |
  वाजिद खाँ
  |
  नजीर खेसाल खाँ
  |
  लाल खाँ सानी
  |
  1 नियामत खाँ (सदारंग) (1719-1748) (मुहम्मदशाह के दरबार में नियुक्त)
  |

फिरोज खाँ (अदारंग) भूपत खाँ (महारंग)

जीवन शाह प्यार खाँ (अंगलीकट)

छोटा नौबात खाँ 2 निर्मल शाह
(रसबीन खाँ, रंगारंग)

3 उमराव खाँ कन्या

(तानसेन वंशज कासिम अली की बहन+) 4 अमीर खाँ 5 रहीम खाँ

6 वजीर खाँ (1861-1926) फैयाली खाँ (फैयद अली)

नजीर खाँ नासिर खाँ 7 सगीर खाँ
(प्यारे मियाँ:1883-1924)

झम्मन खाँ 8 दबीर खाँ दिलदार खाँ
(1902-8.1.1972)

सब्बीर खाँ

4 अमीर खाँ

फिदा हुसेन (रबाब, सरोद)
बुनियाद हुसेन (ध्रुपद, होरी)
मुहम्मद हुसेन (बीन)

6 वजीर खाँ

आब्दार रहीम (सितार)
अलाउद्दीन खाँ (सरोद)

8 दबीर खाँ

नवाब हामिद अली (रामपुर)
नासिर अली (सुरबहार, सितार)
प्रमथनाथ बन्धोपाध्याय (रुद्रबीन)
विष्णुनारायण भातखण्डे
मुहम्मद हुसेन (बीन)
मुश्ताक हुसेन (सहजवान)
मेहदी हुसेन
यादवेन्द्र महापात्र (पंचेतूगढ)
सैयद इब्बन अली (हारमोनियम)
हाफिज अली-खाँ (सरोद)

3 उमराव खाँ

कुतुब बख्श (कुतुबुद्दौला)
गुलाम मुहम्मद खाँ और उनके पुत्र
सज्जाद मुहम्मद खाँ (सुरबहार)
हसमत जंग (बान्दा के नवाब)

8 दबीर खाँ

अजित मुखोपाध्याय
कालिदास सान्याल
काशीनाथ चट्टोपाध्याय
(109.1904=19.11.1970)
कृष्णचन्द्र दे
क्षेमेन्द्रमोहन ठाकुर
जयकृष्ण सान्याल
जितेन्द्र मोहन सेनगुप्त
ज्योतिश्चन्द्र चौधुरी
ज्ञानप्रकाश घोष

डॉलि दे
डॉ. तृणा पुरोहित
पी.एच.डी. (वन)
डॉ. दीना राय
पी.एच.डी. (वन)
नन्दगोपाल विश्वास
नन्दलाल घोष
निताई राय
प्रतिमा चौधुरी
मधु चिनचानि
ममता मैत्र
माया मिश्र (बीन, सितार)
माया राय
यामिनीनाथ गंगोपाध्याय
राजा राय
राधिकामोहन मैत्र
विपिन दास
वीणापाणि मुखोपाध्याय
वीरेन्द्र बन्द्योपाध्याय
वीरेन्द्र मुखोपाध्याय
(इसराज)
शैलेन्द्रनाथ बन्द्योपाध्याय
श्यामल चट्टोपाध्याय
9 सन्तोषकुमार बन्द्योपाध्याय
(सितार, सुरबहार)
(ज. 24.11. 1931)

2 निर्मल शाह
3 उमराव खाँ
जाफर खाँ
नत्थन पीर बख्श
(मखन खाँ)
प्यार खाँ
बन्दे अली खाँ
बासत खाँ

मुहम्मद जमा
मुसर्रफ खाँ पूर्वपुरुष
मुराद खाँ
शक्कर खाँ
साहबदाद हुसेन खाँ
(इमदादखानी घराना)

5 रहीम खाँ
असगर अली खाँ (सरोद)
6 वजीर खाँ (बीन)

7 सगीर-खाँ
क्षेमेन्द्र मोहन ठाकुर
ज्ञानप्रकाश घोष
वीणापाणि मुखोपाध्याय
वीरेन्द्रकिशोर रॉयचौधुरी (गौरीपुर)

1 सदारंग
कव्वाल बालकद्वय
(नत्थू खाँ, मुहम्मद खाँ, हद्दू खाँ, हस्सू खाँ के पूर्वपुरुष)

9 सन्तोषकुमार बन्द्योपाध्याय
अमलदास चौधुरी
इरा सरकार
उज्जवलेन्दु चक्रवर्ती
कल्याणी बन्द्योपाध्याय
छाया गंगोपाध्याय
दीपक चक्रवर्ती
दीपक चौधुरी
देवाशीष मुखोपाध्याय
नीलाद्रि सेन
पंचानन सरदार
पार्थ दास
शेखर हलदर
सत्यनारायण मंडल
साहाना बन्द्योपाध्याय (वन्या) ज 30.8.1273

(3) ग्वालियर घराना (प्रथम)

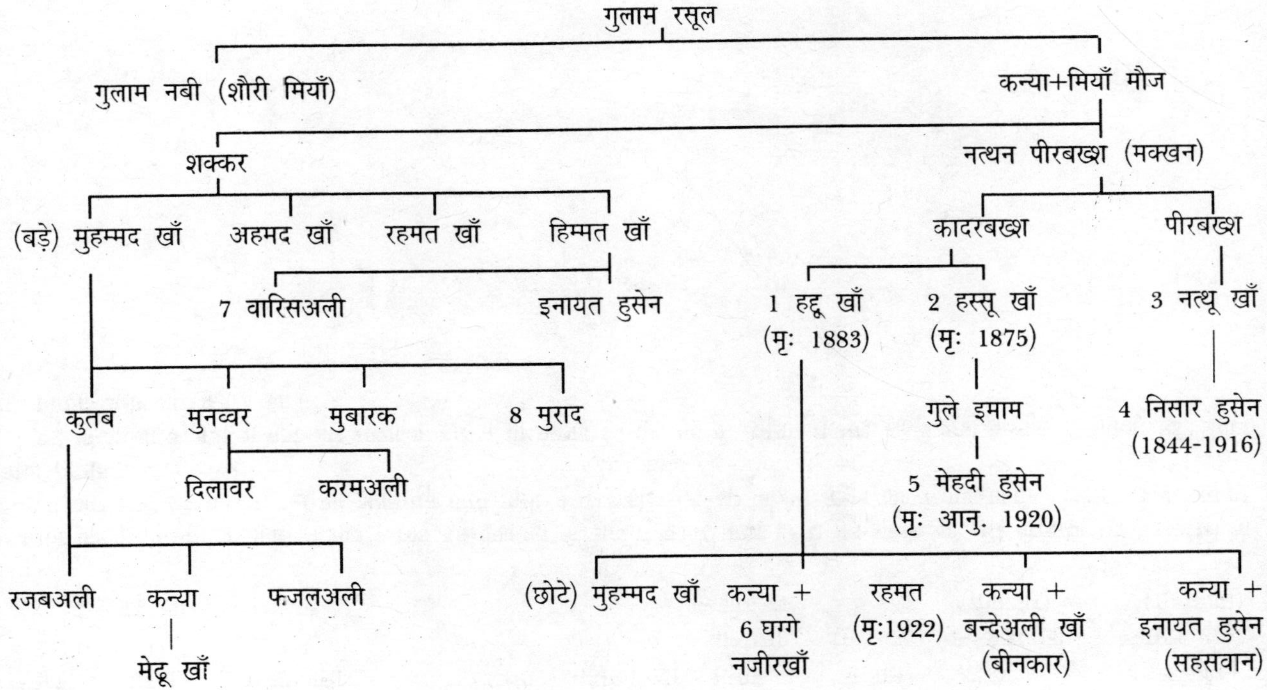

रजबअली	कन्या	फजलअली	(छोटे) मुहम्मद खाँ	कन्या +	रहमत	कन्या +	कन्या +
	|			6 छग्गे	(मृ:1922)	बन्देअली खाँ	इनायत हुसेन
	मेढ़ू खाँ			नजीर खां		(बीनकार)	(सहसवान)

(इस घराने की वंश-परम्परा के संबंध में तीव्र मतभेद हैं। एक मत के अनुसार कादर बख्श के दो पुत्र नत्थन खाँ और पीरबख्श एवं नत्थन खाँ के पुत्र हद्दूखाँ और हस्सू खाँ थे। इस मत का अवलम्बन करने वालों में कोई-कोई नत्थू खाँ को भी नत्थन खाँ के पुत्र मानते हैं। इस मत के अनुसार पीरबख्श निःसंतान थे।

बड़े मुम्मद खाँ के पुत्रों के नाम और संख्या के बारे में भी मतभेद है। एक मत के अनुसार मुहम्मद खाँ के पुत्रों के नाम हैं–मुनव्वर खाँ, अमान अली, मुबारक अली और फैयाज खाँ।)

7 आशुराय

डॉ. श्रीकुमार बन्द्योपाध्याय

10 काशीनाथ बुवा मराठे

(जः 1816)

गंगादास झँवर

गोविन्द काशीनाथ मराठे

पुष्पेन्दु सेन

प्रताप सिंह वेदी

रामचन्द्र काशीनाथ मराठे

व्योमव्योम चतुर्वेदी (जः 1909)

सुशीला मराठे

6 घग्गे नजीर खाँ

चिमनलाल

पंडित नत्थूलाल (मेवाति)

11 ठाकुर जयदेव सिंह

शन्नो खुराना

12 दत्तोपंत जाम्भेकर

विश्वनाथ बुवा जाधव

3 नत्थू खाँ

4 निसार हुसेन (पोष्यपुत्र)

13 बाला गुरु

लक्ष्मीकान्त भट्टाचार्य (लखनऊ)

साहबदाद हुसेन खाँ

14 नान्नुभैया तेलंग

10 काशीनाथबुवा मराठे

कृष्णराव तेलंग

गंगाधरराव तेलंग

(जः 1930)

11 ठाकुर जयदेव सिंह

(19.9.1993—27.5.1986)

भाऊ साहब गुरु

(मृः 22.9.1966)

4 निसार हुसेन

नजीर खाँ (जोधपुर)

भाऊराव जोशी
रामकृष्णबुवा वझे
विश्वनाथबुवा जाधव
शंकरराव पंडित
शंकरराव हरदेकर

15 बलदेवजी
राजाभैया पूँछवाले

7 वारिस अली
6 घग्गे नजीर खाँ

13 बाला गरु
10 काशीनाथबुवा मराठे
14 नान्नुभैया तेलंग
(5.7.1879=17.9.1948)
16 बालाभाऊ उमड़ेकर
(1901=4.6.1968)
भाऊसाहब गुरु

16 बालाभाऊ उमड़ेकर
माधव उमड़ेकर
(जः 16.11.1942)

17 वासुदेवराव जोशी
कृष्णशास्त्री बुवा
बालकृष्ण बुवा इचलकरंजीकर

18 विष्णुपंत छत्रे
परशुराम बर्वे
मार्त्तण्डबुवा दौने

8 मुराद खाँ
रामदास गोस्वामी
यदु भट्ट
19 यदु राय

5 मेहदी हुसेन
15 बलदेवजी
मंगूबाई

19 यदुराव
9 आशुराय

1 हद्दू खाँ

इनायत हुसेन (सहसवान)
छोटे मुहम्मद खाँ (पुत्र)
4 निसार हुसेन
पंडित दीक्षित
बन्ने खाँ
(25.12.1835=1910)
बड़े बालकृष्ण बुवा
13 बाला गुरु
18 विष्णुपंत छत्रे
(1840-1905)
मसूरकर बुवा
5 मेहदी हुसेन
रहमत खाँ (पुत्र)
साहबदाद खाँ

2 हस्सू खाँ

इमदाद खाँ
उमानाथ भट्टाचार्य
देवजीबुवा
बालकृष्ण बुवा इचलकरंजीकर
17 वासुदेवराव जोशी
विश्वेश्वर मुखोपाध्याय
साहबदाद खाँ
हरकुमार ठाकुर

(4) ग्वालियर घराना (द्वितीय)

चिन्तामणि मिश्र—शिष्य—1. नारायण शास्त्री
2. देवजी बुआ

गोविन्दबुवा फलटनकर

- 1. नारायण शास्त्री-शिष्य-
  - 3 वामनबुवा (1830-1907)
    - 4. लालाबुवा (शिवराम शास्त्री) (मृ. 1904)
    - विष्णुबवा
      - सखाराम
- बलवंत
- भैयाजी
- गंगाधर

2. देवजी बुवा (रामकृष्ण देव)
    गणपतराव (धमार)
    नारायण बुवा फलटनकर
    वामनराव कवठेकर
    बालकृष्णबुवा इचलकरंजीकर
    भालेराब (ठुमरी)
    महाराज यशवन्तराव पवार
    5. रावजी बुवा गोगटे (टप्पा)
    6. लालजी बुवा (ध्रुपद, धमार)
3. वामन बुवा
    राजाभैया पूँछवाले
4. लाला बुवा
    राजाभैया पूँछवाले
5. रावजीबुवा गोगटे
    केशवबुवा गोगटे (पुत्र)
    नारायणबुवा गोगटे (पुत्र)
6. लालली बुवा
    7. केशवगणेश ढेंकने (पुत्र)
    दत्तोपंत दीक्षित
    हरिहरबुवा
7. केशवगणेश ढेंकने
    रवीन्द्रनाथ चट्टोपाध्याय (सुरकार)

(5) सहसवान घराना

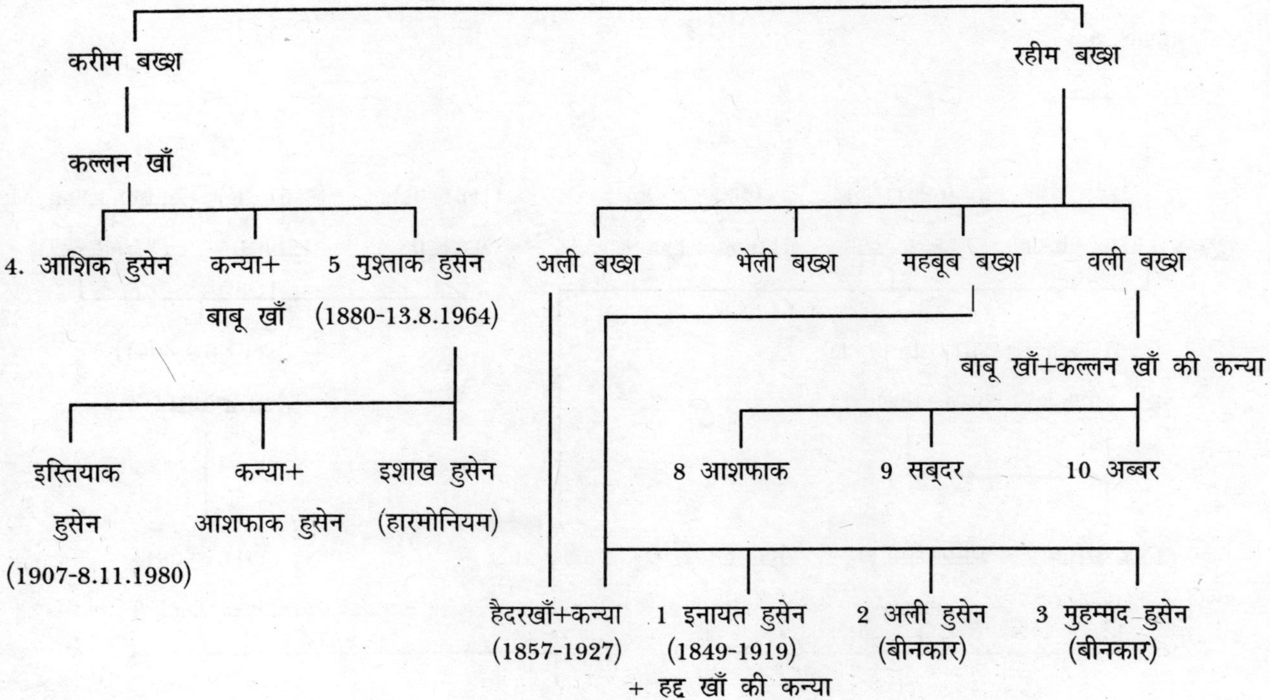
करीम बख्श
रहीम बख्श
कल्लन खाँ
4. आशिक हुसेन
कन्या+
बाबू खाँ
5 मुश्ताक हुसेन
(1880-13.8.1964)
अली बख्श
भेली बख्श
महबूब बख्श
वली बख्श
बाबू खाँ+कल्लन खाँ की कन्या
इस्तियाक
हुसेन
(1907-8.11.1980)
कन्या+
आशफाक हुसेन
इशाख हुसेन
(हारमोनियम)
8 आशफाक
9 सबूदर
10 अब्बर
हैदरखाँ+कन्या
(1857-1927)
1 इनायत हुसेन
(1849-1919)
+ हद्दू खाँ की कन्या
2 अली हुसेन
(बीनकार)
3 मुहम्मद हुसेन
(बीनकार)

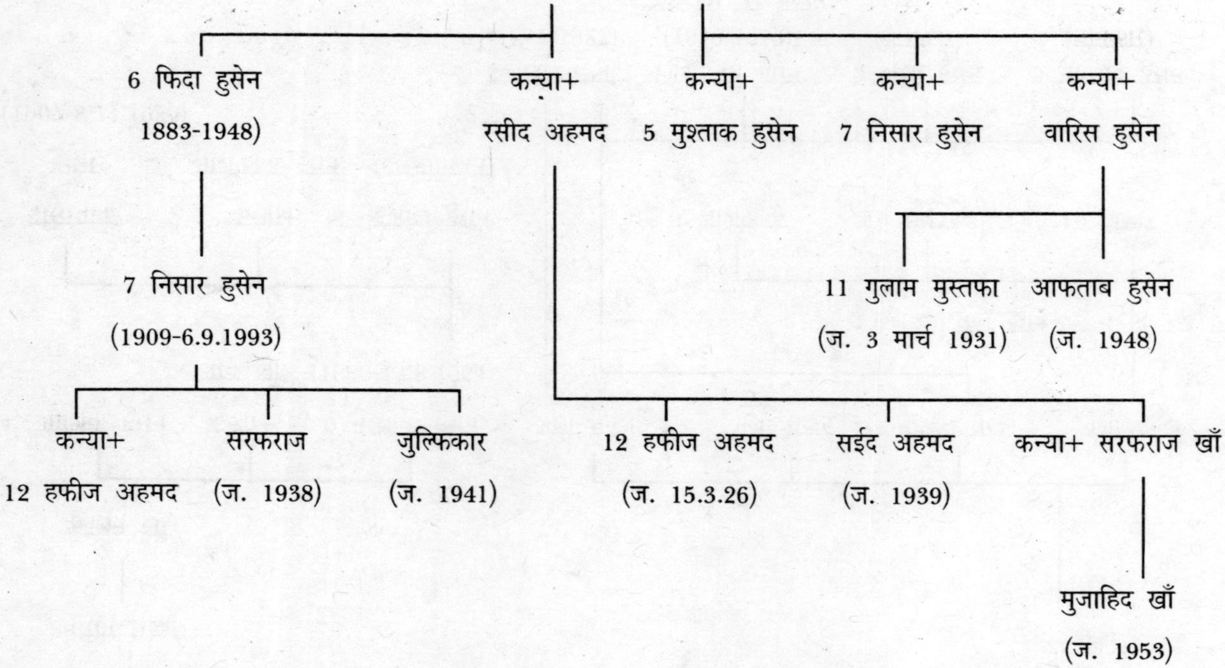
6 फिदा हुसेन
1883-1948)
कन्या+
रसीद अहमद
कन्या+
5 मुश्ताक हुसेन
कन्या+
7 निसार हुसेन
कन्या+
वारिस हुसेन
7 निसार हुसेन
(1909-6.9.1993)
11 गुलाम मुस्तफा
(ज. 3 मार्च 1931)
आफताब हुसेन
(ज. 1948)
कन्या+
12 हफीज अहमद
सरफराज
(ज. 1938)
जुल्फिकार
(ज. 1941)
12 हफीज अहमद
(ज. 15.3.26)
सईद अहमद
(ज. 1939)
कन्या+ सरफराज खाँ
मुजाहिद खाँ
(ज. 1953)

10. अब्बर हुसेन

13 काशी नाथ चट्टोपाध्याय

2. अली हुसेन

गोपाल जयराजगीर

8. अशफाक हुसेन

13. काशीनाथ चट्टोपाध्याय

4. आशिक हुसेन

13. काशीनाथ चट्टोपाध्याय

1. इनायत हुसेन के गुरु

फतबुद्धौला (मातामह)

बहादुर सेन

महबूब बख्श खाँ (पिता)

हद्दू खाँ

हस्सू खाँ

1. इनायत हुसेन के शिष्य

2. अली हुसेन

खादिम हुसेन (आगरा)

छज्जू खाँ (भिण्डीबाजार)

नजीर खाँ (भिण्डीबाजार)

7. निसार हुसेन

पुरुषोत्तम सोमण (1868-1951)

बशीर-खाँ

भैयासाहब गणपतराव

3 मुहम्मद हुसेन

5 मुस्ताक हुसेन

शिवसेवक मिश्र

हाफिज खाँ (गुड़यानी)

13. काशीनाथ चट्टोपाध्याय

अपरेश चट्टोपाध्याय

अमरनाथ भट्टाचार्य

अलोक चट्टोपाध्याय (पुत्र)

छवि चट्टोपाध्याय (कन्या)

ज्योतिरिन्द्र मैत्र (बटुक बाबू)

पुलिनचन्द्र बन्धोपाध्याय

मणीन्द्रमोहन बन्धोपाध्याय (मण्टु बाबू)

वीरेन्द्र मुखोपाध्याय
वीरेश्वर मुखोपाध्याय
वीरेश्वर भट्टाचार्य
संतोषकुमार बन्द्योपाध्याय

11. गुलाम मुस्तफा खाँ
लक्ष्मी नायमपल्ली
शिखा दत्त

14. गुलाम सबीर खाँ
नयना देवी (निधन 1-11-1993)

9. निसार हुसेन खाँ
गुलाम अकबर खाँ
11 गुलाम मुस्तफाखाँ
जुल्फिकार खाँ
पी.जी. सिन्दे
रशीद खाँ
समरेश गोस्वामी
सरफराज खाँ
12 हफीज अहमद खाँ

6. फिदा हुसेन खाँ
14 गुलाम सबीर खाँ
(मृ. 17.12.1974)
7 निसार हुसेन खाँ
रसीर अहमद खाँ
12 हफीज अहमद खाँ

3. मुहम्मद हुसेन
पशुपतिसेवक मिश्र

5. मुस्ताक हुसेन के गुरु
1 इनायत हुसेन
इमदाद हुसेन
पुत्तन खाँ
3 मुहम्मद हुसेन
मेहबूब खाँ (दरसपिया)
वजीर खाँ (रामपुर)
हैदर खाँ

5. मुस्ताक हुसेन के शिष्य

10 अब्बर हुसेन
8 आशफाक हुसेन
इशाख हुसेन
इस्तियाक हुसेन
13 काशीनाथ चट्टोपाध्याय
किशनचाँद बड़ाल
कुमार मुखोपाध्याय
गुलाम सादिक खाँ
नयनादेवी
मुजद्दत नियाजी
शन्नो खुराना
9 सब्दर हुसेन
सुलोचना बृहस्पति
(ज. 7.11.1930)

9. सबदर हुसेन

13 काशीनाथ चट्टोपाध्याय

12. हफीज अहमद खाँ

अलकनंदा पटेल
उमा गर्ग

(6) उदयपुर घराना

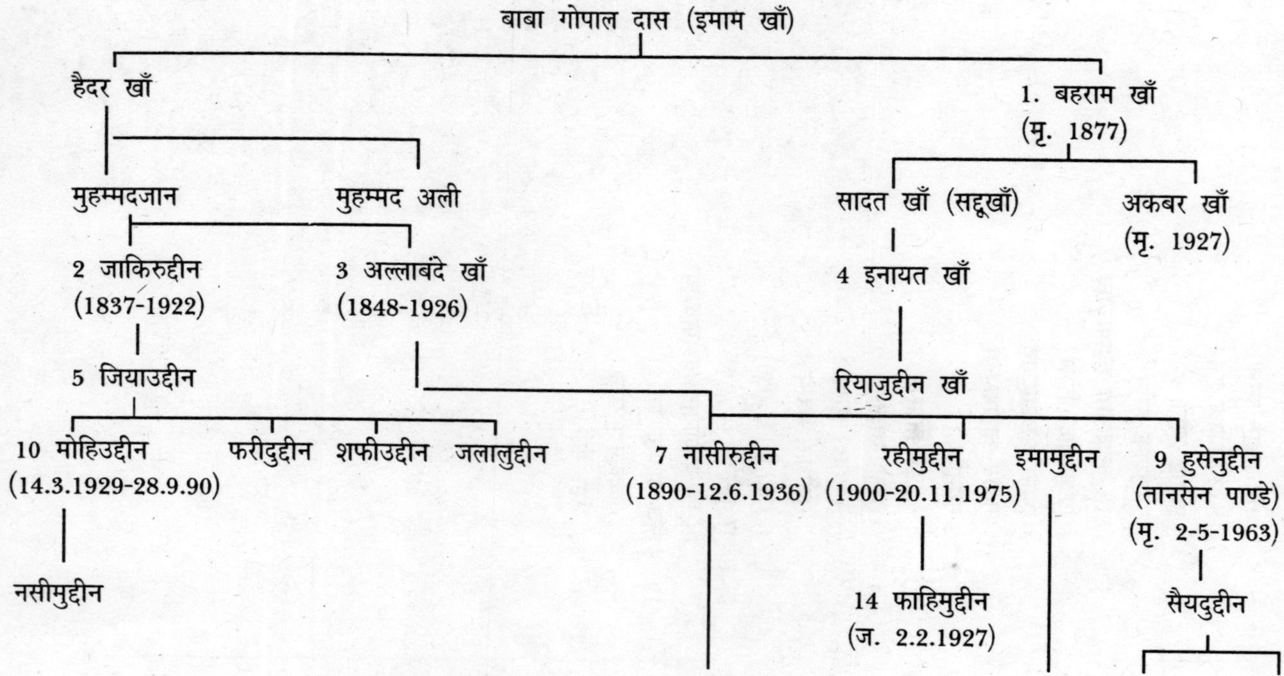
बाबा गोपाल दास (इमाम खाँ)
हैदर खाँ
1. बहराम खाँ
(मृ. 1877)
मुहम्मदजान
मुहम्मद अली
सादत खाँ (सद्दूखाँ)
अकबर खाँ
(मृ. 1927)
2 जाकिरुद्दीन
(1837-1922)
3 अल्लाबंदे खाँ
(1848-1926)
4 इनायत खाँ
5 जियाउद्दीन
रियाजुद्दीन खाँ
10 मोहिउद्दीन
(14.3.1929-28.9.90)
फरीदुद्दीन
शफीउद्दीन
जलालुद्दीन
7 नासीरुद्दीन
(1890-12.6.1936)
रहीमुद्दीन
(1900-20.11.1975)
इमामुद्दीन
9 हुसेनुद्दीन
(तानसेन पाण्डे)
(मृ. 2-5-1963)
नसीमुद्दीन
14 फाहिमुद्दीन
(ज. 2.2.1927)
सैयदुद्दीन

नफिस अनिस

11 मोइनुद्दीन (1919-24.5.1966) — सलीम डागर (ज:1957)

12 अमीनुद्दीन (ज. 20-10-1927)

13 जहीरुद्दीन (9.9.1932-7.5.1994

फैयाजुद्दीन (13.9.1934-7.2.1989) — वासिफ डागर

अलीमुद्दीन शमीमुद्दीन निजामुद्दीन कयामुद्दीन

(3 अल्लाबन्दे एवं उनके अग्रज 2 जाकिरुद्दीन ने प्रसिद्ध बीनकर बन्दे अली खाँ की दो कन्याओं के साथ विवाह किया।)

12. अमीनुद्दीन

- अनु बर्मन
- अलका नंदी
- अशोका धर
- एम. आर. गौतम
- 13 जहीरुद्दीन (भ्राता)
- तारकचाँद बड़ाल (पखावज)
- तेजपाल सिंह
- देवशंकर सिंह
- फरुदुद्दीन
- फैयाजुद्दीन (भ्राता)
- रवि किचलु
- विजय किचलु
- समीर कुमार दत्त
- सुव्रत रायचौधुरी (सितार)
- सुरिन्दर सिंह

सैयदुद्दीन
सोहनलाल शर्मा (हारमोनियम)

3 अलाबन्दे खाँ
इनायत हुसेन खाँ (सितार)
5 जियाउद्दीन
सुरेन्द्रनाथ गंगोपाध्याय (काशी)

4 इनायत खाँ
7 नासीरुद्दीन

13 जहीरुद्दीन
अणिमा दासगुप्त

2 जाकिरुद्दीन
7 नासीरुद्दीन

5 जियाउद्दीन
12 अमीनुद्दीन
11 मोइउद्दीन
रमाकान्त जोशी (ज. 1917)

7 नासीरुद्दीन
14 फाहिमुद्दीन
हुसेनुद्दीन

14 फाहिमुद्दीन
कावेरी कर
1 बहराम खाँ
अब्बन खाँ
अब्दुल्ला खाँ
अली बख्श
3 अल्लाबन्दे खाँ
4 इनायत खाँ
कालू खाँ
गोखी बाई
2 जाकिरुद्दीन
फते अली
मुहम्मद जान
मुहम्मद अली

10 मोउद्दीन

अख्तर खाँ (सितार)
चन्द्रशेखर नारेंग्रेकर (सितार)
पुष्पराज को कोष्टी (सितार)
फरीदुद्दीन
सुभाष भास्कर नारेंग्रेकर (सरोद)

11 मोइनुद्दीन
12 अमीनुद्दीन (भ्राता)
एम. आर. गौतम
गंगादास झँवर
13 जहीरुद्दीन (भ्राता)
देवेंद्रकृष्ण चट्टोपाध्याय
निमाई चाँद बड़ाल
फैयाजुद्दीन (भ्राता)
10 मोहिउद्दीन
रवि किचलु
विजय किचलु

8 रहीमुद्दीन
सैयदुद्दीन

6 रियाजुद्दीन
12 अमीनुद्दीन
11 मोइनुद्दीन

9 हुसेनुद्दीन
केतकी घोष
निमाई चाँद बड़ाल
14 फाहिमुद्दीन

(7) आगरा घराना

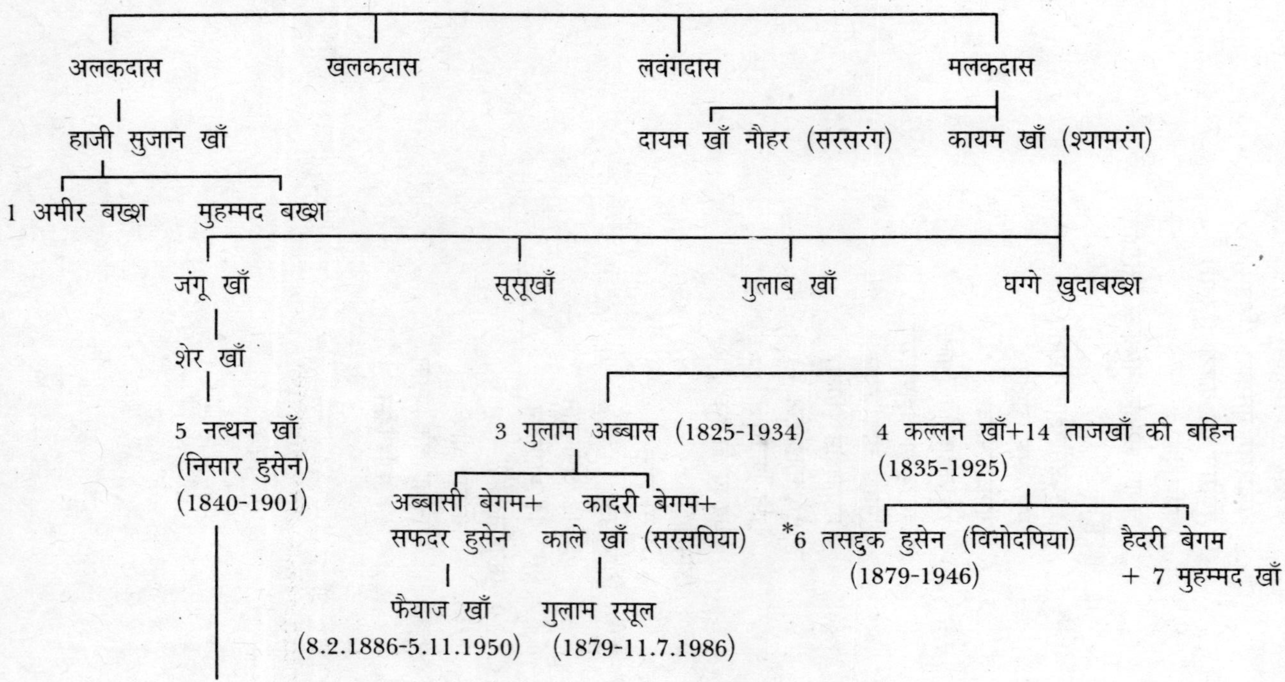
अलकदास
खलकदास
लवंगदास
मलकदास
हाजी सुजान खाँ
दायम खाँ नौहर (सरसरंग)
कायम खाँ (श्यामरंग)
1 अमीर बख्श
मुहम्मद बख्श
जंगू खाँ
सूसूखाँ
गुलाब खाँ
घग्गे खुदाबख्श
शेर खाँ
5 नत्थन खाँ
(निसार हुसेन)
(1840-1901)
3 गुलाम अब्बास (1825-1934)
4 कल्लन खाँ+14 ताजखाँ की बहिन
(1835-1925)
अब्बासी बेगम+
सफदर हुसेन
कादरी बेगम+
काले खाँ (सरसपिया)
*6 तसद्दुक हुसेन (विनोदपिया)
(1879-1946)
हैदरी बेगम
+ 7 मुहम्मद खाँ
फैयाज खाँ
(8.2.1886-5.11.1950)
गुलाम रसूल
(1879-11.7.1986)

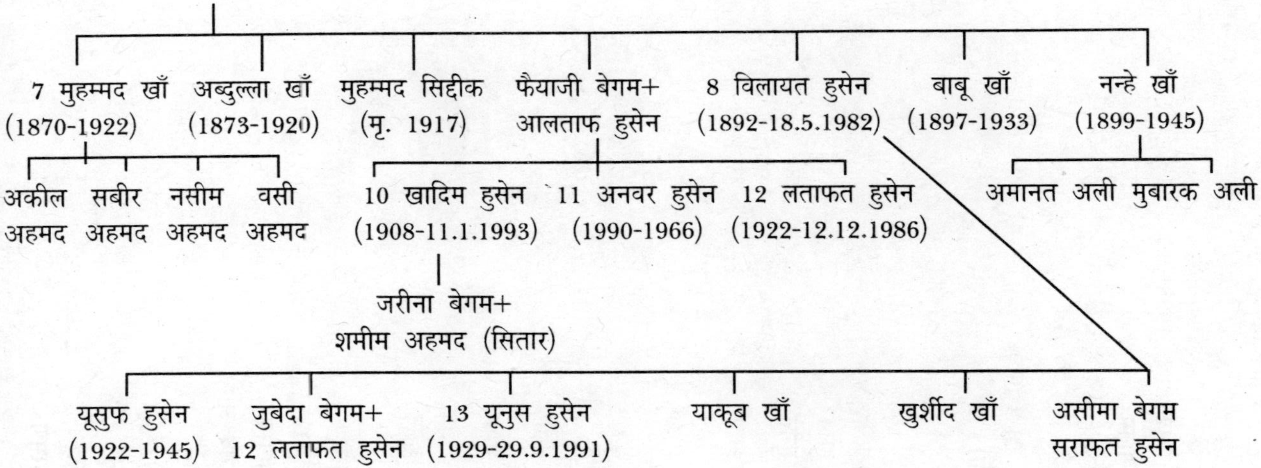

1. ललितमोहन सेन और सुरेन्द्रनाथ मजूमदार के गुरु तसद्दुक हुसेन वाराणसी और मेटियाबुर्ज स्वतंत्र व्यक्ति हैं। इनका कोई परिचय नहीं मिलता। ये कुछ दिन नेपाल में भी थे।

(आगरा घराना का शिष्यवर्ग)

11 अनवर हुसने
- अंजनीबाई लोलेकर (ज. 1928)
- एम. आर. गौतम
- पी. जी. सिन्दे

1 अमीर बख्श
- 15 करामत खाँ (ध्रुपद)
- (किरानावासी)

13 यूनुस हुसेन
- यशपाल

4 कल्लन खाँ
- 11 अनवर हुसेन
- 10 खादिम हुसेन
- गफूर खाँ
- नन्हें खाँ
- नाजिर खाँ
- फैयाज खाँ
- फिरदोसी बाई
- 9 बशीर खाँ
- बिब्बो बाई
- 8 विलायत हुसेन

15 करामत खाँ
- 8 विलायत हुसेन

10 खादिम हुसेन
- अनन्त दामले
- कुसुम बड़ोंदेकर
- कृष्णा उदयावरकर
- 13 गोविन्दराव अग्नि
- ज्योत्स्ना भोले
- (ज. 1913)
- प्रहलाद गानू
- मीरा वाडकर
- मोहन चिकरमणे

12 लताफत हुसेन
ललित जे. राव
वत्सला कुमठेकर
वसन्तराव कुलकर्णी (ज. 4.1.1918)
शफी अहमद खाँ
श्यामला मझगांवकर
श्रीकृष्ण हलदनकर
श्रीधर पार्सेकर
सगुणा कल्याणपुरकर
सरस्वतीबाई फातरपेकर
3 गुलाम अब्बास
चन्दन चौबे
5 नत्थन खाँ
फैयाज खाँ
8 विलायत हुसेन
16 गोविन्दराव अग्नि
अंजनीबाई लोलेकर
19 चिन्तामणि रघुनाथ व्यास
प्रभाकर कारेकर
17 जगन्नाथ बुवा पुरोहित
(1903-20.10.1968)
19 चिन्तामणि रघुनाथ व्यास
(ज. 1924)
जी.एन. जोशी (ज. 1909)
जितेन्द्र अभिषेकी (ज. 14.9.1930)
पूर्णिमा तलवारकर
प्रभुदेव सरदार
वसंतराव कुलकर्णी
18 माणिक वर्मा (ज. 1926)
मालती पाण्डे
राम मराठे (मृ. 4.10.1981)
सुमन माटे
6 तसद्दुक हुसेन
दीपाली नागचौधुरी (ज. 1922)

14 ताज खाँ

वामाचरण बन्धोपाध्याय

5 नत्थन खाँ

बाबली बाई

भास्करबुवा बखले

9 बशीर अहमद खाँ

अपर्णा चक्रवर्ती

दीपाली नाग चौधुरी

8 विलायत हुसेन

अंजनीबाई जाम्बोलीकर

13 यूनुस हुसेन

इंदिराबाई वाडकर

एम. आर गौतम

कागलकरबुवा

गजाननराव जोशी

गुलाम अहमद खाँ

17 जगन्नाथबुवा पुरोहित

दतबुवा इचलकरंजीकर

पूर्णिमा सेन

बाई नार्वेकर (ज. 1905)

मोधुबाई कुर्डीकर

मालती पाण्डे

यशपाल

रत्नकान्त रामनाथकर

राम मराठे

12 लताफत हुसेन

लीलावती शिरगांवकर

वत्सला पर्वतकर

सरस्वतीबाई फातरपेकर

सराफत हुसेन

सीताराम फातरपेकर

डॉ. सुमति मुटाटकर

सुशीलाबाई गानू

हनुमंतराव वालवेकर

हीराबाई मिस्त्री

2 मुहम्मद बख्श

8 विलायत हुसेन

7 मुहम्मद हुसेन खाँ

चम्पाबाई कार्लेकर

ताराबाई शिरोडकर (1880-6.7.1949)

बिस्मिल्ला खाँ (शहनाई)

18 माणिक वर्मा

सरला भिड़े (3.8.1940-20.4.1994)

12 लताफत हुसेन

एस. अहमद खाँ

जयनाल आबेदीन

बकुल चट्टोपाध्याय

रवि किचलु

विजय किचलु

(8) (रंगीले) सिकन्दराबाद घराना (प्रथम)

सुभान खाँ | 1 रमजान खाँ (रंगीले भाई)

मुहम्मद अली

सफदर खाँ | 2 फिदा हुसेन

3 फैयाज खाँ (1883-5.11.1950)

4 अजमत हुसेन खाँ

असलम हुसेन खाँ

जितेन्द्र हुसेन खाँ

टी. एल. राजू (ज. 1929)

दुर्गाबाई शिरोडकर

नलिनी बोरकर
महेन्द्रभाई विकांशी
माणिक वर्मा
याकूब हुसेन खाँ
यूनुस हुसेन खाँ

5 दिलीपचन्द वेदी
इन्दरलाल धन्द्रा
एम. आर. गौतम
एस. शंकरराव
गौतम अय्यर
माणिक वर्मा
ललिता अय्यंगार

3 फैयाज खाँ के गुरु
गुलाम अब्बास (मातामह)
2 फिदा हुसेन
मेहबूब खाँ (दरसपिया)

3 फैयाज खाँ के शिष्य
4 अजमत हुसेन
(1912-26.7.1975)
अता हुसेन
असद अली
एम. एस. कुरतरकर
कुन्दनलाल सहगल
कुमार मेखापाध्याय
क्षितीशचन्द्र बन्धोपाध्याय
गुलाम रसूल
ज्ञानेन्द्र प्रसाद गोस्वामी
5 दिलीप चन्द वेदी (24.3.1901–13.11.1992)
देवप्रसाद गर्ग (मृ. 4.4.1986)
ध्रवतारा जोशी
ननीगोपाल बन्धोपाध्याय
नरेन्द्रराय शुक्ल
बन्दे हसन खाँ
बशीर अहमद खाँ (आगरा)

भीष्मदेव चट्टोपाध्याय
महताब हुसेन
मलिका जान
मोहन सिंह
रवीन्द्रनाथ चट्टोपाध्याय
रामराव वी. नामक
लताफत हुसेन
श्रीकृष्ण रातरजंकर
सराफत हुसेन
सरदार सोहन सिंह (1914-7.2.1987)
सुनील बसु
सुशील कुमार चौबे
स्वामी वल्लभदास (1907-23.5.1972)

1 रमजान खाँ (रंगीले)
अतरौली घराने के
इमाम बख्श के शिष्य थे।

(9) फैयाज खाँ का श्वशुर-कुल (अतरौली)

लाल खाँ — अलीबख्श खाँ

लाल खाँ → कन्या+मेहबूब खाँ (दरसपिया)

अलीबख्श खाँ → 2 पुत्तन खाँ; कन्या+फल्लन खाँ (सहसवान)

कन्या+मेहबूब खाँ (दरसपिया) → कन्या+ फैयाज खाँ (आगरा); कन्या+ लियाकत अली; 3 अता हुसेन (1898-10.8.1980); बन्दे हुसेन (ज. 1902)

कन्या+ फैयाज खाँ (आगरा), कन्या+ लियाकत अली → हसमत; 4 सराफत (1930-6.7.1985)

बन्दे हुसेन → नासिर हुसेन

3 अता हुसेन के गुरु
फैयाज खाँ (भग्निपति)
1 मेहबूब खाँ

3 अता हुसेन के शिष्य

अरुण भट्टाचार्य (फरवरी 1925-9.5.1985)
एस. अहमद खाँ
कुमार मुखोपाध्याय
देवप्रसाद गर्ग
नासिर हुसेन
निताई शील
पी. जी. शिन्दे
पूर्णिमा सेन
प्रकृति भट्टाचार्य
प्रभाकर जोशी
मणिलाल मल्लिक
मनजूद हुसेन खाँ
रजनीकान्त देसाई
रवीन्द्रनाथ चट्टोपाध्याय
रवीन्द्रनाथ दत्त
रामजी भगत
5 रामराव वी. नायक
4 सराफत हुसने
सुनील बसु
सोहन सिंह जोशी
स्वामी वल्लभदास
हमीद हुसने

2 पुत्तन खाँ

आशिक हुसेन (सहसवान)
मुस्तका हुसेन (सहसवान)

1 मेहबूब खाँ

3 अता हुसेन खाँ
आशिक हुसेन (सहसवान)
फैयाज खाँ
मुस्ताक हुसेन (सहसवान)

5 रामराव वी. नायक (ज. 1909)

एम. आर. गौतम
ललित जे. राव

ललिता उदयावर

4 सराफत हुसेन

पूर्णिमा सेन

(10) सिकन्दाबाद घराना (द्वितीय)

- रहमतुल्ला
  - इनायतुल्ला
  - हाजी किफायतुल्ला
    - बदिउज्जमा
      - शफीउज्जमा
    - एहमज्जमा
    - मुहम्मदज्जमा
  - कुदरतुल्ला
    - मुहम्मद अली
  - अजमतुल्ला

(11) सिकन्दराबाद घराना (तृतीय)

- [1]कुतुब बख्श (कुतुबुद्दौला)
  - कन्या+ अली हुसेन (सहसवान)
    - अहमद खाँ
  - कन्या+ मुहम्मद हुसेन (सहसवान)
    - उमर खाँ
- मगदुम बख्श
  - हैदरबख्श
    - अब्दुल लतीफ
      - नसीरुद्दीन खाँ 'गोरे'

1. कुतब बख्श नवाब वाजिद अली शाह के मंत्री थे। बाद में रामपुर जाकर उमराव खाँ के शिष्य हुए।

(12) सिकन्दराबाद घराना (चतुर्थ)

- कुतब अली
  - गुलाम अब्बास
  - फिदा हुसेन

(13) सिकन्दराबाद घराना (पंचम)

- अली बख्श
  - तन्नु खाँ
  - मस्ते (मसीत) खाँ
    - 1 मुजफ्फर खाँ (ज. 1858)
      - मुनव्वर खाँ
        - हयात खाँ
      - अनवर खाँ

1 मुजफ्फर खाँ

- अच्छन बाई
- गिरिजाशंकर चक्रवर्ती
- दिलीप कुमार राय
- देव प्रसाद गर्ग
- प्राणकृष्ण चट्टोपाध्याय
- मतिलाल जौहरी

(14) सिकन्दराबाद घराना (षष्ठ)

- इमाम खाँ
  - निजाम खाँ
  - जहूर खाँ (तानरस खाँ के शिष्य)
  - मूर खाँ

(15) जयपुर घराना

मनरंग वंशजात
मुहम्मद अली खाँ (हररंग)
(1825-1905)

- आशिक अली
- अहमद खाँ

मुहम्मद अली के शिष्य-पंडित विष्णुनारायण भातखण्डे

(16) अतरौली घराना

साहब खाँ

- नत्थू खाँ
  - कादर खाँ (पत्नी: कन्या — करीम बख्श की)
    - 2 ख्वाजा अहमद खाँ
      - 5 अल्लादिया खाँ (1855-16.3.1946)
        - नासिरुद्दीन (बड़ेजी) (1886-1936)
        - 7 बदरुद्दीन (मंजी) (1888-1937)
        - 8 शम्सुद्दीन (भुर्जी) (1890-6.5.1950)
          - अजीजुद्दीन
      - 6 हैदर खाँ (मृ. 1936)
        - 9 नत्थन खाँ
      - कन्या+ अब्दुल्ला खाँ
      - कन्या
    - नत्थू खाँ
      - 4 दौलत खाँ
    - 3 जहाँगीर खाँ
      - अली अकबर
    - चिम्मन खाँ
- 1 मानतोल खाँ
  - करीम बख्श
    - कन्या

5 अल्लादिया खाँ

- अजमत हुसेन
- इनायत हुसेन
- 17 केसरबाई केरकर
- गुलुभाई जसदनवाला
- 10 गोविंदराव शालिग्राम
- तानीबाई
- दिलीचंद वेदी
- 9 नत्थन खाँ
- 11 निवृतिबुवा सरनाईक (4.4.1912-16.2.1994)
- बरकतुल्ला खाँ (सितार)
- 12 भास्करबुवा बखले (17.10.1869-8.4.1922)
- 13 मोघूबाई कुर्डीकर (ज. 15.7.1904)
- 14 मेनकाबाई शिरोडकर
- मोहनराव पालेकर
- लीलाबाई शिरगाँवकर
- वाजिद हुसेन
- शंकरराव सरनाईक
- 6 हैदर खाँ

17 केसरबाई केरकर (13.7.1892—16.9.1977)

- धोंडूताई कुलकर्णी

2 ख्वाजा अहमद खाँ

- 5 अल्लादिया खाँ
- 3 जहाँगीर खाँ

10 गोविंदराव बुवा शालिग्राम

- पद्मावती शालिग्राम (ज. 1920)

15 गोविंदराव टेम्बे

- सुशीला टेंबे (ज. 1920)

3 जहाँगीर खाँ

- 5 अल्लादिया खाँ
- 4 दौलत खाँ
- 6 हैदर खाँ

4 दौलत खाँ

इनायत हुसेन (सितार)

9 नत्थन खाँ

देशपाण्डे

सरस्वतीबाई राणे

11 निवृत्ति बुवा सरनाईक,

प्रभुदेव सरदार

विजया जाधव (ज. 19.10.1955)

सुरेश गोपाल श्रीखण्डे

12 भास्कर बुवा बखले

कृष्णराव कोल्हापुरे (मृ. 11.6.1955)

गणेशरामचंद्र बेहरे बुवा (1890-12.9.1965)

15 गोविंदराव टेंबे (1881-9.10.1955)

ताराबाई शिरोडकर

दिलीपचंद वेदी

बागलकोटकर

बापूराव केतकर (मृ. 21.11.1954)

बाल गंधर्व (26.6.1888-15.7.1967)

महादेव काशीनाथ काले

(बाबूराव काले)

(8.2.1896-19.4.1950)

16 मास्टर कृष्णराव (1897-24.10.1975)

रमेशचंद्र ठाकुर

शंकरराव गायकवाड़ (शहनाई) (मृ. 17.3.1971)

8 भुर्जी खाँ

एम. एस. कानेटकर

गजाननाव जोशी

दुर्गाबाई कुलकर्णी

18 मल्लिकार्जुन मंसूर

14 मेनकाबाई शिरोडकर

वामनराव साडोलीकर (16.9.1907-25.9.1991)

13 मोघूबाई कुर्डीकर

कमल ताम्बे

किशोरी आमोणकर (कन्या, ज. 10.4.1931)

कौशल्या मंजेश्वर

पद्मा तलवलकर

7 मंजी खाँ

18 मल्लिकार्जुन मंसूर (31.12.1910-16.9.1992)

महमूद भाई शेठ

1 मालतोल खाँ

कुतुब बख्श

18 मल्लिकार्जुन मसूंर

राजशेखर मंसूर

पंचाक्षरी मट्टीगट्टी

16 मास्टर कृष्णराव

राम मराठे (मृ. 4.10.1991)

सुशीला टेम्बे

14 मेनकाबाई शिरोडकर

शोभागुर्टू (कन्या. ज. 8.2.1927)

6 हैदर खाँ

दिलीपचंद वेदी

13 मोघूबाई कुर्डीकर

लक्ष्मीबाई जाधव (ज. 1902)

(17) किराना घराना (प्रथम)

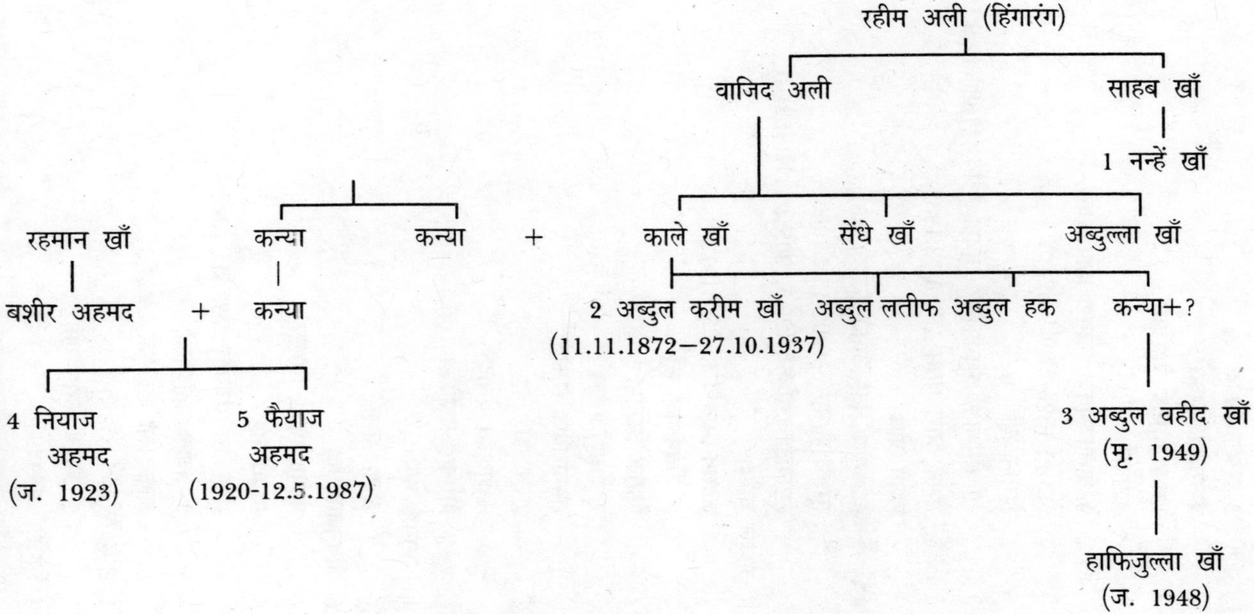

2 अब्दुल करीम खाँ

3 अब्दुल वहीद

केसरबाई केरकर

गणेश रामचंद्र बेहरेबुवा

ताराबाई

9 बालकृष्णबुवा लक्ष्मण कपिलेश्वरी

(13.11.1896-27.9.1982)

रहमान खाँ

10 रामभाऊ कुंदगोलकर 'संवाई गंधर्व' (1886-12.9.1952)

रोशन आरा बेगम (मृ. 5.12.1982)

विनय घोष

विश्वनाथ बुवा जाघव (ज. 1888)

सुरेशबाबू माने (1902-15.2.1953)

हीराबाई बड़ोदेकर (29.5.1905-20.11.1989)

3 अब्दुल वहीद

जयचंद भाट (ज. 16.7.1919)

6 जीवनलाल मट्टू

फिरोज निजामी

7 बेगम अख्तर

रामनारायण (सारंगी)

शकूर खाँ

8 शुकदेव प्रसाद

हीराबाई बड़ोदेकर

11 गंगूबाई हंगल

कृष्णा हंगल

6 जीवनलाल मट्टू

महमूद मिर्जा (सितार)

माधुरी मट्टू

रमेश प्रेम (विचित्र वीणा-ज. 1927)

3 अब्दुल वहीद खाँ

हाफिजुल्ला खाँ (ज. 1948)

1 नन्हे खाँ

2 अब्दुल करीम खाँ

4 नियाज अहमद

किशोरी परिख (ज. 25.6.1929)
शीला धर
12 फिरोज दस्तूर
वृंदा मुण्डकुर
सुधा दिवेकर
5 फैयाज अहमद
किशोरी पारिख
शीला धर
9 बालकृष्णबुवा कपिलेश्वरी
13 यशवंतराव पुरोहित
9 बेगम अख्तर
एम. आर. गौतम
प्रभाती मुखोपाध्याय
रीता गंगोपाध्याय
शिप्रा बसु
14 भीमसेन जोशी
माधव गुड़ी
रमेश मिश्र (ज. 6.5.1961)
श्रीकांत देशपांडे
13 यशवंतराव पुरोहित
विनायक वोरा (तारशहनाई. ज. 1929)
10 रामभाऊ कुंदगोलकर
इंदिराबाई खाडिलकर
कागलकरबुवा
11 गंगूबाई हंगल (ज. फरवरी 1913)
निवृत्तिबुवा सरनाईक
12 फिरोज दस्तूर (ज. 30.9.1919)
डॉ. वसंतराव देशपांडे
बसवराज रामगुरु (24.8.1920-21.7.1991)
14 भीमसेन जोशी (ज. 14.2.1922)
मास्टर कृष्णराव
सरस्वतीवाई राणे
8 शुकदेव प्रसाद
मणिप्रसाद

(18) किराना घराना (द्वितीय)

हीरा बाई
|
तारा बाई
|
1 सुरेश बाबू माने (1902–15.2.1953) | 2 हीराबाई बड़ोदेकर (29.5.1905-20.11.1989) | सरस्वतीबाई राणे | कमला बाई

1 सुरेश बाबू माने
- पाण्डुरंग देशपाण्डे (मृ. 20.4.1956)
- प्रभा अत्रे (ज. 13.9.1932)
- वसंतराव देशपाण्डे (मृ. 1983)
- बसवराज राजगुरु
- माणिक वर्मा (1926–10.11.1996)
- 2 हीराबाई बड़ोदेकर

2 हीराबाई बड़ोदेकर
- प्रभा अत्रे
- मालती पाण्डे (ज. 19.4.1930)
- सरस्वतीबाई राणे
- सुलभा निशिकांत ठकार

(19) किराना घराना (तृतीय)

1 बन्दे अली खाँ (बीनकार) (1830-1890) + हद्दू खाँ की कन्या | वारस अली
- वारस अली | रजा अली

बन्दे अली खाँ की संतान:
- कन्या+जाकिरुद्दीन खाँ (उदयपुर)
- कन्या+अल्लाबन्दे खाँ (उदयपुर)

---

1. बन्दे अली खाँ तानसेन-कन्या-वंशोद्भव निर्मलशाह बीनकार के शिष्य, एवं वाद्ययंत्रसंगीत में किराना घराना के प्रतिष्ठाता।

(19) किराना घराना (तृतीय)-क्रमशः

2 अब्दुल अजीज खाँ (विचित्रवीणा)
अहमद रजा खाँ
रमेश प्रेम
3 लालमणि मिश्र
(11.8.1924-17.7.1979)
4 आदिब हुसेन (बीन)
5 बिमल मुखोपाध्याय (ज. 1930)
6 अमीर खाँ
अमरनाथ (1924-9.3.1996)
उषारंजन मुखोपाध्याय
7 ए.कानन
कंकणा बन्धोपाध्याय
कमल बन्धोपाध्याय
कमल बसु
कृष्णा (गंगोपाध्याय) दासगुप्त
तेजपाल सिंह (ज. 24-7-1937)
दिलीप चक्रवर्ती
पूर्वी मुखोपाध्याय
प्रद्युम्न मुखोपाध्याय
प्रेमप्रकाश जौहरी
महेन्द्र शर्मा (ज. 10.2.1939)
मुनीर खाँ (सारंगी)
श्रीकांत बाकरे
सुनीलकुमार बन्धोपाध्याय
सुनील बसु
सुरिन्दर सिंह (ज. 16.8.1940)
7 ए. कानन
ए. दाऊद
गौरी मुखोपाध्याय
नीला मजुमदार
पूर्णिमा चौधरी
प्रतिमा मित्र

बकुल चट्टोपाध्याय
शशिकला मंजेश्वर
संदीप घोष

8 कृष्णराव अष्टीवाले
धुण्डिराज
विश्वनाथ

9 गैरत खाँ
10 महबूब खाँ (पुत्र)

11 जाफर खाँ
अब्दुल हलीम जाफर खाँ (पुत्र)
(ज. 18.2.1929)

12 जमालुद्दीन
4 आबिद हुसेन (पुत्र)
(मृ. 13.12.1978)
सज्जाद हुसेन (पुत्र)

13 निसार हुसेन
हैदर हुसेन

1 बन्दे अली खाँ
2 अब्दुल अजीज खाँ
इमदाद खाँ (सितार, सुरबहार)
वहीद खाँ (बीन)
8 कृष्णराव अष्टीवाले
9 गैरत खाँ
चुन्नाबाई (द्वितीय पत्नी)
12 जमालुद्दीन
जोहराबाई
बलवंतराव और उसके अग्रज
14 भैया साहब गणपतराव
भास्करबुवा बखले
मंगलू खाँ और उसके पुत्र-
15 मुराद खाँ
16 मुनव्वर खाँ
रजब अली खाँ

रहीम खाँ

17 शाहमीर खाँ

18 हैदर बख्श

19 बाबू खाँ

अब्दुल हलीम जाफर खाँ

5 विमल मुखोपाध्याय

सुव्रत रॉयचौधुरी

14 भैया साहब गणपतराव (मृ. 1920)

कुमार कल्याणसिंह बहादुर

गौहरजानबाई (कलकत्ता)

गिरिजाशंकर चक्रवर्ती

गफूर-खाँ

जंगी खाँ

नूरजहाँ (कलकत्ता)

प्यारासाहब (मेटियाबुरुज)

बड़ी मोतीबाई (काशी)

बशीर खाँ (मृ. 1950)

मलिका जान

मीर इरशाद अली

20 मौजुद्दीन

21 श्यामलाल क्षेत्री (मृ. 27.8.1928)

सोहनी सिंह (गया)

10 महबूब खाँ

अब्दुल हलीम जाफर खाँ

16 मुनव्वर खाँ

11 जाफर खाँ

15 मुराद खाँ

कृष्णराव कोल्हापुरे

कृष्णराव मुले

13 निसार हुसेन (पुत्र)

19 बाबू खाँ (मृ. 25.11.1941)

विश्वनाथ

20 मौजुद्दीन खाँ

नन्दलाल (शहनाई)

बड़ी मोतीबाई
रामजी शुक्ल (मृ. 12.8.1972)
शेर अली

23 रसूलनबाई
नयना देवी

3 लालमणि मिश्र
ओमप्रकाश चौरसिया (संतूर)
गोपालशंकर मिश्र (पुत्र)
डॉ. रामू शास्त्री
डॉ. लक्ष्मीगणेश तिवारी
स्टीफन एम. स्लावेक

19 शाहमीर खाँ
अमान अली
6 अमीर खाँ (1912-13.2.1974)
22 रसूलनबाई (मृ. 15.12.1974)

21 श्यामलाल क्षेत्री
डॉ. अमियनाथ सान्याल

18 हैदरबख्श
वहीद खाँ (खयाल)
रजब अली

(20) मुरादाबाद घराना (भिण्डीबाजार घराना)

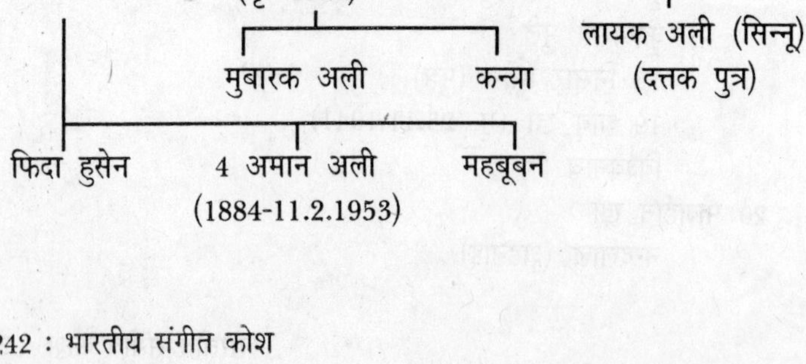

4 अमान अली

अमीर खाँ (खयालिया)

गंगाधर पंत मंगरूलकर

टी.बी. जानोरीकर

नारायणराव कोली (मृ. 4.1.1968)

नीहारकुमार घोष

नवरंग

पाण्डुरंग आम्बेडकर

वली अहमद खाँ

वंसतराव देशपाण्डे

5 रमेश नाडकर्णी (13.8.1929-7.9.1995)

शिवकुमार शुक्ल

शिवनारायण (सारंगी)

3 खादिम हुसेन

4 अमान अली

1 छज्जू खाँ के गुरु

इनायत हुसेन (सहसवान)

1 छज्जू खाँ के शिष्य

4 अमान अली

3 खादिम हुसेन

2 नजीर हुसेन

शाहमीर खाँ

2 नजीर खाँ के गुरु

इनायत हुसेन (सहसवान)

1 छज्जू खाँ

2 नजीर खाँ के शिष्य

अंजनीबाई मालपेकर

(22.4.1883-7.8.1974)

4 अमान अली

वाडीलाल नायक (1882-1947)

5 रमेश नाडकर्णी

दीपिका सोम

मीनाक्षी मुखोपाध्याय

शुभा जोशी

(21) विष्णुपुर घराना

12 रामकुमार बन्धोपाध्याय
(अनन्तलाल के चचेरे भाई)

- श्रीपतिचरण
  - 13 सत्यकिंकर (1899-18.12.1980)
    - 14 अमियरंजन
      - शान्तनु
    - मनोरंजन
    - नीहाररंजन (ज:1943)
- अम्बिकाचरण

तानसेन वंशोदभव बहादुर खाँ–शिष्य–गदाधर चक्रवर्ती
गदाधर चक्रवर्ती–शिष्य–रामशंकर भट्टाचार्य
रामशंकर भट्टाचार्य–शिष्य–
1 अनंतलाल बन्धोपाध्याय
2 केशवलाल चक्रवर्ती
3 क्षेत्रमोहन गोस्वामी (1813-1893)
4 दीनबन्धु गोस्वामी
रामकल्प मुखोपाध्याय
5 रामकेशव भट्टाचार्य (पुत्र)
6 यदु भट्ट (1834-1880)

विष्णुपुर घराने का शेष भाग अगले पेज पर

विष्णुपुर घराने का शेष भाग...

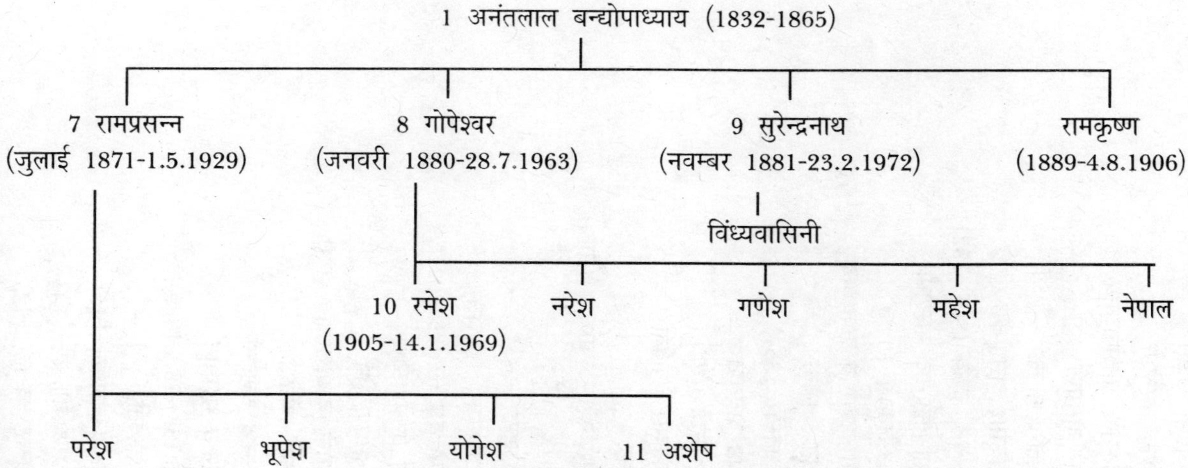

1 अनंतलाल बन्द्योपाध्याय
अम्बिकाचरण बन्द्योपाध्याय
(मृ. अप्रैल 1929)
उदयचन्द्र गोस्वामी
कार्त्तिकचन्द्र बन्द्योपाध्याय
गदाधर दासगुप्त
निताईचन्द्र मोडक
प्रसन्नकुमार दासगुप्त
विपिनचन्द्र चक्रवर्ती (मृ. 1921)
15 राधिकाप्रसाद गोस्वामी
(1863-जनवरी 1925)
12 रामकुमार बन्द्योपाध्याय
हाराधन चक्रवर्ती
(ज. नवम्बर 1867)
हाराधन दासगुप्त

14 अमियरंजन बन्द्योपाध्याय
अजयकुमार चक्रवर्ती
कविता गुप्त
नीहाररंजन बन्द्योपाध्याय (भ्राता)
मुकुल दे
हिमाद्रिशेखर बसु

11 अशेष बन्द्योपाध्याय (इसराज)
रणवीर राय (मृ. 25.3.89)

16 कालीप्रसन्न बन्द्योपाध्याय
दक्षिणाचरण सेन
हरिप्रसन्न बन्द्योपाध्याय (पुत्र)

17 काली प्रसन्न भट्टाचार्य
अघोरनाथ चक्रवर्ती
अमरनाथ भट्टाचार्य
(285.1884-13.3.1969)

2 केशवलाल चक्रवर्ती
आशुतोष चक्रवर्ती (पुत्र)
रामतारण चक्रवर्ती (पुत्र)
रामसुन्दर चक्रवर्ती (पुत्र)

3 क्षेत्रमोहन गोस्वामी

16 कालीप्रसन्न बन्धोपाध्याय
(1842-1900)
17 कालीप्रसन्न भट्टाचार्य
कृष्णधन बन्धोपाध्याय
क्षेत्रमोहन बन्धोपाध्याय
गिरीशचन्द्र भट्टाचार्य
दक्षिणाचरण सेन
महेन्द्रनाथ चट्टोपाध्याय
(1841-1925)
सर सौरीन्द्र मोहन ठाकुर

18 गोकुल चन्द्र नाग

विनोद किशोर रॉयचौधुरी
19 मणिलाल नाग (पुत्र)
रविशंकर
सौमित्र लाहिड़ी

8 गोपेश्वर बन्धोपाध्याय

अतुलकृष्ण बन्धोपाध्याय
देवव्रतसिंह ठाकुर
प्रेमलता देवी (मृ. 8.1.1935)
भूपेशचन्द्र बन्धोपाध्याय
13 सत्यकिंकर बन्धोपाध्याय
स्वामी प्रज्ञानानंद महाराज (ज. 1907)

4 दीनबन्धु गोस्वामी

गंगानारायण

20 नीलमाधव चक्रवर्ती

21 विपिनचन्द्र गोस्वामी
7 रामप्रसन्न बन्धोपाध्याय
9 सुरेन्द्रनाथ बन्धोपाध्याय

21 विपिनचन्द्र गोस्वामी

15 राधिक प्रसाद गोस्वामी

19 मणिलाल नाग

किशोर चक्रवर्ती
देवाशीष बन्धोपाध्याय

सौमित्र लाहिडी

22 महेन्द्रनाथ मुखोपाध्याय (महिमबाबू)

धीरेन्द्रनाथ भट्टाचार्य

(9.4.1891-6.2.1964)

भूतनाथ बन्द्योपाध्याय

23 योगीन्द्रकिशोर बन्द्योपाध्याय (ज. 1895)

ललित मोहन मुखोपाध्याय (पुत्र)

6 यदु भट्ट

नगेन्द्रनाथ भट्टाचार्य

यतीन्द्रनाथ मुखोपाध्याय

15 राधिकाप्रसाद गोस्वामी

हरिचरण कर्मकार

23 योगीन्द्रकिशोर बन्द्योपाध्याय

अमिया ठाकुर (12.2.1908-13.11.1986)

धीरेन्द्रनाथ भट्टाचार्य

शिवदास मुखोपाध्याय

10 रमेशचन्द्र बन्द्योपाध्याय

अमलदासगुप्त

कार्तिकचन्द्र राय

(अन्ध गायक)

15 राधिकाप्रसाद गोस्वामी

कादर बख्श (मुर्शिदाबाद)

किशोरीमोहन भास्कर

कृष्णकिशोर दास

गिरिजाशंकर चक्रवर्ती

गोविन्दप्रसाद गोस्वामी (पुत्र)

ज्ञानेन्द्रप्रसाद गोस्वामी (भ्रातष्पुत्र)

(25.12.1902-29.10.1945)

धीरेन्द्रनाथ भट्टाचार्य

नकुड़चन्द्र गोस्वामी (भ्राता)

विश्वनाथ सान्याल

भूतनाथ बन्द्योपाध्याय

महाराजा योगीन्द्रनाथ राय

22 महेन्द्रनाथ मुखोपाध्याय

(मृ. दिसंबर 1918)

23 योगीन्द्रकिशोर बन्द्योपाध्याय

शरत्चन्द्र चट्टोपाध्याय

हाराधन चक्रवर्ती

5 रामकेशव भट्टाचार्य

3 क्षेत्रमोहन गोस्वामी

20 नीलमाधव चक्रवर्ती

(मृ. दिसंबर 1926)

7 रामप्रसन्न बन्द्योपाध्याय

अतुलकृष्ण बन्द्योपाध्याय

अनादि चक्रवर्ती

18 गोकुलचन्द्र नाग (सितार)

(मृ. 25.3.1983)

गौरहरि कविराज

नरेन्द्रलाल खाँन (सितार)

(मृ. फरवरी 1920)

भास्कर शाँखारी

रजनीकांत सिंहदेव बहादुर

13 सत्यकिंकर बन्द्योपाध्याय

हरिदास चक्रवर्ती

13 सत्यकिंकर बन्द्योपाध्याय

वीरेन्द्र मुखोपाध्याय

9 सुरेन्द्रनाथ बन्द्योपाध्याय

कार्त्तिकचन्द्र राय (अंध गायक)

नित्यानन्द अधिकारी

रामपद बन्द्योपाध्याय

(22) वाराणसी घराना (प्रथम)

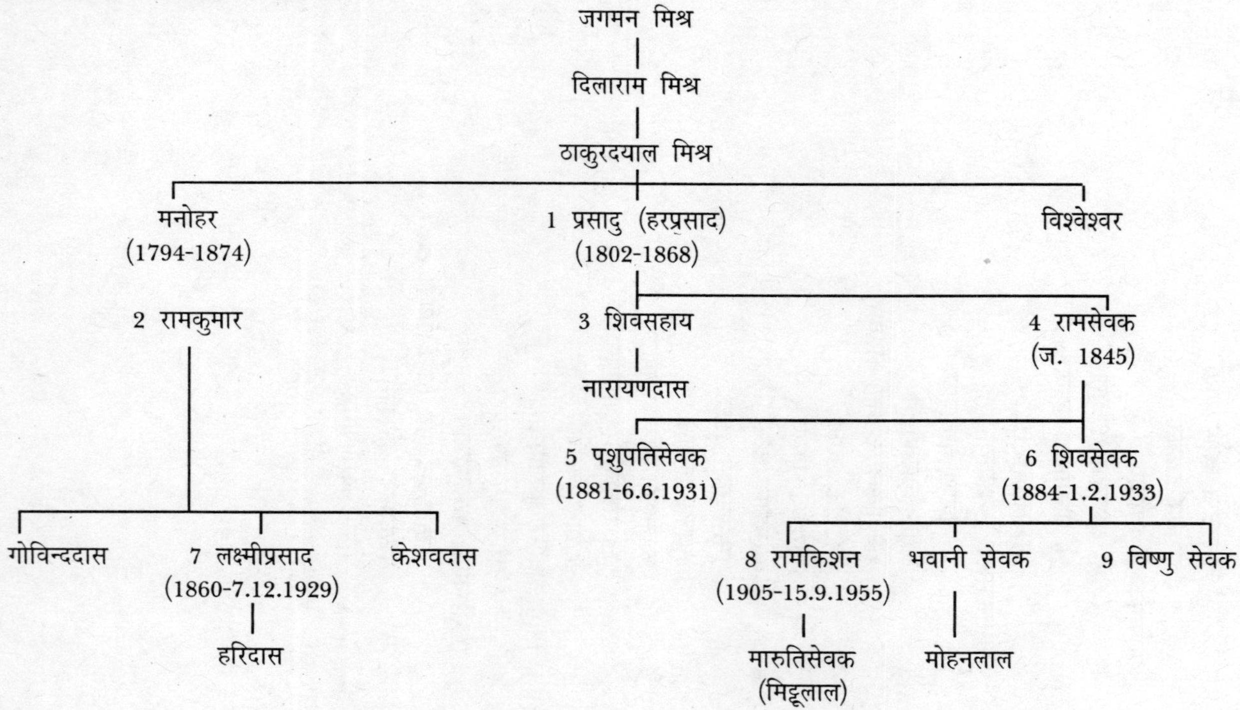

10 छोटे रामदास
बड़ी मोतीबाई
(मृ. 12.2.1977)
11 टी.एल. राणा
आराधना दे
शिशिरकणा धरचौधुरी
सविता रक्षित
12 ठाकुर प्रसाद मिश्र
10 छोटे रामदास (दौहित्र)
5 पशुपति सेवक के गुरु
अयोध्याप्रसाद (पखावज)
मुहम्मद हुसेन (बीन, सहसवान)
5 पशुपति सेवक के शिष्य
11 टी.एल. राणा
(नवंबर, 1904-24.10.1983)
श्रीचन्द्र मिश्र
1 प्रसादु (हरप्रसाद) के गुरु
शादी खाँ
(गुलाम नबी 'शौरी मियाँ'
के शिष्य मियाँ गम्मू के पुत्र)
13 विजयदास पाकड़े (सितार)
बेला घोष
14 रवि सेन
लक्ष्मीनारायण घोष
9 विष्णुसेवक मिश्र
बेला घोष
मनीन्द्रनाथ घोष
शीतलकृष्ण घोष
14 रवि सेन
काजल चट्टोपाध्याय
रेखा सेन
8 रामकिशन मिश्र
अनिल विश्वास
गंगा कल्याणपुर

जटाधर पाइन
ज्योति किशोर
आचार्य चौधुरी
प्रतापचन्द्र ब्रह्मचारी
प्रभा नाग
फटिक गंगोपाध्याय
वीरेन्द्र कृष्ण पाल
मनीन्द्रनाथ घोष
रविन राय
शचीन्द्रनाथ मिश्र
शीतलकुमार घोष
शैलेन्द्र गंगोपाध्याय
शैलेन्द्र बन्द्योपाध्याय
सूर्यकुमार पाल

2 रामकुमार मिश्र

कालीप्रसन्न घोष
चन्द्रनाथ बन्द्योपाध्याय
तुलसीदास चट्टोपाध्याय
निवारण कथक
मधुसूदन बन्द्योपाध्याय
महेशचन्द्र मुखोपाध्याय
योगीन्द्रनाथ घोष
लक्ष्मीनारायण बाबाजी
शम्भु मुखोपाध्याय
सुरेन्द्रनाथ मजुमदार

4 रामसेवक मिश्र

बून्दि मिश्र (तबला)

7 लक्ष्मीप्रसाद मिश्र

अनाथनाथ बसु
क्षेमेन्द्र मोहन ठाकुर
धीरेन्द्रनाथ भट्टाचार्य
विनायक मिश्र
विभूतिभूषण गंगोपाध्याय
विमला प्रसाद चट्टोपाध्याय

बून्दि मिश्र
मदनमोहन मिश्र
माणिकलाल हलदर
श्यामाचरण बसु
सतीशचंद्र अर्णव

3 शिवसहाय मिश्र

12 ठाकुर प्रसाद मिश्र
दरगाई लाल
मधुसूदन बन्द्योपाध्याय
महेशचन्द्र मुखोपाध्याय (टप्पा)

6 शिवसेवक मिश्र के गुरु

इनायत हुसेन (सहसवान)

6 शिवसेवक मिश्र के शिष्य

अभयपद चट्टोपाध्याय
नगेन्द्रचन्द्र लाहिड़ी
13 विजयदास पाकड़े (1898-31.3.1984)
महाराजकुमार शीतांशुकांत आचार्य
ललितमोहन दास
श्री चन्द्र मिश्र
सतीशचन्द्र दे
सुधीन्द्रनाथ मजुमदार

(23) **वाराणसी घराना (द्वितीय)**

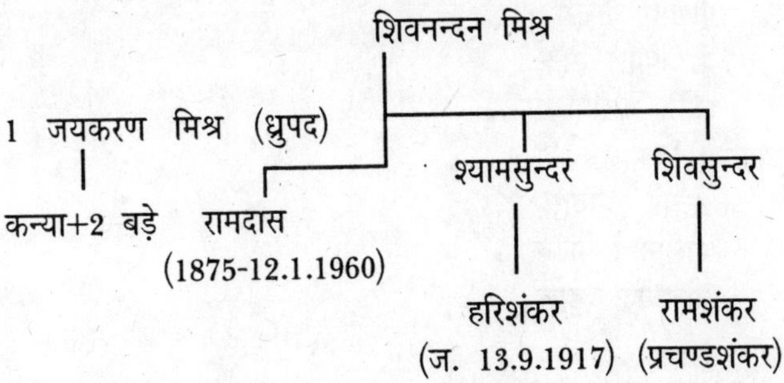

द्वारकाप्रसाद मिश्र

बद्रीप्रसाद
(मृ. 23.4.1980)

3 महादेवप्रसाद

अमरनाथ

पशुपतिनाथ

शिवनाथ (सितार)

सूर्यसहाय मिश्र

हनुमान प्रसाद मिश्र

4 गोपाल प्रसाद मिश्र (सारंगी)
(1920-22.12.1967)

राजन (खयाल)
(ज. 1951)

साजन (खयाल)
(ज. 1956)

5 उमादत्त शर्मा
6 शिवकुमार शर्मा (संतूर)
(ज. 13.1.1938)

7 गिरिजादेवी
पूर्णिमा चौधुरी
वीणापाणि मिश्र
शांति मुखोपाध्याय

1 जयकरण मिश्र
2 बड़े रामदास
भोलानाथ पाठक
लालचाँद बड़ाल

8 नन्दलाल
कन्हैयालाल (पुत्र)

7 गिरिजादेवी (ज. 8.5.1929)
श्यामलाल (पुत्र)
4 गोपाल मिश्र
राजन मिश्र
साजन मिश्र
2 बड़े रामदास
5 उमादत्त शर्मा
4 गोपाल मिश्र
8 नन्दलाल (शहनाई)
(मृ. 18.11.1975)
बद्रीप्रसाद मिश्र
विद्याधरीबाई (मृ. 10.5.1972)
3 महादेवप्रसाद मिश्र
राजन मिश्र
रामनारायण मिश्र
रामशंकर मिश्र
डॉ. रामू शास्त्री (वायलिन)
9 सिद्धेश्वरी देवी (8.8.190818.3.1977)
हरिशंकर मिश्र
3 महादेव प्रसाद
अनंतलाल (शहनाई)
अमरनाथ
आनन्दगोपाल बन्द्योपाध्याय
(ज. 1.1.1943)
ईश्वरलाल मिश्र
कन्हैयालाल (शहनाई)
किशनलाल (शहनाई)
गुणीन्द्र मुखोपाध्याय (ज. 3.11.1938)
पशुपतिनाथ
पूर्णिमा चौधुरी
भोलानाथ प्रसन्न (शहनाई)
मार्कण्डेय मिश्र
रघुनाथ प्रसन्न (शहनाई)
विष्णुप्रसन्न (शहनाई)

शिवनाथ (सितार)
शिवनाथ प्रसन्न (शहनाई)
श्यामलाल (शहनाई)

6 शिवकुमार शर्मा

तरुण भट्टाचार्य
नन्द मुले
सतीश व्यास

9 सिद्धेश्वरी देवी

एम. आर. गौतम
रीता गंगोपाध्याय
शान्तादेवी (कन्या)
सवितादेवी (कन्या)
(ज. 7.4.1942)

(24) पंजाब (अलियाफत्तु) घराना

1 कालू खाँ

2 फते अली   3 अली बख्श   कन्या+नबीजान

4 आशिक अली   अख्तर हुसेन   मियाँ जान   अहमद जान

फतेअली   इमरत अली   बाकर हुसेन

5 काले खाँ   6 अलीबख्श कसूरवाले

7 बड़े गुलाम अली (4.4.1902-23.4.1968)   8 बरकत अली (ज.1907)   9 मुबारक अली   अमान अली

10 मुनव्वर अली (1932-13.10.1989)

रजा अली

3 अलीबख्श और
2 फते अली के गुरु
तानरस खाँ
बहराम खाँ
मुबारक अली खाँ
हद्दू खाँ
हस्सू खाँ
3 अलीबख्श और
2 फते अली के शिष्य
6 अलीबख्श कसूरवाले
5 काले खाँ
4 आशिक अली
पी. मधुकर
(27.2.1916-20.7.1967)
मुहम्मद हुसेन साहरंग
(1924-1983)
5 काले खाँ
ताराप्रसाद घोष
7 बड़े गुलाम अली
1 कालू खाँ के गुरु
बहराम खाँ (उदयपुर)
7 बड़े गुलाम अली खाँ
गुलाम अली (गजल)
प्रभाती मुखोपाध्याय
(ज. 1948)
प्रसून बन्धोपाध्याय (ज. 1926)
11 मीरा बन्धोपाध्याय
12 शैलेन्द्रनाथ बन्धोपाध्याय
सन्ध्या मुखोपाध्याय
8 बरकत अली
गुलाम अली (गजल)

11 मीरा बन्द्योपाध्याय

कावेरी कर

प्रभाती मुखोपाध्याय

बेला चौधुरी

मालश्री प्रसाद

10 मुनव्वर अली

अजय चक्रवर्ती

अनिता मजूमदार-बसु

आरती बागची

मालती गिलानी

मालश्री प्रसाद

संयुक्ता घोष

9 मुबारक अली

गुलाम अली (गजल)

12 शैलेन्द्रनाथ बन्द्योपाध्याय

वीथी घटक

रमा दत्त

(25) पंजाब (श्याम चौरासी) घराना

हजरतदाताशा जलाल शा
(सम्राट अकबर के समसामयिक)

चित्र खाँ — विचित्र खाँ

मान खाँ — बरकत खाँ

छन्नू खाँ — लाल खाँ

कादिर बख्श — हिम्मे खाँ

मुहम्मद खाँ — मसूर खाँ

शम्सुद्दीन खाँ — मौलाबख्श

करीमबख्श — इनायत खाँ

अहमद अली — विलायत अली

सलामत (ज. 1931) | नजाकत (ज. 1934) | अख्तर | जाकिर अली

(26) पंजाब (तिलमण्डी) घराना (प्रथम)

अल्लानूर खाँ

अमान खाँ

बशीर अहमद | जमाल अहमद

रहमान अली

रहिमदाद खाँ

शफीउल्ला खाँ | मुहम्मद कबीर खाँ

छोटे खाँ

शफीउल्ला इमाम

शिताब खाँ

[1] मिठ्ठु खाँ

फिदा हुसेन

---

1. मिठ्ठु खाँ के शिष्य मेहदी हुसेन खाँ

(27) पंजाब घराना (द्वितीय)

करम खाँ
|
रहीम बख्श
|
मौलाबख्श
|
आजिम बख्श
|
अब्दुल गनी

(28) दरभंगा घराना (प्रथम)

राधाकृष्ण मल्लिक
|
गजराज
|
राजितराम — क्षितिपाल

राजितराम
|
[1]रामचतुर (1904-11.1.1990)
|
?
|
अभयनारायण मल्लिक

1. रामचतुर के गुरु गमेश्वर पाठक

(29) दारभांगा घराना (द्वितीय)

1 विष्णुदेव पाठक (मृदंग) (मृ. 16.3.1972)
|
कन्या+बलदेव तिवारी
|
2 सियाराम (ज. जनवरी 1921) — 3 रामसेवक (ज. 1932)

1 विष्णुदेव पाठक के गुरु

- क्षितिपाल मल्लिक
- देवकीनन्दन पाठक

1 विष्णुदेव पाठक के शिष्य

- रमापति पाठक
- राममोहन पाठक (मृ. 9.10.1981)
- रामाशीष पाठक
- 2 सियाराम तिवारी

3 रामसेवक के गुरु

- भीष्मदेव वेदी
- 2 सियाराम तिवारी

2 सियाराम तिवारी के शिष्य

- अनंतनारायण मिश्र
- दिनेश तिवारी
- सुरेश गुप्त

(30) दिल्ली घराना

कादर बख्श
- 1 कुतुब बख्श (तानरस खा) (मृ. 1885)
  - गुलाग गौस खाँ
    - अब्दुल रहीम
    - अब्दुल करीम
  - 3 उमराव ख़ाँ
    - सरदार खाँ
- हैदर खाँ
  - 2 शब्बु खाँ
- मदार खाँ

2 उमराव खाँ

- अब्दुल अजीज खाँ

1 कुतुब बख्श (तानरस) के गुरु

अचपल

कादर बख्श (पिता)

1 कुतुब बख्श के शिष्य

अलीबख्श (पंजाब)

जठूर खाँ

नन्ही बाई

फते अली (पंजाब)

2 शब्बू खाँ

प्यारे खाँ

(31) बेतिया घराना

1 महाराजा आनन्द किशोर सिंह (ये सेनिया वंशोदभव प्यार खाँ और हैदर खाँ के शिष्य थे)	महाराजा नवल किशोर सिंह

1 आनन्द किशोर

नवल किशोर (भ्राता)

2 बख्तावरजी

3 सदाशिव राव भट्ट

2 बख्तावरजी

गुरुप्रसाद मिश्र

शिवनारायण मिश्र

4 विश्वनाथ राव

अमरनाथ भट्टाचार्य

डॉ. अमियनाथ सान्याल

(मई, 1895-24.1.1978)

आशुतोष चक्रवर्ती

किशनचन्द बड़ाल

गणेशचन्द्र चन्द

दुर्गाचरण बन्धोपाध्याय

नगेन्द्रचन्द्र लाहिड़ी

प्रो. प्रफुल्लचन्द्र घोष

- विनोदचन्द्र मलिक
- विनोदबिहारी बसु
- विपिन दास
- वेणीमाधव मिश्र
- ब्रजेन्द्रलाल गंगोपाध्याय
- 5 भोलानाथ पाठक
- महाराजा योगीन्द्रनाथ राय
- योगीन्द्रनाथ राय
- लालचन्द बड़ाल
- सतीशचन्द्र बागची (आदम दीघी)
- सतीशचन्द्र दत्त (दानी बाबू)
- ऋषिकेश विश्वास

5 भोलानाथ पाठक
- मन्नूजी
- 6 शिवकुमार मिश्र

6 शिवकुमार मिश्र
- फाल्गुनी मिश्र (पुत्र)
- ममता शर्मा

3 सदाशिव भट्ट
- 4 विश्वनाथ राव (पुत्र) (मृ. 5.5.1921)

(32) मथुरा घराना (प्रथम)

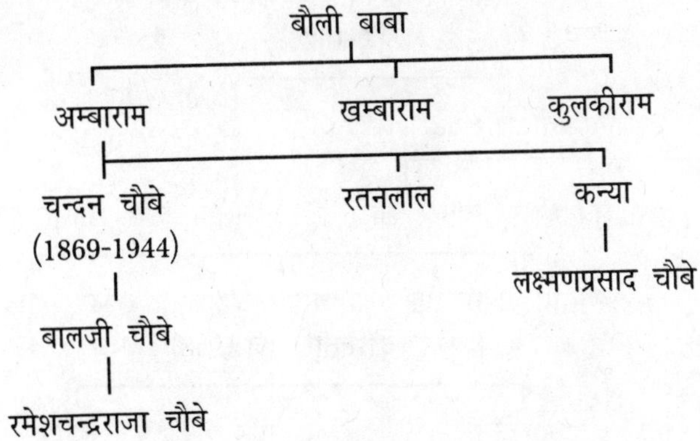

चन्दन चौबे के गुरु

अम्बारामजी चौबे (पिता)
गुलाम अब्बास (आगरा)
गोपाल राव

चन्दन चौबे के शिष्य

बालजी चौबे (पुत्र)
वासुदेवजी
राजाभैया चौबे
लक्ष्मणप्रसाद चौबे
(भागिनेय)

(33) मथुरा घराना (द्वितीय)

पान खाँ
|
बुलाकी खाँ
|
महताब खाँ
|
मीराबख्श खाँ (सितार)

- गलदीन खाँ
  - काले खाँ (सरसपिया) + कादरी बेगम (1860-1926)
    - गुलाम नबी खाँ
      - नन्हें खाँ (मृ. 1978)
      - तालिब हुसेन
      - नासिर खाँ
    - 1 गुलाम रसूल खाँ (हारमोनियम)
      - 2 गुलाम अहमद खाँ (सितार)
      - 3 शमीम अहमद (ज.1938)
        - मोहसिन
        - अहसान
        - मुजीब
      - सईद अहमद
- नजीर खाँ

2 गुलाम अहमद के गुरु
    विलायत हुसेन (आगरा)

1 गुलाम रसूल के गुरु
    फैयाज खाँ

3 शमीम अहमद के गुरु
    रविशंकर

(34) मेवाति घराना

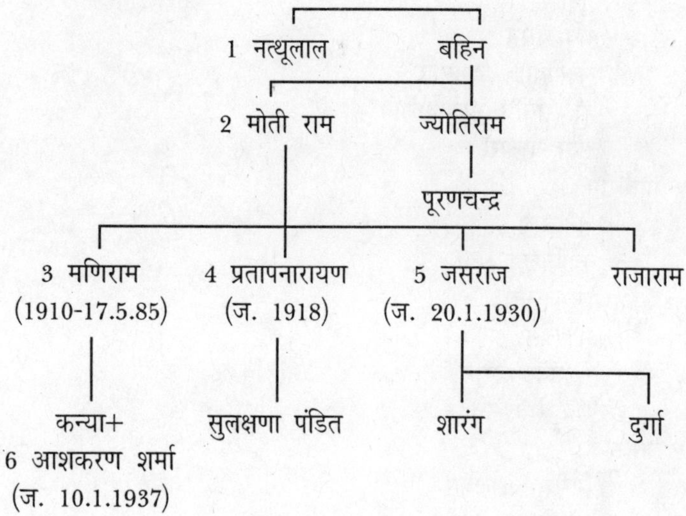

6 आशकरण शर्मा के गुरु
    परशुराम बुवा (ग्वालियर)

1 नत्थूलाल के गुरु
    घग्गे नजीर खाँ
    (हद्दू खाँ के जमाता)

1 नत्थूलाल के शिष्य
    2 मोतीराम

4 प्रतापनारायण
    कंकणा बनर्जी
    महादेव मिश्र

3 मणिराम

कृष्णकांत रोदकी
5 जसराज
पुरुषोत्तम जालान
बंशीलाल कपूर
व्योम व्योम चतुर्वेदी
डॉ. भारती पिल्लै
भीखूभाई भावसार
मुकुन्द लाट
रवि वर्मन
लक्ष्मीबाई कृष्णमूर्ति
डॉ. संतोष मुखोपाध्याय
सोम तिवारी

2 मोतीराम

चूनीलाल
ज्योतिराम
धीरजलाल
मणिबेन
(आबिद हुसेन बीनकार के साथ विवाह)
शंकरराव मेघे

5 जसराज

गिरीश वझलवार
चन्द्रशेखर स्वामी
डॉ. नीरजा रातोड़िया
परेश लाईक
रतन शर्मा
श्वेता झवेरी
संजीव अभ्यंकर

(35) खुर्जा घराना

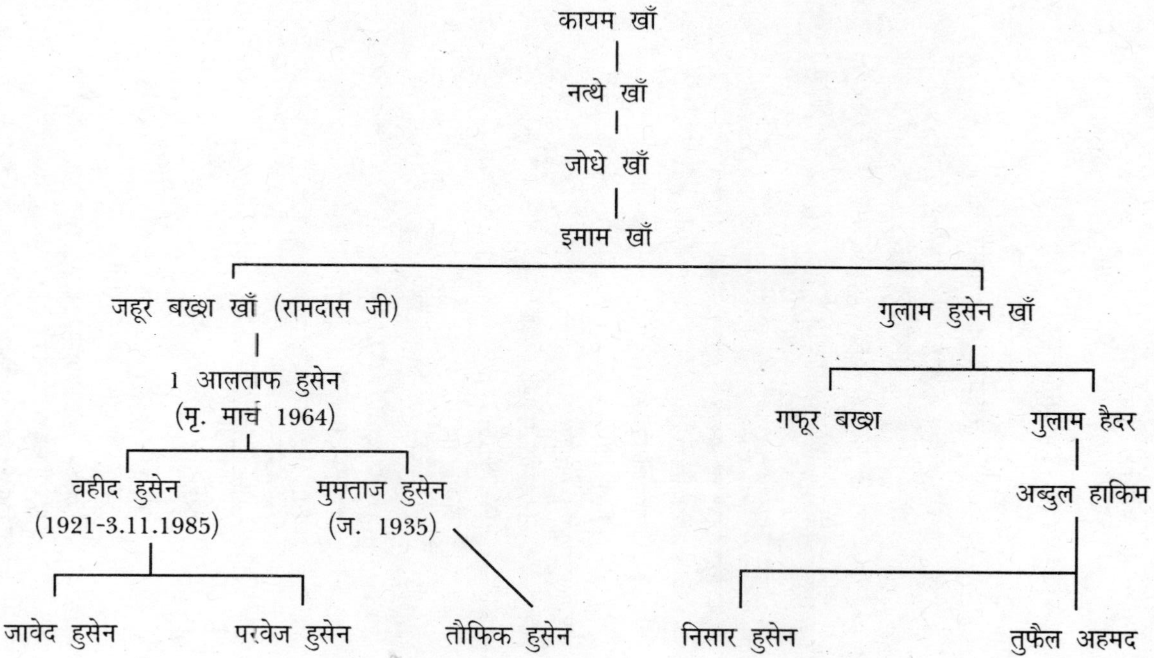

कायम खाँ
नत्थे खाँ
जोधे खाँ
इमाम खाँ
जहूर बख्श खाँ (रामदास जी)
गुलाम हुसेन खाँ
1 आलताफ हुसेन
(मृ. मार्च 1964)
गफूर बख्श
गुलाम हैदर
वहीद हुसेन
(1921-3.11.1985)
मुमताज हुसेन
(ज. 1935)
अब्दुल हाकिम
जावेद हुसेन
परवेज हुसेन
तौफिक हुसेन
निसार हुसेन
तुफैल अहमद

1 आलताफ हुसेन

अजमत हुसेन

वहीद हुसेन (पुत्र)

मुमताज हुसेन (पुत्र)

(36) बालकृष्णबुवा इचलकरंजीकर

रामचन्द्रबुवा इचलकरंजीकर

|

बालकृष्ण बुवा

(1849-1926)

|

अन्नाबुवा

बालकृष्णबुवा के गुरु

देवजीबुवा

वासुदेवराव जोशी

हस्सू खाँ

बालकृष्णबुवा के शिष्य

1 अनंत मनोहर जोशी

(1878-1967)

अन्नाबुवा

2 गणपतिबुवा भिलवडीकर

(1882-23.8.1927)

3 गुण्डुबुवा इंगले

(मृ. 1925)

दत्तोपंतबुवा

4 नीलकण्ठबुवा

पुरुषोत्तम सोमण

भाटेबुवा

6 यशवन्त सदाशिव मिराशी

(1883-5.1.1966)

5 वामनबुवा चाफेकर

विष्णुदिगंबर पलुस्कर

1 अनंत मनोहर जोशी

7 गजाननराव जोशी
(30.1.1911-28.6.1987)
दामोदर निम्बार्क

8 केशवबुवा इंगले

पद्माकर नरहर बर्वे
माधव इंगले (पुत्र)
(ज. 25.5.1933)

9 गजाननराव जोशी

अशोक दामोदर रानडे (ज. 25.10.1937)
कौशल्या मांजरेकर
दामोदर निम्बार्क
मधुकर जोशी (पुत्र)
9 श्रीधर पारसेकर
(ज. 1916)

2 गणपतिबुवा भिलवडीकर

गणेशरामचन्द्र बहरेबुवा
जी.एच. रानडे
दत्तात्रय केशव जोशी
(मृ. 17.7.1942)
रामभाऊ (पुत्र)

3 गुण्डुबुवा इंगले

8 केशवबुवा इंगले
(ज. 3.4.1909)
जी.एच. रानडे
(1.10.1897-10.3.1966)

4 नीलकण्ठबुवा

बी.आर. देवधर
(11.9.1901-10.3.1990)
10 पंचाक्षरीबुवा
मल्लिकार्जुन मंसूर

10 पंचाक्षरीबुवा

अर्जुनदास नाकोड़
पुट्टराज गवई

बसवराज राजगुरु
मरी अप्पारोन
सिद्धराम जम्बूलदनी

5 वामनबुवा चाफेकर
बी.आर.देवधर
मारुलकर

6 यशवंत सदाशिव मिराशी
उत्तरकर
चन्द्रशेखर पवार
नारायणराव पुणेकर
(1893-1953)
पराड़करबुवा
यशवन्तबुवा जोशी
(ज. 12.9.1928)

9 श्रीधर पारसेकर
ई.आर. प्रभु
पी.जी. शिन्दे
पुष्पलता कुलकर्णी
वी.के. प्रधान

(37) शंकरराव पंडित की वंशावली

- विष्णु पंडित
  - गोपाल पंडित
  - गणपति पंडित
  - 1 शंकरराव पंडित (1862-1917)
    - 3 कृष्णराव शंकर (26.7.1893-22.8.1989)
      - नारायण (ज. 15.8.1917)
      - 4 लक्ष्मण
      - चन्द्रकांत
      - सदाशिव
  - 2 एकनाथ पंडित (मार्च 1865-30.4.1950)
    - काशीनाथराव (मृ. 26.4.1977)
    - रघुनाथराव
    - सीतारामराव

2 एकनाथ पंडित के गुरु

जोरावर सिंह (तबला)

निसार हुसेन

बाबू खाँ (सितार)

मुसर्रफ खाँ (बीन)

लालजी बुवा (टप्पा)

2 एकनाथ पंडित के शिष्य

ए.के. घोष

5 डॉ. मोघे

6 शरत् चंद्र आरोलकर (ज. 2.12.1912)

7 केशवराव राजाराम सुरंगे (वायलिन)

अमृत कवठेकर

रामचरण दुबोलिया (वसंत)

9 कागलकरबुवा

सुरेश गोपाल श्रीखण्डे

3 कृष्णराव शंकर पंडित

एकनाथ मारलेकर

7 केशवराव सुरंगे (3.3.1918-18.12.1987)

जी.एस. मोरघोड़े (11.12.1922-21.5.1963)

दतात्रय जोगलेकर

पद्माकर नरहर बर्वे

पुरुषोत्तम सप्तर्षि

बलुआ जोशी (मृ. अक्तू., 1973)

बालकृष्ण मसरकर (मृ. 6.3.1976)

मथुरानाथ शुक्ल

मास्टर नवरंग (30.9.19-11.2.98)

रामचंद्रराव सप्तर्षि

विश्वनाथ रिंगे

विष्णुकांत चौधुरी

विष्णु पुरुषोत्तम मानवलकर

6 शरत्चंद्र आरोलकर (2.12.1912-4.6.1994)

श्रीकांत बाकरे

सदाशिवराव अमृतफले

सीताराम शरण

सुमन चौधुरी (ज. 28.11.1916)

डॉ. मोघे

जाल बालापोरिया

8 रामकृष्णबुवा वझे (1871-5.5.1983)

9 कागलकर बुवा

केशवराव भोंसले

केसरबाई फेरकर

गणेशरामचंद्र बहरेबुवा

गुरुराव देशपाण्डे

तुकाराम नागेशकर

दिनकर पंत फाटक

नारायण भिड़े

फड़केबुवा

भास्करबुवा जोशी

शिवराम पंडित

हरिभाऊ घांगरेकर

4 लक्ष्मणराव पंडित

आशालता करलगीकर

ओम प्रकाश

चित्रा चक्रवर्ती

मीनाक्षी नंदा

रमा सोनी

1 शंकरराव पंडित के गुरु

नत्थू खाँ

निसार हुसेन खाँ

बड़े बाल कृष्णबुवा

हद्दू खाँ

1 शंकरराव पंडित के शिष्य

काशीनाथ पंथभूले

गणपतराव गुणे

महादेव जोशी

महेश्वर बुवा

राजाभैया पूँछवाले

रामकृष्ण तैलंग

8 रामकृष्णबुवा वझे

6 शरत् चंद्र आरोलकर

कानाईलाल घोष

गोपालदास छाबरिया

जगदीशप्रसाद छाबरिया

जाल बालापोरिया

नीला भागवत (ज. 30.11.1942)

रवि चट्टोपाध्याय

वृन्दावन दण्डवते

शरत् साठे (ज. 18.2.1932)

(38) विष्णुदिगम्बर पलुस्कर

दिगम्बर गोपाल पलुस्कर

1 विष्णुदिगम्बर पलुस्कर
(18.8.1872-21.8.1931)

गोपालराव

यमुनाबाई

मथुराबाई

द्वारकाबाई+रामचंद्रपंत गोखले

2 दत्तात्रय विष्णु पलुस्कर
(18.5.1921-26.10.1955)

3 गणेश रामचंद्र गोखले
(बाबूराव गोखले)
(1894-25.5.1969)

वसंत दत्तात्रय पलुस्कर

4 ओंकारनाथ ठाकुर

एन. राजम (वायलिन)
(ज. 1938)

कनकराय त्रिवेदी

5 दिनकर कैंकिणी

पद्माकर नरहर बर्वे

प्रेमलता शर्मा (ज. 10.5.1927)
6 बलवंतराव भट्ट (ज. 23.9.1921)
8 मनोहर नरहर बर्वे
यशवंत डी. भट्ट (ज. 22.2.1914)
यशवन्तराव पुरोहित
(1916-3.1.1964)
9 विजनबाला घोषदस्तीदार
(मृ. 9.6.1981)

9 कुमार गंधर्व
10 वसन्तराव देशपाण्डे

11 केशव भास्कर दातार
दामोदर केशव (डी.के.) दातार (पुत्र)
(ज. 14.10.1933)

12 गोविन्दराम देसाई
उषा टिप्पलकट्टी
राम मराठे

2 दत्तात्रय विष्णु पलुस्कर
एम. के दातार
कमल केतकर (ज. 29.12.1927)
कालिन्दी केसकर
डी.के. दातार
वसुन्धरा पंडित
शरद् साठे

5 दिनकर कैंकिणी
ललित जे. राव
शशिकला (पत्नी)

13 नारायण मोरेश्वर खरे
मास्टर नवरंग

14 नारायणराव व्यास
चन्द्रकांत आप्टे
2 दत्तात्रय विष्णु पलुस्कर
नवलकिशोर राव
(5.9.1905-1.12.1966)
पद्माकर कुलकर्णी

प्रसाद सावकार
मास्टर नवरंग
15 वसंतराव राजोपाध्याय
(ज. 28.12.1913)
विद्याधर व्यास (पुत्र)
(ज. 8.9.1944)
16 वासुदेवबुवा
शंकर अभ्यंकर

6 बलवंतराय भट्ट
अतुल देसाई
ओमप्रकाश चौरसिया
कनकराय त्रिवेदी
गोपीकृष्ण नागर
डॉ. चित्तरंजन ज्योतिषी
दामोदर होता
प्रदीपकुमार दीक्षित
प्रभा मुखोपाध्याय
बद्रिका प्रसाद चौधरी
रमाशंकर मिश्र
राजाभाऊ सोनटक्के
राजेश्वर आचार्य
सुभद्रा चौधरी

3 बाबूराव गोखले
कमलाकांत उत्तरकर
गजानन कर्नाड
गोपालराव फड़के
दत्ता नाडकर्णी
दीनानाथ श्रेष्ठ
प्रभाकर परव
फिरोजबाई दस्तूर
मुक्ता भिड़े
शंकरराव मोडक
शिवकुमार शुक्ल
सरला भिड़े

सुधीर फड़के
सुमन कल्याणपुर

18 बी. आर. देवधर
9 कुमार गंधर्व (24.4.1924-12.1.1992)
शरद साठे
श्याम गोगटे (ज. 1933)

10 वंसतराव देशपाण्डे
पद्माकर कुलकर्णी

15 वंसतराव राजोपाध्याय
पद्माकर कुलकर्णी

17 वामनराव ठकार
माधव वामन ठकार (पुत्र)
(मृ. 2.9.1978)
सुलोचना बृहस्पति

16 वासुदेव बुवा
ज्योत्सना मोहिले
सुलभा मोहिले

7 विजनबाला घोषदस्तीदार
गोपा सान्याल

17 विनय चंद्र मौद्गल्य
प्रकाश एन. सक्सेना (बाँसुरी)
महेन्द्र शर्मा

20 विनायकराव पटवर्धन
ए.के. कोगजे (1926-26 मार्च, 1993)
कमल केलकर (कन्या)
(ज. 19.9.1933)
कालिन्दी केसकर
के. अवधानी
जे.बी.एस. राव
टी.डी. जानोरीकर
डी.वी काणे
2 दत्तात्रय विष्णु पलुस्कर
नारायण विनायक पटवर्धन (पुत्र)
बलवंतराव जायसवाल

मुकुंदराव गोखले
19 विनयचंद मौद्गल्य (2.4.1918-19.3.1995)
वी.आर. आठवले
वी.बी. घाटेबुवा
भीमशंकरराव
सुनन्दा पटनायक
21 विष्णुदास शिराली
लक्ष्मीशंकर
1 विष्णुदिगंबर पलुस्कर
4 ओंकारनाथ ठाकुर
(24.5.1897-29.12.1967)
11 केशवभास्कर दातार
(मृ. 1939)
12 गोविंदराम देसाई
टी.पी. भातकुलीकर
(मृ. 5.11.1949)
13 नारायण मोरेश्वर खरे
(1889-1938)
14 नारायणराव व्यास
(1902-1.4.1984)
3 बाबूराव गोखले
18 बी.आर. देवधर (1902-10.3.1990)
रघुनाथराव पटवर्धन
(मृ. 1948)
रामभाऊ अष्टेकर
लक्ष्मणराव बोडस
17 वामन नारायण ठकार
(22.12.1899-25.2.1977)
वामनराव पाध्ये
(मृ. 28.1.1958)
20 विनायकराव पटवर्धन
(22.7.1898-23.8.1975)
विष्णु अन्ना कशालकर
(1884-13.7.1968)

21 विष्णुदास शिराली
(16.5.1907-26.2.1984)
22 शंकरराव बोडस
(मृ. 10.7. 1986)
23 शंकरराव व्यास
(23.1.1898-17.12.1956)
श्रीकृष्ण हिर्लेकर
(1871-22.8.1956)

8 मनोहर नरहर बर्वे
श्रीकान्त बाक्रे

22 शंकरराव बोडस
काशीनाथ बोडस (निधन-20.7.1995)
वाणी सहसबुद्धे (पुत्री)
रमाकान्त द्विवेदी
लक्ष्मीशंकर
हफीज अहमद खाँ

23 शंकरराव व्यास
14 नारायणराव व्यास (भ्राता)
रत्नाकर व्यास (पुत्र)
(ज. 2.7.1930) (सरोद)

(39) विष्णुनारायण भातखण्डे

(10.8.1860-19.9.1936)

पंडित विष्णुनारायण भातखण्डे के प्रयास से निखिल भारत संगीत सम्मेलन का नियमित अधिवेशन आरम्भ हुआ। उनके प्रयासों से ही लखनऊ 'मॉरिस कॉलेज ऑफ म्यूजिक' (वर्तमान भातखण्डे संगीत विद्यापीठ) स्थापित हुआ और दिल्ली में 'नेशनल अकादमी ऑफ म्यूजिक' प्रतिष्ठित हुई।

भारतवर्ष के विभिन्न उस्तादों से कई गान स्वरलिपि-सह संग्रह कर 'क्रमिक पुस्तक मालिका' को छह खंडों में प्रकाशित किया एवं प्राचीन शास्त्रों की गवेषणा और आलोचना कर 'अभिनव राग मंजरी' एवं 'श्रीमल्लक्ष्यसंगीतम्' संस्कृत ग्रंथों की छह नाम से रचना की एवं इन दोनों ग्रंथों की टीकास्वरूप 'हिन्दुस्तानी संगीत पद्धति' के रूप में औपपत्तिक संगीत के चार खंडों की रचना की। उनके शेषोक्त ग्रंथों में प्रतिपादित विषयवस्तु के संबंध में शास्त्रज्ञों में तीव्र मतभेद हैं।

छद्मनाम—'चतुरपंडित', 'विष्णु शर्मा' एवं वर्तमानकाल में 'मंजरीकार' प्रचलित हैं।

पंडित भातखण्डे के गुरु

आशिक अली (जयपुर)
अहमद अली (जयपुर)
गोपाल जय राजगीर
मुहम्मद अली (जयपुर)
मुहम्मद अली (सेनिया घराना)
मुहम्मद हुसेन (आगरा)
रावजी बुवा बेलवाद्यकर
वजीर खाँ
विलायत हुसेन (आगरा)
सेठ वल्लभदास दमलजी
(जीवनलाल महाराज के शिष्य)

पंडित भातखण्डे के शिष्य

अम्बिका मजूमदार
रवीन्द्रलाल राय
2 राजाभैया पूँछवाले
(12.8.1882-1.4.1956)
1 वाडीलाल नायक
(1882-1947)
3 श्रीकृष्ण नारायण रातनजंकर (बाबूराव)
(31.12.1900-14.2.1974)
हेमेन्द्रलाल राय

4 उमा मित्र (दे)

शान्ति मुखोपाध्याय

5 चिन्मय लाहिड़ी

अंजली सूर
अमियकुमार राय
आराधना बन्धोपाध्याय
4 उमा मित्र (दे)
कल्याण चट्टोपाध्याय
कालीपद दास

कृष्णा रॉय चौधुरी (च्वर)
गीता मुखोपाध्याय
गौरचन्द्र बसाक
ज्योतिर्मय चक्रवर्ती
तनिमा ठाकुर
दिलीप चक्रवर्ती
दीनानाथ मिश्र (ज. 1945)
देवीरंजन बन्द्योपाध्याय
नीलरतन बन्द्योपाध्याय
(ज. 26.3.1916)
परवीन सुलताना
प्रभातकुमार बन्द्योपाध्याय
मंजुश्री चक्रवर्ती
मंदिरा लाहिड़ी (पुत्रवधु)
(ज. 19.3.1958)
मिनति चट्टोपाध्याय (दत्त)
मीरा बन्द्योपाध्याय
रंजना मुखोपाध्याय
रमा घोष
वाणी घोषाल
वीरेन फूकन
शिप्रा बसु
श्यामल लाहिड़ी (पुत्र)
(ज. 13.8.1949)
सतीनाथ मुखोपाध्याय
संध्या मुखोपाध्याय
सुधीश बंद्योपाध्याय
हीरेन शर्मा

6 गोविन्दराव राजूरकर
मालिनी राजूरकर
हरिचरण वर्मा
(ज. 15.7.1946)

7 ननीगोपाल बन्द्योपाध्याय
डॉ. तृणा पुरोहित

पी.एच.डी. (वन)

8 प्रशान्त दासगुप्त (1.10.1908-5.3.1987)

गोपा कांजीलाल

लीना मुखोपाध्याय

9 बालासाहब पूँछवाले

6 गोविन्दराव राजूरकर

(28.7.1916-17.5.1983)

वसन्त राजूरकर

(ज. 25.4.1933)

11 महेशनारायण सक्सेना

शचीन्द्रनाथ चट्टोपाध्याय

(1925-30.7.1983)

सुलोचना बृहस्पति

2 राजाभैया पूँछवाले

एस.सी.आर. भट्ट

के.जी. गिण्डे

गोपीनाथ चंचाक्षरी

(मृ. 6.3.1963)

गोविन्द नारायण नातू

(मई 1906-29 सितंबर 1985)

6 गोविन्दराव राजूरकर

डॉ. जगदीशसहाय कुलश्रेष्ठ

(ज. 15.5.1922)

नारायण लक्ष्मण गुणे (6.4.1906-27.9.1987)

बालासाहब पूँछवाले (पुत्र)

(ज. 15.12.1918)

भूपेंद्रकृष्ण चट्टोपाध्याय

रामचन्द्र माधव अग्निहोत्री

(मृ. 30.6.1982)

सखाराम सदाशिव-गोशालावाले

(मृ. 8.9.1982)

12 डॉ. सुमति मुटाटकर

1 वाडीलाल नायक

एस.सी.आर. भट्ट

के.जी. गिण्डे
गीता मेयर
10 विष्णुगोविन्द जोग
जरीन (दाकवाला) शर्मा
मृन्मय धर
रणधीर राय (मृ. 24.3.1989)
वसंत पवार
शिवकुमार अय्यर
शिशिरकणा धरचौधुरी
सविता रक्षित
3 श्रीकृष्ण नारायण रातनजंकर
एस.सी.आर. भट्ट (ज. 12.3.1919)
कुमारेश बसु
के.जी. गिण्डे (26.12.1925-13.7.1994)
क्षितीशचन्द्र वन्द्योपाध्याय
गोपाल बन्द्योपाध्याय
(ज. 1919)
चन्द्रशेखर पंत
(22.11.1912-20.4.1967)
चिदाननन्द नगरकर (28.11.1919-26.5.1971)
5 चिन्मय लाहिड़ी (20.3.1920-17.8.1984)
जरीन (दारुवाला) शर्मा (सरोद) (ज. 9.10.1946)
दिनकर कैंकिणी (ज. 2.101927)
7 ननीगोपाल बन्द्योपाध्याय
पहाड़ी सान्याल
(22.2.1906-9.2.1974)
पी. मधुकर
8 प्रशांत दासगुप्त
9 बालासाहब पूँछवाले
10 विष्णुगोविंद जोग (ज. 1922)
11 महेशनारायण सक्सेना
(ज. 7.8.1917)
रघुनाथ सेठ (ज. 15.12.1931) (बाँसुरी)
सुनील बसु

12 डॉ. सुमति मुटाटकर (ज. 10.9.1918)
स्मरजित कांजीलाल
12 डॉ. सुमति मुटाटकर
अमल दासगुप्त

(40) मेहदी हुसेन-वंशावली

करीम बख्श
|
निजाम बख्श

1 अलीबख्श (ध्रपद, धमार) — नबी बख्श

2 बुनियाद हुसेन

3 मेहदी हुसेन (ज. 1884) — 4 खादिम हुसेन

सज्जाद हुसेन — मुशरफ हुसेन — कन्या+ करामतुल्ला खाँ (तबला) — नासिर हुसेन

5 अघोरनाथ चक्रवर्ती
अमरनाथ भट्टाचार्य
6 गोपालचन्द्र बन्द्योपाध्याय
(1877-4.8.1941)
नन्तु चक्रवर्ती
7 निकुंजबिहारी दत्त
(1866-दिसंबर, 1933)
प्राणकृष्ण चट्टोपाध्याय
पाँचकड़ि बन्द्योपाध्याय
(ज. 1892)
वामाचरण बन्द्योपाध्याय
शचीन्द्रनाथ मित्र
डॉ. श्रीकुमार बन्द्योपाध्याय

हरिनाथ बन्द्योपाध्याय
(दिसंबर 1865-23.10.1933)

1 अलीबख्श

5 अघोरनाथ चक्रवर्ती

4 खादिम हुसेन

अमल घोष
योगेन्द्रनाथ बसु (कटिराम बाबू)
(1902-12.1.1932)
विनोदकिशोर रॉयचौधुरी
डॉ. विमल राय (ज. 13.1.1911)
विमला प्रसाद चट्टोपाध्याय

6 गोपालचन्द्र बन्द्योपाध्याय

जयकृष्ण सान्याल (मृ. 10.7.1988)
योगेन्द्रनाथ बसु (कटिराम बाबू)
विपिन दास
हृषिकेश विश्वास
(मृ. 7.4.1974)

7 निकुंजबिहारी दत्त

ए.के. घोष
स्वामी प्रज्ञानानन्द महाराज

2 बुनियाद हुसेन के गुरु

अमीर खाँ (बीन)
1 अलीबख्श (पिता)
बाकर अली
बहादुर सेन

2 बुनियाद हुसेन के शिष्य

खैरुद्दीन खाँ
नवाब हमीद अली (रामपुर)
मुहम्मद्दीन खाँ

3 मेहदी हुसेन के गुरु

छम्मन साहब
2 बुनियाद हुसेन (पिता)
वजीर खाँ (रामपुर)

3 मेहदी हुसेन के शिष्य

अजित मुखोपाध्याय
अनिल बागची
अमूल्यचरण रॉय चौधुरी (ढाका)
अश्विनी दत्त
कालिदास सान्याल
कालू बाबू
गिरिजाशंकर चक्रवर्ती
चन्द्रनाथ बसु
जयकृष्ण सान्याल
जे.एन.सिंह (बैरिस्टर)
ज्ञानप्रकाश घोष
डॉली दे
दुलाल साधु खाँ
नगेन्द्रचन्द्र लाहिड़ी (गोपालबाबू)
मुहम्मद हुसेन (खसरु)
मीरा मुखोपाध्याय
यामिनीनाथ गंगोपाध्याय
रत्नेश्वर मुखोपाध्याय
रमेशचन्द्र भट्टाचार्य
विजन बसु
विजय दास
डॉ. विमल राय
विमला प्रसाद चट्टोपाध्याय
वीरेन्द्र किशोर रॉय चौधुरी
शिवानी बन्द्योपाध्याय
सज्जनकुमार (लाहौर)
8 सत्येन्द्रनाथ घोष
सत्येन्द्रनाथ चौधुरी (ढाका)
सुधीन्द्रचन्द्र चट्टोपाध्याय
सुशील बसु

8 सत्येन्द्रनाथ घोष

अजित मुखोपाध्याय
अश्विनी दत्त
डॉ. विमल राय

(41) ध्रुपदिया रामदास गोस्वामी
(1823-1892)

रसूल बख्श (ध्रुपद)
गुणमणि
1 रामदास गोस्वामी
(इन्होंने मुराद अली खाँ
'डण्डेबाज' से भी
शिक्षा पायी।)
हरिचरण कर्मकार
1 रामदास गोस्वामी
2 उपेन्द्रचन्द्र राय
कृष्णधन बन्द्योपाध्याय
चन्द्रकुमार मैत्र
ताराप्रसाद राय
निमाईचरण घोषाल
3 हरिनारायण मुखोपाध्याय
2 उपेन्द्रचन्द्र राय
गोविन्दचन्द्र चक्रवर्ती
4 विपिनचन्द्र चट्टोपाध्याय
4 विपिनचन्द्र चट्टोपाध्याय
सिद्धेश्वर मुखोपाध्याय
3 हरिनारायण मुखोपाध्याय
चन्द्रशेखर पंत
चारुचरण मुखोपाध्याय
डॉ. बी.वी. केसकर (मृ. 28.8.1984)
4 विपिनचन्द्र चट्टोपाध्याय
स्वामी प्रज्ञानानन्द महाराज

(42) गोपालचन्द्र चक्रवर्ती (नूलो गोपाल)
(1832-1903)

गोपालचन्द्र चक्रवर्ती के गुरु
गोपाल प्रसाद मिश्र

हद्दू खाँ
हस्सू खाँ

गोपालचन्द्र चक्रवर्ती के शिष्य

अलाउद्दीन खाँ (सरोद)
रामतारन सान्याल
रामप्रसन्न बन्धोपाध्याय
लालचन्द बड़ाल
1 सातकड़ि मालाकर (अन्ध सातकड़ि)
(1876-1947)
(इन्होंने जादुमणि से भी शिक्षा पायी।)

1 सातकड़ि मालाकर

तारापद चक्रवर्ती
विजयलाल मुखोपाध्याय
(1888-1964)
सत्येन्द्रनाथ घोषाल
(मृ. 27.11.1975)

(43) राजेन्द्रनाथ घोष (ध्रुपदिया)

नीलाम्बर सेन

- 1 दक्षिणाचरण सेन (फरवरी 1860-अप्रैल 1927) (विख्यात संगीतविद्)
- कन्या+तारकनाथ घोष

1 दक्षिणाचरण सेन + कन्या+तारकनाथ घोष

- 2 राजेन्द्रनाथ घोष (मृ. 26.4.1961)
    - शैलेन्द्रनाथ (पखावज)
    - 4 मणीन्द्रनाथ (ध्रुपद, खयाल)
    - जितेन्द्रनाथ (सितार, इसराज)
        - 5 शचीन्द्रनाथ (सितार)
- नगेन्दनाथ घोष
    - 3 शीतल कृष्ण (ध्रुपद, खयाल) (1902-16.9.1958)

6 घनश्याम मुखोपाध्याय

शशिभूषण अधिकारी

1 दक्षिणाचरण के गुरु

कालीप्रसन्न बन्द्योपाध्याय

क्षेत्रमोहन गोस्वामी

प्रबोधकुमार ठाकुर

बिहारीलाल चक्रवर्ती

मदनमोहन बर्मन

1 दक्षिणाचरण के शिष्य

6 घनश्याम मुखोपाध्याय (वायलिन)

(1872-1.1.1930)

ब्रजेन्द्रकिशोर रॉय चौधुरी (औपपत्तिक)

यतीन्द्रकिशोर रॉय चौधुरी

शौरीन्द्रकिशोर रॉय चौधुरी

हरिचरण घोष

4 मणीन्द्रनाथ के गुरु

2 राजेन्द्रनाथ (पिता)

रामकिशन मिश्र

2 राजेन्द्रनाथ के गुरु

छोटे दुन्नी खाँ (टप्पा)

लक्ष्मीनारायण बाबाजी

2 राजेन्द्रनाथ के शिष्य

किशोरी मोहन अधिकारी

4 मणीन्द्रनाथ

3 शीतलकृष्ण

षष्ठीचरण मित्र

सन्तु चक्रवर्ती (अन्ध गायक)

हीरेन्द्रकुमार बसु

5 शचीन्द्रनाथ के गुरु

विमलाकान्त रॉय चौधुरी

3 शीतलकृष्ण घोष

विमलाकान्त रॉय चौधुरी

रमा दत्त

(44) सुरेन्द्रनाथ मजूमदार, रायबहादुर

1 दीवान कार्तिकेयचन्द्र राय

2 सुरेन्द्रनाथ मजूमदार बहिन + हरेन्द्रलाल द्विजेन्द्रलाल
(19.7.1863-17.5.1913)

4 हेमेन्द्रलाल 5 रवीन्द्रलाल (23.2.1904-17.5.1969) 3 दिलीपकुमार (22.1.1897-6.1.1980)

6 मालविका+
(ज. 27.12.1930)
ए. कानन (ज. 1921)

1 दीवान कीर्तिकेयचन्द्र शौकिया सुगायक थे।

3 दिलीपकुमार के गुरु
- वामाचरण बन्द्योपाध्याय
- मुजफ्फर खाँ
- 2 सुरेन्द्रनाथ मजूमदार

2 दिलीपकुमार के शिष्य
- उमा बसु (हासी) (22.1.1921-22.1.1941)
- एम.एस. सुब्बलक्ष्मी
- गोविन्दगोपाल मुखोपाध्याय
- मंजु गुप्त (11.9.1926-31.5.1979)
- माधुरी मुखोपाध्याय (मृ. 29.7.1987)

6 मालविका कानन
- बकुल चट्टोपाध्याय
- रीता राय
- शांति मुखोपाध्याय

5 रवीन्द्रलाल और
4 हेमेन्द्रलाल दोनों ही पंडित भातखण्डे के शिष्य एवं नसीरुद्दीन खाँ से प्रभावित।

5 रवीन्द्रलाल के शिष्य

एम.एस. सुब्बलक्ष्मी
कुमार मुखोपाध्याय
कृष्णा चक्रवर्ती
6 मालविका (कन्या)

2 सुरेन्द्रनाथ के गुरु
गुरुप्रसाद मिश्र
तसद्दुक हुसेन

2 सुरेन्द्रनाथ के शिष्य
3 दिलीपकुमार राय

(45) प्राणकृष्ण चट्टोपाध्याय (ध्रुपदिया)

हरिश्चन्द्र चट्टोपाध्याय

बेणीमाधव | 1 प्राणकृष्ण (1876-6.11.1961

2 नृपेन्द्रकृष्ण (14.6.1911-24.10.1979) | 3 भूपेन्द्रकृष्ण (31.8.1912-19.2.1986) | शचीन्द्रकृष्ण | 4 देवेन्द्रकृष्ण (ज:21.8.1931)

4 देवेन्द्रकृष्ण के गुरु
अनोखेलाल (तबला)
ज्योतिचन्द्र चौधुरी (सितार) (मृ. 19.4.1984)
2 नृपेन्द्रकृष्ण (तबला)
मोइनुद्दीन डागर

2 नृपेन्द्रकृष्ण के गुरु
1 प्राणकृष्ण चट्टोपाध्याय
लक्ष्मणदास मुनीमजी (हारमोनियम)
बीरु मिश्र (तबला)

2 नृपेन्द्रकृष्ण के शिष्य
प्रशान्त बन्द्योपाध्याय (तबला)

1 प्राणकृष्ण के गुरु
अघोरनाथ चक्रवर्ती

उपेन्द्रनाथ राय
निहाल सेन
बाकर अली खाँ
मिठाई लाल
मुजफ्फर खाँ
हरिनारायण मुखोपाध्याय

1 प्राणकृष्ण के शिष्य
गगन चट्टोपाध्यायं (वायलिन)
नन्दलाल (शहनाई)
2 नृपेन्द्रकृष्ण (पुत्र)
प्रमथनाथ मित्र
3 भूपेन्द्रकृष्ण (पुत्र)
सुरेन्द्रनाथ सरकार

3 भूपेन्द्र कृष्ण के शिष्य
मालती कर्मकार

3 भूपेन्द्रकृष्ण के गुरु
गोविन्द बलवंत परांजपे
जगन्नाथ बन्द्योपाध्याय
राजाभैया पूँछवाले

(46) भोलानाथ भट्ट

गंगादीन भट्ट
|
1 भोलानाथ भट्ट (ज. 1891)

1 भोलानाथ भट्ट के गुरु
पंडित श्यामसुंदर
मिठ्ठू खाँ
वजीर खाँ (रामपुर)
विलास खाँ

1 भोलानाथ के शिष्य
एम. आर. गौतम
जगदीशसहाय कुलश्रेष्ठ

दीपाली चट्टोपाध्याय
बी.आर. देवधर
2 भीष्मदेव वेदी (मृ. 25.12.1982)
महेशनारायण सक्सेना
माणिक वर्मा
रामकृष्ण व्यास
लीला करवाल
शांति चक्रवर्ती (ज. 1930)
श्यामानन्द सिंह
सुलोचना बृहस्पति
हरिप्रसाद चौरसिया

2 भीष्मदेव वेदी
जरीन (दारुवाला) शर्मा, (ज. 9.10.1946)

(47) बदल खाँ घराना

विख्यात खयालिया छंगे खाँ (किराना)
(अष्टादश शताब्दी)

1 हैदर खाँ (सारंगी)

पुत्र
|
2 बदल खाँ (खयाल, सारंगी)
(1834-1937)
|
3 बच्चू खाँ (सारंगी)

4 डॉ. अमियनाथ सान्याल
रेवा मुहुरी (पुत्री)
(ज. 3.11.1929)

5 कृष्णचन्द्र बन्द्योपाध्याय
कृष्णा राय
अणिमा राय
अनिता बसु (मजूमदार)
अन्तरा चौधुरी
प्रगति बर्मन
वैशाखी मार्जित

सुगत मार्जित

2 बदल खाँ

अनिल होम

4 डॉ. अमियनाथ सान्याल

कृष्णचन्द्र दे

गिरिजाशंकर चक्रवर्ती

जमीरुद्दीन खाँ

जीवनचन्द्र उपाध्याय

धीरेन्द्रनाथ भट्टाचार्य

नगेन्द्रनाथ दत्त

नगेन्द्रनाथ भट्टाचार्य

6 भीष्मदेव चट्टोपाध्याय

(8.11.1909-7.7.1977)

विभूतिभूषण दत्त

विमलाप्रसाद चट्टोपाध्याय

शचीन्द्रकुमार चक्रवर्ती

शचीन्द्रनाथ दास (मतिलाल)

शैलेश दत्तगुप्त

शोभना राय

सतीशचन्द्र अर्णव

सतीश पात्र

सत्येन्द्रनाथ घोष

3 बच्चू खाँ

श्यामानन्द सिंह

(ज. 1916)

6 भीष्मदेव चट्टोपाध्याय

उमा बसु (हासी)

उमा मित्र (दे)

कानन देवी

5 कृष्णचन्द्र बन्द्योपाध्याय

चिन्मय चट्टोपाध्याय (मृ. 26.7.1987)

छाया देवी

जीवनचन्द्र उपाध्याय

(मृ. 4.6.1980)

ज्योतिकिशोर आचार्यचौधुरी
ज्ञान दत्त
तीनकड़ि बन्द्योपाध्याय
देवज्योति दत्तमजूमदार
देवप्रसाद गंगोपाध्याय
धरित्रीकुमार मुखोपाध्याय
नरेन्द्रकृष्ण मुखोपाध्याय
नारायण चौधुरी (साहित्यिक)
नियति आचार्य चौधुरी
नीलरत्न बन्द्योपाध्याय
नृपेन्द्र चट्टोपाध्याय
प्रकाशकाली घोषाल
(मृ. 5.10.1982)
प्रतिमा बन्द्योपाध्याय
बेगम अख्तर (14.10.1914-30.10.1974)
बेमो सेन
भवानीचरण दास
भुलु सेन
माखनलाल बन्द्योपाध्याय
मीरा देववर्मन
यूथिका राय
रंजित नारायण
रवीन्द्र मोहन मैत्र
विनय गंगोपाध्याय
विभासकुमारी देववर्मन
विमलकुमार चट्टोपाध्याय
शचीन्द्रकुमार मुखोपाध्याय
शचिन देव बर्मन
(1.10.1906-31.10.1975)
श्यामानन्द सिंह
शिवशंकर सोम
शैल देवी
शैलेन्द्रकुमार चट्टोपाध्याय
सनातन रक्षित

संतोष मुखोपाध्याय
सविता दे
सुरेश चक्रवर्ती (1915-29.11.1986)
सुरेश मजूमदार
सुशील बसु
हरेन्द्रनाथ गुह
हिमांशु राय

1 हैदर खाँ
  2 बदल खाँ

(48) जमीरुद्दीन खाँ

मजीद खाँ (खयाल, सारंगी)
|
1 जमीरुद्दीन खाँ (ठुमरी)
(ज. 1895)

1 जमीरुद्दीन खाँ के गुरु
  बदल खाँ
  मजीद खाँ (पिता)

1 जमीरुद्दीन खाँ के शिष्य
  अंगूरबाला
  (1901-7.1.1984)
  इन्दुबाला (1899-30.11.1984)
  कमल दासगुप्त
  (मृ. 20.7.1974)
  कमला झरिया
  (मृ. 20.12.1979)
  कृष्णचन्द्र दे
  कृष्णभामिनी
  ज्ञान दत्त
  जाकिर हुसेन
  धीरेन दास
  नजरुल इस्लाम

(24.5.1899-29.8.1976)
परितोष शील (वायलिन)
राजेन्द्रनाथ सरकार (क्लेरिनेट)
सत्येन्द्रनाथ घोष
सुबल दासगुप्त
हरिमति

(49) नगेन्द्रनाथ भट्टाचार्य (राणाघाट)

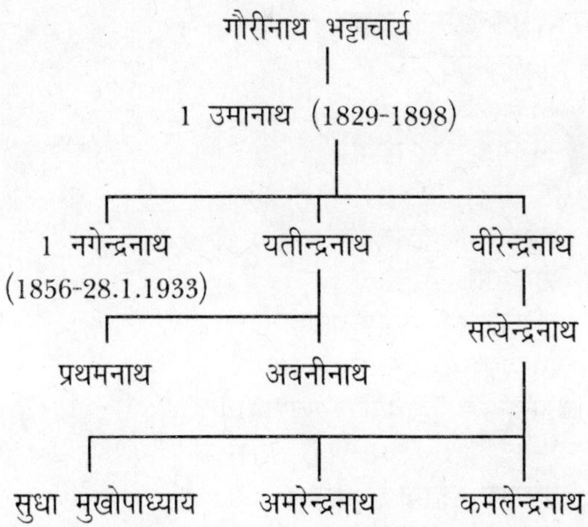

1 उमानाथ के गुरु
अम्बिकाचरण (टप्पा)
दिलवार खाँ
बन्ने खाँ
बड़े दुन्नी खाँ
महेश मुखोपाध्याय
रसूल बख्श
हस्सू खाँ

2 नगेन्द्रनाथ भट्टाचार्य के गुरु
अहमद खाँ
इमाम बाँदी (टप्पा)
1 उमानाथ

फजलुद्दीन खाँ
बड़े दुन्नी खाँ
बदल खाँ
बन्ने खाँ
महेश मुखोपाध्याय
यदु भट्ट
रमजान खाँ
लक्ष्मीनारायण बाबाजी
श्रीजानबाई

2 नगेन्द्रनाथ भट्टाचार्य के शिष्य

3 नगेन्द्रनाथ दत्त
(1888-1948)
निर्मलचन्द्र चट्टोपाध्याय
(पद्मबाबू) (मृ. 21.1. 1933)
प्रथमनाथ भट्टाचार्य
(भ्रातुष्पुत्र)
4 शिवकुमार चट्टोपाध्याय
(दोहित्री पुत्र) (मृ. 24.9.1987)
सत्येन्द्रनाथ भट्टाचार्य (भ्रातुष्पुत्र)

3 नगेन्द्रनाथ दत्त

अमरनाथ भट्टाचार्य (खयाल)
गोपाल दासगुप्त
गौरहरि दास
चन्द्रभूषण राय
कर्नल दिनेश चन्द
दुलाल धर
पाँचूगोपाल हलदार
भवानी मुखोपाध्याय
भीष्मदेव चट्टोपाध्याय
योगेश राय
विजनकुमार बसु
विभूतिभूषण दत्त
(15.6.1905-नवंबर, 1963)
शचीन्द्रनाथ दास (मतिलाल) (ज. 1914)

शचीन्द्रनाथ भट्टाचार्य
4 शिवकुमार चट्टोपाध्याय
शैलेश दत्तगुप्त
सिद्धेश्वर मुखोपाध्याय
सूर्यकुमार राय
हीरेन्द्र कुमार बसु
4 शिवकुमार चट्टोपाध्याय
अंजलि मुखोपाध्याय (भगिनी)
(मृ. 17.11.1983)
अभयकुमार चट्टोपाध्याय
सोमेश घोषाल

(50) गिरिजाशंकर चक्रवर्ती

(1885-1948)

गिरिजाशंकर के गुरु
बदल खाँ
भैयासाहब गणपतराव
मुहम्मद अली (रबाब)
मुजफ्फर खाँ
राधिकाप्रसाद गोस्वामी
गिरिजाशंकर के शिष्य
अनिल होम
अभयपद बन्द्योपाध्याय
आरती (माला) दास (गीतश्री)
(ज. 5.11.1923)
इभा गुह (दत्त) (गीतश्री)
उमा मित्र (दे)
गीता दास (मित्र) (गीतश्री)
जयकृष्ण सान्याल
ज्ञानप्रकाश घोष
1 तारापद चक्रवर्ती
(13.4.1909-1.9.1975)
2 देवीप्रसाद भट्टाचार्य

नयना देवी
पन्नालाल घोष
बेचू दत्त
3 डॉ. यामिनीनाथ गंगोपाध्याय
(ज. 13.7.1907)
रथीन्द्रनाथ चट्टोपाध्याय
(1909-25.6.1983)
राणी राय
विनोद किशोर रॉय चौधुरी
विश्वेश्वर भट्टाचार्य
शैलेन्द्रनाथ बन्द्योपाध्याय
सतीशचन्द्र अर्णव
सतीश भौमिक
4 सुखेन्दु गोस्वामी
(4.3.1911-16.7.1983)
सुधीरलाल चक्रवर्ती
सुनीलकुमार बसु
(मृ. 28.11.1983)

5 उषारंजन मुखोपाध्याय
कृष्णा गंगोपाध्याय (दासगुप्त) (ज. 15.12.1936)
प्रतिमा मित्र
डॉ. प्रदीपकुमार घोष

1 तारापद चक्रवर्ती
आरती मित्र
उमा मित्र (दे)
5 उषारंजन मुखोपाध्याय (ज. 1920)
कृष्णा गंगोपाध्याय (दासगुप्त)
नीला मजूमदार
डॉ. नीहारकणा मुखोपाध्याय (ज. दिसंबर, 1917)
पूरबी मुखोपाध्याय
प्रशान्त मजूमदार
परेश वाणिक (ज. 4.7.1932)
बाबूलाल घटक
मानस चक्रवर्ती (पुत्र)

मीरा मुखोपाध्याय
रुकमाबाई सेनगुप्त
6 शिवचन्द्र मुखोपाध्याय (ज. 6.4.1920)
शैफाली चक्रवर्ती
श्रीला बन्द्योपाध्याय (कन्या)

2 देवीप्रसाद भट्टाचार्य
डॉली दे

3 डॉ. यामिनीनाथ गंगोपाध्याय
अलोक चट्टोपाध्याय
आरती बांगची
गौरी दे
झरणा बन्द्योपाध्याय
(कन्या) (ज. 15.5.1940)
प्रसून बन्द्योपाध्याय
मीरा मुखोपाध्याय
राणी राय
विनोदकिशोर रॉय चौधुरी
सन्ध्या मुखोपाध्याय

4 सुखेन्द्र गोस्वामी
अनूप घोषाल
आराधना बन्द्योपाध्याय
गीता विश्वास
छवि बन्द्योपाध्याय
तन्द्रा मैत्र
तपती पाकड़ाशी
मलय मुखोपाध्याय
लीला घटक
स्निग्धा सेन
हिरण्मयी पंडित
हेना बन्द्योपाध्याय

6 शिवचंद्र मुखोपाध्याय
कृष्णा विश्वास (ज. 4.1.1957)
तुषार चट्टोपाध्याय (ज. 1.12.1955)
धनंजय पाल (ज. 19.1.1952)

(51) टप्पा गायक रमजान खाँ

शादी खाँ की शिष्या–1 इमाम बाँदी
|
2 रमजान खाँ

1 इमाम बाँदी
- नगेन्द्रनाथ भट्टाचार्य (राणाघाट)

3 कालीपद पाठक
- गोपाल चट्टोपाध्याय
- चण्डीदास माल
- तुषारकान्ति पाठक (भ्रातुष्पुत्र)
- दिलीप मुखोपाध्याय
- रवीन्द्रनाथ चट्टोपाध्याय
- राज्येश्वर मित्र (1917-17.1.1995

2 रमजान खाँ
- 3 कालीपद पाठक (1882-15.11.1970)
- किशनचाँद बड़ाल
- गिरिबाला दासी (गायिका गिरि)
- जितेन्द्रनाथ बन्द्योपाध्याय (ज. 1880)
- नगेन्द्रनाथ भट्टाचार्य
- नरेन्द्रनाथ घोष (24.5.1877-10.5.1936)
- निकुंजबिहारी दत्त
- पूर्णचन्द्र दास
- फणीशंकर मुखोपाध्याय
- रामचन्द्र चट्टोपाध्याय
- लालचाँद बड़ाल
- हृषिकेश विश्वास

(52) टप्पा गायक महेशचन्द्र मुखोपाध्याय

(1825-1905)

महेशचन्द्र के गुरु
- रामकुमार मिश्र
- लक्ष्मीनारायण बाबाजी
- शिवसहाय मिश्र
- सुरेन्द्रनाथ मजूमदार

महेशचन्द्र के शिष्य
- नगेन्द्रनाथ दत्त
- वीरेन्द्रकुमार मुखोपाध्याय
- भोलानाथ दास
- मति चट्टोपाध्याय
- रजनी चट्टोपाध्याय
- रामचन्द्र चट्टोपाध्याय (ज. 1956)
- 1 सतीश चन्द्र चट्टोपाध्याय (मृ. 1956)
- हरिश्चन्द्र बन्धोपाध्याय

1 सतीशचन्द्र चट्टोपाध्याय
- कृष्णचन्द्र दे (अंधगायक)
  (1895-28.11.1962)

(53) ढाका का गायक-वंश (प्रथम)

1 हबीब मियाँ (टप्पा बाज)

|

2 हष्णु मियाँ (टप्पाबाज)

1 हबीब मियाँ के गुरु
- अमीर खाँ
- तन्नू खाँ

2 हष्णुमियाँ
- विष्णुचन्द्र चक्रवर्ती (मृ. 1904)
- राधिकामोहन राय
- 3 हकीम मुहम्मद हुसेन

(इन्होंने परवर्ती काल में
काले खाँ और तसद्दुक हुसेन
से शिक्षा पायी।)

3 हकीम मुहम्मद हुसेन

बनवारी लाल

सुकुमार राय

(54) ढाका का गायक-वंश (द्वितीय)

1 कृष्णदास कर्मकार

|

2 हरिचरण

3 इमदाद खाँ

नरेन्द्रनाथ सेन

योगेन्द्रकुमार रक्षित

राधारमण बसाक

सत्येन्द्रनाथ घोष

1 कृष्णदास कर्मकार के गुरु

काले खाँ

भोलानाथ चौधुरी

मुहम्मदखाँ

1 कृष्णदास कर्मकार के शिष्य

दासु ठाकुर

4 दीनबन्धु घोष

2 हरिचरण कर्मकार

4 दीनबन्धु घोष

शौरीन्द्रकिशोर रॉयचौधुरी
(रामगोपालपुर)

5 ललित मोहन सेन

निजनबाला घोषस्तोदार

2 हरिचरण कर्मकार के गुरु

आमीन खाँ

काले खाँ

भोलानाथ चौधुरी
मुहम्मद खाँ
यदु भट्ट
रसूल बख्श

2 हरिचरण कर्मकार के शिष्य
अनाथ कर्मकार
आदित्य चक्रवर्ती
3 इमदाद खाँ (ध्रुपदिया)
चन्द्रनाथ राय
बनवारीलाल गोस्वामी
वृन्दावन कर्मकार
महेन्द्र बसाक
5 ललितमोहन सेन

(55) ढाका का गायक-वंश (तृतीय)

जीतराम राय

राधाकृष्ण (गायक) — प्राणकृष्ण (गायक)

कृष्णमोहन (गायक) — ब्रजमोहन (गायक)

गोपीमोहन (सर्ववाद्य-विशारद) — आनन्दमोहन (खयाल, टप्पा, ठुमरी, सितार, तबला, पखावज)

1 हरिमोहन (सितार, तबला, पखावज) — 2 राधिकामोहन (सितार, टप्पा, ठुमरी)

मोहिनीमोहन (तबला)

2 राधिकामोहन के गुरु

बड़े दुन्नी खाँ (टप्पा, ठुमरी)

1 हरिमोहन (सितार)

हष्णु मियाँ (टप्पा)

2 राधिकामोहन के शिष्य

रोहिणीकुमार राय कर्मकार

1 हरिमोहन के गुरु

केशवचन्द्र मित्र (पखावज)

हुसेन बख्श (तबला)

(56) ढाका का गायक-वंश (चतुर्थ)

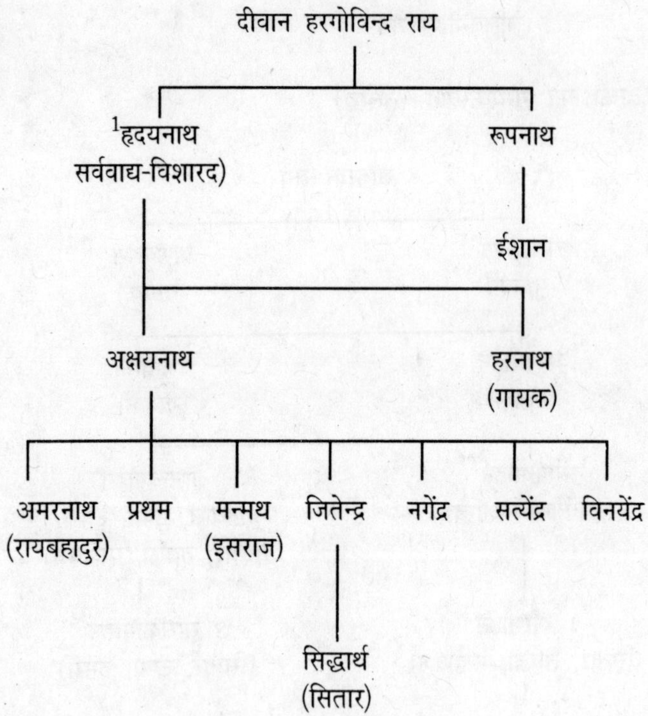

1. हृदयनाथ का शिष्य मधुकान

(57) हापुड़ घराना (प्रथम)

कायम ख़ाँ

निजाम ख़ाँ

1 वाजिर ख़ाँ   यूसुफ ख़ाँ   2 सदरुद्दीन ख़ाँ

1 वाजिर ख़ाँ
पाण्डु बुवा
2 सदरुद्दीन ख़ाँ
अमीर बख़्श

(58) हापुड़ घराना (द्वितीय)

अलीबख़्श ख़ाँ

1 मुहम्मद सिद्दीक ख़ाँ (खयाल)

निसार अहमद   नासिर अहमद

1 मुहम्मद सिद्दीक ख़ाँ
अब्दुल अजीज ख़ाँ
अहमद ख़ाँ
इनायत ख़ाँ
बाबा रामप्रसाद
शब्बू ख़ाँ

(59) गोखले-घराना

जैनुल आबेदीन (बड़े मियाँ) के शिष्य
(ज. 1782)
अन्तुबुवा आप्टे
1 महादेवबुवा गोखले

- 1 महादेवबुवा गोखले (1819-1909)
  - गणपतिबुवा
    - सदाशिवबुवा
    - अन्तुबुवा (माधवराव)
  - विष्णुबुवा
    - महादेव शास्त्री
  - शिवरामबुवा
  - कृष्णबुवा
    - विश्वनाथ

(60) वाजिद हुसेन का वंश

- फैजुल्ला खाँ (ध्रुपद)
  - ख्वाजाबख्श
  - अल्लाबख्श
    - मौलाबख्श
    - औलबख्श
      - विलायत हुसेन
      - 1 इमदाद हुसेन
        - अमजद
        - जब्बाद
        - 2 वाजिद
        - एजाज
        - दिलशाद
    - मीराबख्श
    - दौलाबख्श
  - खुदाबख्श
  - हुसेनबख्श

1 इमदाद हुसेन के गुरु

हद्दू खाँ (ग्वालियर)

1 इमदाद हुसेन के शिष्य

मुश्ताक हुसेन खाँ (सहसवान)

मुहम्मद नूर खाँ (भागिनेय)

2 वाजिद हुसेन के गुरु

अल्लादिया खाँ (अतरौली)

मुश्ताक हुसेन खाँ (सहसवान)

(61) फैज मुहम्मद का वंश

- फैज मुहम्मद
  - फते मुहम्मद
    - 1 घसीट खाँ
    - 2 फैज मुहम्मद
      - कन्या+फैयाज खाँ
  - इलायदबख्श
  - मुहम्मदबख़्श

1 घसीट खाँ

मौलाबख्श

2 फैज मुहम्मद

गणेशराव पाध्ये (मृ. 7.4.1947)

गोविन्दप्रसाद

नीगोस्करबुवा

भास्करबुवा बखले

रोकड़नाथ

हीराबाई

होसीबाइ

(62) इनायत खाँ का वंश

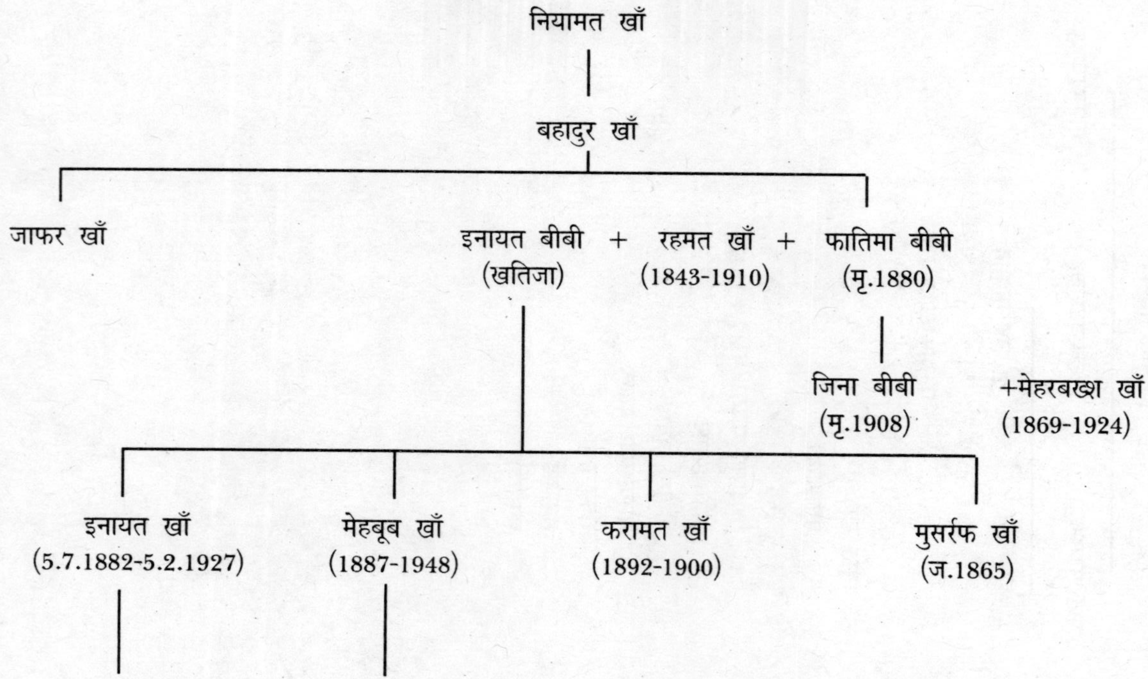
नियामत खाँ
बहादुर खाँ
जाफर खाँ
इनायत बीबी (खतिजा)
+
रहमत खाँ (1843-1910)
+
फातिमा बीबी (मृ.1880)
जिना बीबी (मृ.1908)
+मेहरबख्श खाँ (1869-1924)
इनायत खाँ (5.7.1882-5.2.1927)
मेहबूब खाँ (1887-1948)
करामत खाँ (1892-1900)
मुसर्रफ खाँ (ज.1865)

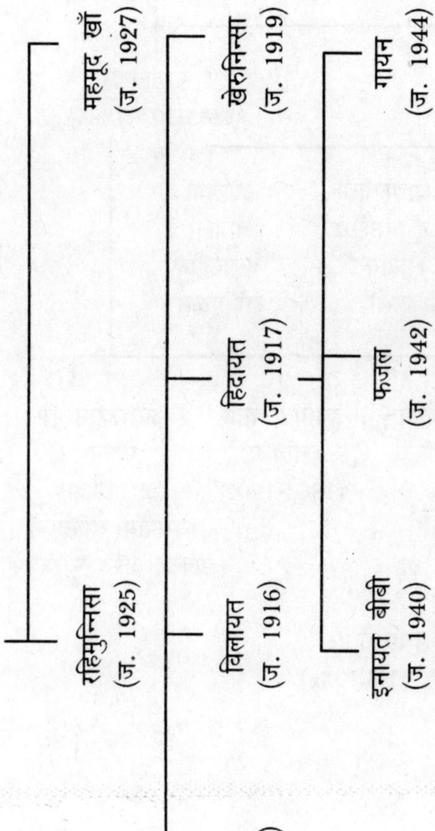
रहिमुन्निसा (ज. 1925)
महमूद खाँ (ज. 1927)
नूरुन्निसा (1914-1944)
विलायत (ज. 1916)
हिदायत (ज. 1917)
खेरुन्निसा (ज. 1919)
इनायत बीबी (ज. 1940)
फजल (ज. 1942)
गायन (ज. 1944)

(63) मौलाबख्श का वंश

अनवर खाँ

इमाम खाँ+ बीमा बीबी — घीसे खाँ

बीबन बीबी+ अहमद खाँ — 1 मौलाबख्श (1833-10.7.1896)

हसरत बीबी — फातिमा बीबी — अशरफबीबी (ज. 1889) +इनायत अली — औलिया बीबी+ अलाउद्दीन खाँ पठान

उमराव बीबी +मुर्त्तजा खाँ

मुर्त्तजा खाँ (ज. 1863) — फातिमा बीबी — इनायत बीबी (खतिजा) (1864-1902) — 2 अलाउद्दीन खाँ पठान (ज. 1869) (यूरोपीय संगीत में डॉक्टर ऑफ म्यूजिक)

2 अलाउद्दीन खाँ पठान
    दत्तात्रय नारायण पंचाक्षरी
    (हारमोनियम) (मृ. 21.8.1981)

3 कृष्णधन बन्द्योपाध्याय
    प्रभातचंद्र बरुआ
    (1879-1942)

4 गणपतराव गोपाल बर्वे
    5 मनहर बर्वे (पुत्र)
    (मृ. 26.5.1972)

6 बापूराव (नादानन्द स्वामी)
    डी.आर. पर्वतकर
    (15 नवंबर, 1915-22.10.1990)

6 मनहर बर्वे

जगदीश सहाय कुलश्रेष्ठ
जयमाला शिलेदार
मधुकर बर्वे (पुत्र)
सुरेश हलदनकर
राम मराठे

7 मीनप्पा केलवाड़
6 बापूराव (नादानंद स्वामी)
(ज. 1889)

1 मौलाबख्श के गुरु
घसीट खाँ

1 मौलाबख्श के शिष्य
अठावले जोशी
केशवराव
4 गणपतराव गोपाल बर्वे
गोविन्दराव वकील
गुलाब सिंह साठे
घारपुरे पाटणकर
चित्रे
पंचाक्षरी
बोरकर
7 मीनप्पा केलवाड़
(1862-1920)
8 हरप्रसाद बन्द्योपाध्याय (बीन)

8 हरप्रसाद बन्द्योपाध्याय
3 कृष्णधन बन्द्योपाध्याय
(मार्च 1846-20.2.1904)

(64) रजब अली खाँ (देवास)

1 मुगलू खाँ
|
2 रजब अली खाँ (ध्रुपद, खयाल, बीन)
(3.9.1874-8.1.1959)
|
राजन खाँ

3 कृष्णशंकर शुक्ल
	उमाशंकर (पुत्र)
	(ज. 1945)

1 मुगलूखाँ के गुरु
	बड़े मुहम्मद खाँ (ग्वालियर)

2 रजब अली खाँ के गुरु
	बन्दे अली खाँ (वीणा)
	मुगलू खाँ (पिता)

2 रजब अली खाँ के शिष्य
	अमानत खाँ (भ्रातुष्पुत्र)
	इमदाद खाँ (सुरबहार, सितार)
	कृष्णराव मजूमदार
	3 कृष्णशंकर शुक्ल (ज. 17.1.1911)
	गणपतिराव देवासकर
	पंडित ज्योतिराम (मेवाति)
	नन्दलाल शर्मा
	निवृत्तिबुवा सरनाईक
	बिन्दुमाधव पाठक (बीन)
	बेहरेबुवा
	यासिन खाँ (सारंगी)
	रईस खाँ
	राजाभाऊ देव
	शंकरराव सरनाईक
	सिद्धेश्वरी देवी

(65) प्रमथनाथ बन्द्योपाध्याय (रुद्रबीन)

1 प्रमथनाथ — शैलेन्द्रनाथ (पखावज)

1 प्रमथनाथ
	मणीन्द्रनाथ (खयाल)

2 ननीगोपाल मित्र
	विनय गंगोपाध्याय

1 प्रमथनाथ के गुरु

अन्ना पुरुषोत्तम घारपुरे (बीन)
निहालचंद मिश्र
मुराद अली खाँ (डण्डेबाज)
वजीर खाँ (रामपुर)
श्यामलाल क्षेत्री

1 प्रमथनाथ के शिष्य

कुमुद्देश्वर मुखोपाध्याय
किशोरीमोहन बन्धोपाध्याय (खयाल)
गिरिजाशंकर चक्रवर्ती
गौरचन्द्र बन्धोपाध्याय
(ज. 1.8.1920)
जितेन्द्रनाथ मित्र
नृसिंहप्रसाद मुखोपाध्याय (जामाता)
डॉ. पी. साहा (इसराज)
प्रबोधचन्द्र दास
3 मोहिनीमोहन मिश्र
(1884-21.2.1963)
यतीन्द्रकुमार चक्रवर्ती
ललितमोहन पाल (सुरशृंगार)
विभूतिभूषण चट्टोपाध्याय (खयाल)
विमलाप्रसाद चट्टोपाध्याय
शचीन्द्रनाथ मित्र (मृ. 22.10.1983)
शीतल मुखोपाध्याय
सन्तोषकुमार सूर

3 मोहिनी मोहन मिश्र

2 ननीगोपाल मित्र
मुरारीमोहन मिश्र (पुत्र)
(जनवरी 1915-सितंबर 1940)

(66) रजब अली खाँ (बीनकार) जयपुर

अली अहमद — वली अहमद (वीणा)

1 रजब अली — कन्या

कुतब अली — मुसर्रफ खाँ

मुसाहर अली — 2 सादिक अली (1897-17.7.1964)

असद अली (ज. 1937)

1 रजब अली के गुरु
हसन खाँ अम्बेठेवाले

1 रजब अली के शिष्य
मुसर्रफ खाँ

2 सादिक अली
डॉ. अमियनाथ सान्याल

(67) वहीद खाँ (बीनकार)

1 वहीद खाँ — नजीर खाँ

मजीद खाँ — लतीफ खाँ — कन्या

2 मुहम्मद खाँ+नसीरन बीबी (1914-30.12.1967)

3 रईस खाँ (सितार) (ज. 25.11.1939) — नीलोफर

1 वहीद खाँ के गुरु
बन्दे अली खाँ (बीनकार)

2 मुहम्मद खाँ के शिष्य

न्यायाधीश जयकर
प्रभाबेन चीनूभाई
पृथ्वीराज कूपर
भरत शाह
मनुभाई आशकरण
डॉ. मलगांवकर
3 रईस खाँ
वसन्त कोटक
श्याम जोध

3 रईस खाँ के गुरु

2 मुहम्मद खाँ
रजब अली (देवास)
विलायत खाँ (सितारिया)

(68) इमदादखानी घराना

("इमदाद खाँ स्वयं ही घराना की सृष्टि कर गये हैं–अब समस्त भारत में इमदादखानी शैली ही चलती है"
–धूर्जटिप्रसाद मुखोपाध्याय, 'सुर और संगति')

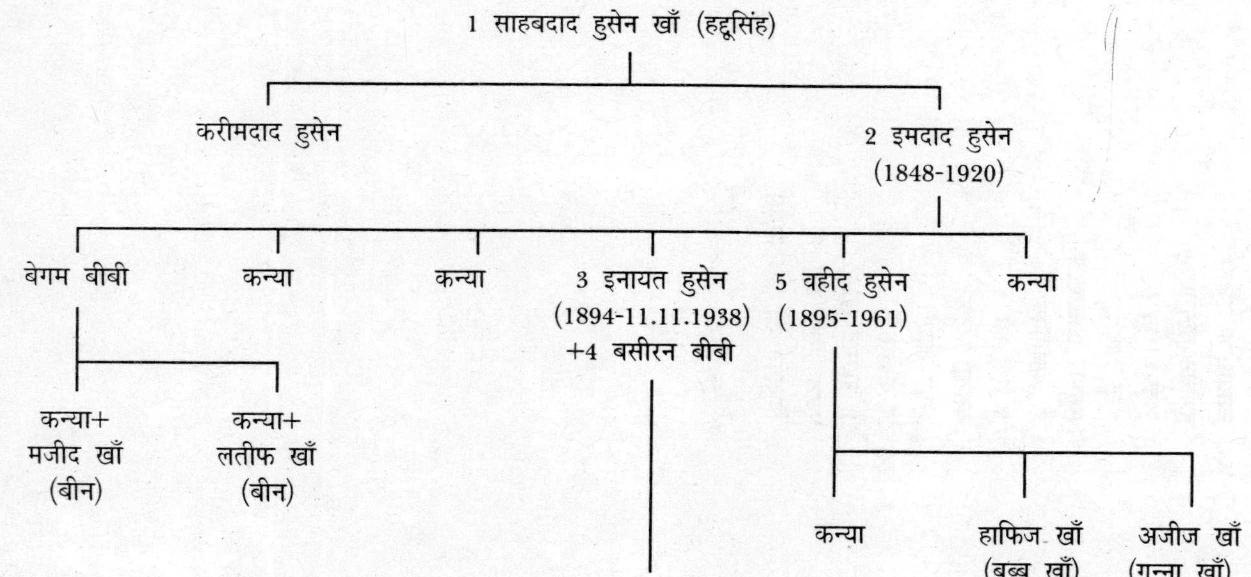

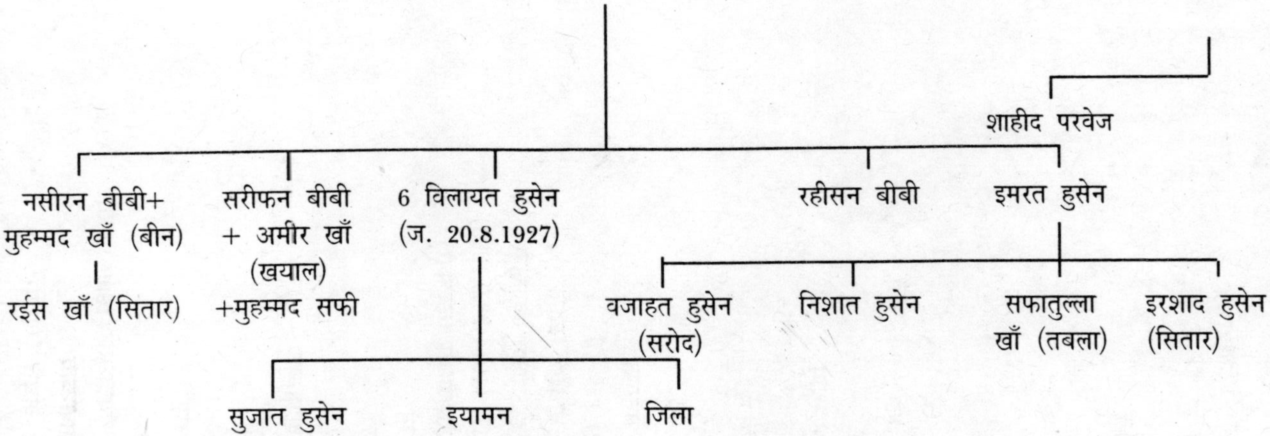
शाहीद परवेज
नसीरन बीबी+
मुहम्मद खाँ (बीन)
रईस खाँ (सितार)
सरीफन बीबी
+ अमीर खाँ
(खयाल)
+मुहम्मद सफी
6 विलायत हुसेन
(ज. 20.8.1927)
सुजात हुसेन
इयामन
जिला
रहीसन बीबी
इमरत हुसेन
वजाहत हुसेन
(सरोद)
निशात हुसेन
सफातुल्ला
खाँ (तबला)
इरशाद हुसेन
(सितार)

7 अमियकान्ति भट्टाचार्य
इन्द्रनील भट्टाचार्य (भ्राता)
8 अमृतलाल बन्द्योपाध्याय
प्रतिमा चौधुरी
रजनीकांत चतुर्वेदी
3 इवायत हुसेन के गुरु
अल्लादिया खाँ
अल्लाबन्दे खाँ
जाकिरुद्दीन खाँ
दौलत खाँ
सज्जाद मुहम्मद खाँ
3 इनायत हुसेन के शिष्य
7 अमियकांति भट्टाचार्य
(मृ. 1.2.1969)
डॉ. कल्याणी मलिक
क्षेमेन्द्रमोहन ठाकुर
9 जॉन गोमस
10 जितेंद्रमोहन सेनगुप्त
(मृ. 21.8.1962)
11 ज्योतिश्चन्द्र चौधुरी (भवानीपुर)
ज्ञानदाकांत लाहिड़ी चौधुरी (कालीपुर)
12 ध्रुवतारा जोशी (1914-28.9.1993)
नीरदाकांत लाहिड़ी चौधुरी (कालीपुर)
डॉ. प्रकाशचंद्र सेन
भोलानाथ मलिक
मनोजमोहन राय
16 मनोरंजन मुखोपाध्याय
रमेशचन्द्र भट्टाचार्य
रेणुका साहा
13 विपिनचन्द्र दास
(मृ. 13.8.1969)
14 विमलाकांत रॉयचौधुरी (1909-1980)
15 विमलेंदु मुखोपाध्याय
वीरेंद्रकिशोर रॉय चौधुरी (गौरीपुर)

वीरेंद्रकिशोर रॉयचौधुरी (रामगोपालपुर)
वीरेंद्र मित्र
व्रजेश्वर नन्दी
17 श्रीनिवास नाग
18 श्रीपतिचरण दास
हीरेन्द्रमोहन दासगुप्त

2 इमदाद हुसेन के गुरु
बन्दे अली खाँ (बीन)
रजब अली खाँ
सज्जाद मुहम्मद खाँ

2 इमदाद हुसेन के शिष्य
डॉ. कल्याणी मलिक
डॉ. प्रकाश चंद्र सेन (इसराज)
मम्मन खाँ (सारंगी)
19 रहीम खाँ (पंजाब)
ब्रजेंद्रकिशोर रॉयचौधुरी (इसराज)

9 जॉन गोमस
निखिल बन्धोपाध्याय
बेंजामिन गोमस (पुत्र)
(1934-11.6.1983)
सुनील मित्र

10 जितेंद्रमोहन सेनगुप्त
8 अमृत बन्धोपाध्याय
इरा सरकार
कल्याणी राय
तुषार मुखोपाध्याय
डॉ. तृणा पुरोहित
दीप्ति चन्द
20 नृपेन्द्र गंगोपाध्याय
प्रतिमा चौधुरी
15 विमलेंदु मुखोपाध्याय
(ज. 1.3.1926)
विश्वजित घोष
शंकरकुमार ठाकुर

शक्तिधारा चट्टोपाध्याय
डॉ. सती घोष

11 ज्योतिचन्द्र चौधुरी
15 विमलेंदु मुखोपाध्याय
मनोरंजन लाहिड़ी
श्याम विनोद घोष

12 ध्रुवतारा जोशी
डॉ. आलापना मुंशी
एस.के. दासगुप्त
काजल चट्टोपाध्याय
गुलाम इमान
चिन्मय लाहिड़ी
तापसी घोष
तृप्ति चक्रवर्ती
पुलिनबिहारी देववर्मन
मोहनसिंह खंगुरा
रणधीर राय (इसराज)
विभूतिभूषण चट्टोपाध्याय
डॉ. वी. जोसफ
शम्पा रजा
शार्मिष्ठा सरकार
शिवबिहारी मिश्र
शुभा गुह
सनदीप खन्ना
सव्यसाची सरखेल
सुतपा सान्याल
सुनील बसु
सुरेश मिश्र
सुषमा सेन गुप्ता

20 नृपेन्द्र गंगोपाध्याय
कल्याणी राय

4 बसीरन बीबी के पिता
खयालिया बन्दे हसन खाँ
(सहारनपुर) एवं भ्राता

खयालिया जिन्दा हसन
खाँ (सहारनपुर)

16 मनोरंजन मुखोपाध्याय
कार्तिक कुमार
चित्तरंजन मुखोपाध्याय (पुत्र)
लक्ष्मी चक्रवर्ती (भागिनेयी)

23 मुहम्मद शरीफ खाँ
रमेश प्रेम (विचित्र वीणा)

19 रहीम खाँ
खुशीराम वेदी
23 मुहम्मद शरीफ खाँ (पुत्र)

5 वहीद खाँ
19 रहीम खाँ (पंजाब)

13 विपिनचन्द्र दास
मतिलाल सरकार (भागिनेय)
यामिनीकांत पाल

14 विमलाकांत रॉयचौधुरी
अनिलकुमार बैरागी
डॉ. अशोक सेनगुप्त
उत्पला सरकार (वाद्यविशारद)
एस.एन. गोर
कमल राय
कान्ता खोसला
काशीनाथ भट्टाचार्य
किशोरकांत बागची
जी.जैक. सैसून
जेन ओयब
डॉ. तृणा पुरोहित
डॉ. दिलीप सेनगुप्त
दीपिका बसु
नाडूगोपाल मुखोपाध्याय
निखिलेश भवानी
परितोष राय
पृथ्वीशचंद्र भट्टाचार्य

फनोरेंस काक्रेम
(फुलब्राइट छात्रवृत्ति)
मतिलाल सरकार
मिलति पाल
मीरा दे विश्वास
रंजना राय
रथीदेव दत्त
राज गुह
विप्लव भट्टाचार्य
शुभकरण बाचावत
21 संतोषकुमार मुखोपाध्याय
22 सुभाषचन्द्र चन्द (ज. 17.10.1931)
सुशांत राय
हीरेन राय (ज. अक्तू., 1923-सितार निर्माता)

15 विमेलन्दु मुखोपाध्याय
बुद्धादित्य मुखोपाध्याय
(पुत्र-ज. 7.12. 1955)

6 विलायत हुसेन के गुरु
जिंदा हसन खाँ
बन्दे हसन खाँ
5 वहीद खाँ

6 विलायत हुसेन के शिष्य
अतुल पटेल
अमिय शील
अरविंद परिख
(ज. 19.10.1927)
इमरत हुसेन (भ्राता)
एस.के.बोस
कमला
कल्याणी राय
काशीनाथ मुखोपाध्याय
गिरिराज
गौर मित्र
चिमन अभ्यंकर

तुषार बनर्जी
देवाशीष दत्त
देशमुख दीक्षित
देविका घोषाल
धरमवीर सिंह
नरेन्द्र निरूला
नारायण परांजपे
निमाई
प्रभुदेवन भगत
बलजीत सिंह
बिन्दु झवेरी
बेंजामिन गोमस
मोहन सिंह
रईस खाँ
रणजीत औलिक
वीरेंद्र कुमार
शुभ्रा माथुर
संचचिता घोषाल
सिद्धार्थ खाँ
सुखदेव सिंह
सौगत सेनगुप्त
हरविंदर शर्मा
हसमत अली खाँ

17 श्रीनिवास नाग
अनिल रॉयचौधुरी
काशीनाथ मुखोपाध्याय

18 श्रीपतिचरण दास
दिलीप बसु

21 संतोषकुमार मुखोपाध्याय
अरुणकुमार बसु-मलिक

1 साहबदाद हुसेन के गुरु
नत्थू खाँ
निर्मल शाह
मिया मौज (P)

हद्दू खाँ
हम्मू खाँ
22 सुभाष चंद्र चंद
सुपर्णा साहा (ज. 24.21.956)

(69) मुश्ताक अली खाँ (सितार)

1 आशिक अली खाँ — कल्लन खाँ

2 मुश्ताक अली खाँ (1911-21.7.1989) — खैरात हुसेन खाँ (तिबला)

1 आशिक अली खाँ के गुरु
बरकतुल्ला खाँ
1 आशिक अली खाँ के शिष्य
अमियगोपाल भट्टाचार्य
3 गोपीनाथ गोस्वामी (वायलिन)
(ज. 7.1.1911)
3 गोपीनाथ गोस्वामी
प्रणव मुखोपाध्याय (बाँसुरी)
शुभाषा मिश्र (ज. 15.8.1940)
4 देवव्रत चौधुरी
इन्द्राणी चक्रवर्ती (ज. 23.6.1948)
पाँचूगोपाल दत्त
शर्मिष्ठा सरकार
2 मुश्ताक अली खाँ
अरुणकुमार चट्टोपाध्याय
अशोक घोष (मृ. 9.11.1960)
4 देवव्रत चौधुरी
निखिल बन्द्योपाध्याय
निताईचंद्र बसु
निर्मलकुमार गुहठाकुरता (ज. 1925)
नृपेन्द्रनाथ गुह
फटिक चट्टोपाध्याय

रतन सरकार
वासना चौधुरी
शर्मिष्ठा सरकार
हीरेन्द्रकांत लाहिड़ी चौधुरी

(70) रामेश्वर पाठक (सितार) दारभांगा

1 रामेश्वर पाठक — रामगोविंद पाठक

रामगोविंद पाठक
|
2 बलराम पाठक

अशोक — प्रमोद — विनय — विनोद (तबला)

2 बलराम पाठक
- राजकुमारी देविका देवी
- विमल हालदर
- विमलेंदु मुखोपाध्याय
- शशधर दत्त

1 रामेश्वर पाठक
- राजा कमलारंजन राय
- रामचतुर मलिक (ध्रुपद)
- शुकदेव राय

(71) जितेन्द्रनाथ भट्टाचार्य (सितार)

रामकमल शिरोमणि
|
1 वामाचरण शिरोमणि
|
जितेन्द्रनाथ भट्टाचार्य
(ज. 1877)
|
2 लक्ष्मण भट्टाचार्य
(मृ. 3.5. 1954)

3 अमियभूषण चट्टोपाध्याय

सुनीलकुमार मुखोपाध्याय

सौमेन घोषाल

1 वामाचरण के गुरु

अहमद अली खाँ

काशिम अली खाँ

दिलजान बाई

बड़े दुन्नी खाँ

बासत खाँ

मुहम्मद खाँ

यदु भट्ट

वारिश खाँ

सज्जाद मुहम्मद

हिंगनजान बाई

2 लक्ष्मण भट्टाचार्य

अपरेशचन्द्र चट्टोपाध्याय

3 अमियभूषण चट्टोपाध्याय (मृ. 26.3.1989)

असीमकुमार दत्त

नारायणपद आचार्य

परेश आचार्य

बादल चंद्रदास

शैलेन दास

संतोषकुमार सूर

हरेन्द्रनाथ दत्त

(72) यूसुफ अली खाँ (सितार)

1 बहादुर हुसेन

|

2 युसूफ अली खाँ

(1877-14.10.1962)

|

मुहम्मद इस्माइल

2 यूसुफ खाँ के गुरु

अब्दुल गनी खाँ (कालपी)

1 बहादुर हुसेन

मुरब्बत खाँ (कालपी)

2 यूसुफ खाँ के शिष्य

अख़्तर खाँ

इलियास खाँ

देवेन्द्रनाथ शुक्ल (ज. 1930)

3 शशधर दत्त

(21.9.1935-18.6.1974)

1 बहादुर हुसेन के गुरु

आजिम खाँ

3 शशधर दत्त

कुमारी फाल्गुनी गुप्त

रत्ना चक्रवर्ती

श्रीधर दत्त

(73) सितारी भगवानचन्द्र दास का घराना

हरिचरण दासस्वामी

नारायणचंद्र दास — 1 चैतन्य दास

2 रतनदास (अक्तू. 1802-अगस्त 1863) — गोविन्द दास (ध्रुपद, खयाल, टप्पा)

3 भगवानचंद्र (1844-16.11.1931) — 4 श्यामचंद्र (मई 1849-मई 1934) — कन्या, यदुनाथ दास

5 मनोमोहन (जनवरी 1898-6.1.1988) — 6 रामकनाई चंद्र

विनय — 7 नंदलाल — समीर — 8 प्रवीर (ज. 1948) — 9 मृणाल — आशीष

विश्वविमोहन — उत्पल

(इस वंश में सितार के अलावा सुरबहार, इसराज एवं परवर्तीकाल में बीन, रबाब इत्यादि वाद्यों के वादन का अल्पाधिक अनुशीलन होता रहा है।)

10 इन्द्रमोहन दास

ज्योतिशचंद चौधुरी

11 दुर्गाप्रसाद राय

मिहिलाल दास (पुत्र)

1 चैतन्यदास के गुरु

बेनी बाबू

मुहम्मद खाँ

शिबु पागल

हिंगू पागल

हैदर खाँ (ग्वालियर)

11 दुर्गाप्रसाद राय

दीपाली चालिहा

देवाशीष बंद्योपाध्याय

फरीदा यास्मिन (ज. 1941)

भवानी गुह (ज. 17.10.1959)

मानसी दास (ज. 8.6.1961)

मिलि हक (सितार)

समसुल नाहर (बांगलादेश)

7 नन्दलाल के गुरु

जयकृष्ण सान्याल

फणीभूषण सेन

वीरेश राय

8 प्रवीर सितारी के गुरु

जयकृष्ण सान्याल

दबीर खाँ

राजीवलोचन दे

3 भगवानचंद्र के गुरु

अलीरजा खाँ (सुरबहार)

इनायत हुसेन (सरोद)

काशिम अली खाँ (रबाब)

नवीनचंद्र गोस्वामी

रूपलाल राय

सुल्तान बख्श

हुसेन खाँ

3 भगवानचंद्र के शिष्य

10 इन्द्रमोहन दास
केशवचंद्र बंद्योपाध्याय
ज्योतिश्चंद्र चौधुरी
11 दुर्गाप्रसाद राय (ज. 1903)
नीरदबाबू
पुरुषोत्तम मिस्त्री
(सितार निर्माता)
प्राणवल्लभ बसाक
फणी राय
यदुनाथ दास (अंध)
शचींद्रकुमार दत्त
सुखलाल मिस्त्री
(सितार निर्माता)
हाफिज खाँ (ढाका)

5 मनोमोहन सितारी
योगेश दास
शेफाली मुखोपाध्याय

9 मृणालकान्ति के गुरु
अनिल रॉयचौधुरी (तबला)
श्यामल बसु (तबला)

2 रतन दास
नवीनचंद गोस्वामी
रूपलाल राय

6 रामकनाई दास
कमलकृष्ण मुखोपाध्याय
(ज. 13.4.1929)

4 श्यामचंद्र दास
अलाउद्दीन खाँ (सरोद)
11 दुर्गाप्रसाद राय
ज्योतिश्चंद चौधुरी
महाराजा वीरेन्द्रकिशोर
माणिक्य बहादुर
योगेश दास
श्यामाप्रसाद राय
साधना घोष

(74) सरोदिया गुलाम अली खाँ घराना

- हैदर अली (काबुल से आए)
  - गुलाम अली
    - हुसेन अली
      - असगर अली (मृ. 1912)
        - कन्या+अब्दुल अजीज खाँ (सरोद)
          - 6 याकूब अली
    - 1 मुराद अली
      - 2 अब्दुल्ला खाँ (पोष्यपुत्र)
        - 3 अमीर खाँ (1876-4.2.1934) + विख्यात गायक छोटे दुन्नी खाँ की कन्या
        - वाजिद खाँ
    - नन्हे खाँ
      - हसमत अली (मुन्ने खाँ)
        - अहमद अली
      - 4 हाफिज अली (1888-28.12.1972)
        - मुबारक अली
        - रहमत अली
        - 5 अमजद अली (ज. 9.10.1945)
          - अमान अली
          - अयान अली
      - नब्बू खाँ

2 अब्दुल्ला खाँ

ब्रजेंद्रकिशोर रॉयचौधुरी
वीरेंद्रकिशोर रॉयचौधुरी
शीतलचंद्र मुखोपाध्याय

5 अमजद अली

अभीक सरकार
गुरुदेवसिंह (ज. 15.1.1949)
दाऊद सादोजोई
दानिश असलम खाँ (ज. 1963)
देवज्योति बसु (ज. 20.12.1962)
नरेन धर
प्रमोदशंकर
मुकेश शर्मा (ज. 1961)
विश्वजित रॉयचौधुरी (ज. 1965)
सराफत खाँ (सितार)

3 अमीर खाँ

आशुतोष कुण्डु
कृष्णकिशोर दास
कुमार जगन्नाथ मित्र
तिमिरबरन भट्टाचार्य
नीरेंद्रकृष्ण मित्र
पन्नालाल रॉयचौधुरी
मुश्ताक अली खाँ (सितार)
रमेशचंद्र भट्टाचार्य
राधिकामोहन मैत्र
वाणीकंठ मुखोपाध्याय
विमलाकान्त रॉयचौधुरी
(सितार)
विश्वनाथ चक्रवर्ती
ब्रजेंद्र किशोर रॉयचौधुरी
वीरेंद्रकिशोर रॉयचौधुरी
शीतलचंद्र मुखोपाध्याय
हरेंद्रनाथ भट्टाचार्य (खोकनबाबू)

1 मुरादअली खाँ के गुरु

अमीर खाँ (बीन)

बहादुर सेन

4 हाफिज अली खाँ के गुरु

गणेशी प्रसाद चौबे

वजीर खाँ (रामपुर)

4 हाफिज अली खाँ के शिष्य

कुमार जगत्नाथ मित्र

फिरदौस अहमद खाँ

6 याकूब अली खाँ

रफी अहमद खाँ

विषनचन्द बड़ाल

सुव्रत रॉयचौधुरी

(75) सरोदिया नियामतुल्ला का घराना

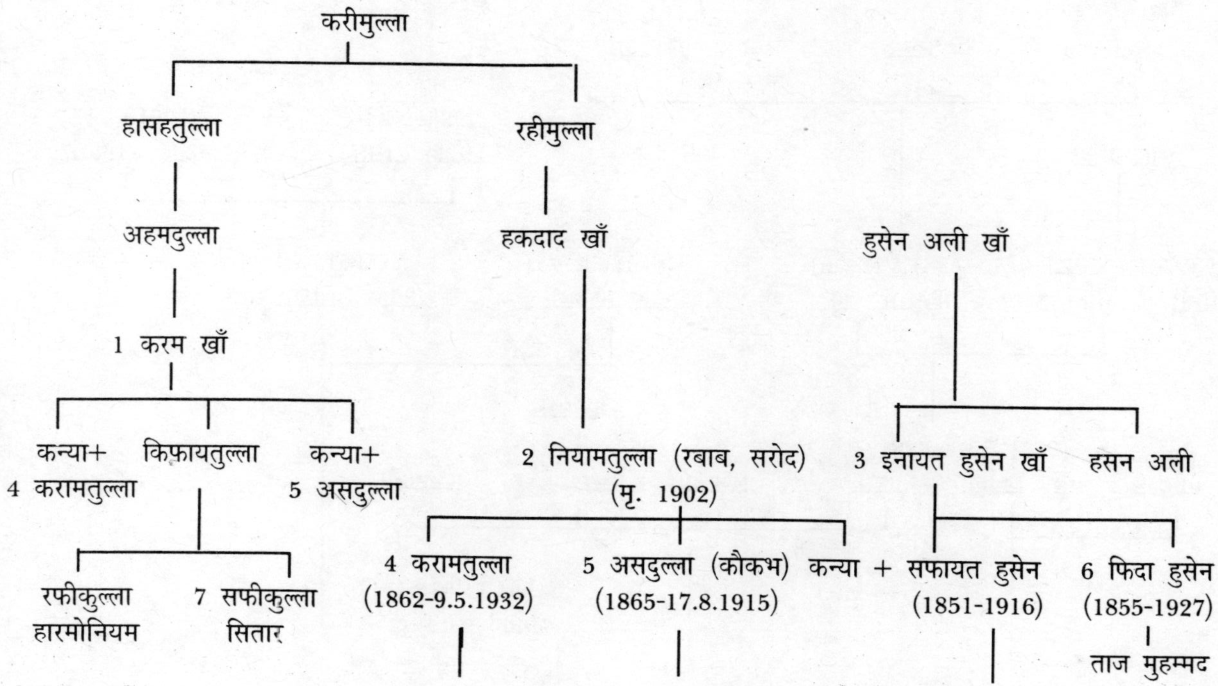

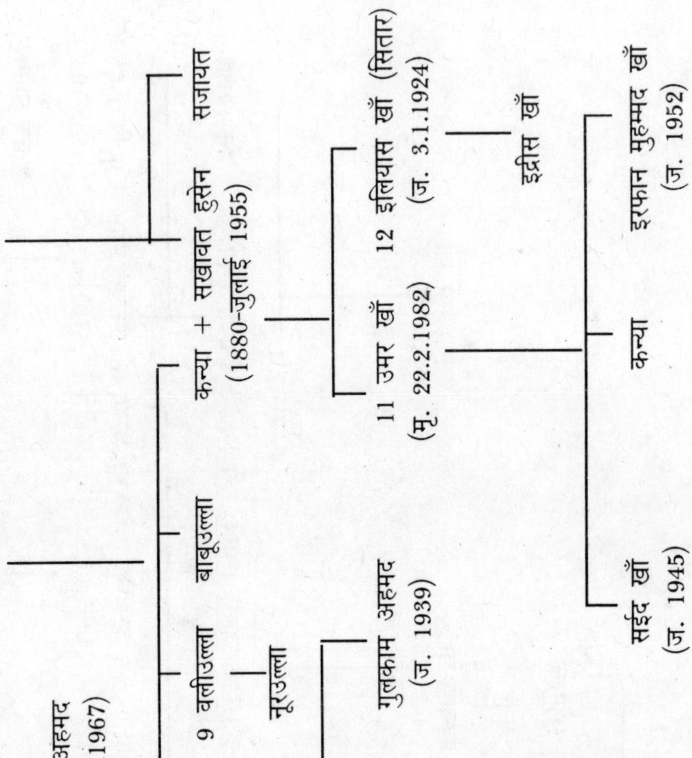
8 इश्तियाक अहमद
(1919-23.11.1967)
सोनाउल्ला
9 वलीउल्ला
बाबूउल्ला
कन्या + सखावत हुसेन
(1880-जुलाई 1955)
सजायत
नूरउल्ला
10 मुख्तियार अहमद
(ज. 1942)
गुलकाम अहमद
(ज. 1939)
11 उमर खाँ
(मृ. 22.2.1982)
12 इलियास खाँ (सितार)
(ज. 3.1.1924)
इद्रीस खाँ
सरफराज अहमद
(ज. 1964)
सिराज अहमद
(ज. 1966)
सईद खाँ
(ज. 1945)
कन्या
इरफान मुहम्मद खाँ
(ज. 1952)

5 असदुल्ला (कौकभ) खाँ

13 कालिदास पाल (इसराज)

(1875-1950)

ज्ञानदाप्रसन्न मुखोपाध्याय (गोबर डांगा)

14 धीरेन्द्रनाथ बसु

15 ननीगोपाल मतिलाल (सितार)

प्रेमांकुर आतर्थी (साहित्यिक)

बेचाचंद्र

यतीन्द्र चरण गुह

(गोबरबाबू. 1892-1972)

9 वली उल्ला खाँ (सितार)

शरच्चन्द्र सिंह

शिवकुमार ठाकुर (सितार)

सखावत हुसेन

16 सत्येंद्रनाथ मुखोपाध्याय

हरेन्द्र कृष्ण शील (1880-31.5.1938)

हीरालाल हलदर (सितार)

3 इनायत हुसेन खाँ के गुरु

अली मुहम्मद

कासिम अली

12 इलियास खाँ के गुरु

अब्दुल गनी

यूसुफ अली खाँ (लखनऊ)

12 इलियास खाँ की शिष्या

बेगम अख्तर

8 इस्तियाक अहमद

भजनलाल

11 उमर खाँ

नवाबजादी बेगम जब्बर साहबा (जलपाईगुड़ी)

संतोष स्वामी

13 कालिदास पाल

अनाथरतन चक्रवर्ती

8 इस्तियाक अहमद

क्षेमेन्द्रमोहन ठाकुर

तारादास घोषाल
देवीप्रसाद मुखोपाध्याय
नगेंद्रनाथ पाल (पुत्र)
नृपेन्द्रनाथ बसु (इसराज)
पन्नालाल घोष (बाँसुरी)
वीरेंद्रकिशोर रॉयचौधुरी
श्याम गंगोपाध्याय (29.9.1911-9.11.1991)

4 करामतुल्ला खाँ
कालीचरण राय
13 कालिदास पाल
कृष्णचंद्र दे
क्षितीशचंद्र लाहिड़ी (सितार)
18 गगन चट्टोपाध्याय (वायलिन)
जगत्प्रसन्न मुखोपाध्याय
14 धीरेंद्रनाथ बसु
नवाबजादी बेगम-जब्बरसाहबा
महाराजा योगींद्रनाथ राय (नाटोर)
रफीकुल्ला खाँ (होरमोनियम)
लछमनदास मुनीमजी (हारमोनियम)
शशिभूषण चक्रवर्ती
श्याम गंगोपाध्याय
सखावत हुसेन खाँ
7 सफीकुल्ला खाँ (सितार)
हरेंद्रकृष्ण शील (सुरबहार)

18 गगनचन्द्र चट्टोपाध्याय
जोई श्रीवास्तव
प्रेम प्रकाश
श्रीराम श्रीवास्तव

14 धीरेन्द्रनाथ बसु
अनिल रॉयचौधुरी
अशोक घोष
मोहनलाल
योगेशराय
रवींद्रनारायण घोष

श्याम गंगोपाध्याय
संतोष स्वामी
सुशीलकुमार भंजचौधुरी

15 ननीगोपाल मतिलाल
श्रीपद बंद्योपाध्याय

2 नियामतुल्ला के गुरु
1 करम खाँ
कासिम अली खाँ
बासत खाँ

17 पुलिनचंद्र पाल
जया बसु

6 फिदा हुसेन के गुरु
अमीर खाँ (बीन)

10 मुख्तियार अहमद
कुमारी कांचन
चुन्नीलाल
राजकुमारी जयंत

9 वली उल्ला खाँ
17 पुलिनचंद्र पाल

16 सत्येंद्रनाथ मुखोपाध्याय
संतोष स्वामी

7 सफी उल्ला
8 इस्तियाक अहमद

(76) सरोदिया उलाउद्दीन खाँ का घराना

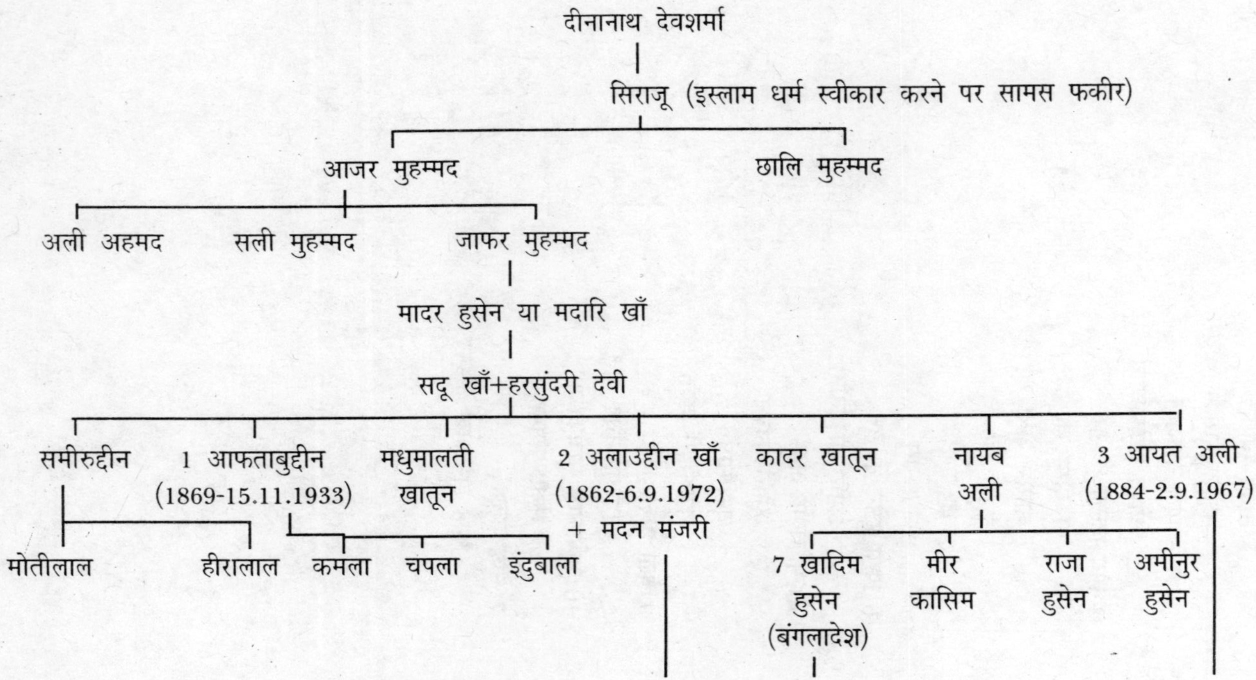

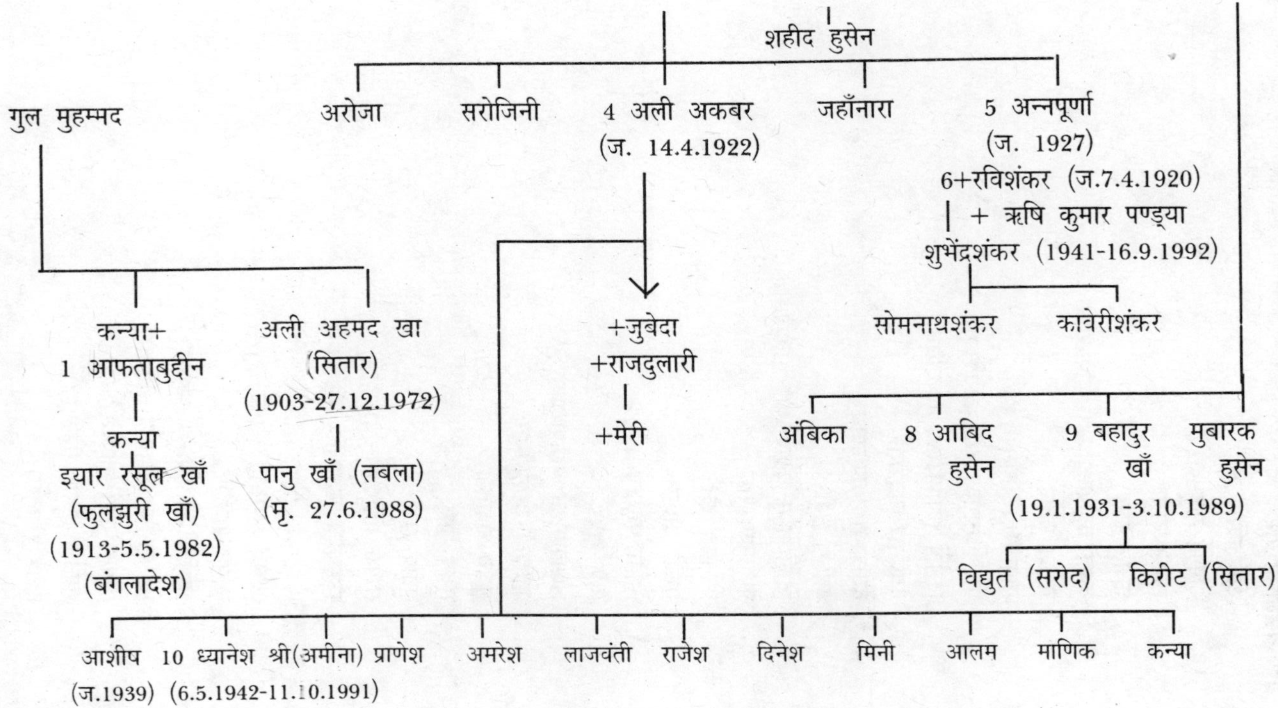
शहीद हुसेन
गुल मुहम्मद
अरोजा
सरोजिनी
4 अली अकबर
(ज. 14.4.1922)
जहाँनारा
5 अन्नपूर्णा
(ज. 1927)
6+रविशंकर (ज.7.4.1920)
+ ऋषि कुमार पण्ड्या
शुभेंद्रशंकर (1941-16.9.1992)
सोमनाथशंकर
कावेरीशंकर
कन्या+
1 आफताबुद्दीन
कन्या
इयार रसूल खाँ
(फुलझुरी खाँ)
(1913-5.5.1982)
(बंगलादेश)
अली अहमद खा
(सितार)
(1903-27.12.1972)
पानु खाँ (तबला)
(मृ. 27.6.1988)
+जुबेदा
+राजदुलारी
+मेरी
अंबिका
8 आबिद हुसेन
9 बहादुर खाँ
(19.1.1931-3.10.1989)
मुबारक हुसेन
विद्युत (सरोद)
किरीट (सितार)
आशीष
(ज.1939)
10 ध्यानेश
(6.5.1942-11.10.1991)
श्री(अमीना)
प्राणेश
अमरेश
लाजवंती
राजेश
दिनेश
मिनी
आलम
माणिक
कन्या

11 अजयसिंह राय

अनिलवरण कर
अपर्णा मजूमदार
उत्पल दास
कुशल दास
केका चट्टोपाध्याय (मुखोपाध्याय)
गणेश मोहन
गोपालराय (बाँसुरी)
प्रो. चिंतामणि रथ (वायलिन)
दिलीप गंगोपाध्याय (वायलिन)
देवप्रसाद चक्रवर्ती
देवाशीष गंगोपाध्याय
देविका देवी
द्विजेंद्रमोहन बंद्योपाध्याय (विश्वास)
पार्थप्रदीप राय
प्रीतिमय दत्त
महुया घोषाल
मिहिर पुरकायस्थ
विशु राय
शशांकमोहन बंद्योपाध्याय
शाश्वती बंद्योपाध्याय
संजय चक्रवर्ती
सुगत नाग
सुदीप राय
सुनील गंगोपाध्याय (गिटार)
स्नेहाशीष मजूमदार (मेंडोलिन)

5 अन्नपूर्णा

अमित भट्टाचार्य (सरोद)
अमित राय
आशीष खाँ (भ्रातुष्पुत्र-सरोद)
12 इंद्रनील भट्टाचार्य (सितार)
श्रीमती उमा गुह (सरोद)
कार्तिक कुमार (सितार)
गोवंडे (सितार)

गोविंद अड्डी (सितार)
गौतम मुखर्जी (गायन)
श्रीमती ज्योत्स्ना सील (सितार)
दक्षिणामोहन टैगोर (दिलरुबा)
देवीप्रसाद चटर्जी (सितार)
10 ध्यानेश खाँ (सरोद)
16 निखिल बंद्योपाध्याय
(14.10.1931-27.1.1986)
नित्यानंद हल्दीपुर (ज. 7.5.1948) (बाँसुरी)
पी.जी. परब (सितार)
प्रदीप बारोट (सरोद) (ज. 8.11.1952)
बहादुरखाँ (सरोद) (ज. 19.1.1931-3.10.1989)
मीना (सितार)
17 यतीन भट्टाचार्य (सरोद)
राधामोहन दास (सितार)
लक्ष्मीनारायण गर्ग (सितार)
वसंत काबरा (सरोद)
विजया चट्टोपाध्याय (सितार)
विनय भरतराम (गायन)
संध्या आप्टे (सितार)
18 सत्यदेव पवार (वायलिन)
सुधीर फड़के (सितार)
सुरेश व्यास (सरोद ज. 5.6.1959)
26 हरिप्रसाद चौरसिया
(बाँसुरी ज. 1.7.1939)
हीरेन राय (सितार निर्माता)

2 अलाउद्दीन के गुरु

अमृतलाल दत्त (हाबू दत्त)
अहमद अली
गोपालचंद्र चक्रवर्ती (नूलो गोपाल)
रामधन शील
लोबो प्रभु (राबर्ट)
वजीर खाँ (रामपुर)
श्यामचन्द दास

हजारी उस्ताद

2 अलाउद्दीन के शिष्य

11 अजयसिंह राय

अरुण भरतराम

अली अहमद खाँ

3 आयत अली खाँ

आशीष खाँ (पौत्र)

12 इंद्रनील भट्टाचार्य (ज. अप्रैल 1936)

इन्द्रीसिंह

गुलगुल महाराज (हारमोनियम)

घूरे महाराज (ध्रुपद)

जितेंद्र प्रतापसिंह

19 जोई श्रीवास्तव

डेविड (सितार)

13 तिमिर बरन

(10.1.1904-29.7.1987)

तीनकड़ि दे (वायलिन)

द्युतिकिशोर रॉयचौधुरी

10 ध्यानेश खाँ (पौत्र)

नगेंद्रचंद्र लाहिड़ी

(गोपालबाबू ज. 1895)

16 निखिल बंद्योपाध्याय

निर्मलकुमार रॉयचौधुरी

नीहारबिन्दु चौधुरी

14 पन्नालाल घोष

(31.7.1911-20.4.1960)

प्रजेश बंद्योपाध्याय

(मृ. 11.5.1984)

प्रतिमा रॉयचौधुरी

बलाई बंद्योपाध्याय

9 बहादुर खाँ

मैहर महाराजा

17 यतीन भट्टाचार्य

यतीन्द्रनाथ बंद्योपाध्याय

यामिनीकुमार चक्रवर्ती
रंजित बंद्योपाध्याय
15 रबीन घोष (वायलिन)
6 रविशंकर
राजाराय
राम गंगोपाध्याय
राम प्यारो (हारमोनियम)
रेवतीरंजन देवनाथ
रोशन (वायलिन)
वसंतराय ब्रह्मभट्ट
विनय भरतराम
विवेकरंजन सिंह
विमलकुमार भट्टाचार्य
विष्णुगोविंद जोग (वायलिन)
विष्णुदास शिराली
वीरेंद्रकिशोर रॉयचौधुरी
27 शचींद्र कुमार दत्त
शचीन्द्रनाथ चट्टोपाध्याय
शिप्रा बंद्योपाध्याय
शीला भरतराम
शुभेंद्र शंकर
श्याम गंगोपाध्याय
श्रीपद बंद्योपाध्याय
सनत बंद्योपाध्याय
20 सुप्रभात पाल
सी.एल. दास
स्वर्णलता चोपड़ा
हीरेन मुखोपाध्याय

4 अली अकबर
11 अजयसिंह राय
अनिन्द्य बंद्योपाध्याय
(ज. 11.1.1958)
अशोक राय
एलन माइनर

कमल मलिक
केन जुकरमन
क्रिस रिस
गोविंदचंद्र अड्डी
जी.एस. सचदेव
जेफ्री लिपनर (मृ. 1988)
जार्ज राकर्ट
21 दामोदरलाल काबरा
(16.3.1926-4.8.1979)
देवीप्रसाद चट्टोपाध्याय
दिलीप बसु
नलिन मजूमदार
16 निखिल बंद्योपाध्याय
पार्थप्रतीम चट्टोपाध्याय
23 प्रकाश वढेरा (बाँसुरी)
ब्रजनारायण (सरोद)
ब्रजभूषण काबरा (गिटार ज. 1937)
पीटर वेनगिल्डर
पीटर पामेराण्ट
बिन्दु मुखोपाध्याय
रंजन गांगुली
15 रबीन घोष (वायलिन)
राजीव तारानाथ (सरोद)
लक्ष्मीशंकर
विनय भरतराम
शरनरानी (सरोद ज. 9.4.1939)
24 शिशिरकणा धरचौधुरी
शीला मुखोपाध्याय
18 सत्यदेव पवार
20 सुप्रभात पाल

1 आफताबुद्दीन

3 आयत अली
2 अलाउद्दीन
अली अहमद खाँ

रमेशचंद्र भट्टाचार्य (1905-1935)
शुकदेव राय

8 आबिद हुसेन
खुर्शीद खाँ

3 आयत अली
अली अहमद खाँ
फूलझुरी खाँ (इयार रमूल)
राजा राय
वीरेंद्रकुमार चक्रवर्ती

12 इन्द्रनील भट्टाचार्य
केका चट्टोपाध्याय

25 उमाशंकर मिश्र
कांता खोसला
मदन शंकर
रामबिहारी दत्त

7 खादिम हुसेन
तोराब अली विश्वास
नुरूल इस्लाम
रोकैया अब्बास
वनमाली सेनगुप्त
शिरीन चौधुरी

22 गौर गोस्वामी
विशुराय
सुकुमार चट्टोपाध्याय

19 जोई श्रीवास्तव
प्रकाशनारायण (मृ. 31.5.1969)

13 तिमिरबरन
12 इन्द्रनील भट्टाचार्य (पुत्र)
संतोष चंद्र

21 दामोदर लाल काबरा
मंजु एन. मेहता

10 ध्यानेश खाँ
अनिन्द्य बंद्योपाध्याय
पार्थसारथी चौधुरी

मानस चक्रवर्ती (तारापद के पुत्र नहीं)

16 निखिल बंद्योपाध्याय

अमित राय

देवीप्रसाद चट्टोपाध्याय

पार्थप्रतीम चट्टोपाध्याय

14 पन्नाल घोष

अमिमा राय

22 गौर गोस्वामी

(मृ. 11.7.1976)

देवेंद्र मुर्डेश्वर

23 प्रकाश वढेरा

हिमांशु विश्वास

23 प्रकाश वढेरा

प्रकाश एन. सक्सेना

9 बहादुर खाँ

अनन्त राय

अनिन्ध्य बंद्योपाध्याय

ई.एस. परेरा

खुर्शीद खाँ

तजेंद्रनाथ मजूमदार

मनोज शंकर

शाहदत हुसेन खाँ

शेख सादी खाँ

सतिउल इस्लाम

17 यतीन भट्टाचार्य

अमित भट्टाचार्य (पुत्र)

वीरेन्द्रकृष्ण भट्टाचार्य

15 रबीन घोष

सत्यनारायण शर्मा

(ज. 11.7.1941)

6 रविशंकर

अरुण भरतराम

25 उमाशंकर मिश्र (ज. 1931)

कार्तिककुमार (ज. 1938)

किशोर घोष
कृष्णा चक्रवर्ती
गोपालकृष्ण (विचित्र वीणा)
जया विश्वास (बसु)
जार्ज हैरिसन
जमालुद्दीन भारतीय
(ज. दिसंबर 1932)
तरुण भट्टाचार्य (संतूर)
दयाशंकर (शहनाई)
दीपक चौधुरी
पार्थसारथी चौधुरी
मंजु एन. मेहता
रवि घोष (सरोद)
लक्ष्मी शंकर
विनयकुमार
विनय भरतराम
विजयराघव राव (बाँसुरी)
विश्वमोहन भट्ट
शमीम अहमद (ज. 1938)
28 शशिमोहन भट्ट
(ज. 16.1.1929)
श्यामदास चक्रवर्ती
शीला भरतराम
शुभेंद्र राव
18 सत्यदेव पवार
सर्वजित काउर
सलिल शंकर
स्टीफन एस. स्लावेक
सुनील दास

27 शचीन्द्र कुमार दत्त
नरेंद्रनाथ घोष
मोहन मुखोपाध्याय

28 शशिमोहन भट्ट
कमलेश माथुर

कुमुद भट्ट (पुत्री)
(मृ. 20.10.1983)
कृष्णमोहन भट्ट (पुत्र)
(ज. 18.5.1948)
मंजु एन. मेहता (भगिनी)
मंजुला माथुर
शशिलता माथुर

24 शिशिरकणा धर चौधुरी
मृणाल सेन

18 सत्यदेव पवार
जयकुमार पवार
(ज. 7.10.1949)

20 सुप्रभात पाल
शचीन्द्रनाथ चट्टोपाध्याय

26 हरिप्रसाद चौरसिया
महावीर प्रसाद
राकेश चौरसिया
रूपक कुलकर्णी

(77) मियाँ विलातु (शहनाई)-वाराणसी

हुसेन बख्श
|
रसूल बख्श

अल्लन खाँ (अली बख्श) — 1 मियाँ विलातु — सादिक अली — कन्या+पैगम्बर बख्श

1 मियाँ विलातु
|
कन्या+
2 बिस्मिल्ला खाँ

सादिक अली
|
शेर अली
|
अली मुहम्मद हुसेन

कन्या+पैगम्बर बख्श
|
शम्सुद्दीन — 2 बिस्मिल्ला खाँ (ज. 1908)
|
नयार हुसेन खाँ (ज. 1941)

2 बिस्मिल्ला खाँ के गुरु

मुहम्मद हुसेन (दिल्ली)

1 मियाँ विलातु

2 बिस्मिल्ला खाँ के शिष्य

इमदाद हुसेन

जगदीश प्रसाद

बागेश्री कमर

1 मियाँ विलातु

2 बिस्मिल्ला खाँ

शेर अली

(इन्होंने मौजुद्दीन खाँ से भी शिक्षा पाई।)

सुलतान खाँ

(शेर अली की पत्नी की भगिनी के पति।)

(78) नन्दलाल (शहनाई)-वाराणसी

बाबूलाल

|

शुद्धराम

|

1 नन्दलाल

कन्हैयालाल — श्यामलाल

1 नन्दलाल के गुरु

छोटे खाँ (शहनाई)

प्राणकृष्ण चट्टोपाध्याय

हरिनारायण मुखोपाध्याय

हुसेन खाँ (खयाल)

1 नन्दलाल की शिष्या

गिरिजादेवी (ठुमरी)

(ज. 8 अप्रैल 1929)

(79) अली हुसेन (शहनाई)

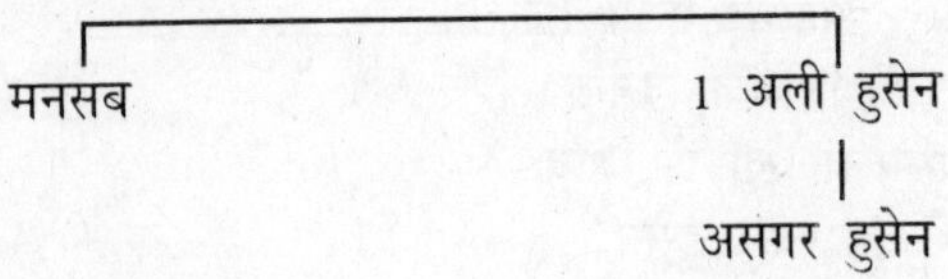

1 अली हुसेन के गुरु
जमाल खाँ
मुहम्मद हुसेन

(80) दिल्ली सारंगी घराना

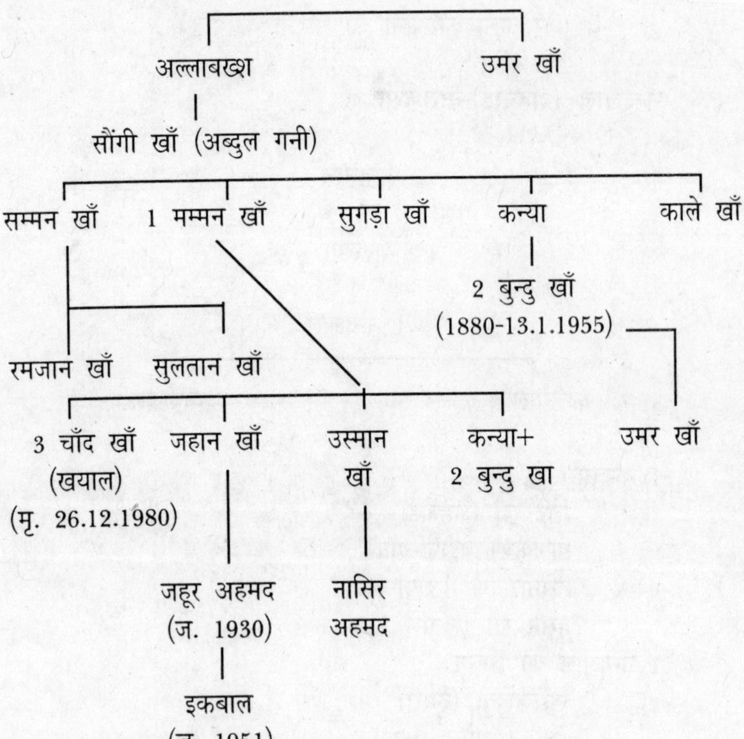

3 चाँद खाँ

अमियप्रकाश घोष
इकबाल
कृष्णा चक्रवर्ती
खुर्शीद मेहता सिंह
जगदीशप्रकाश कमर (शहनाई)
जे.बी. मोखियाल राव
निसार अहमद
निजाम अहमद
पद्मा रंगनाथन
जफर अहमद (सितार)
फारूख मिर्जा
भगवतशरण शर्मा
रमजान खाँ (सारंगी)
विजयलक्ष्मी सहगल
शंकर (कव्वाल) (मृ.10.7.1984)
शम्भु कव्वाल
सतीशप्रकाश (शहनाई)
साहब सिंह
सुलतान अहमद (ज. 1935)
हिफजुल कबीर (ज. 1940)
हैजलीचरण
हिलाल अहमद

4 छोटे खाँ

दक्षिणामोहन ठाकुर
नन्दलाल (शहनाई)
वीरेन्द्र मुखोपाध्याय

2 बुन्दु खाँ

अमीर अहमद अलवी
4 छोटे खाँ
दुरुख सिंह
पी.एन. निगम
मजीद खाँ
मुहम्मद सगीरुद्दीन खाँ

1 मम्मन खाँ के गुरु

इमदाद हुसेन खाँ

1 मम्मन खाँ के शिष्य

आजिम बख्श

अमीर हुसेन

उमर बख्श

करम अली

गामा खाँ

गुलाम मुहम्मद कसूरी

गुलाम मुहम्मद लाहौरी

जगदीशमोहन

नजर मुहम्मद

2 बुन्दु खाँ

रहीम बख्श

सुभान खाँ

(81) किराना सारंगी घराना

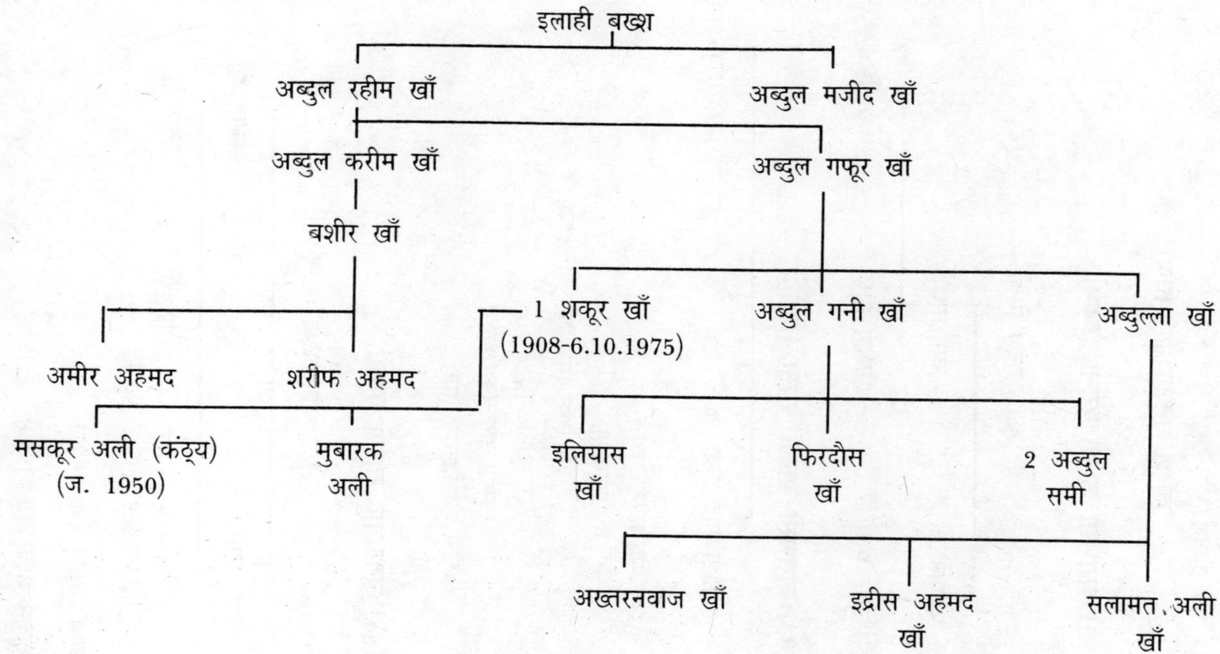

1 शकूर खाँ के गुरु

अब्दुल वहीद खाँ (किराना)

2 अब्दुल समी

दानिश असलम खाँ (सरोद)

(82) वाराणसी सारंगी घराना (प्रथम)

बदल मिश्र

- पशुपतिनाथ
  - छुलई मिश्र
- अमरनाथ
  - गणेश मिश्र
  - महेश मिश्र

(83) वाराणसी सारंगी घराना (द्वितीय)

- कालीप्रसाद मिश्र
- 1 गौरीशंकर मिश्र

1 गौरीशंकर मिश्र

इन्दुबाला

(ये छन्नू मिश्र की भी शिष्या हैं।)

डॉ. दीना राय

माया राय (इसराज)

सतीशचन्द्र घोष

(84) मुरादाबाद सारंगी घराना

मौलाबख्श (मल्लू खाँ)

- हाजी मुहम्मद खाँ
- अल्लन खाँ
  - छज्जू खाँ (1902-1962)
    - साबरी हुसेन (ज. 1927)
      - गुलाम सरवर (ज. 1949)
  - राजा हुसेन
  - यूसुफ खाँ

(85) मुहम्मद सगीरुद्दीन खाँ (कष्ठच, सारंगी)

हाजी तुन्नी खाँ

वासी अहमद

1 मुहम्मद सगीरुद्दीन

1 सगीरुद्दीन के गुरु

बुन्दु खाँ

1 सगीरुद्दीन के शिष्य

अमल दासगुप्त

अरुण भादुड़ी (खयाल) (ज. 1941)

रमा घोष (खयाल)

समरेश चौधुरी (खयाल)

(86) अब्दुल मजीद खाँ (सारंगी)

अब्दुल मजीद खाँ
(1885-18.3.1977)

मुहम्मद सईद
(खयाल)

मुहम्मद रशीद
(खयाल)

(87) रामनारायण (सारंगी)

नाथूराम बियावत

1 चतुरलाल (तबला)
(1925-14.10.1965)

2 रामनारायण
(ज. 1927)

ब्रजनारायण (सरोद)
(24.4.1952)

अरुणाकाले
(सारंगी)

शिवनारायण
(तबला)

1 चतुरलाल के गुरु

अब्दुल हाफिज खाँ (तबला)

2 रामनारायण के गुरु

अब्दुल वहीद खाँ

भीष्मदेव वेदी

महबूब खाँ (सारंगी)

माधवप्रसाद

2 रामनारायण के शिष्य

एस.एल. कण्डारा (वायलिन)
(ज. 1950)

अरुणा काले (पुत्री)

ब्रजनारायण (पुत्र)

(88) प्यार खाँ (सारंगी)-ग्वालियर

प्यार खाँ
(मृ. 1.4.1967)
|
1 हमीद खाँ

1 हमीद खाँ के गुरु

यासिन खाँ (बड़ौदा)
(मृ. 7.1.1984)

(89) सुलतान खाँ (सारंगी)

गुलाम खाँ
|
1 सुलतान खाँ
(ज. 1943)

1 सुलतान खाँ के गुरु

आजिम खा

(90) हनुमानदासजी का घराना (गया)

हरिदास सिंह (खयाल)

|

1 हनुमानदास सिंह (ज. 1839)
(खयाल, इसराज, हारमोनियम)

|

2 सोहनी सिंह (हारमोनियम)

3 कनाईलाल ढेंगड़ी
- कालिदास पाल (इसराज)
- 4 चन्द्रिकाप्रसाद दुबे (इसराज) (ज. 1875)
- बुलाकी लाल
- योगेन्द्रलाल गंगोपाध्याय (भेलुबाबू)
- हाबू दत्त (अमृतलाल दत्त)

4 चन्द्रिकाप्रसाद दुबे
- विमलेन्दु मुखोपाध्याय

5 मणीन्द्रमोहन बंद्योपाध्याय (मण्टुबाबू)
- देवकुमार बंद्योपाध्याय
- महाराज बंद्योपाध्याय

6 मुनेश्वर दयाल
- 5 मणीन्द्रमोहन बंद्योपाध्याय (19.5.1915-6.5.1980)

7 शीतलचन्द्र मुखोपाध्याय
- गोपीनाथ भट्टाचार्य
- नरेन्द्रनारायण राय
- रमेशचन्द्र भट्टाचार्य
- विमलाकान्त रॉयचौधुरी
- वीणापाणि मुखोपाध्याय (पौत्री) (ज. 17.10.1924)
- वीरेन्द्रकिशोर रॉयचौधुरी
- शुकदेव साहा
- सुरेशचन्द्र भट्टाचार्य

2 सोहनी सिंह

6 मुनेश्वर दयाल (हारमोनियम)
(1907-14.5.1983)
धीरेन्द्रचन्द्र मित्र
(ज. 4.9.1917)
शंकर लाल

1 हनुमानदास सिंह

3 कनाईलाल ढेंगड़ी
4 चन्द्रिकाप्रसाद दुबे
धीरेन्द्रचन्द्र मित्र
योगेन्द्रलाल गंगोपाध्याय
रामबख्श
व्रजेन्द्रकिशोर रॉयचौधुरी
7 शीतलचन्द्र मुखोपाध्याय
(ज. 1872)

(91) लछमनदास मुनीमजी (हारमोनियम)
(मृ. जून 1932)

लछमनदास मुनीमजी के गुरु

करामतुल्ला खाँ (सरोद)

लछमनदास मुनीमजी के शिष्य

उग्रनारायणजी
गगन चट्टोपाध्याय (वायलिन)
छेदीलालजी
ज्ञानांजन चट्टोपाध्याय
नृपेन्द्रकृष्ण चट्टोपाध्याय
पाँचुगोपाल बंद्योपाध्याय (सितार)
बीरु महाराज
राधेश्यामजी
हरेन्द्रनाथ भट्टाचार्य (खोकन बाबू)

(92) घनश्यामलाल गोस्वामी (हारमोनियम)

- घनश्यामलाल गोस्वामी (1875-1952)
  - दामोदरलाल (मृदंग)
    - पुरुषोत्तमलाल
    - ब्रजरमण (मृदंग)
  - द्वारकेशलाल
    - माधवराय (मृ. 22.10.1982)
    - रसिकराय

(93) भगवत किशोर गोस्वामी (हारमोनियम)

- रामलाल गोस्वामी
  - शंकरलाल
    - किशोरीलाल
    - 1 भगवत किशोर (1880-27.5.1967)
      - राधाकृष्ण

भगवतकिशोर के शिष्य

- गणपतराव (गायक)
- गोपालकृष्ण
- गुलाबराय (जलतरंग)
- चिन्तामणि जैन (जलतरंग)
- देवीदत्त (बाँसुरी)
- बाबूलाल चतुर्वेदी
- भीष्मदेवी वेदी
- रामशरण दास

(93) नानासाहब पानसे पखावज-घराना

1 नानासाहब पानसे
(1806-1891)

बलवन्तराव (बालासाहब) — कन्या, 2 शंकर भैया

रामचन्द्र तावड़े
|
3 सखाराम मृदंगाचार्य
(25.10.1879-19.1.1967)
|
सदाशिव राव
|
विनायकराव

4 अम्बादास पंत आगले
 कालीदास पंत आगले (पुत्र)
 महादेव सिंह (मृ. 21.8.1970)
5 गुरुदेव पटवर्धन
 बाबूराम गोखले
6 गोविन्दराव बुरहानपुरकर
 एकनाथ (पुत्र)
 कृष्णराव बनातवाला
 पाण्डुरंग (पुत्र)
1 नानासाहब पानसे के गुरु
 चावण्डे महाराज
 जोधसिंह
 मन्यया कुड़ितकर
 माधव स्वामी
1 नानासाहब पानसे के शिष्य
 केशवबुवा दीक्षित
 7 बलवंतराव वैद्य

8 वामनराव चाँदवड़कर
विठोबा साहीवाले
9 लछमनराव शास्त्री
11 शंकरराव अलकुटकर
10 सखाराम पंत आगले
(1858-1918)

12 नारायण कोली
अर्जुन शेजवल (25.4.1934-29.10.1992)

7 बलवंतराव वैद्य
गणपतराव रास्ते
बालकृष्णराव रास्ते

9 लछमनराव शास्त्री
भगवानचन्द्र सेन

8 वामनराव चाँदवड़कर
काशीनाथ पंत गोडबोले
5 गुरुदेव पटवर्धन (मृ. 1919)

11 शंकरराव अलकुटकर
12 नारायणराव कोली
माधवराव (पुत्र)

2 शंकर भैया
3 सखाराम मृदंगाचार्य

10 सखाराम पंत आगल
4 अंबादास पंत (पुत्र)
6 गोविंद राव देवराव बुरहानपुरकर
(मृ. 20.6.1957)
11 शंकर भैया
शंकरभैया घोरपड़कर
शंकरराव सावदेकर

3 सखाराम मृदंगाचार्य
कृष्णकांत त्रिपाठी (तबला)
जयराज़ सिंह
त्रिभुवन उपाध्याय
रमाकांत पाठक
विजय चक्रवर्ती

विनायकराव (तबला)
विवेकानंद भट्टाचार्य

(95) कुदऊ सिंह पखावज घराना

1 कुदऊसिंह तिवारी — नयनसुख तिवारी

कुदऊसिंह तिवारी
- कन्या
- भैयालाल

नयनसुख तिवारी
- अयोध्याप्रसाद (1850-1913)
  - शम्भूप्रसाद (ज. 1885)

टीकाराम — गंगाराम

टीकाराम
- कन्या2
- मखखनलाल (1876-21.2.1961)
  - गिरिजाप्रसाद

गंगाराम
- भोलाराम
  - लालजीराम
  - 3 गोपालदास (ज. 1929)
    - रामेश्वरदयाल (ज. 1955)

1 कुदऊसिंह के गुरु
- विश्वनाथ सिंह (रीवाँ)
- लाला भवानीप्रसाद सिंह

1 कुदऊसिंह के शिष्य
- अयोध्याप्रसाद
- 4 कुद्दु सिंह
- 5 बड़े पर्वतसिंह
- 6 मदनमोहन
- 7 रामकुमार दास

लाला हरिचरण भल्ली

4 कुट्टुसिंह

8 गोकुलचन्द्र पुजारी

8 गोकुलचन्द्र पुजारी

रामस्वरूप कौशल्य

(मृ. 24.9.1961)

3 गोपालदास

मोहनसिंह (जालंधर)

रामलखन दास

शक्तिभान शर्मा (आगरा)

9 गोपालदास महन्त

राघवेन्द्रदास

10 ठाकुरदास

9 गोपालदास महंत

महावीरदास

11 रामशंकर दास

12 देवकीनन्दन पाठक

रामगुलाम राय

5 बड़े पर्वत सिंह

भोलानाथ पाठक

13 भगवानदास

11 रामशंकरदास (पागलदास)

2 मक्खनलाल

3 गोपालदास

छोटेलाल

प्रीतमप्रसाद

बाबूलाल

शंकरबापू शिंदे

(ज. 1921)

14 मुंशी भृगुनाथ वर्मा

15 रामदेव पांडे

6 मदनमोहन

12 देवकीनंदन पाठक

2 मक्खनलाल

14 मुंशी भृगुनाथ वर्मा

(1864-1916)

16 स्वामी रामदास

7 रामकुमार दास

10 ठाकुरदास (मृ. 4.7.1958)

17 राममोहिनीशरण

(मृ. 5.3.1973)

16 स्वामी रामदास

15 रामदेव पाण्डे

अमरनाथ मिश्र

17 राममोहिनी शरण

प्रेमदास

13 भगवानदास (मृ. 14.4.1976)

रघुवरप्रसाद महन्त

रामचन्द्र दास

11 रामशंकर दास

सरजू दास

11 रामशंकर (पागल) दास

महेशकुमार मिश्र (ज. 3.7.1942)

16 स्वामी रामदास

गोविंद दास

छत्रपति सिंह

जानकीरसिक शरण

मणिराम दास

(96) ग्वालियर पखावज घराना

जोरावर सिंह

|

सुखदेव सिंह

|

पर्वत सिंह
(1879-18.7.1951)

माधव सिंह (1906-19.5.1961) | गोपालसिंह (गिटार) | विजय सिंह

(97) बड़ौदा पखावज घराना

1 ताज खाँ
|
2 नासिर खाँ
(1828-1.8.1903)
|
निसार हुसेन

1 ताज खाँ के गुरु
लाला भवानीप्रसाद सिंह
2 नासिर खाँ
कान्ताप्रसाद
कृष्णराव लक्ष्मणराव
विष्णुपंत जोशी
हिम्मतराय आत्माजी बख्शी

(98) रामपुर पखावज घराना

1 रामप्रसाद सिंह
|
गयाप्रसाद
|
2 अयोध्याप्रसाद (छोटो)
(मृ. 28.12.1977)

शीतलप्रसाद | नारायणप्रसाद | कुंदनप्रसाद | रामप्रसाद

2 अयोध्याप्रसाद

3 कैलासचन्द्रदेव बृहस्पति (संगीत शास्त्रज्ञ)

(15.1.1918-30.7.1979)

गोपालदास

विजयसिंह

3 कैलासचन्द्रदेव बृहस्पति

गुलाम मुस्तफा खाँ (खयाल)

पी. मधुकर

सुलोचना बृहस्पति (खयाल)

1 रामप्रसाद सिंह के गुरु

लाला भवानीप्रसाद सिंह

(99) वाराणसी पखावज घराना

भोलानाथ पाठक

विठ्ठलदास बौलियावाले

1 मन्नूजी मिश्र

रामनाथ पाण्डे

1 मन्नु जी

2 अमरनाथ मिश्र (1913-28.11.1980)

गोविन्दराम (पुत्र)

जीवन मुखिया

तुलसी श्याम (पुत्र)

विठ्ठलदास गुजराती

2 अमरनाथ मिश्र

त्रिभुवन उपाध्याय

(अंधगायक)

(100) गया पखावज घराना

माण्डवी उपाध्याय

|

?

|

वासुदेव उपाध्याय

|

बलदेव उपाध्याय

|

पन्नालाल उपाध्याय

(101) मेवाड़ पखावज घराना

शंकरलाल (मृ. 1893) | खेमलाल (मृ. 1877)

शंकरलाल (मृ. 1893)
|
घनश्याम (1869-1923)
|
पुरुषोत्तम दास (ज. 1911)

(102) खादिम हुसेन (पखावज) कलकत्ता

1 छोटे खाँ+श्रीजानबाई
|
2 खादिम हुसेन
(मृ. 13.7.1935)

2 खादिम हुसेन
कोटिराम
1 छोटे खाँ के गुरु
कुदऊ सिंह
दुलहे खाँ

(103) मुरारीमोहन गुप्त (पखावज) कलकत्ता

लखनऊ निवासीलाला केवलकिशन
और लाला हरकिशन के शिष्य
निताई चक्रवर्ती
निभाई चक्रवर्ती
रामचन्द्र चक्रवर्ती
रामचन्द्र चक्रवर्ती के शिष्य
केशवचन्द्र मित्र
मुरारीमोहन गुप्त

(1824-23.3.1904)

मुरारीमोहन के शिष्य

1 अखिलचन्द्र पाकड़ासी
(ज. सितंबर 1872)
अपूर्वकृष्ण सेन
आनन्दप्रसाद मित्र
इन्द्रनारायण देव
उपेन्द्रकिशोर रॉयचौधुरी
कालीपद बसु
केदारकानन भट्टाचार्य
कैलासचन्द्र विद्याभूषण
(मृ. 1902)
2 गोपाल कुण्डु
3 गोपाल लाल मलिक
जगदीन्द्रनाथ राय (महाराजा)
तारकनाथ बसु
तारिणी भट्टाचार्य
दर्शन सिंह
दुर्लभचन्द्र भट्टाचार्य
4 देवेन्द्रनाथ दे (सुबोधबाबू)
(1865-17.12.1960)
नरेन्द्रनाथ दत्त (विवेकानन्द)
निवारणचन्द्र दत्त
5 प्रबोध घोष
प्रमथनाथ गुप्त (पुत्र)
यादवेन्द्र महापात्र
यामिनी बाबू
लालचांद बड़ाल
वरदा दत्त
विनोद बसु
ब्रजेन्द्रकिशोर रॉयचौधुरी
6 सतीशचन्द्र दत्त (दानीबाबू)
(23.1.1873-16.8.1954)
सत्यशरण गुप्त

डॉ. हरेन्द्रनाथ घोष

1 अखिलचन्द्र पाकड़ासी

विमलेन्दु मुखोपाध्याय (दोहित्र)

भगवानचन्द्र सेन

(1879-सितंबर,1935)

2 गोपाल कुण्डु

कृष्णदास पाल

(मृ. 1.12.1976)

पंचानन पाल

3 गोपाल लाल मल्लिक

सुरेन्द्रनाथ मुखोपाध्याय

4 देवेन्द्रनाथ दे (सुबोधबाबू)

आशुतोष बंद्योपाध्याय

कार्तिकचन्द्र दत्त

गोपीबान्धव मुखोपाध्याय

नरेन्द्रनाथ बागची

नारायण गंगोपाध्याय

मणि पाल

राजीवलोचन दे

5 प्रबोध घोष

अमिप घोषाल

भूपेन्द्रनाथ घोष

6 सतीशचन्द्र दत्त (दानी बाबू)

अनन्तनारायण धर

जयकृष्ण सान्याल (ध्रुपद)

(ज. 28.10.1912)

डॉ. तृणा पुरोहित

डॉ. दीना राय

माया राय

युगल अढिय

आजीवलोचन दे

राम घोष

संन्यासीचरण राय

(104) दुर्लभचन्द्र भट्टाचार्य (पखावज)-कलकत्ता

संतोष भट्टाचार्य
|
मनोमोहन
|
चंचलकुमार

दुर्लभचन्द्र भट्टाचार्य (मार्च 1872-9.10.1938)
|
हरेन्द्रनाथ (ध्रुपद) — वीरेन्द्रनाथ

दुर्लभचन्द्र भट्टाचार्य के गुरु

मुरारीमोहन गुप्त

दुर्लभचन्द्र के शिष्य

अजितकुमार घोष
अनादि चट्टोपाध्याय
अमलेश चट्टोपाध्याय (ज. 1927)
अमियप्रसाद घोष
अमूल्यधन बंद्योपाध्याय
1 अविनाश सान्याल
आशुतोष पाल
आशुतोष भट्टाचार्य
कालीशंकर घोष
केष्ट दा (पदवी अज्ञात)
खगेन बारुई
2 खगेन्द्रनाथ चट्टोपाध्याय
गणपति मैत्र
गणेश दास
गणेश बंद्योपाध्याय
गोपीनाथ मुखोपाध्याय
गोपीनाथ शील
3 घनश्याम भट्टाचार्य
4 छकुनाथ शील
जगन्नाथ लाहिड़ी
जाह्नवीकिंकर मुखोपाध्याय
जितेन्द्रनाथ मुखोपाध्याय

जितेन्द्रनाथ साँतरा
डमरूपाणि भट्टाचार्य
तारापद राय
तुलसी दास
दुर्गा भट्टाचार्य
दुलाल अधिकारी
देवेन्द्रनाथ दे (सुबोधबाबू)
धीरेन्द्रनाथ राय
नरेन्द्रनाथ बागची
नारायण गंगोपाध्याय
नूर मुहम्मद
पतितपावन आचार्य
पवन बारुई
5 प्यारी दास
प्रकाश चक्रवर्ती
6 प्रतापनारायण मित्र
(मृ. 7.11.1982)
प्रबोध भट्टाचार्य
फकीर बारुई
फणी गुप्त
फणी चट्टोपाध्याय
बाँशी पाठक
भगवानचन्द्र सेन
भवदेव भट्टाचार्य
भूतनाथ
भूदेव मुखोपाध्याय
भूषण भट्टाचार्य
भूषण लाहिड़ी
मणि पाल
मनोमोहन भट्टाचार्य
मन्मथ चक्रवर्ती
मन्मथ बंद्योपाध्याय
यदुनाथ बराट
यदुनाथ बसु

रवि बंद्योपाध्याय
रवीन्द्र चट्टोपाध्याय
रवीन्द्र मुखोपाध्याय
8 राजीवलोचन दे
(ज. 25.2.1911)
रामचन्द्र चट्टोपाध्याय
रामदुलाल लाहिड़ी
लालचान्द मित्र
वारेन घोष
पाणेश्वर पाल
बाँशी पाठक
7 विनयकुमार चट्टोपाध्याय
वैजयन्तनाथ भट्टाचार्य
वैद्यनाथ दत्त
शंकरप्रसाद मित्र
शचीन मित्र
शैलेन दत्त
सतीश बागची
सत्येन्द्रनाथ बंद्योपाध्याय
सरजू प्रसाद सिंह
साधुजी
सुचीव चौबे
सुरथ शील
सुशील दत्त
हरिदास चक्रवर्ती
हरिदास चौधुरी
9 हरिशंकर घोष
हाराधन पाल
हारु मौलिक
हेम सान्याल
1 अविनाश सान्याल
कार्तिक सान्याल
जयगोपाल लाहिड़ी
2 खगेन्द्रनाथ चट्टोपाध्याय

अमूल्य चक्रवर्ती

3 घनश्याम भट्टाचार्य

चंचलकुमार भट्टाचार्य

जयगोपाल लाहिड़ी

रंजित गोस्वामी

4 छकुनाथ शील

अनिल दे

मधुसूदन चट्टोपाध्याय

युगल आढच

5 प्यारी दास

10 विभूतिभूषण मुखोपाध्याय

9 हरिशंकर घोष

वीरेन्द्रमोहन बंद्योपाध्याय

6 प्रतापनारायण मित्र

आशुतोष बंद्योपाध्याय

कालीशंकर मित्र (पुत्र)

(मृ. 3.2.1974)

गोपाल भट्टाचार्य

रंजित गोस्वामी

7 विनयकुमार चट्टोपाध्याय

हाराधन पाल

10 विभूतिभूषण मुखोपाध्याय

श्यामसुन्दर सिंगारी (उड़ीसा)

8 राजीवलोचन दे

अनिल दे

अशोक चट्टोपाध्याय

अशोक ठाकुर

अशोक दास

आनन्द प्रसाद गोस्वामी

आशीष रॉयचौधुरी (ज. 23.1.1959)

उत्तमकुमार घोष

कनाईलाल भट्टाचार्य

कालीपद दास

कृष्णमोहन साहु

गुरुदास घोष
गौतम कोठारी
गौतम चक्रवर्ती
गौतम बंद्योपाध्याय
गौरांग राय
चंचलकुमार भट्टाचार्य
जीवनकृष्ण साहा
तपन पाइन
तपन भट्टाचार्य
तमाल पाल
तापसकुमार दाँ
दीपक पाल
दीपक सरकार
देवाशीष मुखोपाध्याय
देवी भट्टाचार्य
धीराज भट्टाचार्य
नरेश मुखोपाध्याय
नित्यानन्द चट्टोपाध्याय
पशुपति दे
पार्थ घोष
पुलक गोस्वामी
प्रणव मुखोपाध्याय
प्रदीप मलिक
प्रवीर सितारी
प्रवीर पुरकायस्थ
प्रवीर वर्द्धन
फणीन्द्रनाथ सिंह
फाल्गुनी आचार्य
बलाई भट्टाचार्य
भास्कर मुखोपाध्याय
भोलानाथ दत्त
मलय मुखोपाध्याय
रंजन दफादार
रंजित सरकार

रवीन्द्रनाथ घोष
वरुण मलिक
विप्रदास बंद्योपाध्याय
शंकर मालाकर
शम्भु देव
श्यामापद दत्त
संदीप राय
समरसाधन मुखोपाध्याय
सुकुमार कोले
सुखमय चौधुरी
सुनील घोष (1)
सुनील घोष (2)
सुभाष मुखोपाध्याय
सुशान्त चन्द
सोम पाल

9 हरिशंकर घोष
किशोरी मोहन घोष
दीनेश प्रामाणिक

(105) केशवचन्द्र मित्र (पखावज)--कलकत्ता

केशवचन्द्र मित्र के गुरु
रामचन्द्र चक्रवर्ती

केशवचन्द्र मित्र के शिष्य
1 दीननाथ हाजरा
नगेन्द्रनाथ मुखोपाध्याय
(मई, 1866-1.12.1933)
शैलेन बंद्योपाध्याय

2 अरुणप्रकाश अधिकारी
अनिलकुमार घोष
जगदीश विश्वास
जहर पाल
निखिलेश विश्वास
भूपेन्द्रकृष्ण दे

रतनलाल गुड़े
राजीवलोचन दे
रामकुमार घोष
रामदास सिंह
वामापद दास
वेणु मित्र
शम्भूनाथ भट्टाचार्य
शिवदास अधिकारी
शैलेन्द्रनाथ आढच

1 दीननाथ हाजरा

2 अरुणप्रकाश अधिकारी
(केवल बाबू)
अबलाकांत बसु
गोविन्ददास मलिक
नगेन्द्रनाथ मुखोपाध्याय
नगेन्द्रनाथ बंद्योपाध्याय
नारायणचन्द्र विद्
पूर्णचन्द्र मैत्र
भद्रेश्वर दास
भोलानाथ दे
यतीन्द्रनाथ चौधुरी
3 विपिनबिहारी घोष
(ज. 1870)
श्याम दत्त
सुरेन्द्रनाथ दास (टॉनिबाबू)

3 विपिनबिहारी घोष (गुनुबाबू)

ज्ञानप्रकाश घोष
तारापद भट्टाचार्य
शैलेन्द्रनाथ दत्त

(106) लखनऊ तबला घराना

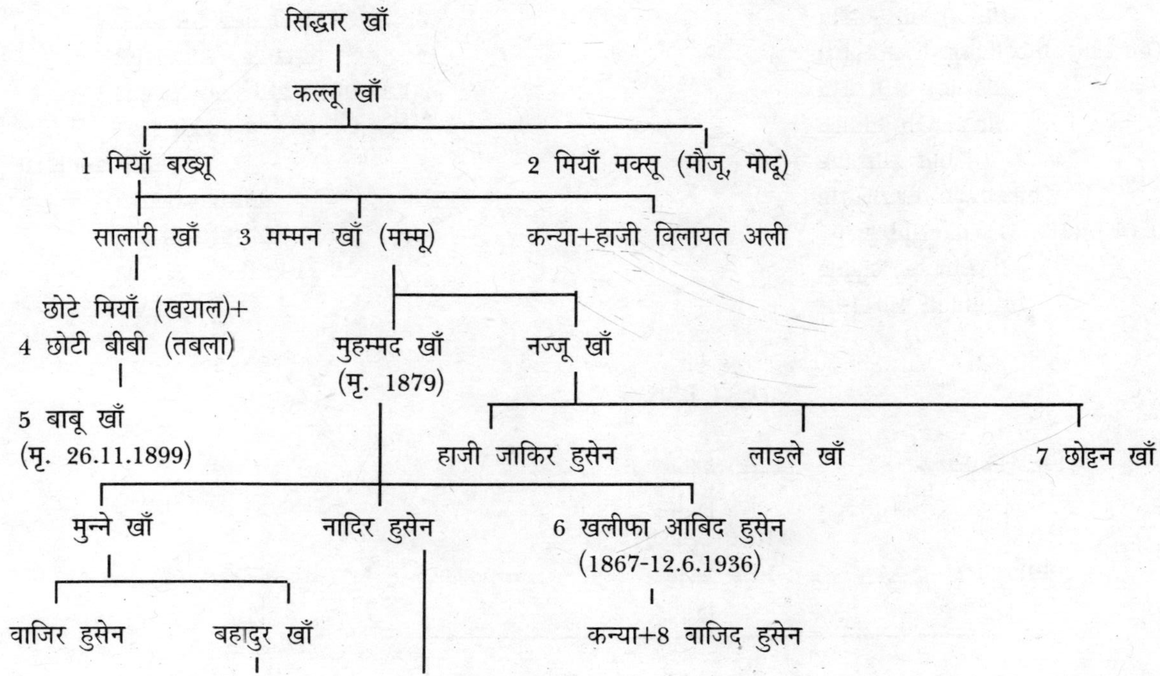

नयार खाँ
|
इरशाद खाँ

सज्जाद हुसेन — 8 वाजिद हुसेन (मृ.जून 1979) — रजा हुसेन

8 वाजिद हुसेन (मृ.जून 1979)
|
9 आफाक हुसेन
|
अमीर हुसेन

रजा हुसेन
|
मुस्तफा हुसेन

9 आफाक हुसेन
- अनिन्द्य चट्टोपाध्याय
- तिमिर रॉयचौधुरी
- स्वराज भट्टाचार्य

6 आबिद हुसेन
- अली कादर
- (मलिकाजान बुलबुले का भ्राता)
- उमेश दास (कुमिल्ला)
- केशवचन्द्र बंद्योपाध्याय
- क्षितीशचन्द्र लाहिड़ी

चुन्नीलाल गंगोपाध्याय
जगदीश चट्टोपाध्याय
10 जहाँगीर खाँ (1864-11.5.1976)
दक्षिणारंजन चट्टोपाध्याय
देवीप्रसाद घोष
पंजानन मुखोपाध्याय
बीरु मिश्र (वाराणसी)
मणीन्द्रमोहन बंद्योपाध्याय (मण्टूबाबू)
मेहदी हुसेन (पटना)
8 वाजिद हुसेन

विपिन राय
शरत् बंद्योपाध्याय
शिशिर शोभन भट्टाचार्य
हरेन्द्रकिशोर रॉयचौधुरी
हीरेंद्रकुमार गंगोपाध्याय

4 छोट्टन खाँ
कृष्णकुमार गंगोपाध्याय (नाटू बाबू)
विश्वनाथ सोम

4 छोटी बीबी
5 बाबू खाँ

10 जहाँगीर खाँ
अब्दुल हाफिज खाँ (मृ. 20.1.1969)
गजानन ताड़े
दिनकर मजूमदार
नारायण इंदोरकर (8.1.1907-2.6.1989)
महबूब खाँ मिरंजकर
महादेव इंदोरकर
विजय इंदोरकर

12 नगेन्द्रनाथ बसु
हीरेंद्रकुमार गंगोपाध्याय

5 बाबू खाँ
अरुण मुखोपाध्याय
इनायतुल्ला खाँ
गोवर्धन पाल
ज्ञान बंद्योपाध्याय
12 नगेन्द्रनाथ बसु
प्रसन्नकुमार वणिक्य
भवानीचरण बसु
भूतेश्वर दे
मतिलाल मित्र
मन्मथनाथ गंगोपाध्याय
मुहम्मद इस्माइल
13 विधुभूषण दत्त
विनयकांत सरकार

1 मियाँ बक्शू (बक्शू खाँ)

बेचाराम चट्टोपाध्याय (विष्णुपुर)

हाजी विलायत खाँ (फरुक्काबाद)

2 मियाँ मक्सू (मक्सू खाँ)

रामदास सहाय (वाराणसी)

3 मम्मन खाँ

भैरों सहाय (वाराणसी)

रामप्रसन्न बंद्योपाध्याय (विष्णुपुर)

8 वाजिद हुसेन

अनिल भट्टाचार्य

कनाई गोपाल चंद

11 सुदर्शन अधिकारी

स्वराज भट्टाचार्य

13 विधुभूषण दत्त

दिलीप दत्त

प्रभात सेन

बकुल सेन

विन्ध्येश्वरी प्रसाद

यदुगोपाल दत्त (पुत्र)

11 सुदर्शन अधिकारी

अनिल भट्टाचार्य

कमलेश मैत्र

शंकर घोष

श्यामल बसु

(107) वाराणसी तबला घराना (प्रथम)

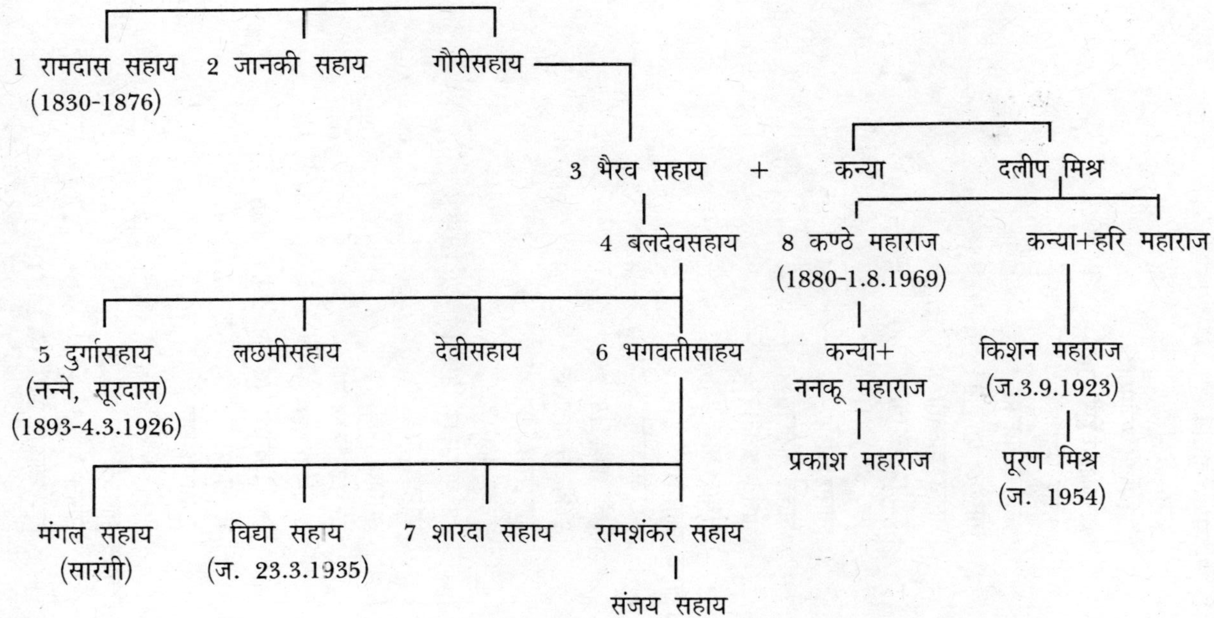

10 अनन्तलाल घोष
- आभास पाल

11 आशुतोष भट्टाचार्य
- अतनु भट्टाचार्य
- अभिजित मजूमदार
- अमलेश चट्टोपाध्याय
- अरूप भट्टाचार्य
- अलोक चक्रवर्ती
- गोविन्द चक्रवर्ती
- गौतम चक्रवर्ती
- देवप्रिय भट्टाचार्य (पुत्र) (ज. 26.10.1955)
- नासिर अली
- निताई सरकार
- पार्थ चक्रवर्ती
- सुधीरकुमार दुबे

8 कण्ठे महाराज
- 11 आशुतोष भट्टाचार्य (ज. मार्च, 1927)
- 9 किशन महाराज
- कृष्णकुमार गंगोपाध्याय
- ननकू महाराज
- 12 बद्रीप्रसाद मिश्र (मृ. 20.1.1988)
- यदुनाथ मिश्र
- रामनाथ मिश्र
- रामभजन दास
- रामशंकर सहाय
- 13 विश्वनाथ बसु (मृ. 29.3.1980)
- शीतल प्रसाद मिश्र (ज. 27.1.1947)
- 7 शारदा सहाय
- सेचन मिश्र

9 किशन महाराज
- अनिल पालित
- किशोरकुमार पवार (ज. 3.11.1940)

- कुमार बसु
- जे. मासे
- नन्दन मेहता
- पूरण मिश्र (पुत्र)
- बालकृष्ण महन्त (ज. 1949)
- शम्भू दयाल केडिया
  (ज. अगस्त, 1939)
- संदीप दास
- सुखविंदर सिंह

14 गोकुलप्रसाद मिश्र
- 10 अनन्तलाल घोष
- 15 महादेव प्रसाद (चौधुरी)
- यूसुफ खाँ
- सोनाउल्ला खाँ

2 जानकी सहाय
- 14 गोकुल प्रसाद मिश्र
- बैजू महाराज
- लछमीप्रसाद मिश्र
- 16 विश्वनाथ प्रसाद

5 दुर्गा सहाय
- कल्लू मियाँ
- कालीप्रसाद शर्मा (नेपाल)
- कृष्णकुगार गंगोपाध्याय
- बाचा गुरु
- 17 श्यामलालजी (छम्मागुरु)

12 बद्रीप्रसाद मिश्र
- चन्द्रभान

4 बलदेव सहाय
- 8 कण्ठे महाराज
- छोटे रामदास
- 5 दुर्गा सहाय
- बिक्कू महाराज
- मुन्नीलाल
- हरि महाराज

19 बीरु मिश्र
- अनोखेलाल
- खैरात हुसेन खाँ
- जालपाप्रसाद (भागिनेय)
- टी.एल. राणा (गायक)
- त्रिवेणी सिंह
- नन्दूजी
- नरोत्तम प्रसाद
- पन्नालाल
- बाबूराम मिश्र
- बेचनप्रसाद
- मुरलीप्रसाद
- रविमैत्र
- 21 रामनाथ पाण्डे
- 18 वासुदेव प्रसाद (1905-1959)
- व्यासदेव मिश्र

22 भगतजी
- अता हुसेन (ढाका)
- नज्जू मियाँ
- भैरो प्रसाद
- राजा मियाँ
- श्यामा प्रसाद मिश्र

6 भगवती सहाय
- 19 बीरु मिश्र
- महादेव प्रसाद मिश्र
- मौलवी राम
- 7 शारदा सहाय

20 भगवानप्रसाद मिश्र
- 19 बीरु मिश्र (पुत्र)

3 भैरव सहाय
- केदारनाथ नाग (बांकुड़ा)
- प्रताप मिश्र
- 4 बलदेव सहाय

15 महादेवप्रसाद (चौधुरी)

- रामसुमेरु मिश्र
- वासुदेव प्रसाद

21 रामनाथ पाण्डे
- ठाकुर शंकर सिंह (1915-1980)
- लक्ष्मीकांत पाण्डे (पुत्र)

1 रामदास सहाय
- ईश्वरी सहाय
- 2 जानकी सहाय
- प्रताप मिश्र
- बैजू महाराज
- 22 भगतजी
- 3 भैरव सहाय
- मति मिश्र
- यदुनंदनजी
- रघुनंदनजी
- रामशरण मिश्र
- 16 विश्वनाथ प्रसाद

18 वासुदेव प्रसाद मिश्र
- केदारनाथ भौमिक
- रामप्रसाद (पुत्र)
- लक्ष्मीनारायण (पुत्र)
- लालजी
- विजयनारायण (पुत्र)

16 विश्वनाथ प्रसाद मिश्र
- 19 बीरु मिश्र (1884-1934)
- 20 भगवानप्रसाद मिश्र

13 विश्वनाथ बसु
- कंकण चट्टोपाध्याय
- कुमार बसु
- चंदन चट्टोपाध्याय
- जयन्त बसु (पुत्र)
- दिलीप मुखोपाध्याय

17 श्यामलालजी
- लालजी श्रीवास्तव

9 शारदा सहाय

दीननाथ मिश्र

भरत तिवारी

वनमाली दास (ज. 1.7.1946)

(108) वाराणसी तबला घराना (द्वितीय)

1 बून्दी मिश्र

चमरु मिश्र (सारंगी) — दुर्गा मिश्र (तबला) — दामोदर मिश्र (गायक)

दामोदर मिश्र (गायक) → मोहनलाल (गायक)

1 बून्दी मिश्र के गुरु

रामसेवक मिश्र

लछमीप्रसाद मिश्र (ममेरा भाई)

श्यामप्रसाद मिश्र (ज्येष्ठ तात)

1 बून्दी मिश्र के शिष्य

काली प्रसाद शर्मा

दिगेंद्र पाल

प्रताप मित्र

मदन मिश्र

मृत्युंजय बंद्योपाध्याय

(109) वाराणसी तबला घराना (तृतीय)

दीनू मिसिर

कदम्बा देवी+शिवप्रसाद — बिहारी मिसिर (सारंगी, तबला)

कदम्बा देवी+शिवप्रसाद → 1 भैरों प्रसाद (1844-21.9.1940)

बिहारी मिसिर → 2 मौलवी राम (1870-1940) — मुंशीराम (सारंगी)

2 अनोखे लाल

अमरनाथ मिश्र (पुत्र)
ईश्वरलाल मिश्र (ज. 7.8.1944)
काशीनाथ मिश्र
4 छोटेलाल मिश्र (ज. 12.4.1940)
देवेन्द्रकृष्ण चट्टोपाध्याय
नवकुमार पण्डा
5 महापुरुष मिश्र (मृ. 15.2.1987)
राधाकांत नंदी (ज. 1927)
रामजी मिश्र (पुत्र)
शम्भूदयाल केडिया (ज. अगस्त, 1939)

4 छोटे लाल मिश्र

उदयसिंह
गिरीन्द्र चन्द्र पाठक
देवकिशोर बंद्योपाध्याय
रामकुमार मिश्र

1 भैरों प्रसाद

3 अनोखेलाल (1914-10.7.1958)
नागेश्वर प्रसाद (पाँचू महाराज)
महादेव प्रसाद मिश्र
महावीर भाट
2 मौलवीराम

5 महापुरुष मिश्र

वनमाली दास
सच्चिदानन्द मिश्र

2 मौलवीराम

अमृतलाल मिसिर (दारभांगा)
उपेन्द्रचंद्र राय (मैमन सिंह)
केशवचंद्र बंद्योपाध्याय (7.1.1891-27.2.1984)
नगेन्द्रचन्द्र लाहिड़ी
योगेन्द्रनारायण यादव
रामकृष्ण राय (मुक्तगाछा)
सुरेंद्र चंद्र राय (मैमन सिंह)
हरेंद्रकिशोर रॉयचौधुरी
हरेंद्र चक्रवर्ती

(110) वाराणसी तबला घराना (चतुर्थ)

गणेशी मिश्र

|

1 प्रताप मिश्र

|

जगन्नाथ मिश्र

- शिवसुंदर
  - बलमोहन
    - नारायणदास
- 2 हरिसुंदर (बाचागुरु) (1870-1926)

(नारायणदास / हरिसुंदर)

- 3 सामताप्रसाद (गुदई महाराज) (जुलाई 1921-31.5.1994)
  - कुमार लाल
  - कैलास
- कामताप्रसाद

1 प्रताप मिश्र के गुरु
    भैरव सहाय

2 बाचा गुरु के गुरु
    दुर्गा सहाय

3 सामताप्रसाद के गुरु
    बिक्कू महाराज

3 सामताप्रसाद के शिष्य
    कन्हैयालाल भट्ट
    (ज. 1938)
    गणेशप्रसाद भारद्वाज
    चन्द्रकांत कामत
    जलपत कुमार
    जिरुल मसी
    जे. मासे
    नवकुमार पण्डा

प्रवीरकुमार चट्टोपाध्याय
वसन्त पवार
माणिकलाल दास
माणिकराव पोपटकर
4 सत्यनारायण वशिष्ठ
4 सत्यनारायण वशिष्ठ
प्रतापकुमार (पुत्र)
(ज. 25.12.1965)

(111) वाराणसी तबला घराना (पंचम)

- अयोध्याप्रसाद मिश्र
  - 1 बैजू महाराज (फरद सृष्टिकर्ता)
    - सुरजप्रसाद (बड़कू)
      - गणेशदास
      - हरिदास
    - 2 शिवप्रसाद (छोटकू)
      - ननकू महाराज
        - प्रकाश

2 छोटकू महाराज
    3 भट्टुजी
1 बैजू महाराज के गुरु
    जानकी सहाय
    राम सहाय
3 भट्टुजी
    मुन्नुलाल (पुत्र)
    यमुना प्रसाद

(112) वाराणसी गायक और तबला घराना (षष्ठ)

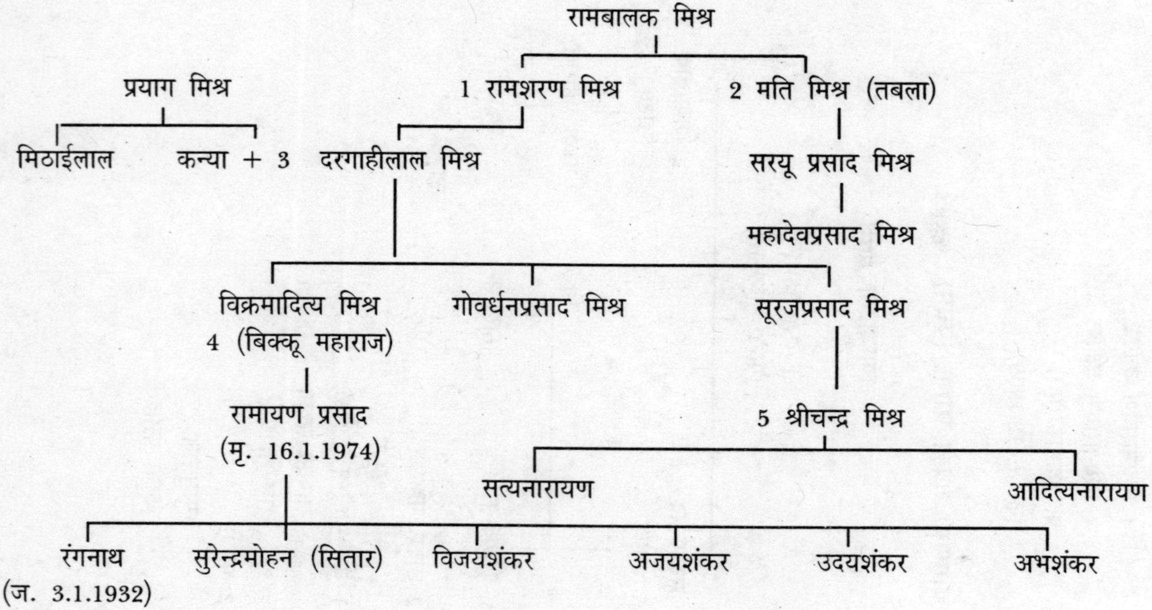

3 दरगाहीलाल मिश्र के गुरु
शिवसहाय मिश्र
3 दरगाहीलाल के शिष्य
जद्दन बाई
ज्योतिश्चन्द्र चौधुरी
धीरेन्द्रकांत लाहिड़ी चौधुरी
विद्याधरी बाई
6 सियाजी प्रसाद मिश्र
4 बिक्कू महाराज
मन्नूजी
सामताप्रसाद
2 मति मिश्र के गुरु
रामदास सहाय
1 रामशरण मिश्र के गुरु
रामदास सहाय
5 श्रीचन्द्र मिश्र
गिरिजा देवी
6 सियाजीप्रसाद मिश्र
सिद्धेश्वरी देवी

(113) फरुक्खाबाद तबला घराना (प्रथम)

1 हाजी विलायत अली
|
2 हुसेन अली
|
नन्हे खाँ
|
3 मसीदुल्ला खाँ
(मृ. 16.12.1975)
|
4 करामतुल्ला खाँ
(1917-2.12.1977)
|
साबिर खाँ (ज. 1959)

5 आजिम खाँ

ज्ञानप्रकाश घोष

4 करमतुल्ला खाँ

अनिलकुमार साहा

अनिल रॉयचौधुरी (ज. 7.1.1929)

अमरनाथ दे

उमा दे (मित्र)–(खयाल)

कमलेश चक्रवर्ती

दीपक सेनगुप्त

नीरेंद्रचंद्र राय (ज. मार्च, 1932)

प्रवीर भट्टाचार्य

प्रशान्त बसु

बलराम भट्टाचार्य

विमल चट्टोपाध्याय

शंख चट्टोपाध्याय

सत्यव्रत चट्टोपाध्याय

सुजित साहा

सुधेंदु कर्मकार

6 छन्नू खाँ

बीरु मिश्र (वाराणसी)

जहाँगीर खाँ (इंदौर)

3 मसीदुल्ला खाँ

अनिल रॉयचौधुरी

अवनी रॉयचौधुरी

(1907-9.3.1979)

अमलेश चट्टोपाध्याय

5 आजिम खाँ

केदारनाथ हलदार

ज्ञानप्रकाश घोष

निर्मल बंद्योपाध्याय

मणीन्द्रमोहन बंद्योपाध्याय

(मण्टू बाबू)

7 मुन्ने खाँ (ज. 1913)

मुश्ताक खाँ (ज. 1913)

रथीन्द्र घोष
10 रवीन्द्र बसु
रमेशचंद्र भट्टाचार्य
राईचन्द बड़ाल
राधागोविंद घोष
विमल दास
हरेन्द्र चक्रवर्ती
हरेन्द्रकिशोर रॉयचौधुरी
8 हेमेंद्रनाथ सरकार

7 मुन्ने खाँ
योगमाया शुक्ल
(ज. 14.11.1933)

9 मुबारक अली खाँ
जहाँगीर खाँ
शेर अली

10 रवीन्द्र बसु
अमल साहा
देवाशीष सरकार
नीहाररंजन मजूमदार
प्राणकृष्ण मंडल
पृत्येंद्र मजूमदार
रथीन राय
विभूतिभूषण धर
सुव्रत मजूमदार

1 हाजी विलायत
चूड़ियावाले इमामबख्श
6 छन्नू खाँ
9 मुबारक अली खाँ
सालारी खाँ

2 हुसेन अली
मुनीर खाँ

8 हेमेन्द्रनाथ सरकार
विश्वनाथ दास

(114) फरुक्खाबाद तबला घराना (द्वितीय)

काले खाँ

- 1 मुनीर खाँ (1863-11.9.1937)
  - फिदात हुसेन खाँ
- कन्या+अहमद बख्श
  - 2 अमीर हुसेन (1909-5.1.1969)
    - फकीर हुसेन

2 अमीर हुसेन

- अरविंद मुलगावकर
- आनंद वोड्स
- आबान ई. मिस्त्री
- इकबाल हुसेन
- गुलाम रसूल
- 3 निखिल घोष (1919-3.3.1995)
- 5 पंढरीनाथ नागेशकर
- पांडुरंग सालुंके
- बाबासाहब मिरजकर
- यशवंत केरकर
- यशवंत माली
- विनायक साखलकर
- शरीमा खाँ (कराची)
- श्रीनाथ नागेशकर

4 तारानाथराव

- अशोक बिल्लारे
- आनंद बादामीकर
- ओंकार गुलवाड़ी
- केदारनाथ मोठे
- ग्रेग जान्सन
- जेफ फेल्डम

बालकृष्ण अय्यर
मोहन बलवल्ली
रालैंड ड्रागमूलर
रवि बिल्लारे
लियोनिस सिन्नेमन
विजय कनगुटकर
शशि बिल्लारे
सदानंद नायम्पल्ली
सुभाष भास्कर नारेंग्रेकर

3 निखिल घोष
अनीस प्रधान
कार्तिकज्योति घोष
दुलाल राय
ध्रुवज्योति घोष (पुत्र–सारंगी)
नयनज्योति घोष (पुत्र-सितार, तबला)
रमा घोष (खयाल)

5 पंढरीनाथ नागेशकर
मुकुंद कांने
रवि गांधी
राजेंद्र अंतरकर
वसंतराव आचरेकर
विभव नागेशकर (पुत्र)
शशिकांत (नाना) मुले
सुरेश तलवलकर

1 मुनीर खाँ के गुरु
बौलि बख्श
हुसेन अली

1 मुनीर खाँ के शिष्य
2 अमीर हुसेन
अल्ला मेहर
अहमदजान थिरकवा
गुलाम हुसेन
नजीर खाँ
निसार खाँ

बशीर खाँ
बाबालाल
मुश्ताक हुसेन
विष्णुपंत शिरोडकर
6 शम्सुद्दीन खाँ
(1890-11.4.1967)
सादिक हुसेन
सब्बन खाँ
सुब्बाराव
हसन खाँ
हबीब खाँ
हुसेन बख्श

6 शम्सुद्दीन खाँ
4 तारानाथराव
(6.3.1915-10.1.1991)
यशवंत आचार्य
(ज. 5.3.1941)

(115) दिल्ली तबला घराना (प्रथम)

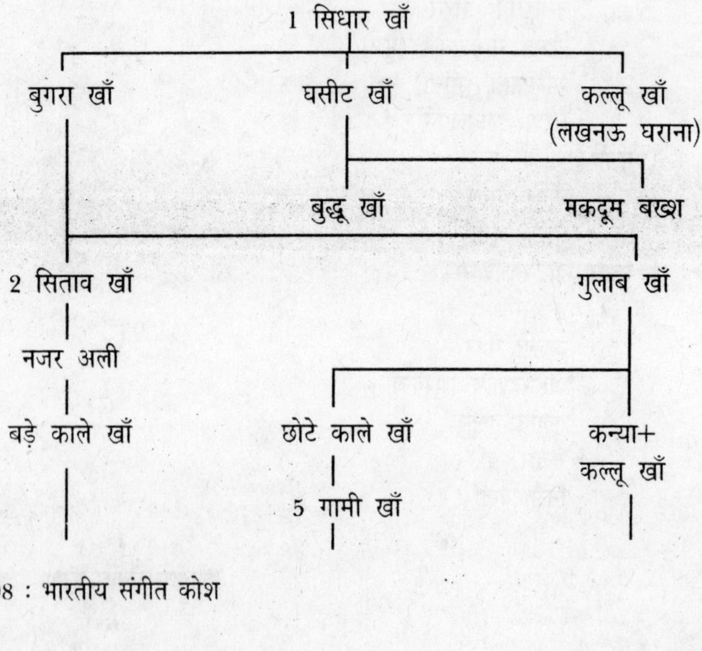

3 बौलिबख्श खाँ

4 नत्थू खाँ
(1875-1940)

6 इनाम खाँ
(मृ. 21.1.1988)

बुलाकी खाँ — अल्लादिया खाँ — बुन्दु खाँ — कन्या+ अकबर खाँ

बुलाकी खाँ
बशीर हुसेन

बुन्दु खाँ
मकबूल हुसेन कुरेशी
मेहदी हुसेन

कन्या+ अकबर खाँ
मुहम्मद अहमद
गुलाम हैदर

6 इनाम अली खाँ
- लतीफ अहमद खाँ
  (मृ. 27.8.1989)

5 गामी खाँ
- अब्दुल लतीफ खाँ
- फकीर मुहम्मद
- मुनीन्द्र चन्द्र राय
- यशवन्त केरकर
- विनायक साखलकर
- हीरालाल

4 नत्थू खाँ
- अली कादर खाँ
- केशवचन्द्र बंद्योपाध्याय
- डमरुपाणि भट्टाचार्य
- डाक्कू कुण्डु
- मुहम्मद अहमद
- राजू खाँ
- विश्वनाथ सोम
- हबीबुद्दीन खाँ
- हरेन्द्रकिशोर रॉयचौधुरी

3 बौलिबख्श

मुनीर खाँ

2 सिताब खाँ

कल्लू खाँ (छोटे)

मीक खाँ

1 सिधार खाँ

चाँद खाँ

तुल्लन खाँ

रोशन खाँ

(116) दिल्ली तबला घराना (द्वितीय)

चाँद खाँ
|
लिल्ली मसीद खाँ
|
लंगड़े हुसेन खाँ
|
घसीट खाँ — 1 नन्हे खाँ (1872-अप्रैल 1940)
|
अहजाद हुसेन

2 जुगना खाँ

3 महबूब खाँ मिरजकर

1 नन्हे खाँ

2 जुगना खाँ

3 महबूब खाँ मिरजकर

अन्तु फागवाडकर

अब्बास कवठेकर

जयवन्त मिरजकर

पाण्डुरंग सालुंके

मधुकर गणेश गोलवलकर

राजाराम यादव

राजा लिमये

वसन्त पाथरकर
बसवराज भेंडेगिरि

(117) दिल्ली तबला घराना (तृतीय)

चौधरी नत्थन सिंह
- खलीफा जुम्मा चौधुरी (पुत्र)
- 1 ज्योतिप्रसाद
- डालूराम
- 2 देवीप्रसाद
- मोहर सिंह

1 ज्योतिप्रसाद
- कुन्दनराम
- खैरातीराम
- गणेशीराम
- बनारसी महाराज
- भगवान दास
- सन्तराम
- हीरालाल

2 देवीप्रसाद
- कुन्दनराम
- 3 भानमल

3 भानमल
- मणिराम
- विनोदकुमार
- हुकुमचन्द

(118) दिल्ली तबला घराना (चतुर्थ)

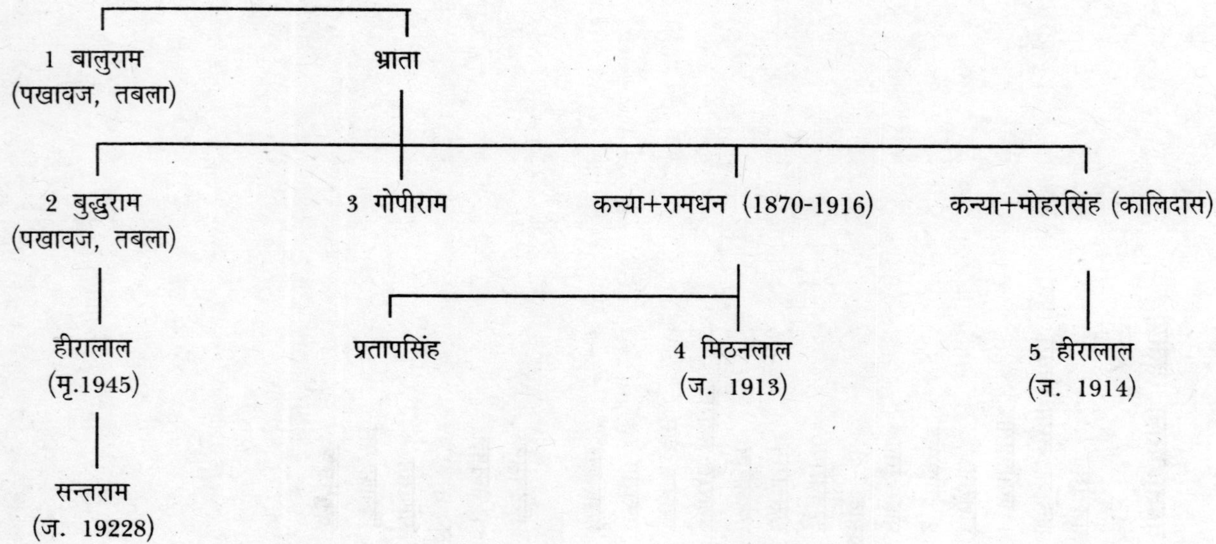

- 6 गोपालराम
  - चन्दूलाल (पुत्र)
  - चमनलाल
  - मोतीराम
  - सुभाषकुमार
- 3 गोपीराम
  - 4 मिठनलाल
- 7 प्रसादीराम
  - 6 गोपालराम
  - हीरा
- 1 बालुराम
  - 2 बूद्धूराम
- 2 बुद्धूराम
  - 3 गोपीराम
  - 7 प्रसादीराम
  - 4 मिठनलाल
  - रूपराम
- 4 मिठनलाल के अन्य गुरु
  - पूरण महाराज
  - हबीबुद्दीन खाँ (अजराड़ा)
- 5 हीरालाल
  - अमरसिंह
  - कृष्णकुमार
  - चुन्नीलाल
  - चन्द्रमोहन
  - चरणलाल
  - नानकचन्द
  - फकीरचन्द
  - बाबूलाल
  - भूपेन्द्र शर्मा
  - मुरलीधर
  - मुहम्मद कासिम (अफगानिस्तान)
  - राजरानी
  - लवकुमार

लालचन्द
सलेखचन्द
सौकत अली (पाकिस्तान)

(119) अजराडा तबला घराना

सिताब खाँ के शिष्य

कल्लू खाँ (छोटे)
मीरु खाँ

कल्लू खाँ (छोटे)

मुहम्मदी बख्श

चाँद खाँ

काले खाँ — नन्हे खाँ (पूँड़ीवाले) (तबला, सारंगी)

हस्सू खाँ — बन्ने खाँ (तबला, सारंगी)

बब्बू खाँ — शम्मू खाँ

अजीजुद्दीन खाँ (ज. 1910) — 1 हबीबुद्दीन खाँ (1899-1.7.1972) — नियाज अहमद (ज. 1907)

मंजु खाँ — सन्दु खाँ — अमीर हुसेन

आशिक खाँ — शमशाद खाँ (ज. 1936) — 2 रमजान खाँ (ज. 1940) — अख्तर खाँ

3 यशवंत केरकर
केदार पंडित
भोजराम सालवी
प्रकाश गोरे
मधु कोठारी
श्रीधर पाध्ये

2 रमजान खाँ के अन्य गुरु
रबीबुद्दीन खाँ (दिल्ली)

1 हबीबुद्दीन खाँ के गुरु
नत्थू खाँ (दिल्ली)

1 हबीबुद्दीन के शिष्य
मनोमोहन सिंह
मिठनलाल
3 यशवंत केरकर (1915-1990)
2 रमजान खाँ
सुधीर सक्सेना

(120) भटोले तबला घराना

1 चूड़िया इमामबख्श
|
?
|
2 फैयाज खाँ
|
बन्दे हसन खाँ

1 चूड़िया इमामबख्श के गुरु
हाजी विलायत अली

2 फैयाज खाँ
3 यूसुफ खाँ

3 यूसुफ खाँ
प्रवीरकुमार चट्टोपाध्याय
लालजी श्रीवास्तव

(121) मौलाबख्श तबला घराना

करम खाँ (सारंगी)
|
रहीमबख्श
|
1 मौलाबख्श
(ज. 1878)

1 मौलाबख्श के गुरु
मुहम्मद हुसेन
(मुरादाबाद)
1 मौलाबख्श के शिष्य
कालीबाबू
(कलकत्ता)

(122) पंजाब तबला घराना (डुक्करबाज)

सद्दू हुसेन बख्श
|
1 फकीरबख्श
|
2 कादिरबख्श

3 अल्लारखा खाँ
जाकिर हुसेन (पुत्र) (ज. 9.3.1951)
नासिर अहमद
विद्युत बंद्योपाध्याय (ज. 1937)
विनायक धिंगलेनियोरोलकर
शंख चट्टोपाध्याय
सुबोध मुखोपाध्याय
हरिदास चट्टोपाध्याय
2 कादिर बख्श
3 अल्लारखा खाँ (ज. 1918)

4 लाल मुहम्मद

1 फकीरबख्श

करम इलाही खाँ

5 फिरोज खाँ

5 फिरोज खाँ

ज्ञानप्रकाश घोष

विश्वनाथ सोम

माणिक पाल

शंकर घोष

श्यामल बसु

4 लाल मुहम्मद

3 अल्लारखा खाँ

(123) विष्णुपुर पखावज और तबला घराना (प्रथम)

राममोहन चक्रवर्ती के गुरु

पीरबख्श (मृदंग)

राममोहन चक्रवर्ती के शिष्य

अनन्तलाल मुखोपाध्याय

1 जगतचन्द गोस्वामी

जगन्नाथ मुखोपाध्याय

2 कृत्तिचन्द गोस्वामी

राम गोस्वामी (पुत्र)

श्रीपति अधिकारी

1 जगत्चन्द गोस्वामी

2 कृत्तिचन्द गोस्वामी (पुत्र)

श्रीपति अधिकारी

(124) विष्णुपुर पखावज और तबला घराना (द्वितीय)

रामप्रसन्न बंद्योपाध्याय के गुरु

मम्मू खाँ

रामप्रसन्न बंद्योपाध्याय के शिष्य

क्षुदीराम दत्त

नकुलचन्द्र नन्दी
1 नित्यानन्द गोस्वामी
2 पशुपति शाखा
ब्रजलाल माझी
3 विजनचन्द्र हजारी

1 नित्यानन्द गोस्वामी
शिवप्रसाद (पुत्र)

2 पशुपति शाखा
करालीपद चक्रवर्ती
बलाईचन्द्र परामाणिक
4 सत्तार अली खाँ

3 विजनचन्द्र हजारी
अजित हजारी (पुत्र)
बंकुबिहारी दत्त
मनोज दे
5 सुबोध नन्दी

4 सत्तार अली खाँ
अनिल पाल
विश्वनाथ कर्मकार

5 सुबोध नन्दी
अनादि दत्त
अमलेश चट्टोपाध्याय
असीम पाल
कामाख्या धर
कृष्णा हाण्डे
नेपाल बंद्योपाध्याय
विश्वनाथ दत्त
लालमोहन नन्दी
साधनविकास नाथ
सीतेन्दु बंद्योपाध्याय
सुव्रत गंगोपाध्याय
सुलेखा हाण्डे
हरिपद मण्डल
हरिभक्त राय

(125) विष्णुपुर पखावज और तबला घराना (तृतीय)

बेचाराम चट्टोपाध्याय के गुरु

मियाँ बख्शू

लाला हीरालालजी (मृदंग)

बेचाराम चट्टोपाध्याय के शिष्य

1 गिरीश चट्टोपाध्याय (भ्रातुष्पुत्र)

जगदिन्द्रनाथ राय (नाटोर)

1 गिरीश चट्टोपाध्याय

ईश्वरचन्द्र सरकार

जगदिन्द्रनाथ राय (नाटोर)

नारायण चट्टोपाध्याय (पुत्र)

निताई तन्तुवार

2 भैरव चक्रवत्री

हरिपद कर्मकार

2 भैरव चक्रवर्ती

स्थितिराम पंजा

(126) उड़ीसा तबला घराना

जगमोहन नायक

1 कनाईलाल घोष

2 क्षेत्रमोहन कर

1 कनाईलाल घोष

3 राधागोविन्द घोष

2 क्षेत्रमोहन कर

उमेश कर

देवेन दत्त

भगवती आचार्य

3 राधागोविन्द घोष

भगवत दत्त

(127) ढाका का तबला-यादक वंश (प्रथम)

मिठन खाँ
(प्रसिद्ध तबलावादक)
|
1 सुप्पन खाँ

1 सुप्पन खाँ के गुरु
- आबिद अली
- गुलाम अब्बास
- सालारी खाँ
- हुसेन बख्श

1 सुप्पन खाँ के शिष्य
- अलाउद्दीन अहमद
- खान बहादुर काजी
- दुर्गादास लाला
- फेलु चक्रवर्ती
- महिमाचरण रॉयचौधुरी
- शशिमोहन बसाक
- हेमचंद्र राय

(128) ढाका का तबलावादक वंश (द्वितीय)

1 हुसेन बख्श
|
2 अता हुसेन (आफताब)
(जन. 1820-दिसं., 1907)

3 अक्षयकुमार कर्मकार
- 4 विमल दास

2 अता हुसेन
- 5 अवनीनाथ गंगोपाध्याय
- 7 कादिर बख्श (मुर्शिदाबाद)
- 8 प्रसन्नकुमार वणिक्य
(1858-सितंबर, 1936)

9 भवानीचरण बसु
मणि धाड़ा
राजकुमार (भवाल)
शारदाप्रसाद रॉयचौधुरी

5 अवनीनाथ गंगोपाध्याय
कृष्णकुमार गंगोपाध्याय
चुन्नीलाल बंद्योपाध्याय
6 विश्वनाथ सोम (मृ. 6.3.1959)
षष्ठी बाबू

7 कादिर बख्श
दुलाल मन्ना

10 केशवचन्द्र बंद्योपाध्याय
निर्मल बंद्योपाध्याय

8 प्रसन्नकुमार साहा वणिक्य
3 अक्षयकुमार कर्मकार
कामिनीकुमार भट्टाचार्य
10 केशवचन्द्र बंद्योपाध्याय
प्रभातचंद्र बरुआ
प्राणवल्लभ गोस्वामी
भगवत साहा
राधावल्लभ गोस्वामी
हरेंद्रकिशोर रॉयचौधुरी
हेमचन्द्र राय

9 भवानीचरण बसु
रवीन्द्र बसु (ज. 26.3.1909)

4 विमल दास
सुनिर्मल गुप्त

6 विश्वनाथ सोम
भूपालचंद्र गर्ग
रवींद्र बसु

1 हुसेन बख्श
द्वारकानाथ नट्ट
श्यामप्रसाद रॉचचौधुरी

श्रीरामचंद्र दास
सुप्पन खाँ
हरिमोहन राय
हृदयनाथ राय

(129) ढाका का तबला और पखावज वादक वंश (तृतीय)

खैराती जमादार के शिष्य
1 गौरमोहन बसाक
नटवर वणिक्य
2 रामकुमार बसाक
साधुचरण वणिक्य

2 रामकुमार बसाक
|
3 उपेन्द्र कुमार
|
4 पाणीन्द्र कुमार

5 आनन्दमोहन बसाक
6 भुवनमोहन गोस्वामी
3 उपेन्द्रकुमार बसाक
गोपालचन्द्र बसाक
वारीन्द्र बसाक
8 किशोरी मोहन बसाक
प्राणवल्लभ गोस्वामी
1 गौरमोहन बसाक
5 आनन्दमोहन बसाक
(ये पाँच मित्र, रामकुमार
बसाक के भी शिष्य।)
6 भुवनमोहन गोस्वामी
प्रसन्नकुमार वणिक्य
4 पाणीन्द्रकुमार बसाक
भगवत साहा

6 भुवनमोहन गोस्वामी
- अक्षयकुमार कर्मकार
- 7 महेन्द्रनाथ बसाक

7 महेन्द्रनाथ बसाक
- गोपालचन्द्र बसाक
- मथुरानाथ सुवर्णवणिक्य

2 रामकुमार बसाक
- 8 किशारीमोहन बसाक
- 5 आनन्दमोहन बसाक
- सतीशचन्द्र बसाक
- (मृ. 8.2.1958)

(130) ढाका का तबलावादक वंश (चतुर्थ)

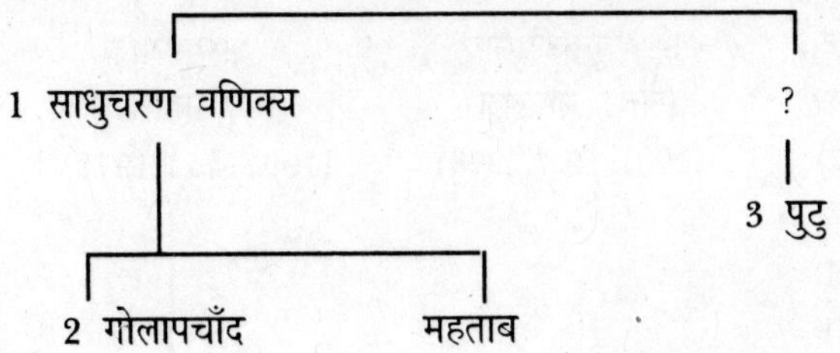

2 गोलापचन्द
- फणिभूषण बंद्योपाध्याय
- रासबिहारी दास

3 पुटु
- 2 गोलापचन्द
- महताब

1 साधुचरण के गुरु
- खैराती जमादार
- राजाराम

1 साधुरचरण के शिष्य
- गगनचन्द्र दास
- पूर्णचन्द्र नन्दी

राजेन्द्रनारायण राय (1858-1901)
शारदाप्रसाद रॉयचौधुरी
(कासिमपुर)

(131) लखनऊ नर्तक (कथक) घराना

प्रकाश मिश्र

दुर्गाप्रसाद | ठाकुरप्रसाद (मृ. 1856) | 1 मान सिंह

2 बिन्दादीन (1829-1915) | 3 कालिकाप्रसाद | भैरोंप्रसाद

4 जगन्नाथप्रसाद (अच्छन महाराज) (मृ. 29.5.1947) | 5 बैजूनाथप्रसाद (लच्छू महाराज) (1901-19.7.1978) | 6 शम्भुप्रसाद (शम्भु महाराज) (1907-4.11.1970)

7 ब्रजमोहनलाल (बिरजू महाराज) (ज. 4.2.1938)

जयकिशन

रामेश्वरी देवी | कृष्णमोहन +भास्वती मिश्र | राममोहन

4 अच्छन महाराज
आशाकुमारी ओझा
कार्तिकराम
दमयंती जोशी
8 नलिन गंगोपाध्याय
मथुराप्रसाद
मोहनराव कल्याणपुरकर

(18.8.1913-1.12.1985)

3 कालिकाप्रसाद

9 सीताराम प्रसाद

8 नलिन गंगोपाध्याय

अनुराधा गुह

मंजुश्री बंद्योपाध्याय

2 बिन्दादीन

चिरंजीलाल

जयलाल

झण्डे खाँ

मोहनलाल

10 शिवलाल

9 सीताराम प्रसाद

सुंदरप्रसाद

7 बिरजू महाराज

उमा शर्मा

कुमुदिनी लाखिया

तीर्थराम आजाद

प्रदीप पवार

प्रदीपशंकर

रश्मि बाजपेयी

विजयशंकर

शाश्वती सेन

1 मानसिंह

चन्द्राबाई

5 लच्छू महाराज

कपिला राज

कुमकुम धर

दमयन्ती जोशी

पद्मा शर्मा

मालविका सरकार

6 शम्भु महाराज

अनुराधा गुह

अलकनन्दा

उमा शर्मा
कुमुदिनी लाखिया
कृष्णकुमार
गोपीकृष्ण
(ज. 22.8.1935)
दमयन्ती जोशी
8 नलिन गंगोपाध्याय
वन्दना सेन
बेला अर्णव
भारती गुप्त
मंजुश्री बंद्योपाध्याय
माया राव
मोहनराव कल्याण पुरकर
रीता गंगोपाध्याय
सितारा देवी

10 शिवलाल
हजारीलाल

9 सीताराम प्रसाद
जुबेदा
दमयंती जोशी
मेनका देवी
मनोरमा

(132) जयपुर नर्तक (कथक) और तबला घराना (प्रथम)

गिरधारीलाल मिश्र

1 चुन्नीलाल | 2 दुर्गाप्रसाद | सुखदेव

3 जयलाल (1885-1949) | 4 सुन्दरप्रसाद (1898-28.5.1970) | मालुलाल

5 जयकुमारी (मृ. 1.4.1964) | रामगोपाल (20.10.1917-31.7.1979)

राजकुमार | काजल मिश्र

1 चुन्नीलाल के गुरु
शंकरलाल
5 जयकुमारी
वन्दना सेन
3 जयलाल के गुरु
आजिज खाँ (तबला)
बिन्दादीन
3 जयलाल के शिष्य
कमलारानी
कार्तिकराम
गौरीशंकर
चुन्नीलाल गंगोपाध्याय (छानु)
नर्गिस
फिरतूदास वैष्णव (ज. 1.7.1921)
बेला अर्णव
महबूब खाँ मिरजकर
राधेलाल मिश्र
लाडूराम
3 लालजी श्रीवास्तव
(ज. नवम्बर, 1924)
विद्याधर मिश्र (तबला)
शिवदत्त
सुधीर राय
4 सुंदरप्रसाद (भ्राता)
7 सोहनलाल (मृ. 1947)
हजारीलाल
2 दुर्गाप्रसाद के गुरु
शंकरलाल
8 मोहनराव कल्याणपुरकर
अंजु गुप्ता
पूर्णिमा पाण्डे
भाग्यश्री योक
राजा केतकर
रोहिणी भाटे
6 लालजी श्रीवास्तव (तबला)

कैलासनाथ
गिरीशचन्द्र श्रीवास्तव
प्रवीरकुमार चट्टोपाध्याय
प्रभुदत्त वाजपेयी
बुलाकीलाल यादव
भुवनप्रकाश
रामसिंह

4 सुंदरप्रसाद के गुरु

2 दुर्गाप्रसाद
बिन्दादीन

4 सुंदरप्रसाद के शिष्य

उमा शर्मा
उर्मिला नागर
ओमप्रकाश
कार्तिकराम
(14.10.1910-29.1.1992)
कुमुदिनी लाखिया
चित्रा पुरैया
दुर्गालाल (9.7.1948-31.1.1990)
देवीलाल
प्रिया पवार
मथुराप्रसाद
मायाराव
मेनका देवी
8 मोहनराव
कल्याणपुरकर (18.8.1913-1.12.1985)
रानी कर्णा
रीता भंडारी
रोशनकुमारी
लता पुरैया
सीता पुरैया
सुनालिनी देवी
7 सोहन लाल
हजारीलाल
हीरालाल

7 सोहनलाल
चुन्नीलाल
गंगोपाध्याय (छानु)
झरणा साहा
बेला अर्णव
माया राव
रामधुन
रोहिणी भाटे
लीला देसाई
सुधीर राय
सुनालिनी देवी

(133) जयपुर नर्तक (कथक) घराना (द्वितीय)

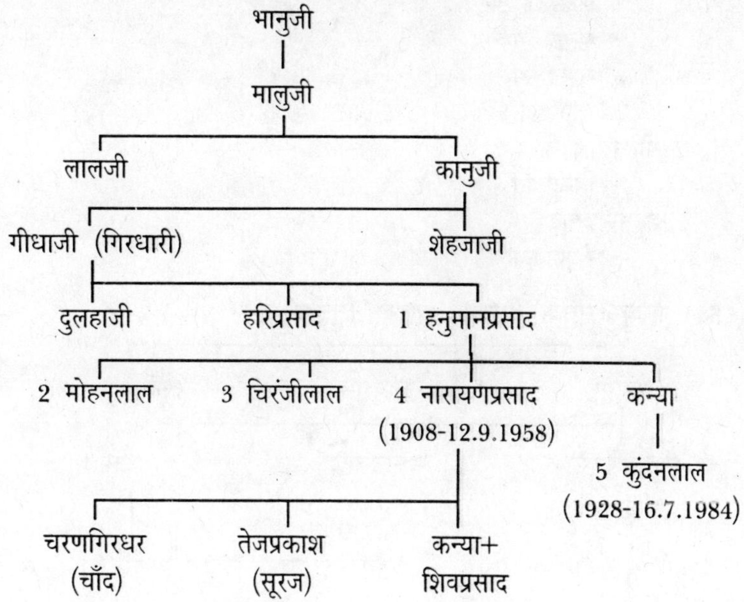

5 कुंदनलाल गंगाणी
उर्मिला नागर
प्रेरणा श्रीमाली
शशि गोयल
शोभा कौसर

3 चिरंजीलाल के गुरु

बिन्दादीन

4 नारायणप्रसाद

कार्तिकराम

5 कुन्दनलाल

तीर्थराम आजाद

पुष्प बटवा

पुष्प माथुर

प्रणति राय

बाबूलाल पाटनी

रानी कर्णा

रीता भण्डारी

शकुंतला जैन

शंकरदेव झा

संतोष सूद

सुरेन्द्रकुमार

हजारीलाल

2 मोहनलाल के गुरु

बिन्दादीन

1 हनुमानप्रसाद

रोशनकुमारी

(134) जयपुर नर्तक (कथक) घराना (तृतीय)

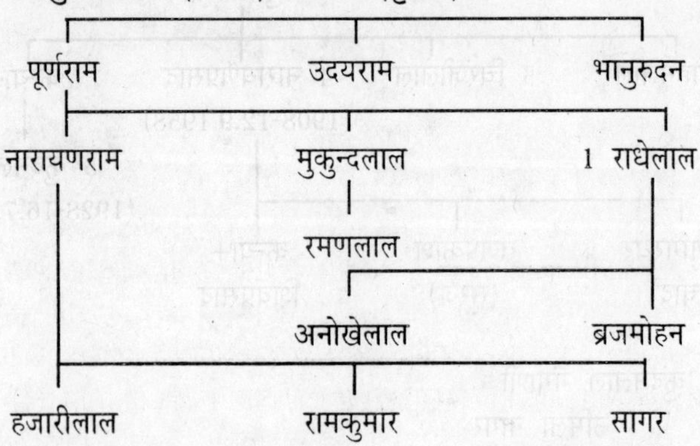

1 राधेलाल

कुमुदिनी लाखिया

(135) वाराणसी नर्तक (कथक) घराना

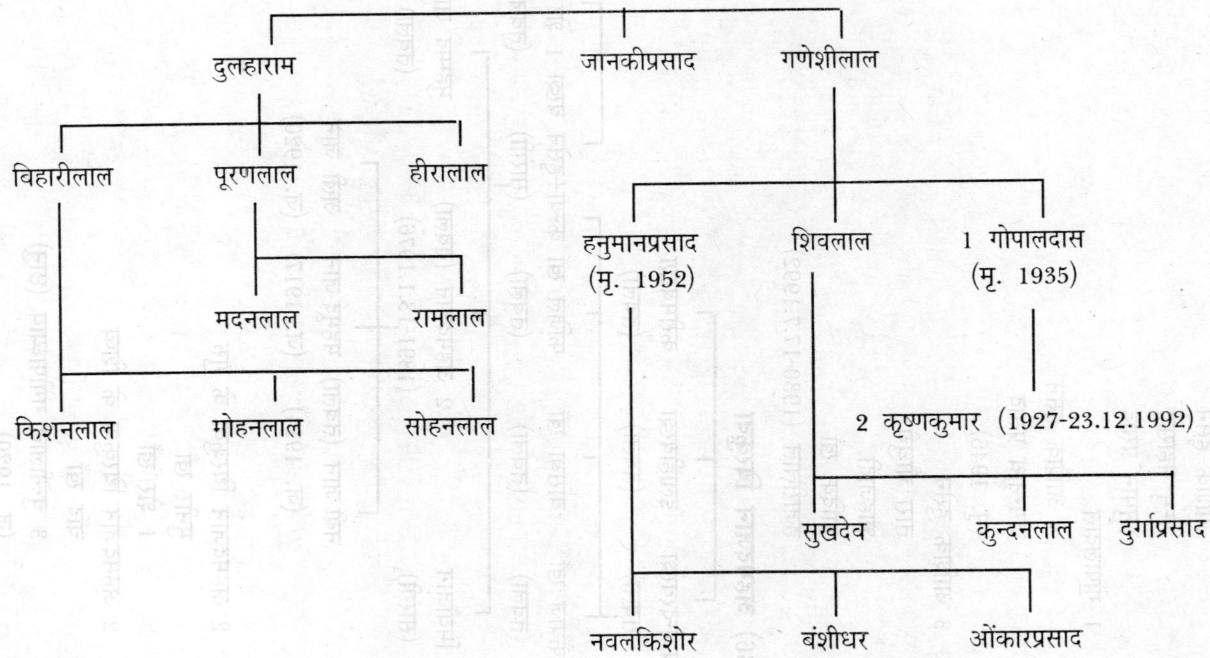

2 कृष्णकुमार के गुरु

आशिक हुसेन

शम्भु महाराज

हनुमान प्रसाद

1 गोपालदास

3 आशिक हुसेन

जगन्नाथ प्रसाद

(मृ. 1946)

3 आशिक हुसेन

तारा चौधुरी

शाहजादी

सादिक खाँ

हजारीलाल (1930-17.7.1992)

(136) अहमदजान थिरकुवा

कलन्दरबख्श (तबला) — इलाहीबख्श (तबला) — करीमबख्श (तबला)

फैयाज खाँ (तबला) — बासबा खाँ (तबला) — फजिल खाँ (तबला) — कन्या+हुसेन बख्श (सारंगी) — 1 शेर खाँ (तबला)

मियाँजान (सारंगी) — 2 अहमदजान (तबला) (1891-13.1.1976) — मुहम्मद जान (तबला)

नबी जान (तबला) (ज. 1914) — महमूद जान (ज. 1917) — अली जान (ज. 1920)

2 अहमदजान थिरकुवा के गुरु

मुनीर खाँ

1 शेर खाँ

2 अहमदजान थिरकुवा के शिष्य

चाँद खाँ

3 चुन्नीलाल गंगोपाध्याय (छानु)

(ज. 1920)

नारायण गजानन जोशी
निखिल घोष
प्रेमवल्लभ
महाराज बंद्योपाध्याय
रामकुमार शर्मा
रोजबल लायल
लालजी गोखले
विनायकराव पेंढारकर
शौकत अली
सरदार खाँ
सुधीरकुमार वर्मा
सुरेश (भाई) गायतोंडे
हरिसाधन सरकार

3 चुन्नीलाल गंगोपाध्याय
4 सुधीर राय (झुनुबाबू)
(ज. 20.5.1920)

1 शेर खाँ के गुरु
मुबारक अली खाँ

4 सुधीर राय
प्रद्योत पाल
(ज. 11.6.1959)

(137) लक्ष्मणप्रसाद जयपुरवाले
(कुँवरश्याम-गोस्वामी दिल्ली घराना)

गोपाल प्रसाद (राजगायक)

1 बलदेवप्रसाद (गायन, नृत्य)

2 लक्ष्मणप्रसाद (ध्रुपद, खयाल, ठुमरी)
(16.1.1915-16.12.1977)

गोविंदप्रसाद (खयाल, ठुमरी)
(1.11.1944-12.2.1988)

गिरधर प्रसाद (तबला)
(ज. 15.3.1950)

भवदीप (ज. 19.1.1966) (खयाल, ठुमरी)

1 बलदेवप्रसाद के गुरु

गोपालप्रसाद

बिन्दादीन

2 लक्ष्मणप्रसाद के गुरु

1 बलदेव प्रसाद

गुड्डू एवं गोपाल

(संतगायक श्रीलालजी

महाराज 'कुँवरश्याम'

के सेवकद्वय)

2 लक्ष्मणप्रसाद के शिष्य

अणिमा राय

जरीन शर्मा (सरोद)

पद्माकर कुलकर्णी

मुरली मनोहर शुक्ल

माणिक वर्मा

मालती पाण्डे

3 राजाराम शुक्ल

लक्ष्मी शंकर

सुनन्दा आप्टे

3 राजाराम शुक्ल

मुरली मनोहर शुक्ल

राजकुमार

विजय सिंह

श्यामरंग शुक्ल

(138) मन्मथनाथ गंगोपाध्याय

- 1 मन्मथनाथ गंगोपाध्याय (22.7.1875-15.12.1931)
  - धीरेंद्रकुमार
    - तपेन्द्रकुमार
  - वीरेंद्रकुमार
  - 2 हीरेन्द्रकुमार (हीरुबाबू, तबला) (27.4.1911-अगस्त 1993)
- सुरथनाथ गंगोपाध्याय
  - प्रफुल्लकुमार
  - अमूल्यकुमार
  - कालीकुमार
    - निर्मलकुमार
      - सौगत (सरोद)
  - 3 कृष्णकुमार 4 (नाटूबाबू-तबला)
  - रामकुमार (तबला)
  - 5श्यामकुमार (सरोद) (29.9.1911-9.11.1991)
    - श्री (सरोद) (ज. 1952)
    - श्रावणी (सितार) (ज. 1957)

6 अनंतकुमार चट्टोपाध्याय

रवीन्द्र चट्टोपाध्याय

विश्वनाथ बसु

3 कृष्णकुमार गंगोपाध्याय के गुरु

अवनीनाथ गंगोपाध्याय

अली कादर

कण्ठे महाराज

चुन्नीलाल बंद्योपाध्याय

छोट्टन खाँ

दुर्गा सहाय (नन्नू)

पुरुषोत्तम उस्ताद

लछमीदास

3 कृष्णकुमार गंगोपाध्याय के शिष्य

अमिय मुखोपाध्याय

खगेन्द्रनाथ राय

गौर पाल

चन्द्रकांत दास

तारक साहा

दुलाल अधिकारी

निर्मल गंगोपाध्याय

बाँसुरी पाल

भोलानाथ दत्त

महानंद चक्रवर्ती

रतनमणि कर

राजा राय

वरेन बसु

विश्वनाथ बसु

शचीन राय

शिबु पोडेल

समर साहा (ज. 16.1.1956)

7 सुधीर बंद्योपाध्याय

हरिभूषण मुखोपाध्याय

8 जगदीश चट्टोपाध्याय

ब्रजेन विश्वास

9 तारकनाथ चट्टोपाध्याय

विश्वनाथ बंद्योपाध्याय

10 परेश भट्टाचार्य

निमाई भट्टाचार्य (पुत्र)

निहाररंजन दास

भूपाल प्रसाद गर्ग

मणीन्द्र चौधुरी

रथीन्द्र घोष

विश्वनाथ मलिक

1 मन्मथनाथ गंगोपाध्याय के गुरु

नगेन्द्रनाथ बसु

बाबू खाँ

1 मन्मथनाथ गंगोपाध्याय के शिष्य

6 अनंतकुमार चट्टोपाध्याय

खगेन्द्रनाथ चट्टोपाध्याय

जानकी भट्टाचार्य

9 तारकनाथ चट्टोपाध्याय

दक्षिणारंजन चट्टोपाध्याय

(मंडाबाबू 9.9.1909-10.1.1980)

निमाई भट्टाचार्य

10 परेश भट्टाचार्य

(1899-14.7.1984)

12 राजेंद्रलाल धर

13 संतोष विश्वास

14 हेमंतकुमार भट्टाचार्य (1892-28.5.1966)

12 राजेंद्रलाल धर

अरुण दत्त

धनु गोस्वामी

सुबोध नंदी

4 रामकुमार गंगोपाध्याय के गुरु

गुलाम मुहम्मद

चुन्नीलाल बंद्योपाध्याय

1 मन्मथनाथ गंगोपाध्याय

मौलाबख्श

लछमी दास

11 विभूतिभूषण भट्टाचार्य

स्वराज भट्टाचार्य (पुत्र)

5 श्यामकुमार गंगोपाध्याय के गुरु

अलाउद्दीन खाँ

कालीदास पाल

करामतुल्ला खाँ (सरोद)

धीरेन्द्रनाथ बंसु

5 श्यामकुमार गंगोपाध्याय के शिष्य

अमलेन्दु रॉयचौधुरी

कंमल मल्लिक (ज. 1935)

कल्याण नाथ

बुद्धदेव पाल

मनोज पाल

सौगत गंगोपाध्याय

13 संतोष विश्वास

15 स्वपन चौधुरी

7 सुधीर बंद्योपाध्याय

कार्तिकज्योति घोष

भूपेंद्र अधिकारी

15 स्वपन चौधुरी

उत्तम चक्रवर्ती

तरुण घोष

शंकर चौधुरी

शुभेन चट्टोपाध्याय

सुकुमार मित्र

2 हीरेन्द्रकुमार गंगोपाध्याय के गुरु

खलीफा आबिद हुसेन

नगेन्द्रनाथ बसु

1 मन्मथनाथ गंगोपाध्याय

2 हीरेन्द्रकुमार गंगोपाध्याय के शिष्य

कनाईगोपाल चंद

खगेन्द्रनाथ चट्टोपाध्याय

8 जगदीश चट्टोपाध्याय

तरुण गंगोपाध्याय
दक्षिणारंजन चट्टोपाध्याय (मंडाबाबू)
प्राणकृष्ण शील
फुलु मुखोपाध्याय
लक्ष्मी मिश्र
विश्वनाथ बंद्योपाध्याय
13 संतोष विश्वास
सरोज मोडक
सुकुमार राय
सूरजनारायण मिश्र
स्वराज भट्टाचार्य
14 हेमन्तकुमार भट्टाचार्य

14 हेमन्तकुमार भट्टाचार्य
कनाईलाल दत्त
8 जगदीश चट्टोपाध्याय
ज्ञान मजूमदार
11 विभूतिभूषण भट्टाचार्य

(139) तालन्द जमीदार-वंश

ललिता मोहन मैत्र रायबहादुर (तबला)

1 ब्रजेंद्रमोहन मैत्र रायबहादुर (सरोद)

2 राधिकामोहन (सरोद)
(13.2.1917-15.10.1981)

3 रवीन्द्रमोहन (खयाल)

4 बुद्धदेव दासगुप्त
अतनु रक्षित
अनिर्वाण दासगुप्त (पुत्र)
देवाशीष भट्टाचार्य (ज. 1963)
प्रत्यूष बंद्योपाध्याय
प्रवाल नाग
भवानी शंकर दासगुप्त (पुत्र)

सुगत नाग (सितार)

1 ब्रजेन्द्रमोहन के गुरु

अमीर खाँ (सरोद)

5 रवि लाहा

देवाशीष भट्टाचार्य

3 रवीन्द्रमोहन के गुरु

दबीर खाँ

भीष्मदेव चट्टोपाध्याय

2 राधिकामोहन के गुरु

अमीर खाँ (सरोद)

दबीर खाँ

2 राधिकामोहन के शिष्य

अतीन्द्रियकुमार मैत्र

अनिलकुमार रॉयचौधुरी

(मृ. 25.10.1976)

अमियभूषण चट्टोपाध्याय (सितार)

अरुणकुमार चट्टोपाध्याय (सितार)

डॉ. कल्याण मुखोपाध्याय

जॉन बार्लो

जयदीप घोष

जयदेव चट्टोपाध्याय (सितार)

तपन सान्याल

नरेन धर (ज. सितंबर, 1954)

निखिल बंद्योपाध्याय (सितार)

प्रतिमा चौधुरी (सितार)

4 बुद्धदेव दास गुप्त (ज. 1.2.1933)

मुसर्रत अली खाँ

डॉ. रजनीकांत चतुर्वेदी (सितार)

5 रवि लाहा

रवि सेन (सितार)

संजय बंद्योपाध्याय

डॉ. संध्या घोष

संध्या बंद्योपाध्याय

7 समरेंद्र मिकदार

सुनील चक्रवर्ती (मृ. 15.3.1986)
6 सुनील मुखोपाध्याय (सितार)
सुव्रत रायचौधुरी (सितार)
हरिवल्लभ दास
हिमाद्रिभूषण बागची (सितार)

6 सुनील मुखोपाध्याय
तरुण भट्टाचार्य

7 समरेंद्र सिकदार
प्रवाल नाग

(140) द्वारकानाथ घोष का वंश

1 द्वारकानाथ घोष
(1847-4.3.1928)

किरणचंद्र | शरत्‌चंद्र | सुधीरचंद्र

शरत्‌चंद्र — विमलेन्दु

किरणचंद्र — ज्योतिप्रकाश | इन्दुप्रकाश | 2 ज्ञानप्रकाश (मई 1910-18.2.1997) + ललिता घोष | चारुप्रकाश

3 कनाईलाल दत्त
जहर भट्टाचार्य
दिलीप दास
देबू चक्रवर्ती
देवाशीष सरकार

2 ज्ञानप्रकाश घोष के गुरु
आ:जिम खाँ
गिरिजाशंकर चक्रवर्ती
दबीर खाँ
फिरोज खाँ (पंजाब घराना)
मसीदुल्ला खाँ (फरुक्काबाद)
मेहदी हुसेन (रामपुर)

विपिन बिहारी घोष (पखावज)
शब्बन खाँ (खयाल, ठुमरी)
सगीर खाँ (रामपुर)

2 ज्ञानप्रकाश के शिष्य

अंजली सूर
अजयकुमार चक्रवर्ती (ज. 25.12.1952)
अनिता मजूमदार (गायन)
अनिन्द्य चट्टोपाध्याय
अनिल रॉयचौधुरी
अभिजित बंद्योपाध्याय (गायन, तबला)
अरुण भादुड़ी
असित वरण
उमेश कर
ए. दाऊद
कपिलदेव चतुर्वेदी
कनाईलाल बैरागी
3 कनाईलाल दत्त (1925-22.11.1977)
क्षेत्रमोहन कर (पुरी)
गोविन्द बसु
चुनीलाल गंगोपाध्याय
जाक एक्सन
ज्ञानेंद्रनाथ राय
तनिमा ठाकुर
तृप्ति तालुकदार
दिलीप दास
दुर्गा शंकर
देवनाथ चक्रवर्ती
देवाशीष सरकार
देवेन दत्त (कटक)
ननीगोपाल राय
नमिता चट्टोपाध्याय
निखिल घोष
निमाई भट्टाचार्य
निशीथ चट्टोपाध्याय

नीरेंद्रचंद्र राय
पल्लव दे (ज. 8.7.1954)
पुष्पेन सेन
प्रबोध भट्टाचार्य (मृ. मई 1950)
प्रभाती मुखोपाध्याय
प्रसूनकुमार बंद्योपाध्याय
बानी राय
बाबूलाल घटक
ब्रजेन विश्वास
मंजुश्री चक्रवर्ती
मदन पाल (ज. 1937)
मल्लार मुखोपाध्याय
(ज. 16.7.1964)
माइकल राबिन्स
4 माणिक पाल
मानस दासगुप्त
मुकुन्द घोष
मृणाल कांति बख्शी
(ज. सितंबर 1943)
रवीन्द्र बसु
रमा घोष
शका मुखोपाध्याय
रेवा दास
ललिता घोष (पत्नी)
विभास सेनगुप्त
5 शंकर घोष (ज. 8.10.1935)
शिवशंकर राय
शैलेन कुण्डु
श्यामल बसु
संजय मुखोपाध्याय
सविता रक्षित
सुजित साहा
सुधीर बंद्योपाध्याय
सोमनाथ भट्टाचार्य

स्टीफन रोजनवाम
हरमोहन खूँटिया

1 द्वारकानाथ घोष
डोयार्किन कंपनी के प्रतिष्ठाता, जिसके हार्मोनियम प्रसिद्ध हैं।

4 माणिक पाल
अभिजित बंद्योपाध्याय
अरूप सेन
अशोक रॉयचौधुरी
असित पाल (पुत्र ज. 5.9.1952)
दीपक चट्टोपाध्याय
मलय चट्टोपाध्याय
मिलन हलदर

5 शंकर घोष
अरूप चट्टोपाध्याय
आशीष मुखोपाध्याय
तन्मय बसु
तपन राय
परिमल चक्रवर्ती
युसुफ अली
रघुनाथ भट्टाचार्य
विक्रमघोष (पुत्र ज. 20.10.1966)
विमल राय
सजल कर्मकार
संजय मुखोपाध्याय
सुनील बंद्योपाध्याय

(141) लालचाँद बड़ाल का वंश

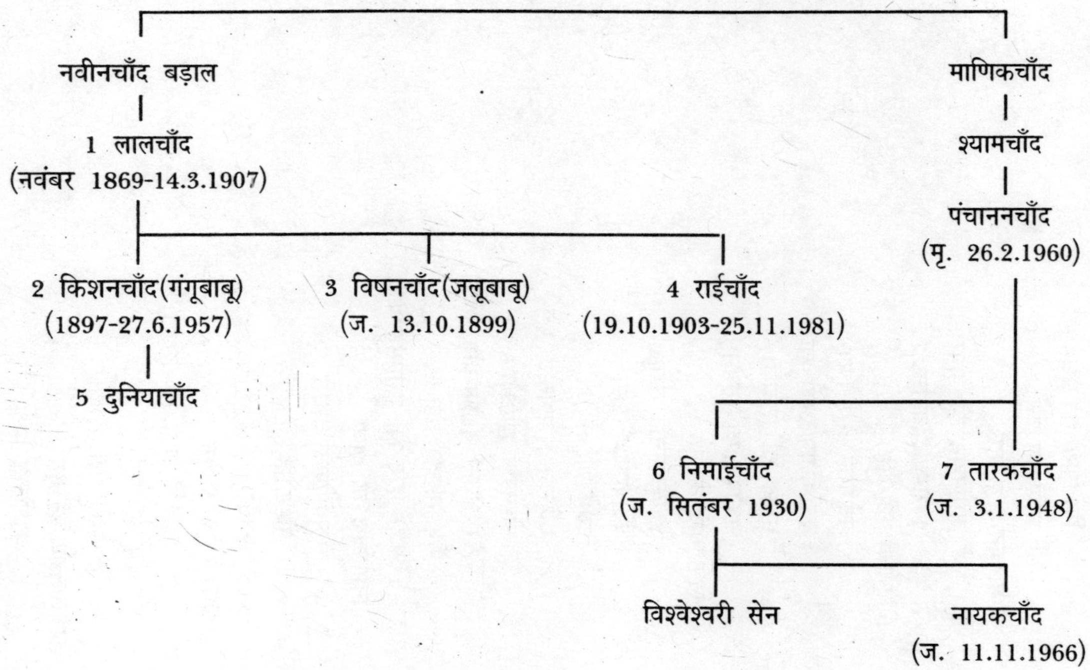

2 किशनचाँद के गुरु

मिर्जा साहब (हारमोनियम)

मुश्ताक हुसेन खाँ (खयाल)

रमजान खाँ

विश्वनाथ राव (धमार)

श्यामलाल दत्त

7 तारकचाँद के गुरु

अमीनुद्दीन खाँ डागर

4 राईचाँद बड़ाल

5 दुनीचाँद के गुरु

नवीनचन्द्र सूर (प्यानो)

बड़े गुलाम अली खाँ

मसीद खाँ (तबला)

सकावत खाँ (तंबला)

6 निमाईचाँद के गुरु

2 किशनचाँद बड़ाल

केशवगणेश ढेंकने

दबीर खाँ

धीरेन्द्रनाथ भट्टाचार्य

मोइनुद्दीन खाँ डागर

रमेशचन्द्र बंद्योपाध्याय

4 राईचाँद बड़ाल

हुसेनुद्दीन खाँ (तानसेन पांडे)

6 निमाईचाँद के शिष्य

ननीगोपाल चौधुरी

मोहनसिंह

समीर दत्त

3 विशनचाँद के गुरु

हाफिज अली खाँ (सरोद)

4 राईचाँद के गुरु

मसीद खाँ

1 लालचाँद के गुरु

काशीनाथ मिश्र

गुरुप्रसाद मिश्र

गोपालचन्द्र चक्रवर्ती
जयकरण मिश्र
नन्हे खाँ
मुरारीमोहन गुप्त
रमजान खाँ
विश्वनाथ राव

(142) अनाथनाथ बसु

1 अनाथनाथ बसु
(1898-16.12.1975)

- 2 श्यामल (ज. 17.7.1934)
- 3 कमल (ज. 17.7.1934)
- 4 गोविन्द+ 5 शिप्रा बसु (ज. नवंबर 1947)
- अमर

1 अनाथनाथ के गुरु
छोटे खाँ (सारंगी)
निकुंजबिहारी दत्त
नूरमुहम्मद खाँ (तबला)
मुहम्मद सफी (तबला)
लछमीप्रसाद मिश्र (तबला)

1 अनाथनाथ के शिष्य
3 कमल बसु
4 गोविन्द बसु
जयन्त चन्द्र
डमरुपाणि भट्टाचार्य
डाक्कू कुण्डु
महानन्द चक्रवर्ती
राधानाथ नन्दी
शंकर घोष
2 श्यामल बसु
संजय मुखोपाध्याय

सुबोध नन्दी
(मृ. 27.11.1970)

3 कमल बसु के गुरु
अमीर खाँ

4 गोविन्द बसु के गुरु
ज्ञानप्रकाश घोष

5 शिप्रा बसु के गुरु
गोपाल बंद्योपाध्याय
चिन्मय लाहिड़ी
नयनादेवी
बेगम सरकार

2 श्यामल बसु के गुरु
ज्ञानप्रकाश घोष
फिरोज खाँ
सुदर्शन अधिकारी

(143) पाथुरियाघाट घोषवंश

1 भूपेन्द्रकृष्ण घोष
(मृ. 14.12.1941)

2 मन्मथनाथ (13.12.1938-12.1.1983) | भवेन्द्रनाथ | जयन्तनाथ

3 विश्वजित (मृ. जून 1982) [मन्मथनाथ के पुत्र]

1 भूपेन्द्रनाथ वर्तमान युग में संगीत-प्रचार के एकनिष्ठ आदर्श व्रती थे।

2 मन्मथनाथ के गुरु
राधिकाप्रसाद गोस्वामी
लछमीप्रसाद मिश्र

3 विश्वजित के गुरु
जितेन्द्रमोहन सेनगुप्त
सुरेशचन्द्र चक्रवर्ती

(144) कविगुरु रवीन्द्रनाथ की वंशावली

- प्रिंस द्वारकानाथ ठाकुर (1794-1.8.1846)
  - महर्षि देवेन्द्रनाथ (16.5.1817-19.1.1905)
    - 1 द्विजेन्द्रनाथ (8.4.1840-18.1.1926)
      - द्विवेन्द्रनाथ (1862-1922)
        - दिनेन्द्रनाथ (1882-21.7.1935)
    - सत्येन्द्रनाथ (1842-1923)
      - 4 इन्दिरादेवी चौधुरानी (29.12.1873-12.8.1960)
    - हेमेन्द्रनाथ (1844-1884)
      - 5 लेडी प्रतिभा चौधुरी (1865-8.1.1922)
      - क्षितीन्द्रनाथ
        - 9 डॉ. वाणी चट्टोपाध्याय (मृ. 15.1.1982)
    - 2 ज्योतिरिन्द्रनाथ (4.5.1849-4.3.1925)
    - स्वर्णकुमारी (1856-3.7.1932)
      - हिरणमयी (1868-13.7.1925)
        - 10 डॉ. कल्याणी मल्लिक
      - 6 सरलादेवी चौधुरानी (9.91872-18.8.1945)
    - 3 रवीन्द्रनाथ (7.5.1861-7.8.1941)
  - गिरीन्द्रनाथ (1820-1854)
    - गुणेन्द्रनाथ (1847-1881)
      - 7 अवनीन्द्रनाथ (1871-5.12.1951)

1. द्विजेन्द्रनाथ संगीत के स्वर-प्रस्तार को लेकर गवेषणा करते थे एवं आकार-मात्रिक स्वरलिपि के उद्भावक थे। वे बाँसुरी बजाते थे।

2. ज्योतिरिन्द्रनाथ ने आकार मात्रिक स्वरलिपि को परिणत रूप प्रदान कर उसका प्रचार किया। राग-संगीत में उनकी असाधारण अभिज्ञता थी। 'संगीत प्रकाशिका' पत्रिका के संस्थापक (अक्तूबर, 1901) और सम्पादक थे।

3. रवीन्द्रनाथ ने विष्णुचन्द्र चक्रवर्ती और श्रीकण्ठ सिंह से राग-संगीत की शिक्षा पाई। इसके अलावा उन्होंने यदु भट्ट का संगीत सुनकर उसे आत्मसात् किया। ज्योतिरिन्द्र नाथ से उन्होंने सुर-रचना की शिक्षा और प्रेरणा प्राप्त की।

4. इन्दिरादेवी उच्चांग संगीत में पारदर्शी थीं और उस युग में स्वरलिपिकार के रूप में प्रख्यात हुईं। लेडी प्रतिभा चौधुरी के सहयोग से वह 'आनन्द संगीत' की संयुक्त सम्पादिका हुई थीं। वह विदेशी संगीत में भी सुशिक्षित थीं।

5. लेडी प्रतिभा चौधुरी उच्चांग कण्ठ्य और वाद्ययंत्र संगीत दोनों में पारदर्शी थीं एवं विदग्ध समाज में राग-संगीत के प्रचलन और प्रसार के उद्देश्य से 'संगीत संघ' संगीत विद्यालय की 10 अगस्त, 1911 को स्थापना की एवं इन्दिरादेवी के सहयोग से 'आनन्द संगीत' पत्रिका की अगस्त 1913 में स्थापना की और उसका सम्पादन किया।

6. सरलादेवी चौधुरानी ने भारतीय एवं यूरोपीय संगीत में शिक्षा पाई थी।

7. अवनीन्द्रनाथ इसराज बजाते थे। वे कनाईलाल ढेंगड़ी के शिष्य थे।

8. दिनेन्द्रनाथ रवीन्द्र-संगीत के सुयोग्य स्वरलिपिकार एवं समर्थ धारक-वाहक थे। वे इसराज बजाते थे।

9. डॉ. वाणी चट्टोपाध्याय ने यूरोपीय संगीत में अनुसंधान कर डाक्टरेट डिग्री प्राप्त की।

10. डॉ. कल्याणी मल्लिक ने इमदार हुसेन खाँ और उनके पुत्र इनायत हुसेन खाँ से सितार-शिक्षा प्राप्त की।

(145) राजा सर सौरीन्द्रमोहन ठाकुर

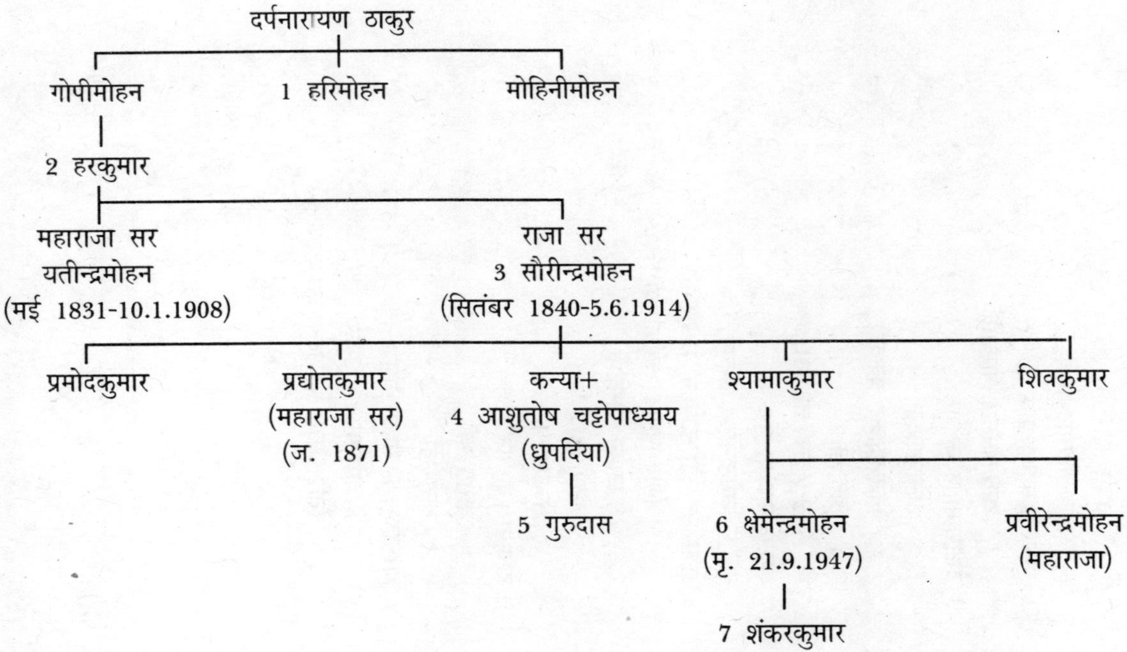

4 आशुतोष चट्टोपाध्याय के गुरु

गुरु प्रसाद मिश्र

6 क्षेमेन्द्रमोहन के गुरु

इनायत हुसेन खाँ

कालिदास पाल

दबीर खाँ

लछमीप्रसाद मिश्र

5 गुरुदास चट्टोपाध्याय के गुरु

राधिकाप्रसाद गोस्वामी

8 दक्षिणामोहन के गुरु

अन्नपूर्णादेवी

गिरिजाशंकर चक्रवर्ती

छोटे खाँ

सुरेशचन्द्र चक्रवर्ती

7 शंकरकुमार के गुरु

जितेन्द्रमोहन सेनगुप्त

3 राजा सर सौरीन्द्रमोहन के गुरु

अली मुहम्मद (बड़कूमियाँ)

क्षेत्रमोहन गोस्वामी

लछमीप्रसाद मिश्र

सज्जाद मुहम्मद

2 हरकुमार के गुरु

बासत खाँ

हस्सू खाँ

1 हरिमोहन के सप्तम वंशज

8 दक्षिणामोहन ठाकुर

(तड़ित्वीणा एवं दिलरूबा वादक।)

(143) ब्रजेन्द्रकिशोर रॉयचौधुरी वंश और शिष्य परम्परा

- 1 ब्रजेन्द्रकिशोर रॉयचौधुरी (13.5.1874-29.11.1957)
  - 2 हेमन्तबाला (10.11.1894-1.6.1976)
    - 4 विमलाकांत (26.12.1909-5.7.1980)
    - वासन्ती बागची (ज. 10.3.1918)
      - किशोरकान्त (ज. 3.7.1938)
      - जयन्ती सान्याल
  - 3 वीरेन्द्रकिशोर (15.7.1903-3.7.1975)
    - 5 रानी राय (ज. 22.6.1929)
      - जयश्री
    - 6 विनोदकिशोर (ज. 25.6.1931)

1 ब्रजेन्द्रकिशोर के गुरु

अब्दुल्ला खाँ (इसराज)
अमीर खाँ (इसराज)
इमदाद हुसेन खाँ (इसराज)
दक्षिणाचरण सेन (उपपत्ति)
मुरारीमोहन गुप्त (पखावज)
हनुमानदास सिंह (इसराज)

1 ब्रजेन्द्रकिशोर के शिष्य

अपूर्व मुखोपाध्याय
अरविन्द बंद्योपाध्याय
कैलास कुण्डु
गिरिजाकांत भट्टाचार्य
गोपीनाथ भट्टाचार्य
चुन्नीलाल नन्दी
ज्ञानदाकांत लाहिड़ी चौधुरी
तारादास घोषाल
दीनेशचन्द्र दे
डॉ. प्रकाशचन्द्र सेन
प्रताप सरकार
भोलानाथ बागची
मनोरंजन लाहिड़ी
मन्मथनाथ हलदर
महेन्द्रनाथ सरकार
यतीन्द्रकुमार भौमिक
यतीशचन्द्र भट्टाचार्य
विपिनचन्द्र दास
4 विमलाकांत रॉयचौधुरी
विश्वनाथ दास
लक्ष्मीनारायण घोष
शचीन्द्र चक्रवर्ती
शुकदेव साहा
संतोषकुमार मुखोपाध्याय
सुनील भट्टाचार्य
सुरजीत राय

सुरनाथ मजूमदार
7 सुरेशचन्द्र चक्रवर्ती
(मृ. 4.10.1965)
हरिहर राय
हेरेन्द्रकुमार चक्रवर्ती
हेमेन्द्रनाथ सरकार

5 रानी राय के गुरु
खादिम हुसेन खाँ
गिरिजाशंकर चक्रवर्ती
यामिनीनाथ गंगोपाध्याय
शचीन्द्रनाथ दास (मतिलाल)
7 सुरेशचन्द्र चक्रवर्ती

6 विनोदकिशोर के गुरु
खादिम हुसेन खाँ
गिरिजाशंकर चक्रवर्ती
गोकुलचन्द्र नाग
जितेन्द्रमोहन सेनगुप्त
7 सुरेशचन्द्र चक्रवर्ती

4 विमलाकांत के गुरु
अमीर खाँ (सरोदिया)
इनायत हुसेन खाँ
ज्ञानदाकांत लाहिड़ी चौधुरी (उपपत्ति)
1 ब्रजेन्द्रकिशोर रॉयचौधुरी
3 वीरेन्द्रकिशोर रॉयचौधुरी
शीतलकृष्ण घोष
शीतलचन्द्र मुखोपाध्याय

3 वीरेन्द्रकिशोर के गुरु
अब्दुल्ला खाँ
अमीर खाँ (सरोदिया)
अलाउद्दीन खाँ
इनायत हुसेन खाँ
एस. चौधुरी
करामतुल्ला खाँ (सरोदि...,
खैरुद्दीन खाँ

ताराप्रसाद घोष
दबीर खाँ (बीन)
मामूद खाँ
मुहम्मद अली (रबाब)
मुहम्मद्दीन खाँ
मेहदी हुसेन खाँ
शीतलचन्द्र मुखोपाध्याय
सोहनी प्रसाद सिंह
सगीर खाँ
हरिनारायण मुखोपाध्याय
हाफिज अली खाँ (सरोदिया)

3 वीरेन्द्रकिशोर के शिष्य
अजयसिंह राय (ज. 21.11.1920)
जया विश्वास (बसु)
जितेन्द्रमोहन सेनगुप्त
निखिल बंद्योपाध्याय
ललितमोहन बंद्योपाध्याय
4 विमलाकांत रॉयचौधुरी
संतोष सूर
सुव्रत रॉयचौधुरी
सुललित सिंह
हरिवल्लभ दास

8 सुव्रत रॉयचौधुरी के शिष्य
अंजन बंद्योपाध्याय
किशोर चक्रवर्ती
नीलकण्ठ गुप्त

7 सुरेशचन्द्र चक्रवर्ती के शिष्य
गौरचन्द्र बसाक
गौर गोस्वामी
दक्षिणामोहन ठाकुर
निर्मलकुमार चक्रवर्ती (पुत्र)
6 विनोदकिशोर रॉयचौधुरी
विश्वजित घोष
5 रानी राय

शोभा घोष
सत्येन्द्रचन्द्र चक्रवर्ती (पुत्र)
सिद्धार्थ राय
8 सुव्रत रॉयचौधुरी
(ज. 29.1.1943)

2 हेमन्तबाला के गुरु
अलाउद्दीन खाँ
इनायत हुसेन खाँ

(147) नाटोर राजवंश

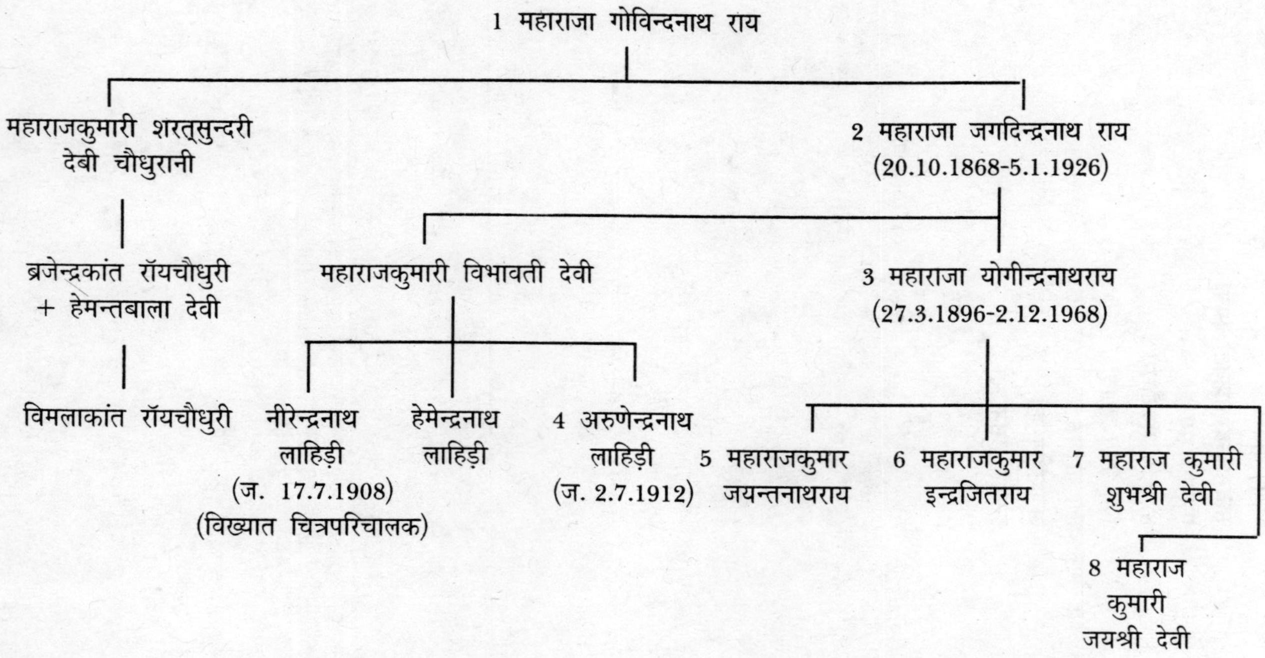
1 महाराजा गोविन्दनाथ राय
महाराजकुमारी शरत्सुन्दरी देबी चौधुरानी
2 महाराजा जगदिन्द्रनाथ राय (20.10.1868-5.1.1926)
ब्रजेन्द्रकांत रॉयचौधुरी + हेमन्तबाला देवी
महाराजकुमारी विभावती देवी
3 महाराजा योगीन्द्रनाथराय (27.3.1896-2.12.1968)
विमलाकांत रॉयचौधुरी
नीरेन्द्रनाथ लाहिड़ी (ज. 17.7.1908) (विख्यात चित्रपरिचालक)
हेमेन्द्रनाथ लाहिड़ी
4 अरुणेन्द्रनाथ लाहिड़ी (ज. 2.7.1912)
5 महाराजकुमार जयन्तनाथराय
6 महाराजकुमार इन्द्रजितराय
7 महाराज कुमारी शुभश्री देवी
8 महाराज कुमारी जयश्री देवी

4 अरुणेन्द्रनाथ के गुरु
विमलाप्रसाद चट्टोपाध्याय
6 महाराजकुमार इन्द्रजित के गुरु
नवद्वीपचन्द्र ब्रजवासी (श्रीखोल)
1 महाराजा गोविन्दनाथ के गुरु
मुहम्मद खाँ (सितार)
2 महाराजा जगदीन्द्रनाथ के गुरु
गिरीशचन्द्र चट्टोपाध्याय (पखावज)
मुरारीमोहन गुप्त
5 महाराजकुमार जयन्तनाथ के गुरु
रमेशचन्द्र बंद्योपाध्याय
सफिकुल्ला खाँ (सितार)
8 महाराजकुमारी जयश्रीदेवी के गुरु
जितेन्द्रमोहन सेनगुप्त (सितार)
सफिकुल्ला खाँ (सितार)
3 महाराजा योगीन्द्रनाथ के गुरु
करमतुल्ला खाँ (सरोदिया)
गिरीशचन्द्र चट्टोपाध्याय
राधिका प्रसाद गोस्वामी
विश्वनाथ राव (धमार)
श्यामसुन्दर मिश्र (इसराज)
7 महाराजकुमारी शुभश्री देवी के गुरु
वी.जी. जोग
शचीन्द्रकुमार दत्त

(148) मुक्तागाछा राजवंश

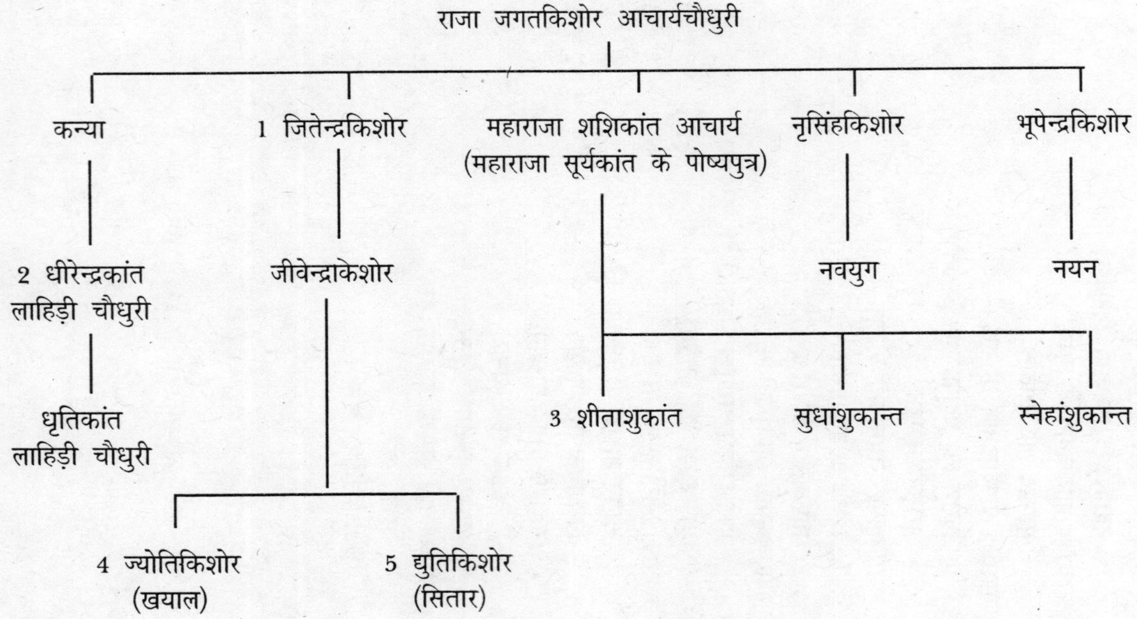

1 जितेन्द्रकिशोर ने कई उस्तादों से शिक्षा ग्रहण की, जिनमें श्रीजान बाई अन्यतम हैं।

4 ज्योतिकिशोर के गुरु
भीष्मदेव चट्टोपाध्याय
रामकिशन मिश्र

5 द्युतिकिशोर के गुरु
अलाउद्दीन खाँ

2 धीरेन्द्रकांत के गुरु
1 जितेन्द्र किशोर
दरगाई लाल मिश्र
बजरंग मिश्र

3 शीतांशुकान्त के गुरु
शिवसेवक मिश्र

(149) रामगोपालपुर राजवंश

राजा योगेन्द्र किशोर रॉयचौधुरी
(मृ. 1923)

नगेन्द्रकिशोर (1877-1937) | 1 यतीन्द्रकिशोर (ज. 1881) | 2 शौरीन्द्रकिशोर (ज. 1886) | 3 हरेन्द्रकिशोर (ज. 1887)

1 यतीन्द्रकिशोर — कन्या+ 4 नगेन्द्रचन्द्र लाहिड़ी
2 शौरीन्द्रकिशोर — रणेन्द्रकिशोर
3 हरेन्द्रकिशोर — अरूपेन्द्रकिशोर

नगेन्द्रकिशोर — 5 वीरेन्द्रकिशोर (मृ. 19.9.1935) | गिरीन्द्रकिशोर | नृपेन्द्रकिशोर

4 नगेन्द्रचन्द्र लाहिड़ी के गुरु
अलाउद्दीन खाँ
छोटे खाँ (सारंगी)

मुहम्मद खाँ (ग्वालियर)
मास्टर पूरण
मेहदी हुसेन (सारंगी)
मौलवीराम मिश्र
विश्वनाथ राव
शिवसेवक मिश्र
सगीर खाँ

1 यतीन्द्रकिशोर के गुरु
दक्षिणाचरण सेन

5 वीरेन्द्रकिशोर के गुरु
इनायत हुसेन (सितार)

5 वीरेन्द्रकिशोर का शिष्य
विमलेन्दु मुखोपाध्याय

2 शौरीन्द्रकिशोर के गुरु
गुलाम कादिर (अहमद खाँ के पुत्र)
दक्षिणाचरण सेन
दीनबन्धु घोष
मुहम्मद खाँ ग्वालियर (मृ. 24.4.1934)

3 हरेन्द्रकिशोर के गुरु
आबिद हुसेन खाँ
नत्थू खाँ (दिल्ली)
प्रसन्नकुमार साहावणिक्य (ढाका)
मसीदुल्ला खाँ (फरुक्काबाद)
मौलवीराम (वाराणसी)

(150) कालीपुर जमींदार वंश

प्रमदाकांत लाहिड़ी
- 1 ज्ञानदाकांत (1897-24.8.1939)
- 2 नीरदाकांत (मृ. 14.9.1940)
  - नीलदाकांत (सितार)

?
- 3 हीरेन्द्रकांत लाहिड़ी चौधुरी

1 ज्ञानदाकांत के गुरु

अमीर खाँ (सरोदिया)
इनायत हुसेन खाँ (सितार)
बजरंग मिश्र
ब्रजेन्द्रकिशोर रॉयचौधुरी
मुहम्मद अली (रबाब)
शीतलचन्द्र मुखोपाध्याय

2 नीरदाकांत के गुरु

इनायत हुसेन खाँ (सितार)

1 ज्ञानदाकांत

2 नीरदाकांत के शिष्य

विमलेन्दु मुखोपाध्याय

3 हीरेन्द्रकांत के गुरु

मुश्ताक अली खाँ (सितार)
(ज्ञानदाकांत और नीरदाकांत
के जाति-भाई हीरेन्द्रकांत।)

(151) भवानीपुर (मैमनसिंह) जमीदार वंश

सतीशचन्द्र चौधुरी रायबहादुर

1 ज्योतिश्चन्द्र — पृथ्वीशचन्द्र (वायलिन, प्यानो)

1 ज्योतिश्चन्द्र के गुरु

इनायत हुसेन खाँ (सितारा)
इन्द्रमोहन दास
दबीर खाँ (रामपुर)
दरगाहीलाल मिश्र
भगवानचन्द्र दास
श्यामचाँद दास

1 ज्योतिश्चन्द्र के शिष्य

विमलेन्दु मुखोपाध्याय
मनोरंजन लाहिड़ी
श्यामविनोद घोष

❑❑❑